"十二五"职业教育国家规划教材
经全国职业教育教材审定委员会审定

建筑法规（第三版）

主　　编　马文婷　隋灵灵
副主编　许　可　张玉国
主　　审　隋卫东

人民交通出版社股份有限公司
北京

内 容 提 要

本书为"十二五"职业教育国家规划教材,按照土木工程类专业应用型人才培养计划和课程设置要求,针对培养对象适应职业发展应具备的知识和能力要求编写。主要包括建筑许可法规、建筑工程发包承包法规、建设工程合同、建筑工程监理法规、建筑工程安全生产管理法规、建筑工程质量管理法规、建筑工程纠纷的处理、建筑法律责任及建筑工程其他相关法律法规等内容。

本书可作为高职高专院校土建类专业及成人教育、相关岗位培训的教材,也可作为有关工程技术人员的参考用书。

图书在版编目(CIP)数据

建筑法规/马文婷,隋灵灵主编 . —3 版 . —北京:
人民交通出版社股份有限公司,2015.12(2024.11重印)
 ISBN 978-7-114-12637-6

Ⅰ.①建… Ⅱ.①马…②隋… Ⅲ.①建筑法—中国
Ⅳ.①D922.297

中国版本图书馆 CIP 数据核字(2015)第 278829 号

Jianzhu Fagui
书　　名:**建筑法规**(第三版)
著 作 者:马文婷　隋灵灵
责任编辑:陈力维　邵　江
责任校对:孙国靖
责任印制:刘高彤
出版发行:人民交通出版社股份有限公司
地　　址:(100011)北京市朝阳区安定门外外馆斜街 3 号
网　　址:http://www.ccpcl.com.cn
销售电话:(010)85285911
总 经 销:人民交通出版社股份有限公司发行部
经　　销:各地新华书店
印　　刷:北京虎彩文化传播有限公司
开　　本:787×1092　1/16
印　　张:21.5
字　　数:496 千
版　　次:2007 年 8 月　第 1 版
　　　　　2012 年 8 月　第 2 版
　　　　　2015 年 12 月　第 3 版
印　　次:2024 年 11 月　第 3 版　第 10 次印刷　累计第 29 次印刷
书　　号:ISBN 978-7-114-12637-6
定　　价:42.00 元

(有印刷、装订质量问题的图书由本公司负责调换)

高职高专土建类专业规划教材编审委员会

高职高专土建类专业规划教材出版说明

近年来,我国职业教育蓬勃发展,教育教学改革不断深化,国家对职业教育的重视达到前所未有的高度。为了贯彻落实《国务院关于大力发展职业教育的决定》的精神,提高我国建设工程领域的职业教育水平,培育出适应新时期职业要求的高素质高技能人才,人民交通出版社股份有限公司深入调研,周密组织,在全国高职高专教育土建类专业教学指导委员会的热情鼓励和悉心指导下,发起并组织了全国四十余所院校一大批骨干教师,编写出版本系列教材。

本套教材以《高等职业教育土建类专业教育标准和培养方案》为纲,结合专业建设、课程建设和教育教学改革成果,在广泛调查和研讨的基础上进行规划和展开编写工作,重点突出企业参与和实践能力、职业技能的培养,推进教材立体化开发,鼓励教材创新。教材组委会、编审委员会、编写与审稿人员全力以赴,为打造特色鲜明的优质教材做出了不懈努力,希望能够以此推动高职土建类专业的教材建设。

本系列教材已先后推出建筑工程技术、建设工程监理和工程造价三个土建类专业共计四十余种主辅教材,随后将在全面推出土建大类中七类方向的全部专业教材的同时,对已出版的教材进行优化、修订,并开发相关数字资源。最终出版一套体系完整、特色鲜明、资源丰富的优秀高职高专土建类专业新形态教材。

本系列教材适合高职高专院校、成人高校、继续教育学院和民办高校土建类专业学生使用,也可作为相关从业人员的自学、培训教材。

人民交通出版社股份有限公司

2015 年 7 月

前 / 言
QIANYAN

　　"十二五"是我国社会主义法律体系基本建成之后法治发展的重要时期,也是建设社会主义法治国家和法治政府的关键时期。《中华人民共和国安全生产法》《中华人民共和国民事诉讼法》《中华人民共和国环境保护法》《建筑业企业资质管理规定》等法律法规的修正和施行对工程建设领域产生了深远的影响。

　　本次修订延续了第一版、第二版的编制体系和特色,着重对学生运用建筑工程法律知识分析和解决问题能力的培养。本次修订根据我国建筑行业的最新法律、法规,对相关内容进行了更新、补充;根据高职高专院校土木工程施工生产一线高技能人才的培养目标和教学要求,结合注册建造师、注册监理工程师等执业资格考试的最新要求,对部分内容进行了调整,使教材更具针对性和实用性。

　　本教材由黑龙江建筑职业技术学院马文婷和济南工程职业技术学院隋灵灵担任主编,对本次修订提出修订原则与修订要求并统稿。具体分工如下:马文婷编写第一章、第三章、第四章、第八章、第九章;河南省建筑职工大学许可编写第二章、第三章;济南工程职业技术学院隋灵灵编写第六章、第七章;中原工学院张玉国编写第五章、第十章。本书由山东建筑大学隋卫东教授担任主审,特在此表示衷心感谢。

　　本教材在编写过程中引用和参考了一些公开出版的教材和著作,谨向这些作者表示感谢。限于编者水平,书中尚有不足之处,恳切希望读者批评指正。

编者

2015 年 8 月

目录
MULU

第一章
绪　　论

　　高职高专建筑工程技术、工程监理、工程造价等专业的学生,熟练掌握和运用与施工管理业务相关的法律、法规,是今后从事建筑业及相关领域工作,应当具备的执业技术能力之一。了解并掌握与建筑法规相关的基本知识,是学习建筑法规的基础。

　　通过本章学习,了解建筑与建设、建筑活动与建设活动等基本概念的区分,我国建筑法规的立法概况;掌握建筑法规的具体表现形式、作用、适用范围和调整对象,建筑法规所确立的基本制度,以及建筑法律关系的特征和构成要素;了解与工程建设相关的民事法律制度规定;熟悉工程项目建设程序的基本法律规定。

第一节　建筑法规概述

一　建筑与建筑活动

　　"建筑"一词有两方面含义,一方面是指人工建造的、固定于地上的、有一定造型和技术特征的建筑物和构筑物;另一方面是指建筑物或构筑物的营造过程,即建筑物或构筑物经过建筑主体进行勘察、设计、施工和设备安装的建筑活动和建筑行为。建筑物和构筑物作为人们从事各种社会化生产、生活的场所,发挥其社会功能。建筑活动是指土木工程和线路、管道、设备的新建、扩建、改建活动以及建筑装修装饰活动。建筑工程从广义上来讲,包括房屋建筑工程和各种专业建筑工程,我国建筑法中所称的建筑活动,是指各类房屋建筑及其附属设施的建造和与其配套的线路、管道、设备的安装的活动。

　　建设一词与建筑密切相关:在古代,建设有建立、设置的含义,也常指兴建营造;在当代,建设的含义主要指国家或集体创建新事业或增加新设施。建设与建筑既有一定的联系,又有一定的区别。建设可以从项目投资立项开始,直到项目竣工交付使用,发挥经济效益,其外延和内涵比建筑一词宽泛。建筑是建设过程中的建设营造阶段。建设活动是人类基本生产活动的具体体现,涉及的行业多,社会性、综合性强,除包括建筑活动从勘察设计到施工的建造安装等基本内容外,还包括建设项目工程的立项决策、计划、资金筹措以及建设全过程的系统评价等活动。

本书将着重对建筑活动及其所涉及的法律问题进行论述。建设过程中的计划问题、投资融资问题对于建筑活动来说虽然非常重要，也是必不可少的，但更多涉及国家计划管理、金融制度等问题，由其专门法研究更为适当。本书以建筑法为核心，将论述的重点放在该法中所说的建筑活动这一基础上。

二 建筑材料与建筑工程的关系

我国建筑立法和其他法规一样经历了从无到有、逐渐健全的过程。新中国建立初期，为适应国民经济的迅速恢复和大规模经济建设的需要，国家开始着手进行建筑立法工作，政务院财经委员会发布了《基本建设工程程序暂行办法》，经试行、补充、修改为《基本建设工作暂行办法》，这是中国第一部全面的、纲领性的建设法规。1952年原建设部成立之后，国家相继颁布了《建筑安装工程包工暂行办法》《基本建设工程交工和动用暂行办法》《建筑安装工程总承包与分承包试行办法（草案）》等一系列重要的规章制度和规范性文件，对新中国的建筑业发展起到促进和保护作用。1958年的"大跃进"以及1966年"文化大革命"开始以后，建筑立法遭到了严重破坏。为了恢复建设程序，1977年至1978年，国家建设委员会等部门颁发了一系列关于建设程序、安全施工、工程质量等的规定。1984年，原建设部提出了建设领域系统改革的纲领性文件《发展建筑业纲要》，国务院颁发了《关于改革建筑业和基本建设管理体制若干问题的暂行规定》，这两个文件是建筑业全面改革的纲领性文件，为建筑立法工作奠定了基础。

1984年原城乡建设环境保护部成立了建筑法起草小组，完成了初稿。在社会主义市场经济体制逐步建立和不断完善过程中，建筑业也须适应社会主义市场经济的发展要求，为了保障建筑业在国民经济和社会发展中的地位和作用，同时为了解决建筑业发展中存在的问题，必须建立统一、开放、竞争有序的建筑市场，充分发挥建筑市场在优化资源配置中的基础作用，建立现代企业制度，健全建筑市场体系，转变政府管理职能。1994年原建设部成立建筑法起草小组，进一步收集、研究国外建筑立法经验，听取各省、自治区、直辖市以及国务院有关部门的意见，召开专家论证会，形成了《中华人民共和国建筑法（送审稿）》报国务院审议。国务院对送审稿经研究修改后，形成《中华人民共和国建筑法（草案）》，1996年8月经国务院常务会议讨论通过后，提请全国人民代表大会常务委员会审议。在审议过程中，全国人民代表大会常委会委员对建筑法的调整范围、建筑活动管理体制、竣工验收等提出了修改意见和建议，经全国人民代表大会常委会法工委对草案作进一步修改完善，全国法律委员会审定后，提交全会表决。1997年11月1日，《中华人民共和国建筑法》由第八届全国人民代表大会常委会通过，该法律自1998年3月1日起施行。

《中华人民共和国建筑法》（以下简称《建筑法》）是我国制定的第一部规范建筑活动的法律，将建筑活动纳入法制的轨道，为协调建筑活动中的经济关系提供了有力的法律保障。《建筑法》重在确立建筑市场活动的基本规则，坚持体现社会主义市场经济要求的原则，强调建筑活动各方当事人地位平等，提倡公开、开放的建筑市场，坚持公正、平等竞争的原则，以维护建筑市场的正常秩序，保护有关当事人的合法权益。同时以规范建筑市场行为为起点，以建筑工程质量和安全为主线，针对建筑活动存在的建筑市场混乱、工程质量低下、安全事故多发等突出的问题加以规范,保障整个建筑活动的顺利进行。

此外,与建筑活动相关的法律法规《中华人民共和国招标投标法》《建设工程勘察设计管理条例》《中华人民共和国安全生产法》《建设工程质量管理条例》《建筑业企业资质管理规定》等先后公布和实施,为确保建筑工程质量和安全提供了法律保障,对加强建筑活动的监督管理、维护建筑市场秩序,使建筑业向健康有序方向发展,起到积极的推动和保障作用。

三 建筑法规的表现形式

所有法律有其内在统一联系,并在此基础上构成国家的法律体系。建筑法的法律体系是我国法律体系中的一个组成部分,是由与建筑活动有关的法律、法规、规章等共同组成的有机联系的统一整体。建筑法的法律体系由以下层次构成:

(一)宪法

宪法是国家的根本大法,是我国最主要的法的表现形式,规定国家和社会生活中的最根本、最重要的问题,具有最高地位和法律效力,是制定其他法律、法规的依据,一切法律、行政法规和地方性法规都不得同宪法相抵触。宪法也是建筑法规的立法依据,在宪法中规定了国家基本的建设方针和原则。

(二)法律

法律是指我国最高权力机关及其常设机关所制定的规范性法律文件,法律的地位和效力仅次于宪法。建筑法规中的法律主要包括建筑活动方面的基本方针、政策,涉及全国建筑活动领域的根本、重大问题以及建筑市场管理的基本规范。在我国建筑活动中现行的主要法律有:

1.《中华人民共和国建筑法》

《中华人民共和国建筑法》是我国建筑业的基本法律,是建筑法律体系的基础,内容包括:总则;建筑许可;建筑工程的发包与承包;建筑工程监理;建筑安全生产管理;建筑工程质量管理;法律责任;附则。

2.《中华人民共和国招标投标法》

为了建立和完善社会主义市场经济体制,规范招标投标活动,保护国家利益、社会公共利益和招标投标活动当事人的合法权益,提高经济效益,保证工程项目质量,我国于1999年8月30日通过《中华人民共和国招标投标法》(以下简称《招标投标法》),自2000年1月1日起施行。2011年11月30日国务院第183次常务会议通过《中华人民共和国招标投标法实施条例》,自2012年2月1日起施行。

3.《中华人民共和国安全生产法》

为了加强安全生产监督管理,防止和减少生产安全事故,保障人民群众生命和财产安全,促进经济发展,我国制定《中华人民共和国安全生产法》(以下简称《安全生产法》),于2002年6月29日第九届全国人民代表大会常务委员会第二十八次会议通过,自2002年11月1日起施行。根据2014年8月31日第十二届全国人民代表大会常务委员会《关于修改〈中华人民共和国安全生产法〉的决定》修正，自 2014 年 12 月 1 日起施行。

4.《中华人民共和国合同法》

《中华人民共和国合同法》（以下简称《合同法》）于 1999 年 3 月 15 日通过，自 1999 年 10 月 1 日起施行。合同法分为总则、分则、附则三部分。总则部分规定关于合同的订立、合同的效力、合同的履行、合同的变更转让、合同的权利义务终止、违约责任等，对于各种类型合同均可适用，包括建筑活动中的各类合同。同时，在分则中规定了建设工程合同一章，是建筑活动中合同关系的重要法律依据。

5.《中华人民共和国民法总则》

《中华人民共和国民法总则》（以下简称《民法总则》）2017 年 3 月 15 日第十二届全国人民代表大会第五次会议通过，自 2017 年 10 月 1 日起施行。民法是调整平等主体的自然人、法人和非法人组织之间的人身关系和财产关系的法律规范总称，民法中规定民事活动应遵循自愿、公平、诚实信用的原则，是调整建筑民事法律关系的基本原则。此外，民法中关于自然人、法人、民事法律行为和代理、民事权利、民事责任、诉讼时效等的规定，适用于建筑活动中民事法律关系的调整。

在建筑活动中还涉及一些其他相关法律，如：《中华人民共和国环境保护法》《中华人民共和国环境影响评价法》《中华人民共和国标准化法》《中华人民共和国物权法》《中华人民共和国担保法》《中华人民共和国保险法》《中华人民共和国消防法》《中华人民共和国劳动法》《中华人民共和国企业法》《中华人民共和国公司法》《中华人民共和国反不正当竞争法》《中华人民共和国行政处罚法》《中华人民共和国仲裁法》《中华人民共和国民事诉讼法》等。

（三）行政法规和规章

行政法规是国务院根据宪法、法律制定和颁布的有关国家行政管理活动的规范性文件。行政法规的效力次于宪法和法律。依照宪法规定，国务院还有权发布决定和命令。根据宪法和法律规定，国务院所属各部、各委员会有权发布规范性命令、指示和规章，其效力次于行政法规。建筑活动中适用的行政法规和规章，如：《建设工程质量管理条例》《建设工程安全生产管理条例》《建设工程勘察设计管理条例》《实施工程建设强制性标准监督规定》《工程建设项目施工招标投标办法》《建设工程勘察设计企业资质管理规定》《建筑工程施工合同管理办法》《建筑工程施工许可管理办法》《建筑业企业资质管理规定》《建设领域安全生产行政责任规定》等。

（四）地方性法规和其他规范性文件

地方性法规是指地方各级国家权力机关及其常设机关为执行和实施宪法、法律和行政法规，根据本行政区的具体情况和实际需要，在法定权限内制定的规范性文件。地方性法规通常称为办法、规定、规则等。地方各级国家权力机关及其常设机关、地方各级人民政府制定和发布的决定、命令、决议等规范性文件，也是法的表现形式。地方性法规和其他规范性文件只在其所管辖的行政区内具有法律效力。

（五）国际条约

国际条约是两个或两个以上的国家缔结的关于政治、经济、贸易、军事、法律、文化等方面相互之间权利与义务的协议。国际条约中包含国际公约、协定、盟约、宣言、声明等。国际条约不属于国内法的范畴，但我国签订和加入的国际条约生效后，按照"条约必须遵守"的国际惯例，对我国国内的国家机关、企事业单位、社会团体和公民也有法律上的约束力。因此，我国签订或加入的国际条约是我国法的表现形式之一。我国于2001年底加入WTO，为了适应其要求，与WTO有关规则接轨，国务院与原建设部因此对与建筑活动有关的法规、规章进行了清理，颁布了一些新的法律规范，将与WTO基本原则与规则相冲突的法规、规章废止。

四 建筑法规的作用

建筑活动是由多方主体参加的活动，没有统一的建筑活动行为规则和基本的活动程序，没有对建筑活动各方主体的管理和监督，建筑活动就处于无序的状态。建筑活动中存在的问题较多，如建筑市场主体行为不规范、建筑质量问题突出、建设行政主管部门不认真履行监督管理职责、玩忽职守等，这些问题的存在影响建筑活动的正常进行，需要有相应的措施解决。建筑法规的立法宗旨在于，加强对建筑活动的监督管理，维护建筑市场秩序，保障建筑工程的质量和安全，促进建筑业健康发展。其作用主要表现为：

(一)规范指导建筑行为

法的运用所追求的基本目的是实现某种社会秩序，而这一目的是通过具体的规范人们行为的规则来实现的。建筑法规是从事具体的建筑活动应当遵守的行为规则。建筑法规要确立和维护建筑活动秩序，首先要确立适用于建筑主体的行为规则。法律规范或以禁止的方式规定哪些行为不能做；或以积极义务的方式规定哪些行为必须做；或授予一定的权利，以这三种基本的规范手段来规范人们的行为，确保社会处于有序状态。建筑法规同样是以这样的方式，规定建筑活动主体的权利和义务，规范和指导其建筑行为。这些规定同时也是评价建筑行为是否合法的标准。

(二)保护合法建筑行为

建筑活动的主体应当遵守法律、法规，不得损害国家利益、社会公共利益和他人合法权益。同时，建筑活动主体的合法权益应当受到法律的保护，任何单位和个人都不得妨碍和阻挠依法进行的建筑活动。建筑法规从保护建筑活动主体合法权益的目的出发，规定从事建筑活动应当遵守法律、法规；发包单位和承包单位应当全面履行合同约定的义务；招标投标活动应遵循公开、公正、公平竞争的原则等内容，建筑工程监理、建筑安全生产、建筑工程质量等方面，也体现了对从事建筑活动当事人合法权益予以保护的内容。

(三)处罚违法建筑行为

谴责、制裁、惩罚、警戒违法行为是法的规范作用的另一重要内容，对违法建筑行为给予应有的处罚，是以强制制裁手段保证法律制度的实施。当义务人不履行法定义务，权利人的合法权益受到侵犯时，就要通过国家强制力的作用，制裁违法者，排除不法侵害，恢复和维护被破坏的法律秩序。在建筑活动中的违法建筑行为，根据责任主体所应负法律责任的性质不同，以及实施法律制裁的机关和手段不同,处罚方式也有不同的种类。我国建筑法规对违法的建筑行为规定的制裁方式主要有:行政制裁、民事制裁、刑事制裁。

（五） 建筑法规的调整范围

《建筑法》适用于一切从事建筑活动的主体和各级依法负有对建筑活动实施监督管理的政府机关,即从事建筑工程的勘察、设计、施工、监理等活动的各类企事业单位和建设行政主管部门及其他有关部门。

《建筑法》对建筑活动的范围作了规定。《建筑法》所称的建筑活动是指各类房屋建筑及其附属设施的建造和与其配套的线路、管道、设备的安装活动。各类房屋建筑,是指具有顶盖、梁柱和墙壁,供人们生产、生活等实用的建筑物,包括民用住宅、厂房、仓库、办公楼、影剧院、体育馆、学校校舍等各类房屋。附属设施,是指与房屋建筑配套建造的围墙、水塔等附属的建筑设施。配套的线路、管道、设备的安装活动,是指与建筑配套的电气、通信、煤气、给水、排水、空气调节、电梯、消防等线路、管道和设备的安装活动。

《建筑法》虽然调整的是各类房屋建筑的建筑活动,但其所确定的基本制度,也可以适用于其他专业建筑工程的建筑活动。专业建筑工程虽然有特殊的技术和施工要求,在监督管理上也有不同的要求,但各类建筑工程都有其共性,如建设工期长、投资额大,生产过程必须经过勘察、设计、施工、竣工验收、交付使用、保修的程序等。因此,有一些规则是各类建筑工程需要共同遵守的。《建筑法》规定,本法关于施工许可、建筑施工企业资质审查和建筑工程发包、承包、禁止转包,以及建筑工程监理、建筑工程安全和质量管理的规定,适用于其他专业建筑工程的建筑活动,具体办法由国务院规定。

关于装修、装饰活动问题,《建筑法》规定建筑过程中的装修,属于建造活动的组成部分,适用建筑法的规定。对已建成的建筑物进行装修,如果涉及建筑物的主体或承重结构变动的,适用建筑法的规定;不涉及主体或承重结构变动的装修,不属于建筑法的调整范围。对不包括建筑装修内容的建筑装饰活动,因其不涉及建筑物的安全性和基本使用功能,完全可以按照使用者的爱好和审美观的不同而各有不同,不需要以法律强制规范,所以建筑法的调整范围不包括建筑装饰活动。

对于有些工程来说,不能完全按照《建筑法》规定的要求去进行,需要区别具体情况对待。为有利于法规的贯彻实施,建筑法规定,省、自治区、直辖市人民政府确定的小型房屋建筑工程的建筑活动,参照本法执行;依法核定作为文物保护的纪念建筑物和古建筑等的修缮,依照文物保护法的有关规定执行;抢险救灾及其他临时性房屋建筑和农民自建低层住宅的建筑活动,不适用本法;军用房屋建筑工程建筑活动的具体管理办法,由国务院、中央军事委员会依据本法制定。

（六） 建筑法规确立的基本制度

建筑法规是规范建筑活动的法律规范的总称,以规范建筑市场行为、保障建筑工程质量和安全为重点内容,确立了建筑活动的一些基本制度。

(一)建筑许可制度

建筑活动关系到城乡空间布局的协调,人居环境的改善,城乡经济社会全面协调可持续发展。同时建筑活动也是一种涉及公民生命财产安全的特殊活动,因此国家对城乡建筑活动的规划以及对从事建筑活动的单位和人员的资格必须进行严格的管理。这也是各国普遍采用的对建筑活动进行管理的一项重要制度。建筑许可是建设行政主管部门根据建设单位和从事建筑活动的单位、个人的申请,依法准许建设单位开工或确认单位、个人具备从事建筑活动资格的行政行为。实行建筑许可制度有利于国家从宏观上对基本建设进行调控,规范建筑市场,同时对建筑活动的从业单位和人员予以控制,确保从事建筑活动的单位和人员的素质,提高建筑工程质量,建设单位以及从业单位和人员的合法权益也得到有效的法律保障。建筑许可包括三种制度:建筑工程施工许可制度、从事建筑活动单位资质制度、从事建筑活动个人资格制度。

(二)建筑工程发包承包制度

建筑工程发包承包制度是建筑法规中确定的建筑活动的基本制度之一。由于建筑市场尚不规范,建筑工程发包承包过程中存在的问题扰乱了建筑市场的正常秩序,影响建筑工程质量。为解决这些问题,必须严格建筑工程发包承包制度,并使其有法可依。建筑工程发包承包制度中规定:发包方和承包方的市场主体资格必须符合法定的条件;发包方和承包方在发包承包过程中应当遵守工程建设程序的规定;发包和承包过程要接受建设行政主管部门的监督。为促进建筑工程按程序进行,克服建筑市场的混乱现象,在建筑活动中推行招标投标制度。建筑工程招标投标是在市场经济条件下,对工程项目进行发包承包采用的一种竞争性的交易方式。招标投标制度是适应市场经济发展的要求,通过公平交易、平等竞争,确保工程建设质量,减少工程造价,提高投资效益;同时促使相关单位按照市场经济的要求转换机制,调整经营行为,使政府和企业的行为进一步规范化。

(三)建筑工程监理制度

为使我国建筑工程监理制度得以健康发展,适应建筑业改革开放的要求,我国以法律的形式确立了国家推行建筑工程监理制度。建筑工程监理是监理单位接受建设单位的委托,在监理合同约定的范围内,根据法律、法规、技术规范及合同对建筑活动实施的监督管理。实践证明,实施监理制度的建筑工程项目,工程的质量、进度等各方面都有一定进步,工程顺利完成能得到有力保障。由于监理单位集中了具有一定技能的高级专业人才,对建筑活动的组织和管理经验丰富,是智力密集型的专业化、社会化的机构,能及时发现和解决建筑活动中的各类可能出现的复杂问题,从而在保证工程质量、降低工程造价、提高工程管理水平方面,发挥了显著的作用。建筑法规中对强制监理的范围、监理的地位、主要任务、基本依据、工程监理人员的基本权利、监理单位的基本职业准则、法律责任等都做出了原则性的规定。

(四)建筑安全生产管理制度

建筑工程设计、施工等一系列过程中,安全是尤为重要的。建筑活动涉及的影响因素多,面临多种多样的问题,其中可能会有一些不确定因素,安全生产管理便成为建筑生产活动中贯穿始终的重要环节。建筑安全生产管理是建设行政主管部门、建筑安全监督管理部门、建筑施工单位及有关单位为保证建筑工程安全和建筑职工人身安全,对建筑生产过程中的安全工作进行计划、组织、指挥、控制、监督等一系列管理活动。包括建设行政主管部门及其授权的安全监督管理部门的管理;建筑生产有关各方如建设单位、设计单位、施工单位等的安全生产责任和义务。建筑安全生产管理制度由安全生产责任制度、安全技术措施制度、安全教育培训制度、安全检查制度、建筑安全生产政府监督管理制度和伤亡事故报告和处理制度等组成。

(五)建筑工程质量管理制度

建筑工程质量直接关系到国民经济的发展和人民生命的安全,因此,加强建筑工程质量的管理是一个十分重要的问题。建筑活动中的决策、设计、材料、机械、施工工艺、管理制度以及参建人员素质等都直接或间接的影响工程质量。建筑活动中的各个阶段紧密衔接,互相制约,每个阶段均对工程质量产生重要的影响。我国目前的工程质量管理包括:国家对建筑工程质量的监督管理,即由建设行政主管部门及其授权机构实施的对工程建设全过程和各个环节的监督管理;建设单位和工程承包单位(勘察单位、设计单位、施工单位等)对工程的质量管理。为了保证建筑工程质量监督的有效进行,建筑法规结合建筑活动的各个阶段各个环节,在建筑工程质量管理方面确立了工程质量标准化制度、企业质量体系认证制度、工程质量监督制度、工程质量责任制度、工程竣工验收制度、工程质量保修制度、竣工验收备案等管理制度,明确规定了建筑活动各有关方面在保证建筑工程质量中的责任。

第二节　建筑法律关系

法律关系是根据法律规范产生的,以主体之间权利与义务关系的形式表现出来的特殊的社会关系。法律关系是由法派生出来的现象,一般来说,法律规范是法律关系产生的前提,如果没有法律规范的存在,就不可能产生法律关系。法律规范与法律关系都包含主体的权利和义务,但是它们在法律规范和法律关系中的表现形态不同。法律规范中的权利和义务是抽象的,法律关系中的权利和义务是具体的,法律关系使法律规范的规定具体化。

一　建筑法律关系的概念、特征

建筑法律关系,是指由建筑法律法规所确认和调整的,在建筑工程管理和协作过程中所产生的权利和义务关系。不同的法律关系有着不同的特征,构成其特征的条件是不同的法律关系主体和所依据规范。建筑业活动面广,内容复杂,法律关系主体广泛,所依据的法律规范多种多样。建筑活动领域中的法律、法规、规章和地方性法规综合形成建筑法律规范,调整建筑活动中的社会关系,形成权利义务关系,即建筑法律关系。建筑法律关系的特征表现为以下几个方面:

(一)建筑法律关系具有综合性

建筑法律关系依据的法律规范不是单一的,而是由综合法律规范调整的。主要包括建筑行政法律规范和建筑民事法律规范。这两种法律规范在调整建筑活动的社会关系是相互作用,综合运用。以此为依据,建筑法律关系包括建筑行政法律关系和建筑民事法律关系。建筑行政法律关系是国家建设行政主管部门和其他有关部门依据建筑行政法律规范,在组织、指导、协调、监督作为被管理者的建设单位、勘察设计单位、施工单位等的建筑活动过程中所发生法律关系。建筑民事法律关系是作为平等主体的建设单位、勘察设计单位、施工单位等,在平等、自愿的基础上形成的权利和义务关系。

(二)建筑法律关系的内容是在国家计划制约下的建筑活动管理、协作过程中形成的权利义务

在建筑法律关系中,建筑行政法律关系居于非常重要的地位,其中建设计划、规划等重大问题,行政法律关系起主导作用。此外还有建设行政主管部门和有关部门在依法对建筑活动的监督管理过程中形成的行政法律关系,包括对建筑活动从业者的资质进行依法审查;监督建筑市场按照法定规则运行,维护平等竞争的市场秩序;对建筑工程的质量和安全依法实施监督;对违法行为依法实施处罚等。在建筑活动中,建筑民事法律关系则是广泛存在的。工程项目建设主要依赖于民事主体的投资,以及勘察、设计、施工单位分工合作关系完成。

(三)建筑法律关系是以法律强制措施保证实现的社会关系

建筑行政法律关系中,建设行政主管部门和有关部门必须依照法律的规定行使职权,履行监督管理职责,不依照法律规定履行监督管理职责、玩忽职守、徇私舞弊或滥用职权、违法行政的,将依法追究其法律责任。管理相对人也有权申请行政复议、提起行政诉讼和要求国家赔偿。建筑民事法律关系中,建设单位、勘察设计单位、施工单位作为平等主体在其协作关系中,依照法律规定或其约定而实施的行为受到法律保护,否则应承担相应的民事法律责任。

二 建筑法律关系构成要素

建筑法律关系同其他法律关系一样,由主体、内容和客体三种要素构成的。三者互相联结、缺一不可,变更其中任何一个要素都不再是原来意义上的法律关系。建筑法律关系的主体是建筑法律关系的参加者,是权利的享有者和义务的承担者。建筑法律关系的客体是主体通过法律关系所追求的物质利益和所要达到的经济目的,权利和义务只有通过客体才能具体得到落实和实现,没有客体的法律关系是无意义和无目的的。权利和义务是建筑法律关系的实体内容,是联系主体与主体之间、主体与客体之间的纽带。

(一)建筑法律关系主体

建筑法律关系主体,是指依照建筑法律规范,参与或监督管理建筑活动,在法律上享有权利、承担义务的自然人、法人或其他组织。建筑法律关系的主体可以是国家机关、社会组织或自然人。

作为建筑法律关系主体的组织和个人,必须具有相应的主体资格,即具有参加建筑法律关系,享有权利和承担义务的资格与能力。主体资格不能由任何组织或者个人随意确定,只能依照国家制定的法律、法规赋予或确定,具有法定性。建筑法律关系主体资格以成立的合法性为

基础和前提，必须依照法律规定的条件和程序成立，包括：依照宪法和法律由国家各级权力机关批准成立；依照法律、法规由国家各级行政机关批准成立；依照法律、法规由主体自己向国家有关机关申请并经核准登记成立等。依法成立的建筑法律关系主体只能在法律规定或认可的范围内参加建筑法律关系，主体资格具有限定性。超越法律规定或认可的范围，则不再具有参加建筑法律关系的主体资格。

1. 国家机关

（1）国家权力机关

国家权力机关是指全国人民代表大会及其常务委员会和地方各级人民代表大会及其常务委员会。国家权力机关参加建筑法律关系的主要职能是审查批准国家建设计划和国家预决算，制定和颁布建筑法律，监督检查国家各项建筑法规的执行。

（2）行政机关

行政机关是依照国家宪法和法律设立的，依法行使国家行政职权，组织管理国家行政事务的机关。包括国务院及其所属各部委、地方各级政府及其职能部门。参加建筑行政法律关系的行政机关主要包括：

①国家计划机关。主要是国家发展和改革委员会，其职权是负责编制长、中期和年度建设计划，组织计划的实施，督促各部门严格执行工程项目建设程序等。

②国家建设行政主管机关。主要指住房与城乡建设部，其职权是制定部门规章，对全国的建筑活动实施统一的监督管理。

③国家建设行政监督机关。主要包括国家财政机关、中国人民银行、国家审计机关、国家统计机关等。

④国家建设专门业务主管机关。如交通运输部，负责本部门、本行业的建设工程项目的管理监督工作。

（3）司法机关

司法机关是作为建筑法律关系监督保护的重要机关，包括审判机关、检察机关、公安机关。

2. 社会组织

社会组织包括企业、公司、事业单位、社会团体等，它们可进一步分为法人组织与非法人组织。社会组织应当能够独立或相对独立支配一定的财产，享有财产所有权、经营权及其他财产权利。作为建筑法律关系主体的社会组织一般应当具有法人资格，依法成立，有必要的财产或经费，有自己的名称、组织机构和经营场所，能独立承担民事责任。

（1）建设单位

建设单位是对工程项目进行投资建设的企业、事业单位等。建设单位作为工程需求方，是建设投资项目的支配者，也是建设过程中的组织者和监督者。由于建设项目的多样化，作为建设单位的种类也是多样的，可以是房地产开发公司、工商企业、教科文卫单位、各级政府委托的资产管理部门等。建设单位作为建筑活动的主体是从建设项目的立项决策阶段开始的，工程项目经计划部门审批立项后，进入具体的实施阶段。

（2）勘察、设计单位

勘察、设计单位是指从事工程勘察、设计工作的各类设计院所等。从事工程勘察、设计活动的单位,应当按照其拥有的注册资本、专业技术人员、技术装备和勘察设计业绩等条件申请资质,经审查合格,取得建筑工程勘察、设计资质证书后,方可在资质等级许可的范围内从事建筑工程勘察、设计活动。取得资质证书的建筑工程勘察、设计单位可以从事相应的建筑工程勘察、设计咨询和技术服务。

(3)施工企业

施工企业是指由主管部门批准并经工商行政管理机关登记、注册的从事建筑工程施工安装活动的组织。建筑施工企业资质分为施工总承包、专业承包和劳务分包三个序列。获得施工总承包资质的企业,可以对工程实行施工总承包或者对主体工程实行施工承包。获得专业承包资质的企业可以承接施工总承包企业分包的专业工程或者建设单位按照规定发包的专业工程。获得劳务分包资质的企业,可以承接施工总承包企业或者专业承包企业分包的劳务作业。

(4)中介机构

中介机构具有相应的建筑活动服务资质,在建筑市场中受发包方、承包方或者政府管理机构的委托,对工程建设进行估算、测量、咨询代理、监理等服务并取得服务费用。包括工程技术咨询公司、招标代理机构、监理公司、工程造价咨询机构、质量检查监督认证机构等。

3.自然人

自然人在建筑活动中也可以成为建筑法律关系的主体。如建筑工人同施工企业签订劳动合同、因生产安全事故发生争议等,自然人可以成为建筑法律关系的主体。

建筑行政法律关系中,主体的一方是行使行政管理权的机关,另一方是被管理对象,包括行政机关、社会组织等。虽然有行政机关和管理相对人双方存在,但只需行政机关单方行为就可以产生、变更、终止行政法律关系。国家机关在参加建筑行政法律关系时因与一般社会组织一样接受行政机关的管理,不能因其所拥有的权力而具有特殊的地位。例如国家机关征用土地、建造办公用房时要接受土地管理部门、城市规划管理部门及其他有关部门的管理。建筑民事法律关系中,主体的法律地位平等,这是区别于其他法律关系的根本标志。建筑民事法律关系的产生、变更、终止是由作为平等主体的双方的行为引起的,在法律允许的范围内,当事人可以自主设立民事法律关系。

(二)建筑法律关系内容

建筑法律关系的内容,是指建筑法律关系的当事人所享有的权利和承担的义务。权利是建筑法律关系主体依法具有的自己为或不为一定行为以及要求他人为或不为一定行为的资格。权利来自法律规范的规定,建筑法律关系主体在法定范围内根据自己的利益需要,有权按照自己的意志实施一定的行为,有权依法要求义务主体作出或不作出某种行为,以实现自己的权益。建筑法律关系主体的权利由于他人行为不能实现或者受到损害时,有权依法请求国家有关机关给予强制保护。义务是相对权利而存在的,建筑法律关系主体为了实现特定的权利主体的权利,在法律规定的范围内实施或不实施某种行为。义务人必须作出或者不作出一定的行为,其目的是为了实现对方的权利或者不影响对方权利的实现。建筑法律关系的义务主体应当自觉履行义务,否则应承担法律责任,受到相应的法律制裁。

建筑民事法律关系中,主体享有的权利和承担的义务既有法律规范规定的,也有当事人依法设定的。在民事法律规范调整的建筑法律关系中,法律给予当事人以不受国家强制干预的自由空间，当事人可以在法律许可的范围内自主设立建筑民事法律关系。

建筑行政法律关系中，主体的权利义务一般是法定的。作为管理者的行政机关的权利主要有：依法制定行政法律规范权、决定权、执行权、命令权、强制权、监督权、制裁权、行政法上的物权（主要是国有财产权等）和经营权。行政机关的义务主要有：遵守和实施宪法和法律，保护公民的合法利益，维护社会秩序，接受各国家机关、社会组织和公民的监督，依法补偿、赔偿等。作为被管理者的管理相对人可以就法规的制定和行政决策提出意见和建议，监督行政机关的活动；为实现自己的权利或者保障自己的权利不受侵犯，依法请求行政机关为或不为某种行为；检举和控告行政机关的违法或不当的行为，与行政机关发生争议时有权提出申诉或进行诉讼。

（三）建筑法律关系客体

建筑法律关系客体，是指参加建筑法律关系的主体享有的权利和承担的义务所共同指向的对象。法律关系客体是确立权利义务关系性质和具体内容的客观依据，客体的确定是法律关系形成的客观标志，也是检验权利是否正确行使和义务是否完全履行的客观标准。如果没有客体，权利和义务就失去了目标，难以落实，法律关系主体的活动也就失去了意义。建筑法律关系客体是建筑法律关系不可缺少的要素之一。法律关系的客体一般分为物、货币和有价证券、行为、智力成果，建筑法律关系的客体也同样表现为这四个种类。

1. 物

物是指可以为人们控制和支配的、具有一定经济价值的、以物质形态表现出来的自然存在和人工创造的物质财富。作为法律关系客体的物，可以根据实践的需要作不同的划分。如生产资料和生活资料，流通物和限制流通物，特定物和种类物，主物和从物等。建筑法律关系中表现为物的客体主要是建筑材料、建筑物、建筑机械设备等。

2. 货币和有价证券

货币是充当一般等价物的特殊商品，在生产流通过程中，货币是以价值形态表现的资金。有价证券是具有一定票面金额，代表某种财产权的凭证，如股票、债券、汇票、本票、支票等。建筑法律关系客体中的货币和有价证券主要指建设资金、汇票、本票、支票等。

3. 行为

行为是法律关系主体为达到一定目的所进行的活动，包括管理行为、完成一定工作的行为和提供一定劳务的行为。管理行为是建筑法律关系中的管理主体行使监督管理权所指向的行为，如计划行为、审查批准行为、监督检查行为等。完成一定工作是指法律关系主体的一方利用自己的资金和技术设备为对方完成一定的工作任务，对方根据完成工作的数量和质量支付一定的报酬，如建筑安装、勘察设计、工程施工等。提供一定劳务是指法律关系主体的一方利用自己的设施和技术条件，为对方提供一定劳务或服务满足对方的需求，对方支付一定的酬金，如建筑工程监理，监理单位在工程项目建设过程中利用自己的工程建设方面的知识、技能和经验为客户提供的监督管理服务。完成一定工作和提供一定的劳务都是行为，但不完全相同。完成一定的工作是通过劳动最终表现为一定的客观物质成果；提供一定的劳务是通过一定的行为最终体现为一定的经济效果。在建筑行政法律关系中，建设行政主管部门和有关部门对被管理相对人来说，主要实施的是监督管理行为。在建筑民事法律关系中，作为法律关系客体的行为大多表现为完成一定工作。

4.智力成果

智力成果是指能够为人们带来经济价值的独创的脑力劳动成果。建筑法律关系中,专利、专有技术、设计图纸、商业信誉、商业秘密等都是智力成果。

三 建筑法律关系的产生、变更、终止

(一)建筑法律关系的产生、变更和终止

法律关系的产生,即法律关系的主体之间形成了一定的权利和义务关系。如建设单位与施工单位签订建筑工程承包合同,建设单位和施工单位之间就形成了权利义务关系;建设单位在建筑工程开工前,按照法律规定向建设行政主管部门申领施工许可证,建设单位和建设行政主管部门之间就产生了建筑行政法律关系。

法律关系的变更,是指法律关系的主体、内容、客体发生变化。主体变更,是指法律关系主体数目增加或减少,也可以是主体改变。如建设工程合同的发包方和承包方均可将其权利依法转让,受让人取代转让人的地位成为合同当事人,合同主体发生变更。内容变更,是指法律关系的权利义务改变。如建设工程合同的发包方和承包方经协商一致变更工期、质量标准等,合同中的权利义务内容发生变更,双方当事人应按照变更后的权利义务内容履行。客体变更,是指法律关系中权利义务所指向的事物发生变化。可以是客体的性质变更,也可以是客体的范围变更。

法律关系的终止,即法律关系主体之间的权利义务关系归于消灭。法律关系的终止可以基于权利义务得到履行,也可以是法律关系主体依法协商一致或依照其他法律规定导致法律关系终止的情况。如建设工程合同中,合同规定的义务都已得到正确履行合同权利义务关系消灭;合同当事人也可以协商一致解除合同,或者在法定解除条件具备时,有解除权的当事人行使解除权,使双方权利义务终止。

(二)法律事实

建筑法律关系的产生、变更、终止,除了需要有建筑法律规范存在,还需要有法律事实的存在。法律规范是法律关系存在的前提,法律事实是引起法律关系产生、变更、终止的原因。建筑法律关系无论是产生、变更、终止,都是由法律事实引起的。

法律事实,是指能够引起法律关系产生、变更、终止的客观情况。"客观情况"是一个内涵十分广泛的概念,凡是事实上的任何存在,无论是自然现象还是社会现象都可以说是一种客观存在。但不是所有的事实存在都能引起法律后果,只有那些能够引起法律后果的事实,才能称为法律事实。法律事实的具体表现形式是不同的,这就决定了不同性质的法律事实可以产生不同性质的法律关系。

法律事实根据是否以法律关系主体的意志为转移,分为行为和事件两类。

1.行为

行为是以法律关系主体的意志为转移的客观情况,即法律关系主体的有意识、有目的的活

动。行为按照其性质可以分为合法行为和违法行为。

（1）合法行为

①行政管理行为。行政管理行为是行政机关行使公共权力,产生法律效果的行为。如建设行政主管部门对建筑工程的质量和安全依法实施监督的行为,引起建设行政主管部门和被管理相对人的建筑行政法律关系。

②民事法律行为。民事法律行为是法律关系主体设立、变更、终止民事权利义务关系的合法行为。民事法律行为可以是单方的法律行为,如建设工程合同的当事人放弃要求赔偿损失的行为、无权代理人签订合同被代理人追认的行为等;也可以是多方法律行为,如建设单位与监理单位签订建设工程委托监理合同的行为、发包人与承包人协商一致变更或终止建设工程合同的行为等。

③司法行为。司法行为是司法机关处理民事纠纷、行政纠纷案件,作出审理和判决的行为。如人民法院在审理建筑民事纠纷过程中,发现建设工程合同的承包人不具备相应的资质,判决建设工程合同无效,原合同当事人之间的权利义务关系因人民法院的审判行为而终止。

（2）违法行为

违法行为是法律关系主体违反法律法规定行为,违法行为同样会导致法律关系的产生、变更、终止。如建设工程合同当事人违约,导致建设工程合同关系的变更或者消灭。

2.事件

事件是不以法律关系主体意志为转移的客观情况。这些客观情况的出现,是法律关系主体不能预见和控制的。

事件可以分为自然事件和社会事件两种。自然事件是由于自然现象所引起的客观事实,如地震、洪水、台风、泥石流等。社会事件是由于社会上发生了不以个人意志为转移的,难以预料各种大事变所形成的客观事实,如政府颁布禁令、战争等。无论自然事件还是社会事件,他们的发生都能引起一定的法律后果,导致法律关系产生、变更或终止。如建设工程施工过程中遇洪水暴发,承包人延误的工期按照法律规定顺延;由于国家建设计划调整,某项工程项目停建、缓建等。

事件还可以依照是否由人们的行为引起分为绝对事件和相对事件。绝对事件不是由人们的行为而是由某种自然原因引起的。相对事件是由人们的行为引起的,但它的出现在该法律关系中不以法律关系主体的意志为转移。如建筑物倒塌,如果是由于地震引起的,属于绝对事件;如果是由于人的过失导致火灾引起的,属于相对事件。

第三节　与工程建设相关的民事法律制度

一　债权法律制度

根据《民法总则》的规定,债是按照合同的约定或者依照法律的规定,在当事人之间产生的特定的权利和义务关系。法律上"债"比生活中"债"的含义更为宽泛,泛指一切支付价金、给付财产、提供劳务或服务的行为,如交付商品、支付货款、提供劳务或服务（保管和运输等）、当事人之间因人身权和财产权受到侵害而发生的金钱赔偿关系等。

(一)债的发生根据

根据《民法总则》的有关规定,债的发生根据主要包括如下几种:

1.合同

合同是平等主体的自然人、法人和其他组织之间设立、变更、终止民事权利义务关系的协议。当事人之间通过订立合同设立的以债权债务为内容的民事法律关系,称为合同之债。建筑市场中的各方主体,包括建设单位、勘察设计单位、施工单位、监理单位、材料设备供应单位等都要依靠合同确立相互之间的权利义务关系。

2.不当得利

不当得利是指没有合法根据,取得不当利益,造成他人损失。当发生不当得利时,由于一方取得的利益没有法律或合同根据且给他人造成损害,在这种情况下,受损失一方依法有请求不当得利人返还其所得利益的权利,而不当得利人则依法负有返还义务。其中,利益受到损害的人是债权人,获得不当利益的人是债务人。在工程建设过程中,由于管理上存在失误,往往会导致超付工程款的发生。承包人获得的工程价款不能超过实际造价,承包人利用发包人的失误而多领工程款,超出其应得工程款部分,属于没有法律根据和合同根据而取得。

3.无因管理

无因管理指行为人没有法定或约定的义务,自愿为他人管理事务,使他人受益或避免利益受到损害的行为。为他人管理事务的人称为无因管理人,因自己事务被他人管理而受益或利益免于受到损害的人称为本人。无因管理的事实发生后,法律认定在无因管理人与本人之间产生了债的关系,即无因管理人作为债权人有权要求作为债务人的本人偿付其从事无因管理行为而支付的必要费用。

4.侵权行为

侵权行为是指不法侵害他人合法权益,给他人造成损害的行为。侵害他人的财产所有权、债权、知识产权和人身权并造成他人财产和人身损害的,侵权人有义务赔偿受害人的损失,这种赔偿关系就是受害人与侵权人之间的债权债务关系,受害人是债权人,侵权人是债务人。

《中华人民共和国侵权责任法》规定,建筑物、构筑物或者其他设施及其搁置物、悬挂物发生脱落、坠落造成他人损害,所有人、管理人或者使用人不能证明自己没有过错的,应当承担侵权责任。所有人、管理人或者使用人赔偿后,有其他责任人的,有权向其他责任人追偿。建筑物、构筑物或者其他设施倒塌造成他人损害的,由建设单位与施工单位承担连带责任。建设单位、施工单位赔偿后,有其他责任人的,有权向其他责任人追偿。因其他责任人的原因,建筑物、构筑物或者其他设施倒塌造成他人损害的,由其他责任人承担侵权责任。从建筑物中抛掷物品或者从建筑物上坠落的物品造成他人损害,难以确定具体侵权人的,除能够证明自己不是侵权人的外,由可能加害的建筑物使用人给予补偿。

任何合同关系的设立,都是在当事人之间设立了债权债务的关系,每个工程项目都存在着数个合同,如设计合同、施工合同、监理合同等,但并不是每个工程项目都一定会发生不当得利、侵权行为以及无因管理等情形。虽然它们也是建设工程债的发生依据,但不是债发生的最主要、最普遍的依据。

（二）债的分类

1. 根据债的主体人数多少分为单一之债与多数之债

单一之债的债权人与债务人均为一人，债权债务关系简单明确。多数之债的债权人或债务人单方或双方为二人以上，债权债务关系比较复杂，如既有债权人与债务人的关系，又有债权人之间及债务人之间的关系。

2. 根据多数之债中债权人之间或债务人之间的相互关系分为按份之债与连带之债

【案例】

某工程有限公司与某建筑劳务公司于2010年3月签订《建筑工程施工劳务承包合同》，约定将高层住宅楼劳务分包给该建筑劳务公司。4月，刘某进入该建筑劳务公司工作，在没有进行岗前培训的情况下，被分配到工地从事模板支撑工作。6月25日，因单位未提供安全带，刘某不慎从一楼架子上摔下后，头部受伤。随即被送至医院治疗。经诊断，颅脑及颅底多处骨折、蛛网膜下出血、硬膜外血肿。刘某住院81天，支出医疗费15450.5元，除4280元系自己支付外，其他医疗费为该建筑劳务公司所垫付。法医临床司法鉴定所对刘某的伤残等级进行司法鉴定，刘某的伤残等级为九级。该建筑劳务公司成立于2010年1月，事故发生时城乡建设厅尚未向其颁发资质证书。经法院审理，判决某工程有限公司连带赔偿刘某医疗费、住院伙食补助费、营养费、护理费、误工费、残疾赔偿金、被扶养人生活费、精神抚慰金，共计115269.2元。

某工程有限公司与某建筑劳务公司签订分包合同，将工程分包，此时某建筑劳务公司并不具备相应资质。《中华人民共和国建筑法》第二十九条第三款的规定："禁止总承包单位将工程分包给不具备相应资质条件的单位。"《最高人民法院关于审理人身损害赔偿案件适用法律若干问题的解释》第十一条第二款规定："雇员在从事雇佣活动中因安全生产事故遭受人身损害，发包人、分包人知道或者应当知道接受发包或者分包业务的雇主没有相应资质或者安全生产条件的，应当与雇主承担连带赔偿责任。"

按份之债，指债权人或债务人为二人以上，各债权人按照确定的份额享受债权，各债务人按照确定的份额承担债务的债。按份之债虽然是一个债权债务关系，但各债权人或债务人之间独立享受债权，承担债务，彼此并无牵连，按份债权人只能就自己的债权份额请求和接受清偿，无权就整个债权受偿。按份债务人仅就自己的债务份额有清偿的义务，无须对他人的债务份额负清偿责任。按份债权人或债务人的法律行为原则上彼此不发生效力。

连带之债，指多数债权人中的任何一人有权要求债务人履行全部债务，多数债务人中的任何一人有义务清偿全部债权，且全部债权债务因一次全部清偿而消灭的债。连带之债中，有两种基本关系：一是连带债权人与连带债务人之间的关系，任一债权人均有权请求债务人全部清偿债权，任一债务人均有义务清偿全部债务，债务人的清偿行为导致债的关系消灭。二是连带债权人或连带债务人之间的内部关系，任一债权人接受债务人的全部清偿，或任一债务人清偿了全部债务，则连带债权转变为债权人内部的按份债权，连带债务转变为债务人内部的按份债务，各自按照确定的比例受偿与清偿。例如《中华人民共和国侵权责任法》第八十六条规定的建筑物缺陷损害责任的承担，即建筑物没有达到法律、法规规定的标准，存在对他人人身、财产的不合理危险，其损害责任由建设单位与施工单位承担连带责任，建设单位、施工单位赔偿后，有其他责任人的，有权向其他责任人追偿。显然，该责任属于无过错责任，而且没有免责的事由。其中,他人泛指受损的一切人,包括建筑物所有人、管理人在内。

法律规定连带之债的目的,是使多数债务人彼此之间承担履行债务的担保责任,保证债权实现。通常只有在法律直接规定或合同明确约定的情况下,债务人之间才承担连带责任。法律规定属于连带之债的情况是:合伙人之间的连带责任;财产共有人之间的连带责任;合同保证人与债务人之间的连带责任;被代理人与代理人之间的连带责任;共同侵权人对受害人的连带责任;法人对其法定代表人及其工作人员在执行职务过程中的违法行为承担的连带责任等。

3.债的标的物能否相互替代分为特定物之债与种类物之债

特定物是根据当事人的意思具体指定的物。特定物之债的标的物在债权发生时已经确定。因此,债务人履行债务时必须交付特定物,只有在履行前标的物灭失时,才能免除交付特定物的义务。种类物是具有某种共同属性,可以抽象概括其特征的物。种类物之债的标的物在债权发生时尚未确定,或未存在,只有在交付时才特定化。所以,债的标的物在交付前灭失的,不免除债务人交付实物的义务。在违反建设工程合同质量条款的民事责任中,修理和重作可以适用于种类物或者特定物,而更换只能适用于种类物。

二 物权法律制度

为了维护国家基本经济制度,维护社会主义市场经济秩序,明确物的归属,发挥物的效用,保护权利人的物权,根据宪法制定的《中华人民共和国物权法》(以下简称《物权法》)由第十届全国人民代表大会第五次会议于 2007 年 3 月 16 日通过,自 2007 年 10 月 1 日起施行。建筑工程实务中存在的在建工程抵押制度、在建工程收益权归属、建设工程款优先受偿权及相邻关系处理等问题一直以来是理论界、实务界关注的焦点。《物权法》出台对解决上述问题具有重大影响。

(一)物权的概念和特征

物权,是指民事主体在法律规定的范围内,直接支配特定的物而享受其利益,并得排除他人干涉的权利。包括所有权、用益物权和担保物权。《物权法》规定,"国家、集体、私人的物权和其他权利人的物权受法律保护,任何单位和个人不得侵犯。"

1.物权是对物的支配权

所谓支配,是指对物进行占有、使用、收益和处分。物权的权利人可以直接管理控制有体物,并享受该有体物的利益,其他人不能再行支配该权利人支配范围内的有体物利益。具体而言,所有权是直接支配有体物的全部价值的权利,用益物权是直接支配有体物的使用价值的权利,而担保物权是直接支配有体物交换价值的权利。

2.物权是排他性财产权

在物权人对物进行支配的范围内,可以排除任何人对其支配的干涉甚至支配。物权的排他性包括两个方面的内容:其一,一物之上不得同时成立两个内容相互排斥的物权。比如对于所有权而言,一物之上不能有两个所有权,如果某人对某物享有所有权,就排除其他任何人同时再对该物另有一个所有权。这就是所谓的"一物一权原则"。其二,物权具有排除他人妨害、干涉、侵占的性质。在物权法律关系中,物权人之外的其他任何人对该物权都负有不可侵犯的义务。

3.物权是绝对权

绝对权,是指仅由权利人合法支配行为即能实现而无须他人协助的权利。物权是法定权利,其内容、效力均由强制性规范所规定,因此,物权人能够在合法范围内无限制条件地、绝对地实现其权利。物权义务人所负担的是不作为的义务,即不得对物权人实施非法干预。物权主体以外的其他任何人都负有不得侵害和干涉、妨碍他人行使物权的义务。

4.客体特定性

由于物权是权利主体对物进行直接支配的权利,物权人可以基于其物权排除任何其他人的干涉,如果物权的客体不特定,物权人就可以随意支配不同的物,这样势必会侵害第三人的利益,第三人会动辄干涉他人的物权而被排除,这样势必导致财产归属秩序和交易秩序的混乱,因而物权的客体就是特定的物。不特定的物不能成为物权的客体。

【案例】

甲公司于2007年10月10日通过拍卖的方式取得位于北京郊区的一块工业建设用地。10月15日,甲公司与北京市土地管理部门签订《建设用地使用权出让合同》;10月21日,甲公司缴纳全部土地出让金;11月5日,甲公司办理完毕建设用地使用权登记,并获得建设用地使用权证。2007年11月21日,甲公司与相邻土地的建设用地使用权人乙公司签订书面合同,该合同约定:甲公司在乙公司的土地上修筑一条机动车道,利于交通方便。使用期限为20年,甲公司每年向乙公司支付8万元费用。2008年1月28日,甲公司以取得的上述建设用地使用权作抵押,向丙银行借款5000万元,借款期限3年。该抵押权办理了登记手续。此后,甲公司依法办理了各项立项、规划、建筑许可、施工许可等手续之后开工建设厂房。

本案涉及《物权法》中规定的建设用地使用权、地役权、担保物权等内容。根据《物权法》第一百三十九条规定,建设用地使用权的取得必须向登记机构办理登记,登记是建设用地使用权生效的条件。登记机构应当向建设用地使用权人发放建设用地使用权证书。甲公司于2007年11月5日办理了建设用地使用权的登记,于登记之日取得建设用地使用权。甲公司与乙公司订立合同拟设立的是地役权,地役权自地役权合同生效时设立。在约定的付款期间届满后在合理期限内经乙公司2次催告,甲公司仍未支付费用,表明地役权人没有履行合同的诚意,或者根本不可能再履行合同,乙公司有权解除合同使得地役权消灭。物权法第一百八十二条规定,债务人或者第三人有权处分的建设用地使用权可以抵押。建设用地使用权抵押后,抵押人仍然有权依法对该土地进行开发,建造建筑物。

(二)物权的分类

根据《物权法》规定,物权主要分为所有权、用益物权、担保物权三大类。

1.所有权

所有权人对自己的不动产或者动产,依法享有占有、使用、收益和处分的权利。所有权是所有人在法定限度内对物最充分、最完全的支配。所有权的权能,包括:占有权能、使用权能、收益权能、处分权能。

所有权的内容包括人对物和人对人两个方面的权利:人对物的权利,是指人对物全面支配的权利,包括占有、使用、收益、处分几项具体的权利,属于原权,是所有权的核心内容,属于所有权的积极内容;人对人的权利,是指所有人排除他人非法干预的法定权利,包括所有权返还请求权、所有权妨害排除请求权、所有权妨害预防请求权、所有权回复原状请求权等项权利,属于救济权,是所有人基于对特定范围内财产的权利而产生的对非所有人的权利,属于所有权的消极内容。

(1)《物权法》中规定的所有权的类型

①国家所有权。国家所有权的主体是国家,具有明确性、唯一性和统一性。专属于国家所有的财产如矿藏、水流、海域、城市的土地、国防资产,无线电频谱资源等。除法律另有规定外,由国务院代表国家行使所有权。

②集体所有权。除专属于国家所有的物之外,其他种类的物原则上都可以成为集体所有权的标的。

③私人所有权。法律未禁止私人所有的财产,均可成为私人所有权的标的,包括合法收入、房屋、生活用品、生产工具、原材料。

(2)建筑物区分所有权

建筑物区分所有权,是指由区分所有建筑物的专有部分所有权、共有部分的共有权以及对建筑物进行共同管理的成员权三者构成的特别所有权。

建筑物区分所有权的内容包括:

①专有部分所有权,系空间所有权,是区分所有人对专有部分的自由占有、使用、收益及处分的权利。专有部分,指在构造上能明确区分,具有排他性且可独立使用的建筑物部分。

②共有部分共有权,是建筑物区分所有人依照法律或管理规约的规定,对区分所有建筑物之共有部分所享有的占有、使用及收益的权利。

③成员权,指建筑物区分所有人(业主)基于一栋建筑物的构造、权利归属及使用上的密切关系而形成的、作为建筑物管理团体之一成员所享有的权利。业主可以设立业主大会,选举业主委员会。

建筑物区分所有权是由三项权利构成的特别所有权,有别于单一的不动产所有权。构成建筑物区分所有权的三要素具有一体性,不可分离。在发生权利变动时,须一体变动。在构成建筑物区分所有权的三要素中,专有部分所有权具有主导性:其一,区分所有人取得专有部分所有权即取得共有部分共有权及成员权;其二,专有部分所有权的大小决定共有权及成员权的大小;其三,区分所有权成立登记时,只登记专有部分所有权,而共有权及成员权并不单独登记。

(3)相邻权

相邻关系,是指不动产相邻各方在对各自所有或使用的不动产行使所有权或使用权时,因相互间依法应当给予便利或接受限制而发生的权利义务关系。包括土地相邻关系、水流相邻关系、建筑物相邻关系等。

相邻权,是指相毗邻的不动产的所有人或使用人为行使其所有权或使用权的必要,而对他方不动产所有权或使用权依法予以限制的权利。一方相邻权的行使,构成对他方的限制。然而此种限制只要是在法律规定的限度之内,他方即得容忍。法律之所以规定相邻权,目的在于平衡各方利益。

土地的相邻权包括:邻地通行权、邻地管线安设权、邻地使用权、邻地环境保护权、邻地安全保护权。水流的相邻权包括:相邻水流使用权、相邻水流排放权。建筑物的相邻权包括:相邻通风采光权、相邻通行权、相邻环境保护权。

《物权法》"相邻关系"相关条款对建筑施工企业产生影响的法律规定主要有以下三个方面：

第一，因建筑施工对通风、采光和日照所产生的相邻关系。《物权法》第八十九条规定："建造建筑物，不得违反国家有关工程建设标准，妨碍相邻建筑物的通风、采光和日照"。

第二，因建筑施工排放废弃物、污染物、施工噪音所产生的相邻关系。《物权法》第九十条规定："不动产权利人不得违反国家规定弃置固体废物，排放大气污染物、水污染物、噪声、光、电磁波辐射等有害物质"。

第三，因建筑施工挖掘土地、建造建筑物、铺设管线、设备安装、给排水、通行所产生的相邻关系。《物权法》第九十一条规定："不动产权利人挖掘土地、建造建筑物、铺设管线以及安装设备等，不得危及相邻不动产的安全"，《物权法》第九十二条规定："不动产权利人因用水、排水、通行、铺设管线等利用相邻不动产的，应当尽量避免对相邻的不动产权利人造成损害；造成损害的，应当给予赔偿"。

2. 用益物权

用益物权，是指对他人所有的不动产或动产，依法享有占有、使用、收益的权利。用益物权是在他人所有的财产上设立的权利，即对他人的财产享有占有、使用和收益的权利。其客体可以是动产，也可以是不动产，但多以不动产尤其是土地为使用收益的对象。虽然用益物权以所有权的存在为前提，但其一经设立，在法律上就具有独立性。也就是说，用益物权一旦依当事人约定或法律直接规定设立，用益物权人便能独立地享有对标的物的使用和收益权，除了能有效地对抗第三人以外，也能对抗标的物的所有人对其权利行使的干涉。

根据我国《物权法》的规定，我国的用益物权类型包括土地承包经营权、建设用地使用权、宅基地使用权和地役权。对于海域使用权以及取水权、采矿权、探矿权、捕捞权、狩猎权等用益物权或者准用益物权适用相应特别法律的规定。

（1）土地承包经营权

土地承包经营权是指土地承包经营权人为从事种植业、林业、畜牧业，对其承包的集体所有或者国家所有由集体使用的土地所享有的占有、使用、收益的权利。在《物权法》中对土地承包经营权的期限、土地承包经营权人和发包人的权利、义务进行了比较详细的规定，对土地承包期间可能出现的流转、征用等进行了规定。

（2）建设用地使用权

《物权法》第一百三十五条规定："建设用地使用权人依法对国家所有的土地享有占有、使用、收益的权利，有权利用该土地建造建筑物、构筑物及其附属设施"。此外，《物权法》对建设用地使用权的取得程序、登记程序、土地用途、出让金等方面作了详细规定。

（3）宅基地使用权

宅基地使用权是指宅基地使用权人依法对集体所有的土地享有的占有和使用的权利，有权利用该土地建造住宅及其附属设施。

（4）地役权

地役权是指土地上的权利人（包括土地所有人、土地使用权人），为了自己的土地的方便或者土地价值的提高，通过约定而得以利用他人土地的一种限定物权。提供便利的不动产称"供役地",享受便利的不动产称"需役地"。在地役权关系中,"需役地"与"供役地"不以相互毗邻为必要,即使不相毗邻,亦可成立地役权。

3.担保物权

1)担保物权的概念和特征

担保物权是以直接支配特定财产的交换价值为内容,以确保债权实现为目的而设定的物权。《物权法》第一百七十条规定,担保物权人在债务人不履行到期债务或者发生当事人约定的实现担保物权的情形,依法享有就担保财产优先受偿的权利,但法律另有规定的除外。担保物权具有以下特征:

(1)担保物权是以确保债权人的债权得到完全清偿为目的。担保物权不强调对特定财产的使用和收益,而是强调对特定财产交换价值的支配权。

(2)担保物权具有优先受偿的效力。优先受偿性是担保物权的最主要效力。优先受偿是指在债务人到期不清偿债务或者出现当事人约定的实现担保物权的情形时,债权人可以对担保财产进行折价或者拍卖、变卖担保财产,以所得的价款优先实现自己的债权。

(3)担保物权是在债务人或者第三人的财产设定的权利。担保物权的标的物必须是特定的,根据《物权法》的规定,可以用于担保的财产范围比较广,既包括不动产,也包括动产,在特定情形下还可用权利进行担保。

(4)担保物权具有物上代位性。担保物权不以物之利用为目的,而是以取得物之交换价值为目的,属于价值权。《物权法》第一百七十四条规定,担保期间,担保财产毁损、灭失或者被征收等,担保物权人可以就获得的保险金、赔偿金或者补偿金等优先受偿。被担保债权的履行期未届满的,也可以提存该保险金、赔偿金或者补偿金等。

2)担保物权的分类

(1)抵押权。债务人或第三人不转移占有地将自己的特定财产作为履行债务的担保,当债务人不履行债务时,债权人有权从该抵押财产的价值中优先受清偿的权利。

债务人或者第三人有权处分的下列财产可以抵押:

①建筑物和其他土地附着物;

②建设用地使用权;

③以招标、拍卖、公开协商等方式取得的荒地等土地承包经营权;

④生产设备、原材料、半成品、产品;

⑤正在建造的建筑物、船舶、航空器;

⑥交通运输工具;

⑦法律、行政法规未禁止抵押的其他财产。

抵押人可以将前款所列财产一并抵押。

设立抵押权,当事人应当采取书面形式订立抵押合同。抵押合同一般包括:被担保债权的种类和数额;债务人履行债务的期限;抵押财产的名称、数量、质量、状况、所在地、所有权归属或者使用权归属;担保的范围等主要条款。

(2)质权。又称质押,指为了担保债务的履行,债务人或第三人将其动产或权利移交债权人占有,当债务人不履行债务时,债权人有就其占有的财产优先受偿的权利。

动产质权是指债务人或者第三人将其动产交由债权人占有,当债务人不履行债务时,债权人就该动产依法享有优先受偿的权利。动产质权依当事人之间的质押合同而设定，应为书面形式。动产质权所担保的债权的范围包括主债权及利息、违约金、损害赔偿金、质押财产的保管费用和实现质权的费用。

权利质权是为了担保债权清偿，就债务人或第三人所享有的权利设定的质权。债务人或者第三人有权处分的下列权利可以质押：汇票、支票、本票；债券、存款单；仓单、提单；可以转让的基金份额、股权；可以转让的注册商标专用权、专利权、著作权等知识产权中的财产权；应收账款；法律、行政法规规定可以出质的其他财产权利。以基金份额、证券登记结算机构登记的股权出质，须向证券登记结算机构登记。以其他股权出质，须向工商行政管理部门登记。以知识产权出质，须向专利权、注册商标专用权、著作权主管部门登记。以应收账款出质，须向信贷征信机构登记。

（3）留置权。债权人因合同关系占有债务人的财产，在债务人不按合同约定的期限履行债务时，有权依法留置该财产，并就以该财产折价或者拍卖、变卖的价款优先受偿的权利。

债权人留置的动产，应当与债权属于同一法律关系，但企业之间留置的除外。法律规定或者当事人约定不得留置的动产，不得留置。留置权人负有妥善保管留置财产的义务；因保管不善致使留置财产毁损、灭失的，应当承担赔偿责任。

（三）物权的法律保护

物权是通过权利人实施一定的支配行为而实现的。如果这种支配因他人的非法侵害而成为不可能或不能达到应有的状态，权利人的利益便无从实现或不能全面实现。在这种情况下，权利人可以通过法律规定的方法排除侵害，以恢复对物的支配或得到价值上的补偿。

物权法意义上的物权保护，主要指民法保护。《物权法》第三十八条第二款对物权的行政法保护和刑法保护作了概括性规定："侵害物权，除承担民事责任外，违反行政管理规定的，依法承担行政责任；构成犯罪的，依法追究刑事责任。"

物权受到侵害的，权利人可以通过和解、调解等途径解决，也可以依法向人民法院提起诉讼。物权的保护应当采取如下方式：

1. 确认物权

因物权的归属、内容发生争议的，利害关系人可以请求确认权利。

2. 返还原物

所有权人或他物权人于其物被他人非法占有时，有权请求不法占有人返还原物，以恢复其对物的占有。我国《民法通则》第一百三十四条也把"返还财产"作为一种独立的民事责任形式，并在实践中得到广泛适用。

3. 排除妨害

他人以非法占有以外的方式妨害物权人行使其权利时，物权人有权请求其排除妨害，以恢复物权的状态。

4. 消除危险

他人以非法占有以外的方式有可能危及行使物权的，权利人可以请求消除危险。

5. 恢复原状

物权标的因他人不法侵害而遭受毁损时，如果能够通过一定手段使其恢复到原有状态，则物权人享有恢复原状请求权。在我国《民法通则》中，恢复原状也是一种独立的民事责任形式。

6. 赔偿损害

侵害物权，造成权利人损害的，权利人可以请求损害赔偿，也可以请求承担其他民事责任。这种损害赔偿请求权是基于侵权行为而产生的债权请求权，其适用条件是物权人因其物权受侵害而遭受损害，包括：原物灭失或被他人合法取得而无法返还，或返还原物后仍有损失；不能恢复原状或者恢复原状后仍有损失；因物权行使受妨害而遭受损失等。

三 知识产权法律制度

知识产权是权利人对其创造的智力成果依法享有的权利。实施知识产权制度，可以起到激励创新，保护人们的智力劳动成果，并促进其转化为现实生产力的作用。它是一种推动科技进步、经济发展、文化繁荣的一种激励和保护机制。

知识产权的范围有广义和狭义之分。广义的知识产权包括著作权及其邻接权、商标权、商号权、商业秘密权、产地标记权、专利权、集成电路布图设计权等各种权利。狭义的知识产权，即传统意义上的知识产权，应包括著作权（含邻接权）、专利权、商标权三个主要组成部分。

知识产权是一种新型的民事权利，是一种有别于财产所有权的无形财产权，是一种私权。权利客体的非物质性是知识产权区别于财产所有权的本质特性。

知识产权的专有性，没有法律规定或未经权利人许可，任何人不得使用权利人的知识产品。对同一项知识产品，不允许有两个或两个以上同一属性的知识产权并存。知识产权作为一种专有权在空间上的效力并不是无限的，而要受到地域的限制，即具有严格的领土性，其效力只限于本国境内。并且，知识产权仅在法律规定的期限内受到保护，一旦超过法律规定的有效期限，这一权利就自行消灭，相关知识产品即成为整个社会的共同财富，为全人类所共同使用。

（一）工程项目建设中知识产权的范围

工程项目建设尤其是大型公共工程项目建设涉及投资、勘察、设计、采购、施工、竣工验收等众多管理环节，也涉及发包人（建设单位）、承包人或是经发包人同意的分包设计人（设计单位）和施工人（施工单位）等多方主体利益。工程项目建设凝结着工程勘察设计施工者的创造性智力劳动成果。工程勘察设计施工业者可以对其技术创新成果通过著作权登记等加以管理与保护而维护自身合法权益。

我国 2001 年 10 月修订的《著作权法》第三条第四款明确将建筑作品与美术作品一起列入其保护范围，同时该条第七款规定工程设计图、产品设计图、地图、示意图等图形作品和模型作品受著作权法保护。即建筑物、设计图、建筑模型均可受到我国著作权的保护。但并不是所有的建筑作品都能得到著作权法的保护。因为著作权法规定的"作品"是指文学、艺术、科学领域内，具有独创性并能以某种有形形式复制的智力创造成果。2002 年修订的《中华人民共和国著作权法实施条例》第四条第九项将建筑作品解释为，以建筑物或者构筑物形式表现的有审美意义的作品。即作为著作权法客体的建筑设计至少应满足以下三个条件：

1. 独创性

独创性是指由作者（可是自然人也可是法人或其他组织）独立构思而成的，作品的内容或表现形式完全不同或基本不同于他人已经发表的作品。建筑作品不同于小说、诗歌、绘画等文学艺术创作，因其必须是从功能上要满足人们生产生活实际需求、并且受到技术、规划、周围环境、地质结构等条件的制约，因此它的创造性要求应是较低的，作为建筑作品，它的独创性更多的应该反映在它是独立创作完成的，该独立创作并没有与已有作品实质相似，即应认定为具有独创性。

2.可复制性

著作权保护的客体是一种知识产品，具有非物质性的特点，必定要通过一定的客观形式表现出来。建筑设计实质也是一种对设计条件、设计要素等信息的组合、安排，这些组合与安排必须要通过设计图纸、建筑模型或建筑物本身作为载体表现出来，这些载体是可以复制的，仅仅在一个设计师头脑中的未通过任何方式表达出来的设计思想是无法复制的，这样即使是再好的设计理念也不能够成为著作权保护的对象。

3.具有审美意义

我国著作权法实施条例将建筑作品定义为以建筑物或者构筑物形式表现的有审美意义的作品。这就要求该建筑作品是具有艺术美感的，那些仅仅能满足人们生产生活需求，仅有门有窗有墙有顶而没有任何艺术美感的房子不能称之为建筑作品，不受著作权法保护。

除建筑作品外，根据《著作权法》规定，工程勘察设计咨询施工从业者依法对其下列作品享有著作权：

（1）工程勘察投标方案，专业工程设计投标方案，建筑工程设计投标方案（包括创意或概念性投标方案），工程咨询投标方案；

（2）工程勘察和工程设计阶段的原始资料、计算书、工程设计图及说明书、技术文件和工程总结报告；

（3）工程咨询的项目建议书、可行性研究报告、专业性评价报告、工程评估书、监理大纲；

（4）科研活动的原始数据、设计图及说明书、技术总结和科研报告；

（5）企业自行编制的计算机软件、企业标准、导则、手册、标准设计等。

著作权及邻接权的权利人依法享有著作人身权和财产权，即发表权、署名权、修改权、保护作品完整权、复制权、发行权、改编权、信息网络传播权等。他人未经著作权人同意，不得发表、修改和使用其作品。

工程勘察设计施工企业还可通过专利申请、商标注册以及专有技术权保护与管理以维护其合法权益。

工程勘察设计施工企业对各种具有新颖性、创造性和实用性的新工艺、新设备、新材料、新结构等新技术和新设计，以及对原有技术的新改进、新组合等，可依法申请取得发明、实用新型或外观设计等专利权。对各种新工艺、新设备、新材料、新结构、新技术、产品配方、各种技术诀窍及方法等，以及科技档案、客户名单、财务账册、统计报表等经营信息，工程勘察设计施工从业者可通过采取保密措施而享有专有技术权或其他商业秘密保护。对其企业名称、商品商标、服务标志等依法取得商标权及识别性标志权。

专利权人对其发明创造享有独占权。任何单位或个人未经专利权人许可不得进行为生产经营目的制造、使用、许诺销售、销售和进口其专利产品，或者未经专利权人许可为生产经营目的使用其专利方法，以及使用、许诺销售、销售和进口依照其专利方法直接获得的产品。

专有技术是受国家法律保护的具备法定条件的技术秘密,任何单位或个人不得以不正当手段获取、使用他人的技术秘密,不得以任何形式披露、转让他人的技术秘密。

商标权的所有人对其注册商标依法享有专用权。他人未经商标权人的同意,不得在经营活动中擅自使用。

(二)工程项目建设中知识产权的归属

1.著作权及邻接权的归属

(1)执行勘察设计咨询企业的任务或主要利用企业的物质技术条件完成的,并由企业承担责任的工程勘察、设计、咨询的投标方案和各类文件等职务作品,其著作权及邻接权归企业所有。直接参加投标方案和文件编制的自然人(包括企业职工和临时聘用人员,下同)享有署名权。

建设单位(业主)按照国家规定支付勘察、设计、咨询费后所获取的工程勘察、设计、咨询的投标方案或各类文件,仅获得在特定建设项目上的一次性使用权,其著作权仍属于勘察设计咨询企业所有。

(2)勘察设计咨询企业自行组织编制的计算机软件、企业标准、导则、手册、标准设计等是职务作品,其著作权及邻接权归企业所有。直接参加编制的自然人享有署名权。

(3)执行勘察设计咨询企业的任务或主要利用企业的物质技术条件完成的,并由企业承担责任的科技论文、技术报告等职务作品,其著作权及邻接权归企业所有。直接参加编制的自然人享有署名权。

(4)勘察设计咨询企业职工的非职务作品的著作权及邻接权归个人所有。

2.勘察设计咨询业专利权和专有技术权的归属

(1)执行勘察设计咨询企业的任务,或主要利用本企业的物质技术条件所完成的发明创造或技术成果,属于职务发明创造或职务技术成果,其专利申请权和专利的所有权、专有技术的所有权,以及专利和专有技术的使用权、转让权归企业所有。直接参加专利或专有技术开发、研制等工作的自然人依法享有署名权。

(2)勘察设计咨询企业职工的非职务专利或专有技术权归个人所有。

勘察设计咨询企业在科研、生产、经营、管理等工作中所形成的,能为企业带来经济利益的,采取了保密措施不为公众所知悉的技术、经营、管理信息等商业秘密属于企业所有。

勘察设计咨询企业的名称、商品商标、服务标志,以及依法定程序取得的各种资质证明等的权利为企业所有。

勘察设计咨询企业与其他企事业单位合作所形成的著作权及邻接权、专利权、专有技术权等知识产权,为合作各方所共有,合同另有规定的按照约定确定其权属。

勘察设计咨询企业接受国家、企业、事业单位的委托,或者委托其他企事业单位所形成的著作权及邻接权、专利权、专有技术权等知识产权,按照合同确定其权属。没有合同约定的,其权属归完成方所有。

3.勘察设计咨询企业的人员离开企业期间形成的知识产权的归属

(1)企业派遣出国开展合作设计、访问、进修、留学等,或者派遣到其他企事业单位短期工作的人员,在企业尚未完成的勘察、设计、咨询、科研等项目,在国外或其他单位完成而可能获得知识产权的,企业应当与派遣人员和接受派遣人员的单位共同签订协议,明确其知识产权的归属。

（2）企业的离休、退休、停薪留职、调离、辞退等人员,在离开企业一年内形成的,且与其在原企业承担的工作或任务有关的各类知识产权归原企业所有。

（3）勘察设计咨询企业接收的培训、进修、借用或临时聘用等人员,在接收企业工作或学习期间形成的职务成果的知识产权,按照接收企业与派出方的协议确定归属,没有协议的其权利属于接收企业。

（三）工程项目建设中侵犯知识产权的行为

【案例】

珠海晶艺玻璃工程有限公司自2000年开始,先后参加了广州新白云机场航站楼玻璃幕墙工程的设计招标和第一、二、三标段的招标活动,并按要求提供了详尽的设计及施工方案,其中包括公司专利产品的使用说明,但都没有中标。2004年8月6日,新白云机场正式使用。晶艺公司发现新机场航站楼玻璃幕墙工程使用了该公司拥有的实用新型专利——幕墙活动连接装置。在掌握了充分证据的情况下,晶艺公司以侵犯其专利使用权为由将广州新白云机场的投资者、建设者、经营者及工程施工方等四个单位一并告上法庭,要求判令四被告分别承担侵权责任,共同赔偿经济损失200万元,并支付专利技术使用费100万元。

广州中院审理认为,原告是涉案的实用新型专利权利人,其专利至今有效存续,受法律保护。被告深圳市三鑫特种玻璃技术股份有限公司未经原告许可,在广州新白云国际机场航站楼玻璃幕墙工程的设计、施工当中制造、销售、使用原告的专利产品,侵犯原告专利权,应停止侵权并承担相应的赔偿责任。原白云机场有限公司作为工程的发包方,对被告深圳市三鑫特种玻璃技术股份有限公司设计、施工的工程内容有否侵犯他人专利权负有审查义务,应当对侵权后果承担共同赔偿责任;鉴于原白云机场有限公司现已被注销工商登记,其债权债务由被告广东省机场管理集团公司承担,因此被告广东省机场管理集团公司应当承担共同赔偿责任。由于在广州新白云国际机场建成并投入使用之后,该机场的地面服务设施实际由被告广州白云国际机场股份有限公司经营使用,因此在认定侵权成立后,本应判令停止使用侵权产品,但考虑到机场的特殊性,停止使用不符合社会公众利益,因此准许其使用被控侵权产品,但应支付使用费。

2006年8月16日,广州中院作出一审判决,判令被告深圳市三鑫特种玻璃技术股份有限公司立即停止专利侵权行为;被告深圳市三鑫特种玻璃技术股份有限公司和广东省机场管理集团公司支付原告赔偿金30万元;被告广州白云国际机场股份有限公司支付原告专利使用费15万元。

1. 侵犯或者侵占他人的著作权的行为

（1）勘察设计咨询企业或工程技术人员不遵守行业道德和从业公约,抄袭、剽窃他人的勘察、设计、咨询文件（设计图）及其作品的;

（2）勘察设计咨询企业的职工,未经许可擅自将本企业的勘察设计文件（设计图）、工程技术资料、科研资料等复制、摘录、转让给其他单位或个人的;

（3）勘察设计咨询企业的职工,将职务作品或计算机软件作为非职务成果进行登记注册或转让的；

（4）勘察设计咨询企业的职工未经审查许可，擅自发表、出版本企业业务范围内的科技论文、作品，或许可他人发表的；

（5）任何单位或个人，未经著作权人同意或超出勘察设计咨询合同的规定，擅自复制、超范围使用、重复使用、转让他人的工程勘察、设计、咨询文件（设计图）及其他作品等。

2.侵犯或者侵占他人的专利权或专有技术权的行为

（1）勘察设计咨询企业的职工违反规定，在工程项目或科研工作完成后，不按时将有关勘察设计文件、设计图、技术资料等归档，私自保留、据为己有的；

（2）勘察设计咨询企业的职工违反规定，将应属于单位的职务发明创造和科技成果申请为非职务专利，或者将其据为己有的；

（3）勘察设计咨询企业的职工，擅自转让本企业或他人的专利或专有技术的；

（4）勘察设计咨询企业或工程技术人员，未经权利人允许，擅自在工程勘察设计中使用他人具有专利权或专有技术权的新工艺、新设备、新技术的；

（5）任何单位或个人，采用盗窃、利诱、胁迫或者其他不正当手段获取、使用或者披露他人含有专有技术标识的文件、设计图及说明的；

（6）任何单位或个人，违反双方保密约定，将含有专有技术标识的文件、设计图及说明转让给第三方，以及第三方明知是他人的保密文件、设计图及说明仍擅自使用等。

3.侵犯他人的商标及相关识别性标志权的行为

（1）勘察设计咨询企业擅自在其勘察设计咨询文件上使用其他勘察设计咨询企业的名称、注册商标、资质证明、图签、出图专用章等企业标识的；

（2）任何单位或个人，未经勘察设计咨询企业授权，以勘察设计咨询企业的名义进行生产经营活动或其他活动的。

4.侵犯他人的商业秘密的行为

（1）勘察设计咨询企业的职工，私自将与本企业签有正式业务合同的客户介绍给其他企业，给企业造成损失的；

（2）勘察设计咨询企业的职工，违反企业保守商业秘密的要求，泄露或私自许可他人使用其所掌握商业秘密的；

（3）第三人明知或应知有本条第1～2款所述的违法行为，仍获取、使用或者披露他人的商业秘密等。

发生侵犯或侵占知识产行为的，权利人在获得确切的证据后，可以直接向侵权者发出信函，要求其停止侵权，并说明侵权的后果。双方当事人可就赔偿等问题进行协商，达成协议的按照协议解决；达不成协议的，可以采取调解、仲裁或诉讼等方式解决。

（四）代理法律制度

代理是指代理人以被代理人的名义，在代理权限范围内与第三人为法律行为，其法律后果直接由被代理人承受的民事法律制度。

代理涉及三方当事人，分别是被代理人、代理人和代理关系所涉及的第三人。依照法律规定或者按照双方当事人约定,应当由本人实施的民事法律行为,不得代理。自然人和法人均可成为代理人,但法律对代理人资格有特别规定的除外。例如,《招标投标法》中规定,招标投标活动中的招标代理机构应当依法设立,并依法取得国务院建设行政主管部门或者省、自治区、直辖市人民政府建设行政主管部门认定的工程招标代理机构资格。

【案例】

2010年11月18日,被告美君公司与无资质的葛新斌签订了1份《建筑工程固定承包合同》,合同约定被告美君公司将其厂房交由葛新斌承建。2011年3月9日,葛新斌又以被告美君公司的名义与原告华丰塑钢制品公司签订了塑钢安装工程合同。合同签订后,原告塑钢制品公司依约在被告美君公司工地进行了塑钢安装施工。葛新斌施工期间,在施工现场悬挂了一块现场施工牌,该施工牌显示该工程项目为被告美君公司的项目,葛新斌为该项目经理。2011年6月,葛新斌突然离开工地不回。葛新斌出走后致使原告华丰塑钢制品公司的工程款至今没能收回。本案在审理过程中,经原告申请,法院委托丰城市价格认证中心对其工程量进行鉴定,经鉴定,原告华丰塑钢制品公司的工程量为66662.28元。2007年11月9日,华丰塑钢制品公司以美君公司为被告向江西省丰城市人民法院提起诉讼,要求美君公司偿还所欠工程款。

美君公司辩称:我公司从未委托或追认葛新斌以我公司的名义对外签订塑钢安装合同。葛新斌与原告塑钢制品公司的签约行为,应由其自行承担相应的民事责任,与我公司无任何法律上的关系,我公司不能承担原告华丰塑钢制品公司因交易不慎所致的商业风险和法律责任。故此,请求法院依法驳回原告的诉讼请求。

人民法院审理认为:建筑工程应发包给有相应资质条件的建筑企业承建,而被告美君公司将其厂房等发包给无资质的葛新斌个人承建,违反法律规定。正因为葛新斌属个人承建,才使被告美君公司工地的现场施工牌没有标明施工单位,致使其他相对人有理由相信该工程项目的建设单位和施工单位均为被告美君公司,且该现场施工牌也在显要位置明示该工程项目为被告美君公司的项目,葛新斌为该项目经理。原告华丰塑钢制品公司无论是根据现场施工牌的公示内容还是葛新斌以被告美君公司名义与其签约,都有足够理由相信葛新斌是代表被告美君公司与其签约的。故被告美君公司应对葛新斌这一表见代理行为承担法律责任。被告美君公司承担责任后,依法可向葛新斌追偿。

(一)代理的种类

1.委托代理

委托代理是代理人根据被代理人授权而进行的代理。在工程建设领域,通过委托代理实施民事法律行为的情形较为常见。被代理人的授权,是代理机构进行代理行为的前提,也是代理行为的依据。委托代理授权采用书面形式的,授权委托书应当载明代理人的姓名或者名称、代理事项、权限和期间,并由被代理人签名或者盖章。

数人为同一代理事项的代理人的,应当共同行使代理权,但是当事人另有约定的除外。

建设工程的承包活动不得委托代理。《建筑法》规定,禁止承包单位将其承包的全部建筑工程转包给他人,禁止承包单位将其承包的全部建筑工程肢解以后以分包的名义分别转包给他人。施工总承包的,建筑工程主体结构的施工必须由总承包单位自行完成。

2.法定代理

法定代理是根据法律的直接规定而产生的代理。法定代理主要是为了维护限制民事行为能力人或者无民事行为能力人的合法权益而设计的。法定代理不同于委托代理,属于全权代理。法定代理人原则上应代理被代理人的有关财产方面的一切民事法律行为和其他允许代理的行为。

3.指定代理

指定代理是根据人民法院或者有关机关的指定而产生的代理。根据最高人民法院《关于适用〈中华人民共和国民事诉讼法〉若干问题的意见》第六十七条的规定,在诉讼中,如果无民事行为能力人、限制民事行为能力人事先没有确定监护人,有监护资格的人又协商不成的,由人民法院在他们之间指定的人担任诉讼之中的代理人。

(二)代理人与被代理人的责任承担

《民法总则》第一百六十二条规定:"代理人在代理权限内,以被代理人名义实施的民事法律行为,对被代理人发生效力。"

(1)代理人不履行或者不完全履行职责,造成被代理人损害的,应当承担民事责任。

(2)代理人和相对人恶意串通,损害被代理人合法权益的,代理人和相对人应当承担连带责任。

(3)代理人知道或者应当知道代理事项违法仍然实施代理行为,或者被代理人知道或者应当知道代理人的代理行为违法未作反对表示的,被代理人和代理人应当承担连带责任。

(4)代理人不得以被代理人的名义与自己或自己同时代理的其他人实施民事法律行为,但是被代理人同意或者追认的除外。

(5)转委托代理未经被代理人同意或者追认的,代理人应当对转委托的第三人的行为承担责任,但是在紧急情况下代理人为了维护被代理人的利益需要转委托第三人代理的除外。

(6)行为人没有代理权、超越代理权或者代理权终止后,仍然实施代理行为,未经被代理人追认的,对被代理人不发生效力。相对人有理由相信行为人有代理权的,代理行为有效。

(三)代理的终止

1.委托代理的终止

有下列情形之一的,委托代理终止:

(1)代理期间届满或者代理事务完成;

(2)被代理人取消委托或者代理人辞去委托;

(3)代理人丧失民事行为能力;

(4)代理人或者被代理人死亡;

(5)作为代理人或者被代理人的法人、非法人组织终止。

2.法定代理或指定代理的终止

有下列情形之一的,法定代理或者指定代理终止:

(1)被代理人取得或者恢复民事行为能力;

(2)被代理人或者代理人死亡;

（3）代理人丧失民事行为能力；

（4）法律规定的其他情形。

五 诉讼时效制度

【案例】

1993年4月26日，吴川一建防城港分公司（乙方）与房天公司（甲方）签订《建设工程承包合同》和《基建补充合同书》，约定：由乙方承建甲方房天公司位于港口区中心区的23层蓝宝石酒店工程，工程造价30084000元。支付工程款方法：备料款按总造价30%支付后，根据预算付款，甲方在支付工程进度款时，均按乙方当月统计月报表（月初5号前）中完成工程量和产值数及当月发生的材料价差数，一并按月支付；当备料款付至总价的95%时，甲方即停止付款，留4.5%待竣工验收后并于工程结算后七天内支付完毕。余下0.5%作为一周年保修费，期满后甲方支付给乙方，多退少补。乙方施工后，因甲方资金困难，工程只建好基础。1994年10月31日，房天公司与吴川一建防城港分公司经结算，蓝宝石酒店工程基础的造价为2819736.54元。房天公司除支付工程款200万元外，余下819736.54元未支付。吴川一建防城港分公司因未按照规定的时间参加年检，被防城港市工商行政管理局以防工商企字〔1997〕122号文，吊销其企业营业执照。2003年3月21日，吴川一建进行了股份制改组，改组为广东三穗建筑工程有限公司。2004年6月16日，三穗建筑工程有限公司向法院提起诉讼，要求房天公司支付所欠工程款819736.54元。

法院经审理认为，本案双方当事人于1993年4月26日签订的《建设工程承包合同》约定：合同履行期限为480天。根据《民法通则》第一百三十七条的规定，合同约定的履行期限届满之日开始起算诉讼时效。由于本案涉讼的工程在合同约定的履行期限届满前已停工，双方未约定是否继续履行合同。1994年10月31日双方当事人对工程人工挖孔桩基础部分进行了工程结算，结论是工程造价为2819736.54元，房天公司除了在施工过程中支付给吴川一建防城港分公司200万元，尚欠工程款819736.54元未付。依照双方当事人在1993年10月26日签订的《补充合同书》第二条中的约定：工程结算终了一周年工程保修期届满后，房天公司应支付全部工程款。那么，本案房天公司即应在1995年10月31日付清尚欠的工程款，但房天公司没有支付，此时房天公司欠三穗公司的工程款由于已经过双方结算确认而成为事实，三穗公司应当知道其权利被侵害。直到2004年6月16日三穗公司才起诉到法院，已超过了两年的诉讼时效期间。依法应认定三穗公司在本案的债权不受法律保护。房天公司欠三穗公司工程款819736.54元是事实，但鉴于三穗公司的起诉已超过诉讼时效期间，其权利不再受法律保护，故对三穗公司的诉讼请求，予以驳回。

（一）诉讼时效的概念与特征

民法上的时效是指一定的事实状态持续经过一定的时间而导致一定民事法律后果的制度。诉讼时效是权利人不行使权利经过法定期间，即发生权利功效减损的法律后果。我国民法上的诉讼时效具有如下特征：

（1）诉讼时效以权利人不行使法定权利的事实状态的存在为前提。诉讼时效期间从知道或者应当知道权利被侵害时起计算。当事人约定同一债务分期履行的,诉讼时效期间从最后一期履行期限届满之日起计算。未约定履行期限的合同,依照《合同法》第六十一条、第六十二条的规定,可以确定履行期限的,诉讼时效期间从履行期限届满之日起计算;不能确定履行期限的,诉讼时效期间从债权人要求债务人履行义务的宽限期届满之日起计算,但债务人在债权人第一次向其主张权利之时明确表示不履行义务的,诉讼时效期间从债务人明确表示不履行义务之日起计算。

(2)诉讼时效届满并不消灭实体权利。超过诉讼时效期间,在法律上发生的效力是权利人的胜诉权消灭。超过诉讼时效期间权利人起诉,如果符合民事诉讼法规定的起诉条件,法院仍然应当受理。但是,如果法院经受理后查明无中止、中断,延长事由的,判决驳回诉讼请求。时效届满后,义务人自愿履行的,权利人仍然可以受领且受法律保护。《民法总则》第一百九十二条规定,诉讼时效期间届满的,义务人可以提出不履行义务的抗辩。诉讼时效期间届满后,义务人同意履行的,不得以诉讼时效期间届满为由抗辩;义务人已自愿履行的,不得请求返还。

(3)诉讼时效具有强制性和普遍性。法律关于诉讼时效的规定属于强制性规范,其具体内容只能由法律做出规定,民事主体必须遵行。

(二)诉讼时效的种类

我国民法规定的诉讼时效,包括普通诉讼时效期间和特别诉讼时效期间。

1.普通诉讼时效期间

普通诉讼时效期间指由民事基本法统一规定的,普遍适用于各种民事法律关系的时效期间。除法律另有特别规定外,所有的民事法律关系皆适用普通诉讼时效期间,《民法总则》第一百八十八条规定,向人民法院请求保护民事权利的诉讼时效期间为三年。法律另有规定的,依照其规定。诉讼时效期间自权利人知道或者应当知道权利受到损害以及义务人之日起计算。在工程建设领域,追索工程款、勘察费、设计费的诉讼时效为 3 年,从工程竣工之日起计算。双方对付款时间有约定的,从约定的付款期限届满之日起算。工程因建设单位的原因中途停工的,诉讼时效从工程停工之日起计算。

2.特别诉讼时效期间

特别诉讼时效期间指由民事基本法或特别法就某些民事法律关系规定的短于或长于普通诉讼时效期间的时效期间。特别诉讼时效期间通常短于普通诉讼时效期间,是因为它处理的民事法律关系对确定性的要求较强,必须在更短的期间内确定化。特别诉讼时效期间不具有普遍性,只适用于特殊的民事法律关系。

我国《中华人民共和国海商法》第二百五十七条规定,就海上货物运输向承运人要求赔偿的请求权,时效期间为 1 年。第二百六十条规定,有关海上拖航合同的请求权,时效期间为 1 年。第二百六十三条规定,有关共同海损分摊的请求权,时效期间为 1 年。第二百六十五条规定,有关船舶发生油污损害的请求权,时效期间为 3 年。另外,《合同法》第一百二十九条规定,因国际货物买卖合同和技术进出口合同发生纠纷,要求保护权利的诉讼时效期间为 4 年。

（三）诉讼时效的中止和中断

1. 诉讼时效的中止

诉讼时效期间的中止，又称诉讼时效期间不完成，指在诉讼时效期间进行中，因发生一定的法定事由使权利人不能行使请求权，暂时停止计算诉讼时效期间，待阻碍时效期间进行的法定事由消除后，继续进行诉讼时效期间的计算。

《民法总则》第一百九十四条规定，在诉讼时效期间的最后六个月内，因下列障碍，不能行使请求权的，诉讼时效中止。自中止时效的原因消除之日起满六个月，诉讼时效期间届满。

（1）不可抗力；

（2）无民事行为能力人或者限制民事行为能力人没有法定代理人，或者法定代理人死亡、丧失民事行为能力、丧失代理权；

（3）继承开始后未确定继承人或者遗产管理人；

（4）权利人被义务人或者其他人控制；

（5）其他导致权利人不能行使请求权的障碍。

2. 诉讼时效的中断

诉讼时效期间中断，指在诉讼时效进行期间，因发生一定的法定事由，使已经经过的时效期间无效，待时效期间中断的事由消除后，诉讼时效期间重新计算。

《民法总则》第一百九十五条规定有下列情形之一的，诉讼时效中断：

（1）权利人向义务人提出履行请求。

权利人除了向义务人本人直接主张权利以外，向保证人、代理人或者财产代管人主张权利的，也可导致诉讼时效中断。

（2）义务人同意履行义务。

义务人通过一定的方式向权利人表示同意履行债务，将使当事人之间的权利义务关系变得明确，因此也将产生诉讼时效中断的法律后果。如果义务人没有直接表示同意履行债务，但是明确承认了义务的存在，或者同意分期履行义务等，均可发生诉讼时效中断。

（3）权利人提起诉讼或者申请仲裁。

权利人依法向法院提起诉讼或向仲裁机构申请仲裁是导致诉讼时效中断的重要原因。特别是当权利人没有证据证明导致诉讼时效中断的其他情形时，提起诉讼或申请仲裁是权利人确保不丧失诉讼时效的重要手段。

（4）与提起诉讼或者申请仲裁具有同等效力的其他情形。

下列事项之一，人民法院应当认定与提起诉讼具有同等诉讼时效中断的效力：

①申请支付令；

②申请破产、申报破产债权；

③为主张权利而申请宣告义务人失踪或死亡；

④申请诉前财产保全、诉前临时禁令等诉前措施；

⑤申请强制执行；

⑥申请追加当事人或者被通知参加诉讼；

⑦在诉讼中主张抵销；

⑧其他与提起诉讼具有同等诉讼时效中断效力的事项。

第四节　工程项目建设程序

工程建设必须按建设项目发展的规律和进程,遵循其固有的客观规则,工程项目的建设程序是工程项目建设全过程中各项工作必须遵守的法定程序。工程项目建设程序反映了工程建设的客观规律,是工程项目科学决策和顺利进行的保证。任何工程项目在整个建设过程中,都存在着各阶段、各环节、各项工作之间的先后次序,工程建设的各个阶段、各个环节、各协作单位以及各项工作,必须按照统一的建设计划有机的组织起来,对工程项目从投资意向、投资机会选择、项目决策、设计、施工、竣工验收到投入生产的整个过程,按照先后顺序衔接,使建设工作能够顺利进行。这种规律是不能违反的,否则就会造成严重的资源浪费和重大经济损失。

工程项目建设程序,是工程建设客观规律的反映,是在认识工程建设客观规律的基础上总结提出的,是人们在不断实践过程中总结形成的制度性的规则。为促进工程建设前期投资决策的科学化、实现工程项目建设实施程序管理的规范化,通过立法程序将工程项目建设程序制定为法律、法规,形成建设程序的法律依据,并由国家强制力保证其遵守和实施。所有工程都必须严格执行法定的建设程序,只有在完成上一环节工作后方可转入下一环节。除国家特别批准外,各地方、部门和企业不得简化项目建设程序。在工程建设中不执行法定建设程序,应当追究相关单位的责任。建设程序的法律依据主要规定在相关法律和工程建设主管部门的行政规章中,如《中华人民共和国土地管理法》《中华人民共和国城市规划法》《中华人民共和国环境影响评价法》《中华人民共和国行政许可法》《工程建设项目实施阶段程序管理暂行规定》等。

一　立项决策阶段

立项决策阶段是对工程建设项目投资的合理性进行考察和对工程项目进行选择的阶段。投资主体的投资意向是工程建设活动的起点,经过对投资机会进行初步考察和分析,认为有良好的预期效益,提出项目建议书。项目建议书是由业主向国家有关部门提出申请建设某一工程项目的建议性文件,也是国家选择建设项目的依据。项目建议书中应说明提出建设项目的必要性和依据、拟建规模、投资估算、经济效益和社会效益的初步估计等内容。项目建议书经批准即可从项目建设和生产经营全过程考察分析项目的可行性,编制可行性研究报告,为投资者最终决策提供直接依据。可行性报告经有关部门审查批准后,予以立项。

二　工程项目前期准备阶段

按照国家规定需要有关部门批准或者核准的建设项目,以划拨方式提供国有土地使用权的,建设单位在报送有关部门批准或者核准前,应当向城乡规划主管部门申请核发选址意见书。

在城市、镇规划区内以划拨方式提供国有土地使用权的建设项目，经有关部门批准、核准、备案后，建设单位应当向城市、县人民政府城乡规划主管部门提出建设用地规划许可申请，由城市、县人民政府城乡规划主管部门依据控制性详细规划核定建设用地的位置、面积、允许建设的范围，核发建设用地规划许可证。建设单位在取得建设用地规划许可证后，方可向县级以上地方人民政府土地主管部门申请用地，经县级以上人民政府审批后，由土地主管部门划拨土地。建设单位和个人取得建设用地规划许可证后，可向土地管理部门申请用地，经土地管理部门核实，由同级人民政府颁发土地使用权证书。

持建设项目设计任务书批准文件、建设用地规划许可证、土地使用权证书，向城市规划部门提出申请，经审查合格后，核发建设工程规划许可证。在乡、村庄规划区内进行乡镇企业、乡村公共设施和公益事业建设的，建设单位或者个人应当向乡、镇人民政府提出申请，由乡、镇人民政府报城市、县人民政府城乡规划主管部门核发乡村建设规划许可证。

建设单位在工程项目通过立项、可行性研究、立项审批、建设用地申请、规划许可等前期准备工作结束后，向建设行政主管部门报建。所有在我国境内兴建的工程建设项目都必须报建，接受报建的建设行政主管部门或其授权机构，对报建的文件、资料进行核验，审查合格后发给《工程发包许可证》。凡未报建的工程项目不得办理招标手续和发放施工许可证，设计、施工单位不得承接该项工程的设计和施工任务。

建设项目被批准立项并报建后，建设单位作为发包人将拟建工程的勘察、设计、施工安装、监理等工作全部或部分委托给择优选定的勘察、设计、施工、监理单位，通过签订书面合同的方式明确各方当事人的权利义务。工程发包与承包有直接发包和招标发包两种方式，法律对强制招标的具体范围和规模标准作出了规定。建设单位应当具备管理其工程建设项目的能力，凡不具备相应管理能力的须委托具有相应资质的建设监理单位或其他机构承包工程建设项目的管理工作。

为保证工程项目的建设质量达到预期的投资目的，必须遵循项目建设的规律，先勘察、设计再施工。在工程建设过程中，勘察、设计是工程建设前期的关键环节，勘察是设计的基础依据。勘察单位根据建设工程的要求，查明、分析、评价建设场地的地质地理环境特征和岩土工程条件，编制建设工程勘察文件。在取得足够的基础资料后，设计单位根据建设工程的需要，对建设工程所需的技术、经济、资源、环境等条件进行综合分析、论证，编制建设工程设计文件，作为制定建设计划、组织施工和控制建设投资的依据。设计文件直接关系工程质量和工程使用效果。工程项目的初步设计、技术设计由国务院主管部门或省、市、自治区审查或批准，施工图设计由建设行政主管部门委托有关审查机构审查。

（三）施工阶段

施工单位在开工前应做好相应的准备工作，包括施工单位在技术、物质方面的准备和建设单位申领施工许可证。为确保工程顺利完成，施工单位在接到施工图后，应熟悉、审查图纸，编制施工组织计划，制定质量、安全、技术、文明施工的各项保证措施，下达施工任务书，准备工程所需的设备、材料，落实水、电等外部条件和施工力量，做好施工现场的"三通一平"工作。对法律规定应当申领施工许可证的工程，建设单位应当在开工前向工程所在地县级以上人民政府建设行政主管部门申领施工许可证。取得工程项目施工许可证表示施工准备阶段结束,施工阶段开始。

施工阶段根据设计图纸和有关设计文件,将工程设计转化为建筑产品,是综合性的技术经济活动。施工单位必须严格按照批准的设计文件、施工合同和国家规定的施工及验收规范进行工程建设项目施工。施工单位必须严格按照有关法律、法规和工程技术标准的规定,编制施工组织设计,制定质量、安全、技术、文明施工等各项保证措施,确保工程质量、施工安全和现场文明施工。合理组织施工,提高施工计划的科学性,在施工过程中进行科学的施工控制,做好施工调度工作,是保证施工计划全面实现的关键。只有通过合理的施工组织来控制施工进度,才能缩短生产周期,减少附加的生产费用,确保工程质量。

(四) 竣工验收阶段

竣工验收阶段是工程项目按设计文件规定的内容和标准全部建成,依据一定的技术标准文件进行全面考核,评价施工生产活动成果,检验设计和施工质量的重要环节。作为工程建设过程的最后一个重要环节,它是全面考核投资效益、检验设计和工程质量的重要步骤。通过竣工验收全面考察工程施工的质量,考核施工成果是否达到了设计要求所形成的生产或使用能力,同时也考核项目建设成果、检查项目决策、管理水平。工程未经竣工验收或竣工验收未通过,不得交付使用。

竣工工程必须符合的基本条件包括:完成工程设计和合同约定的各项内容;施工单位在工程完工后对工程质量进行了检查,确认工程质量符合有关工程建设强制性标准,符合设计文件和合同要求,并提出工程竣工报告;对于委托监理的工程项目,监理单位对工程进行了质量评价,具有完整的监理资料,并提出工程质量评价报告;勘察、设计单位对勘察、设计文件及施工过程中有设计单位签署的设计变更通知书进行了确认;有完整的技术档案和施工管理资料;有工程使用的主要建筑材料、建筑构配件和设备合格证及必要的进场试验报告;有施工单位签署的工程质量保修书;有公安消防、环保等部门出具的认可文件或准许使用文件;建设行政主管部门及其委托的工程质量监督机构等有关部门责令整改的问题全部整改完毕。

工程具备竣工验收条件,承包人向发包人申请工程竣工验收,递交竣工验收报告并提供完整的竣工资料。实行监理的工程,工程竣工验收报告必须经总监理工程师签署意见。对符合竣工验收要求的工程,发包人收到工程竣工报告后,组织勘察、设计、施工、监理、质量监督机构和其他有关方面专家组成验收组,制定验收方案。验收组听取各方汇报合同履行情况和工程建设各环节执行法律、法规和工程建设强制性标准情况,审阅工程档案资料,查验工程实体质量。验收组通过查验后,对工程施工、设备安装质量和管理环节等作出总体评价,形成工程竣工验收意见。

建设工程实行质量保修制度,工程竣工验收并交付使用后,在保修期内出现质量缺陷,承包单位应当履行保修义务,并对造成的损失承担赔偿责任。一般工程项目保修期限,国家的法律法规有明确规定;当事人在合同中也可以协商约定保修期限和范围,但不得低于法律规定的最低标准。

◀本章小结▶

建筑法的法律体系是我国法律体系中的一个组成部分,是由与建筑活动有关的法律、法规、规章等共同组成的有机联系的统一整体。建筑法规的立法宗旨在于,加强对建筑活动的监督管理,维护建筑市场秩序,保障建筑工程的质量和安全,促进建筑业健康发展。我国《建筑法》中所称的建筑活动,是指各类房屋建筑及其附属设施的建造和与其配套的线路、管道、设备的安装的活动。

建筑法规以规范建筑市场行为、保障建筑工程质量和安全为重点内容,确立了建筑许可制度、建筑工程发包承包制度、建筑工程监理制度、建筑工程安全生产管理制度、建筑工程质量监督制度。

建筑法律关系,是由建筑法律法规所确认和调整的,在建筑工程管理和协作过程中所产生的权利和义务关系。包括建筑行政法律关系和建筑民事法律关系。建筑法律关系由主体、内容和客体三种要素构成的。建筑法律关系的主体是建筑法律关系的参加者,是权利的享有者和义务的承担者。建筑法律关系的客体是主体通过法律关系所追求和所要达到的物质利益载体和经济目的。权利和义务是建筑法律关系的实体内容,是联系主体与主体之间、主体与客体之间的纽带。建筑法律关系产生、变更、终止,都是由法律事实引起的。

工程项目的建设程序是工程项目建设全过程中各项工作必须遵守的法定程序。包括立项决策阶段、工程项目前期准备阶段、施工阶段、竣工验收阶段。

◀思考题▶

1.建筑法规有哪些表现形式?

2.我国《建筑法》的调整范围是什么?

3.建筑法规中确立了哪些基本制度?

4.什么是建筑法律关系?简述建筑法律关系的基本构成要素。

5.建筑法律关系产生、变更、终止的原因有哪些?

6.工程项目为什么必须遵循法定的建设程序?

7.我国工程项目建设程序包括那几个阶段?各阶段的主要内容是什么?

第二章
建筑许可法规

建筑许可法律制度是国家为了实现对建筑市场的规范管理,而对建筑工程实施的一种行政管理手段。学习建筑许可法规应当深入领会建筑市场准入制度的重要意义。在建筑工程活动中,能够依法取得建筑工程的施工许可证、从事建设活动的单位和个人的资质证书和执业资格证书,取得从事建筑活动的行为能力,使其合法权益受到国家法律的保障。

通过本章学习,了解行政许可的一般原理、建筑许可的基本含义;掌握建筑工程施工许可制度,掌握施工许可证的申领要求和时间效力;熟悉建筑工程企业资质等级制度,勘察、设计、施工、监理单位的从业条件和资质分类,建筑工程从业人员执业资格的法律规定。

37

【引例】

广州某公司(简称甲公司)是具备二级市政工程施工资质的建筑业企业,而深圳某公司(简称乙公司)是具备一级市政工程施工资质的建筑业企业。因很多地方市政工程招标时都规定必须具备一级施工资质才能参加投标,故甲公司为了增强自己的市场竞争力,于1999年与乙公司签署合作协议。协议约定甲公司可以乙公司名义承接工程,乙公司应给予相关配合。若甲公司中标且主要由甲公司施工的,则甲公司按照合同标的额的3%～5%上交乙公司管理费。

协议签署后,双方进行了多年合作。2003年,甲公司以乙公司名义参加某道路及污水工程招标并中标(注:甲公司本身具备施工该工程的资质,但业主招标时要求只有一级以上资质才可参加投标),2003年7月,甲公司以乙公司名义与业主签订了工程施工合同。其后,甲公司将该工程转包给某个人(简称丙方)承包施工。

由于丙方不具备施工管理经验,亦没有相应的垫资能力,工程开工不到三个月,便因工程进度严重延误、工地现场管理混乱、提供不了履约保函而被监理和业主责令停工。乙公司为挽回企业声誉,决定接手工程继续施工。

其一,出借资质企业依法应承担行政法律责任。《建筑法》《招标投标法》等法律对出借资质、以他人名义投标等行为规定了严格的法律责任,除罚款、没收违法所得、降低资质等级外,情节严重的,还可能被吊销营业执照、追究刑事责任。

其二，出借资质企业依法应向发包方承担连带赔偿责任。《建筑法》规定出借资质的企业对承揽的工程不符合规定的质量标准造成的损失，应与借用资质的企业或者个人承担连带赔偿责任。

第一节 建筑许可概述

一 行政许可

【案例】

河南郑州市某区建设局因替郑州市某区城市管理行政执法局出具了一纸证明，而导致张某的房屋变成违法建筑，张某因此将郑州市某区建设局告上法庭。郑州市某区建设局一审败诉。

原告张某诉称，1995 年 3 月 2 日，被告按照合法程序给原告发放了建筑许可证，许可原告在某区蜜蜂张太和路 79 号建平房三间（建筑面积 63.3m²）。现因原告邻居向郑州市某区城市管理行政执法局举报原告所建房屋系违章建筑，行政执法局于 2006 年 6 月 12 日收到被告出具证明一份，该证明称：此证无档案记录，且无缴费票据存根，属伪造证件。故被告出具证明的行政行为将直接导致行政执法局强制拆除原告合法建筑。原告认为，被告给原告发放的建筑许可证是合法有效的，其向行政执法局出具证明的行政行为损害了原告合法权益。故其诉至法院，请求依法撤销被告 2006 年 6 月 12 日出具的证明。

被告郑州市某区建设局辩称，其 2006 年 6 月 12 日出具给郑州市某区城市管理行政执法局的证明事实清楚，适用法律正确，程序合法。经查，原告张某所持的建筑许可证在被告处无档案记录，又无票据存根。无法查明其所持的建筑许可证具备颁证必须具备的条件，也无法查明该建筑许可证是经合法程序办理的。被告正是依据这一个事实，在无法确认建筑许可证合法有效的情况下，为郑州市某区城市管理行政执法局出具了证明。郑州市某区建设局请求法院维持被告 2006 年 6 月 12 日出具的证明。

郑州市某区人民法院认为，被告对作出的具体行政行为负有举证责任，应当提供作出该具体行政行为的证据和所依据的规范性文件。本案被告某区建设局未能提交其 2006 年 6 月 12 日出具的证明的证据和依据，应认定被告某区建设局出具的证明没有证据、依据，遂判决撤销郑州市某区建设局 2006 年 6 月 12 日出具的证明。

保护公民、法人和其他组织的合法权益，维护公共利益和社会秩序，是公共行政或者行政权力的使命。行政许可作为一项重要的行政权力，是行政机关依法管理社会政治、经济、文化等各方面事务的一种事前控制手段，在我国行政管理中被广泛运用，对行政许可设定和实施的规范，必须通过保障和监督行政机关实施有效行政管理，实现保护公民、法人和其他组织的合法权益与维护公共利益和社会秩序的统一。我国于 2003 年 8 月 27 日第十届全国人民代表大会常务委员会第四次会议讨论并通过了《中华人民共和国行政许可法》（以下简称《行政许可法》），并于 2004 年 7 月 1 日起正式施行。制定行政许可法的基本思路和指导原则是：合法与合理的原则；效能与便民的原则；监督与责任的原则。

《行政许可法》规定:行政许可,是指行政机关根据公民、法人或者其他组织的申请,经依法审查,准予其从事特定活动的行为。根据行政许可法的这一规定,行政许可有如下几方面特征:

1.行政许可是依申请的行为

行政许可以公民、法人或者其他组织的申请为起始。没有申请的提出就没有行政许可。

2.行政许可是管理性行为

管理性的主要特点是单方面性,公民、法人和其他组织有违行政机关依法做出的管理性行为即构成违法。因此,不具有管理性行为特征的行为,即使冠以审批、登记等名称,也不是行政许可。比如,行政机关以出资人的身份对国有资产处置事项的审批(特别是随着国有资产管理体制的改革,由国有资产管理委员会履行出资人的职责后,这类审批行为不再具有行政许可的性质),行政机关为确认民事财产权利和民事关系的登记,如产权登记、抵押登记、特定身份登记等都不是行政许可。

3.行政许可是外部行为

外部行政行为是对外部管理对象公民、法人和其他组织做出管理行为。因此,行政机关对其内部事务的审批(如对公务员出差、请假、职务任免等的审批),或者按照隶属关系由上级行政机关对下级行政机关有关事项的审批(如对下级行政机关请示、公文等的审批)都不是行政许可。《行政许可法》规定:有关行政机关对其他机关或者对其直接管理的事业单位的人事、财务、外事等事项的审批,不使用本法。

4.行政许可是准予从事特定活动的行为

许可的中文本义是准许、容许。行政许可作为行政机关依法管理社会政治、经济、文化等各方面事务的一种事前控制手段,其基本特点是容许某人做某事。实施行政许可的结果是,相对人获得从事特定活动的权利或者资格。

行政许可本质主要表现为对相对人是否符合法律、法规规定的权利资格和行使权利的条件的审查核实,符合法定资格或者条件的,就准予从事某种特定活动。这种"准予",不是对相对人的赋权。行政许可对行政机关来说不是一种可以随意处置的权利,而是一种责任。行政机关有责任为许可申请人实现其权利提供相关服务。比如,相对人提出许可申请,行政机关依法必须受理并在法定时间内作出批准或者不批准的答复;对已经批准发给许可证的,行政机关即应保护被许可人的合法权益,并承担对被许可人履行义务进行监督的责任;不履行或不积极履行这些职责的,就是失职。

行政许可是对特定活动的事前控制。行政许可作为一项重要的行政权力和管理方式,对维护公民人身财产安全和公共利益,加强经济宏观管理,保护并合理分配有限资源等,都有重要作用。但是,行政许可不是万能的,而且成本很高。要有效发挥行政许可的作用,必须正确认识、把握行政许可的功能。

二 建筑许可

【案例】

杨光(化名)等四住户的房屋与江西省宁都县粮食收储公司的老宿舍楼南北相邻,中间隔一宽为 4.5m 的巷道,杨光四住户的住宅楼在南侧,四住户分别住该楼二、三层,该楼北侧有长

7.2m、宽 1.5m 的阳台，底层为 2.2m 高的杂物间。2008 年宁都县粮食收储公司将原老宿舍楼拆除，并申请改建二层的超市。2008 年 9 月 24 日，宁都县建设局经审查后在宁都县规划建设项目审批公示栏及宁都县政府网对超市平面规划图进行了公示，于 2008 年 10 月 15 日为第三人宁都县粮食收储公司颁发了中华人民共和国建设工程规划许可证，证号为建字第 2008—135 号，规划建二层，限高 10m，与原告住宅相邻部分的间距为距底层杂物间最窄处为 4.9m，最宽处为 5.44m。建设工程规划许可证核发后，第三人即开始进行建设，按照设计图纸，第三人所建超市的实际高度为 8.6m。在建期间，四原告得知第三人超市建设规划许可的详情，认为其建筑间距不符合规范要求，为此四原告于 2009 年 5 月 21 日诉至法院要求撤销宁都县建成设局为第三人颁发的建设工程规划许可证。

江西省宁都县人民法院经过审理认为，第三人经许可建设的超市属非住宅建筑，其高度为 8.6m，为低层建筑。根据《江西省城市规划管理技术导则》第二十七条第二项的规定："非住宅建筑位于住宅建筑北侧的，其建筑间距按同型布置方式的居住建筑间距要求折减 20% 控制，其间距最小值低层不得小于 6m，多层不得小于 9m，同时需满足消防和各专业规划要求。"被告规划许可建设的超市，南侧外墙与四原告房屋北侧阳台（该阳台长为 7.2m，宽为 1.5m，阳台东西向的长度占其北侧墙的二分之一以上）最小间距为 4.9m，因此该许可违反了该导则关于间距的强制规定，属适用法律、法规错误。此外，本许可事关四原告住宅的采光、通风、日照等重大利益，被告在许可时未依法将本行政许可事项告知四原告，而只是在公示栏及政府网进行了公示，违反了行政许可的公开、公正原则，剥夺了利害关系人的知情权、陈述权和申辩权，申请听证的权利，属违反法定程序。最后，法院以宁都县建设局颁发建设工程规划许可的行政程序中适用法律、法规错误且违反法定程序为由，作出了撤销宁都县建设局对第三人宁都县粮食收储公司作出的建字第 2008—135 建设工程规划许可证的判决。

在计划经济条件下，国家对基本建设的管理，主要是依靠政府计划和行政命令。在市场经济条件下，国家为了控制和调节竞争，就必须加强调控，建筑许可制度就是政府对建筑市场实施宏观管理的一个组成部分。因此建筑工程许可制度是市场经济的产物。它的实施既有利于规范建筑市场，维护社会经济秩序，保证建筑工程质量和生产的安全，也有利于保护建设单位以及从事建设活动的单位和个人依法从事相关建筑活动的合法权益。

（一）建筑许可的概念

建筑许可，是我国《建筑法》中重要的法律规定，是建设行政主管部门或其他行政主管部门准许、变更或中止公民、法人和其他组织从事建筑活动的具体行政行为。

根据《建筑法》的规定，建筑许可包括 3 种法律制度：施工许可证制度，从事建筑活动单位资质制度，从事建筑活动个人资格制度。

建筑许可是国家对建设工程行为予以认可的法律规定，也是世界各国普遍采用的法律制度。在我国建筑许可的实施具有重要意义：

（1）国家对基本建设的宏观调控，对从事建筑活动的单位和人员的总量控制；

（2）规范建筑市场、保证建筑工程质量和建筑安全生产；

（3）保护建设单位、从事建设活动的单位和个人的合法权益。

(二)建筑许可的特点

(1)建筑工程许可的主体是建设行政主管部门。建筑行政许可是国家为了实现对建筑市场的规范管理,而对建筑工程实施的一种行政管理手段。有权行使建筑行政行为的机关,只能是建设行政主管部门。建设行政主管部门代表国家对从事工程建筑活动,且需要获得行政许可的公民、法人和其他组织实施建筑行政许可管理等有关事宜。

(2)建筑许可以对建筑工程的开工以及对从事建筑活动的单位和个人的资格实行行政管理为目的。政府实施建筑工程许可制度的目的在于实现政府对建筑市场的宏观管理和指导,从而使建筑市场能够健康、有序地发展,使建筑行业真正成为带动社会经济发展龙头。

(3)建筑许可制度具有强制性。建筑许可对于建筑活动的从业者来讲,是一种资格的准许和获得,对获准者来讲意味着准入;反之,对一般人来讲则是一种禁止。未获准建筑许可资格的,依法严格禁止进行与建筑许可有关的建筑活动。对建筑工程开工和从事建筑活动,只有在符合特定条件的情况下才可进行;否则,就有可能受到相关法律法规规定的惩罚或制裁。所以,建筑许可制度具有强制性。

(4)建筑许可制度实施的被动性。建筑许可是依据建设单位或从事建筑活动的单位或个人的申请而做出的行政行为,它的实施以申请者的申请为前提,不是政府的积极的、主动的行为,而是被动的。所以建筑许可制度的实施具有被动性而不具有主动性。

(5)建筑许可制度是事前控制制度。建筑许可制度的实施,可通过对建筑工程施工应具备的基本条件的事前审查,以确实保证建筑工程开工后的顺利进行,以避免不具备条件的建筑工程的盲目开工给相关当事人带来损失以及可能造成社会财富浪费的现象发生。所以,建筑许可制度是一种事前控制制度。

(三)建筑工程许可的作用

建筑工程许可制度是国际上有效保证建筑工程质量和安全的通行做法。世界上许多国家的建筑法都明确规定了建筑工程许可制度的实施。《中华人民共和国建筑法》对建筑许可也做了相应的规定。实践证明,建筑工程许可制度的实行在工程建设过程中起到的积极作用,主要表现在以下几方面:

(1)建筑工程许可制度的实施,可以监督建设单位尽快实施和建成拟建项目,防止土地闲置,实现土地的有效集中利用,避免拟建工程可能出现的延期影响公众利益。

(2)建筑工程许可制度的实施,可以保证建筑工程项目开工后的顺利进行,避免由于不具备施工条件而盲目上马,给参与工程建设的单位造成不必要的损失。

(3)建筑工程许可制度的实施,有助于建设行政主管部门对在建项目实施有效的监督管理,避免国家对建设工程管理的失控。

第二节　建筑工程施工许可

建筑工程施工许可证,是指建筑工程开始施工前建设单位向建设行政主管部门申请的允许可以施工的证明。实行建筑工程施工许可证制度,是我国政府对建设工程质量实行监督管理两个主要手段之一（施工许可制度和竣工验收备案制度）。这项制度是由国家有关建设行政主管部门，在建筑工程施工前，对该项工程是否符合法定开工必要条件进行审查，对符合条件的建筑工程允许其开工建设的制度。

一般情况下，新建、扩建、改建的建设工程，建设单位必须开工前向工程所在地县级以上人民政府建设行政主管部门或其授权的部门申请领取建筑工程施工许可证。未领取施工许可证的，不得开工。《建筑法》第七条规定："建筑工程开工前，建设单位应当按照国家有关规定向工程所在地县级以上人民政府建设行政主管部门申请领取施工许可证；但是，国务院建设行政主管部门确定的限额以下的小型工程除外。按照国务院规定的权限和程序批准开工报告的建筑工程，不再领取施工许可证。"

建筑工程施工许可证制度是行政许可证制度的一种。行政许可证制度涉及两方面的主体，一方是行政机关，另一方则是申请人。就建筑工程许可证制度而言，这两方面主体分别是建设行政主管部门或有关专业部门和建设单位。

【案例】

某市高等专科学校由于在校学生的增加，决定建设一座学生宿舍楼，通过招标，该高等专科学校选择了 A 施工单位，签订了施工合同，并委托某监理单位实施施工阶段的监理任务，也签订了委托监理合同。

2003 年 3 月 15 日，监理单位按国家有关规定向本市建设行政主管部门申请领取施工许可证，建设行政主管部门于 2003 年 3 月 16 日收到申请书，认为符合条件，于 2003 年 4 月 10 日颁发了施工许可证。因施工图设计出现问题，一直未开工，于是办理了延期开工申请，直到 2003 年 11 月 10 日才开工。

施工中 A 施工单位将部分工程分包给施工单位。

施工现场存在许多电力管线，监理单位向建设单位提出要办理有关申请批准手续。

该项目施工许可证的申请和颁发过程有何不妥之处？

一 施工许可证的申领范围

住房和城乡建设部 2014 年 6 月 25 日审议通过修订的《建筑工程施工许可管理办法》规定：凡在中华人民共和国境内从事各类房屋建筑及其附属设施的建造、装修装饰和与其配套的线路、管道、设备的安装，以及城镇市政基础设施工程的施工，建设单位在开工前应当依照本办法的规定，向工程所在地的县级以上人民政府建设行政主管部门（以下简称发证机关）申请领取施工许可证。

考虑到我国正在进行大规模的经济建设，工程建设任务繁重，同时为了提高行政办事效率，避免与开工报告重复审批，根据《建筑法》规定，不是所有的建筑工程都必须申领施工许可证。工程投资额大，结构复杂的工程才必须申领施工许可证。工程投资额在 30 万元以下或者建筑面积在 $300m^2$ 以下的建筑工程，可以不申请办理施工许可证。省、自治区、直辖市人民政府建设行政主管部门可以根据当地的实际情况，对限额进行调整，并报国务院建设行政主管部门备案。按照国务院规定的权限和程序批准开工报告的建筑工程，不再领取施工许可证。

依照法律法规规定必须申请领取施工许可证的建筑工程未取得施工许可证的，一律不得开工。

任何单位和个人不得将应该申请领取施工许可证的工程项目分解为若干限额以下的工程项目,规避申请领取施工许可证。

二 施工许可证的申领时间和条件

领取施工许可证的时间必须是在开工日期之前。开工日期是指建设项目或单项工程设计文件中规定的永久性工程计划开始施工的时间,以永久性工程正式破土开槽开始施工的时间为准。在此之前的准备工作,如地质勘察、平整场地、拆除旧有建筑物、施工用临时道路、水电等工程都不算正式开工。建设单位未依法在开工前申领施工许可证擅自施工的,应当依法责令改正;对不符合开工条件的责令停止施工,并可以处以罚款。

施工许可证申请条件依法确定,是为了保证建筑工程开工后,组织施工能够顺利进行。根据《建筑法》第八条的规定,申请领取施工许可证,应当具备下列条件:

1. 依法应当办理用地批准手续的,已经办理该建筑工程用地批准手续

办理用地批准手续是建筑施工工程依法取得土地使用权的必经程序,只有依法取得土地使用权,建筑工程才能开工。根据《土地管理法》的规定,建设单位可以通过出让和划拨的方式取得建筑工程的土地使用权。通过土地使用权出让方式取得土地使用权,必须在缴纳土地使用权出让金后才能取得土地使用权证书。通过划拨方式取得土地使用权首先领取建设用地批准,经过规划设计取得建筑施工许可证的工程项目,在项目竣工后,建设项目主管部门组织有关部门验收,由县级以上人民政府土地管理部门核查实际用途,经认可后办理土地登记手续,核发土地使用权证书。

2. 在城市、镇规划区的建筑工程,已经取得建设工程规划许可证

城市规划区是我国《城市规划法》规定的城市市区、近郊区以及城市行政区域内因城市建设和发展需要实行规划控制的区域。建设工程规划许可证是由城市规划行政主管部门核发的,用于确认建设工程是否符合城市规划要求的法律凭证。根据《中华人民共和国城市规划法》第三十二条规定:"在城市规划区新建、扩建和改建建筑物、构筑物、道路、管线和其他工程设施,必须持有关批准文件向城市规划行政主管部门提出申请,由城市规划行政主管部门根据城市规划提出的规划设计要求,核发建设工程规划许可证件。建设单位或者个人在取得建设工程规划许可证件和其他有关文件后,方可申请办理开工手续。建设单位在办理用地批准手续之前,必须先取得该工程的建设用地规划许可证。"建设用地规划许可证是由建设单位和个人提出建设用地申请,城市规划行政主管部门根据规划和建设项目的用地需要,确定建设用地位置、面积界限的法定凭证。根据《城市规划法》第三十一条规定:"在城市规划区内进行建设需要申请用地的,必须持国家批准建设项目的有关文件,向城市规划行政主管部门申请定点,由城市规划行政主管部门核定其用地位置和界限,提供规划设计条件,核发建设用地规划许可证。建设单位或者个人在取得建设用地规划许可后,方可向县级以上地方人民政府土地管理部门申请用地,经县级以上人民政府审查批准后,由土地管理部门划拨土地。"

3. 施工场地已经基本具备施工条件,需要征收房屋的,其进度符合施工要求

施工场地已经基本具备了交通、水电等条件,能够满足施工企业进场的需要。一般应由施工企业主要技术负责人签署是否已经具备施工条件的意见。发证机关可在审批前到施工场地

进行现场踏勘。根据2011年1月19日国务院第141次常务会议通过的《国有土地上房屋征收与补偿条例》,为了保障国家安全、促进国民经济和社会发展等公共利益的需要,确需征收房屋的,由市、县级人民政府作出房屋征收决定。确需征收房屋的各项建设活动,应当符合国民经济和社会发展规划、土地利用总体规划、城乡规划和专项规划。保障性安居工程建设、旧城区改建,应当纳入市、县级国民经济和社会发展年度计划。

4. 已经确定施工企业

按照规定应当招标的工程没有招标,应当公开招标的工程没有公开招标,或者肢解发包工程,以及将工程发包给不具备相应资质条件的企业的,所确定的施工企业无效。

5. 有满足施工需要的技术资料,施工图设计文件已按规定审查合格

施工图纸是实现工程建筑的最基本的技术文件,是施工的依据。为此,设计单位在设计工作安排时,应按施工的顺序和施工的进度安排好施工图纸的配套交付计划,保证满足施工的需要。

技术资料是建筑工程施工的重要前提条件,准确地掌握技术资料,是领会技术要求和规范施工,实现建筑工程质量和安全的根本保证。因此,在开工前,必须要有满足施工需要的技术资料。技术资料包括地形、地质、水文、气象等自然条件的资料和主要原材料、燃料来源、水电供应和运输条件等技术经济条件资料。

6. 有保证工程质量和安全的具体措施

施工企业编制的施工组织设计中有根据建筑工程特点制定的相应质量、安全技术措施。建立工程质量安全责任制并落实到人。专业性较强的工程项目编制了专项质量、安全施工组织设计,并按照规定办理了工程质量、安全监督手续。

7. 建设资金已经落实

建筑资金的落实是建筑工程开工后顺利进行的根本保障。根据《建筑法》的规定,在建筑工程开工前,建设资金必须足额落实。如是按照国家有关规定应当纳入投资计划的,已经列入年度计划。计划、财政、审计等部门应严格审查建设项目开工前和年度计划中的资金来源,出具资金证明。对建设资金不落实或资金不足的建设工程,建设行政主管部门不予颁发施工许可证。根据2001年修订的《建筑工程施工许可管理办法》规定:"建设工期不足一年的,到位资金原则上不得少于工程合同价的50%,建设工期超过一年的,到位资金原则上不得少于工程合同价的30%。建设单位应当提供银行出具的资金到位证明,有条件的可以实行银行付款保函或其他第三方担保。"

8. 按照规定应该委托工程监理的建设工程已委托工程监理

《建筑法》规定,国务院可以规定实行强制监理的建筑工程的范围。根据2001年颁布的《建设工程监理范围和规模标准规定》必须实行监理的建设工程包括:国家重点建设工程;大中型公用事业工程;成片开发建设的住宅小区工程;利用外国政府或者国家组织贷款、援助资金的工程;国家规定必须实行监理的其他工程。同时,对以上建设工程的规模标准做出了明确规定。

9. 法律、法规规定的其他条件

法律法规规定的其他条件是指相关法律法规对施工许可证中领条件的特别规定。由于建筑施工活动本身和技术要求的复杂性,决定了建设工程施工规范的复杂性。因此,依法规定的

建设工程施工许可证领取的条件很难以列举的方式说尽。加之,随着建筑市场的不断发展,建筑市场的规范和立法也在不断地更新和完善,施工许可证的领取条件也必然会随之不断改进和完善。

申请办理施工许可证,应当按照下列程序进行:

(1)建设单位向发证机关领取《建筑工程施工许可证申请表》;

(2)建设单位持加盖单位及法定代表人印鉴的《建筑工程施工许可证申请表》,并附相关证明文件,向发证机关提出申请;

(3)发证机关在收到建设单位报送的《建筑工程施工许可证申请表》和所附证明文件后,对于符合条件的,应当自收到申请之日起十五日内颁发施工许可证;对于证明文件不齐全或者失效的,应当限期要求建设单位补正,审批时间可以自证明文件补正齐全后作相应顺延;对于不符合条件的,应当自收到申请之日起十五日内书面通知建设单位,并说明理由。

建筑工程在施工过程中,建设单位或者施工单位发生变更的,应当重新申请领取施工许可证。

建设单位申请领取施工许可证的工程名称、地点、规模,应当与依法签订的施工承包合同一致。

施工许可证应当放置在施工现场备查。

三 施工许可证的时间效力

根据《建筑法》第九条的规定,施工许可证的有效条件和延期的限制包括以下几个方面:

(1)建设单位应当自领取建设施工许可证起三个月内开工。领证之日为建设行政主管部门签发交付建设单位建筑工程施工许可证之日;

(2)建设单位因故不能按期开工的,可以向发证机关申请延期。申请延期的时间应是领取施工许可证规定的开工时限到期之前。申请延期的理由,应是指不可抗力或难以补救的现象。如自然灾害、场地建设未按期完工、建筑材料、构件以及必要的施工设备等未按原计划进厂等情况出现时,建设单位可以申请延期开工;

(3)延期申请以两次为限,每次不得超过三个月。既不开工又不申请延期的,许可证自行作废。

四 中止施工和恢复施工报告制度

中止施工是由于一定事件的出现,使正在建设过程中的工程暂时停止施工的行为。如发生地震、水灾等不可抗力事件、建筑工程质量或安全事故等。在建的建筑工程因故中止施工的,建设单位应当自中止施工之日起两个月内向发证机关报告,报告内容包括中止施工的时间、原因、在施部位、维修管理措施等,并按照规定做好建筑工程的维护管理工作,避免遭受损失,保证工程恢复施工时可以顺利进行。

在造成中止施工的情况消除后,建筑工程恢复施工时,应当向发证机关报告恢复施工情况;中止施工满一年的工程恢复施工前,建设单位应当报发证机关核验施工许可证。经发证机关审查认为具备施工条件的恢复施工；不符合条件的收回施工许可证，待具备条件后，建设单位应重新申领施工许可证。

第三节　建筑活动从业资格许可

一　企业资质等级许可制度

【案例】

甲建筑公司欲取得某市一大型工程施工项目，在资质不够标准的情况下，与具有相应资质的乙公司商定，挂靠在乙名下，向乙交纳一定的管理费，借用乙的资质证书参加竞标。由于甲公司的出价最低，获得了该工程的施工权。建设方在招投标活动中，已经知悉了甲的挂靠行为，但未表示异议。工程完工后，因质量问题造成事故，导致巨大损失，建设方赔偿损失后，将乙公司诉至法院。

《建筑法》第二十六条规定，承包建筑工程的单位应当持有依法取得的资质证书，并在其资质等级许可的业务范围内承揽工程。禁止建筑施工企业超越本企业资质等级许可的业务范围或者以任何形式用其他建筑施工企业的名义承揽工程。禁止建筑施工企业以任何形式允许其他单位或者个人使用本企业的资质证书、营业执照，以本企业的名义承揽工程。

在实践中，有些无资质的承包单位或者低资质的承包单位采用资质挂靠的方式承揽工程，实践中还存在转让资质证书、以其他方式允许他人以本企业的名义承揽工程（如联营、内部承包）的情形。不具有相应资质条件的企业借用具有资质条件的企业名义与建设单位签订的建设工程施工合同无效。因此造成的质量缺陷和其他损失，由挂靠公司与被挂靠公司承担连带责任。建设单位明知或应当知道对方不具备相应资质条件的，由三方按过错大小承担责任。被挂靠的公司应将收取的管理费及其他费用全部或部分退还给挂靠公司。

从事建筑活动的单位的从业资格制度是指建设行政主管部门对从事建筑活动的建设施工企业、勘察设计单位和工程监理单位的人员素质、管理水平、资金数量、业务能力等进行审查，以确定其承担相关业务的能力和范围，并发给相应的资质证书的一种管理制度。

根据《建筑法》第十二条的规定，从事建筑活动的建筑施工企业、勘察单位、设计单位和工程监理单位应符合以下四方面的条件：

1.有符合国家规定的注册资本

注册资本是判断企业经济实力和责任能力的主要依据，它对建筑活动中债权人的利益有重要的保障作用。这是从事建筑活动的企业法人或企业组织在建筑活动法律关系中的权利和义务相一致原则的反映，也是由企业利益与风险相一致的原则决定的。因此，建筑施工企业、勘察单位、设计单位和工程监理单位的注册资本根据相关法律、法规的规定，必须与其所从事的建筑活动相适应。

2.有与其从事建筑活动相适应的具有法定执业资格的专业技术人员

建筑活动具有很强的专业性和技术性。因此，从事建筑活动的建筑施工企业、勘察单位、设计单位和工程监理单位必须有足够的、具有法定执业资格的专业技术人员（如经济、会计、统计等管理技术人员、建筑师、工程师等专业技术人员)。

3.有从事相关建筑活动所应有的技术装备

建筑活动的专业性和技术性,决定了从事建筑活动的单位如没有相应的技术装备,就无法进行建筑活动。因此,从事建筑活动的建筑施工企业、勘察单位、设计单位和工程监理单位必须有从事建筑活动所应具有的技术装备。

4.法律、行政法规规定的其他条件

建筑施工企业、勘察单位、设计单位和工程监理单位从事建筑活动除了以上三方面的条件外,根据《中华人民共和国公司法》的规定,还必须具备从事经营活动所应具备的其他条件。如设立从事建筑活动的有限责任公司和股份有限公司;股东或发起人必须符合法定人数;股东或发起人共同制定公司章程;有公司名称;有固定的生产经营场所和必要的生产经营条件等。

从业单位资质等级许可制度是指建设行政主管部门对从事建筑活动的建筑施工企业、勘察单位、设计单位和工程监理单位拥有的注册资本、专业技术人员、技术装备和已完成的建筑工程业绩、管理水平等进行审查,以此确定其承担业务的范围,发给相应的资质证书,并允许其在资质等级许可的范围内从事建筑活动的一种制度。

(一)建筑施工企业

建筑企业资质审查的内容,根据住房和城乡建设部于 2015 年 1 月 22 日颁布的《建筑企业资质管理规定》(建设部令第 22 号)和 2014 年 11 月颁布的《建筑企业资质等级标准》(建市〔2014〕159 号)以及原建设部颁布的《建筑企业资质管理规定实施意见》建市〔2007〕241 号的规定,主要是从施工企业的资质类别、资质等级、是否通过合法的申请与审批以及所从事的业务范围是否与资质等级相符等几方面进行审查。

企业应当按照其拥有的资产、主要人员、已完成的工程业绩和技术装备等条件申请建筑业企业资质,经审查合格,取得建筑业企业资质证书后,方可在资质许可的范围内从事建筑施工活动。

1.资质分类

建筑业企业资质分为施工总承包资质、专业承包资质、施工劳务资质三个序列。其中施工总承包序列设有 12 个类别,一般分为 4 个等级(特级、一级、二级、三级);专业承包序列设有 36 个类别,一般分为 3 个等级(一级、二级、三级);施工劳务序列不分类别和等级。《建筑企业资质等级标准》包括建筑业企业资质各个序列、类别和等级的资质标准。

施工总承包工程应由取得相应施工总承包资质的企业承担。取得施工总承包资质的企业可以对所承接的施工总承包工程内各专业工程全部自行施工,也可以将专业工程依法进行分包。对设有资质的专业工程进行分包时,应分包给具有相应专业承包资质的企业。施工总承包企业将劳务作业分包时,应分包给具有施工劳务资质的企业。

设有专业承包资质的专业工程单独发包时,应由取得相应专业承包资质的企业承担。取得专业承包资质的企业可以承接具有施工总承包资质的企业依法分包的专业工程或建设单位依法发包的专业工程。取得专业承包资质的企业应对所承接的专业工程全部自行组织施工,劳务作业可以分包,但应分包给具有施工劳务资质的企业。

取得施工劳务资质的企业可以承接具有施工总承包资质或专业承包资质的企业分包的劳务作业。

取得施工总承包资质的企业,可以从事资质证书许可范围内的相应工程总承包、工程项目管理等业务。

2.资质申请与审批

企业可以申请一项或多项建筑业企业资质。

企业首次申请或增项申请资质,应当申请最低等级资质。

下列建筑业企业资质,由国务院住房城乡建设主管部门许可:

(1)施工总承包资质序列特级资质、一级资质及铁路工程施工总承包二级资质;

(2)专业承包资质序列公路、水运、水利、铁路、民航方面的专业承包一级资质及铁路、民航方面的专业承包二级资质;涉及多个专业的专业承包一级资质。

下列建筑业企业资质,由企业工商注册所在地省、自治区、直辖市人民政府住房城乡建设主管部门许可:

(1)施工总承包资质序列二级资质及铁路、通信工程施工总承包三级资质;

(2)专业承包资质序列一级资质(不含公路、水运、水利、铁路、民航方面的专业承包一级资质及涉及多个专业的专业承包一级资质);

(3)专业承包资质序列二级资质(不含铁路、民航方面的专业承包二级资质);铁路方面专业承包三级资质;特种工程专业承包资质。

下列建筑业企业资质,由企业工商注册所在地设区的市人民政府住房城乡建设主管部门许可:

(1)施工总承包资质序列三级资质(不含铁路、通信工程施工总承包三级资质);

(2)专业承包资质序列三级资质(不含铁路方面专业承包资质)及预拌混凝土、模板脚手架专业承包资质;

(3)施工劳务资质;

(4)燃气燃烧器具安装、维修企业资质。

省、自治区、直辖市人民政府住房城乡建设主管部门应当自受理申请之日起20个工作日内初审完毕,并将初审意见和申请材料报国务院住房城乡建设主管部门。

国务院住房城乡建设主管部门应当自省、自治区、直辖市人民政府住房城乡建设主管部门受理申请材料之日起60个工作日内完成审查,公示审查意见,公示时间为10个工作日。其中,涉及公路、水运、水利、通信、铁路、民航等方面资质的,由国务院住房城乡建设主管部门会同国务院有关部门审查。

企业申请建筑业企业资质,应当提交以下材料:

(1)建筑业企业资质申请表及相应的电子文档;

(2)企业营业执照正副本复印件;

(3)企业章程复印件;

(4)企业资产证明文件复印件;

(5)企业主要人员证明文件复印件;

(6)企业资质标准要求的技术装备的相应证明文件复印件;

(7)企业安全生产条件有关材料复印件;

(8)按照国家有关规定应提交的其他材料。

企业申请建筑业企业资质,应当如实提交有关申请材料。资质许可机关收到申请材料后,应当按照《行政许可法》的规定办理受理手续。

资质许可机关应当及时将资质许可决定向社会公开,并为公众查询提供便利。

建筑业企业资质证书分为正本和副本,由国务院住房城乡建设主管部门统一印制,正、副本具备同等法律效力。资质证书有效期为5年。

3.资质监督管理

县级以上人民政府住房城乡建设主管部门和其他有关部门应当依照有关法律、法规和《建筑企业资质管理规定》,加强对企业取得建筑业企业资质后是否满足资质标准和市场行为的监督管理。

上级住房城乡建设主管部门应当加强对下级住房城乡建设主管部门资质管理工作的监督检查,及时纠正建筑业企业资质管理中的违法行为。

住房城乡建设主管部门、其他有关部门的监督检查人员履行监督检查职责时,有权采取下列措施:

(1)要求被检查企业提供建筑业企业资质证书、企业有关人员的注册执业证书、职称证书、岗位证书和考核或者培训合格证书,有关施工业务的文档,有关质量管理、安全生产管理、合同管理、档案管理、财务管理等企业内部管理制度的文件;

(2)进入被检查企业进行检查,查阅相关资料;

(3)纠正违反有关法律、法规和本规定及有关规范和标准的行为。

监督检查人员应当将监督检查情况和处理结果予以记录,由监督检查人员和被检查企业的有关人员签字确认后归档。

住房城乡建设主管部门、其他有关部门的监督检查人员在实施监督检查时,应当出示证件,并要有两名以上人员参加。

监督检查人员应当为被检查企业保守商业秘密,不得索取或者收受企业的财物,不得谋取其他利益。

有关企业和个人对依法进行的监督检查应当协助与配合,不得拒绝或者阻挠。

监督检查机关应当将监督检查的处理结果向社会公布。

企业违法从事建筑活动的,违法行为发生地的县级以上地方人民政府住房城乡建设主管部门或者其他有关部门应当依法查处,并将违法事实、处理结果或者处理建议及时告知该建筑业企业资质的许可机关。

对取得国务院住房城乡建设主管部门颁发的建筑业企业资质证书的企业需要处以停业整顿、降低资质等级、吊销资质证书行政处罚的,县级以上地方人民政府住房城乡建设主管部门或者其他有关部门,应当通过省、自治区、直辖市人民政府住房城乡建设主管部门或者国务院有关部门,将违法事实、处理建议及时报送国务院住房城乡建设主管部门。

取得建筑业企业资质证书的企业,应当保持资产、主要人员、技术装备等方面满足相应建筑业企业资质标准要求的条件。

企业不再符合相应建筑业企业资质标准要求条件的,县级以上地方人民政府住房城乡建设主管部门、其他有关部门,应当责令其限期改正并向社会公告,整改期限最长不超过3个月;企业整改期间不得申请建筑业企业资质的升级、增项,不能承揽新的工程;逾期仍未达到建筑业企业资质标准要求条件的,资质许可机关可以撤回其建筑业企业资质证书。

被撤回建筑业企业资质证书的企业,可以在资质被撤回后3个月内,向资质许可机关提出核定低于原等级同类别资质的申请。

有下列情形之一的,资质许可机关应当撤销建筑业企业资质:

(1)资质许可机关工作人员滥用职权、玩忽职守准予资质许可的;

(2)超越法定职权准予资质许可的;

(3)违反法定程序准予资质许可的;

(4)对不符合资质标准条件的申请企业准予资质许可的;

(5)依法可以撤销资质许可的其他情形。

以欺骗、贿赂等不正当手段取得资质许可的,应当予以撤销。

有下列情形之一的,资质许可机关应当依法注销建筑业企业资质,并向社会公布其建筑业企业资质证书作废,企业应当及时将建筑业企业资质证书交回资质许可机关:

(1)资质证书有效期届满,未依法申请延续的;

(2)企业依法终止的;

(3)资质证书依法被撤回、撤销或吊销的;

(4)企业提出注销申请的;

(5)法律、法规规定的应当注销建筑业企业资质的其他情形。

有关部门应当将监督检查情况和处理意见及时告知资质许可机关。资质许可机关应当将涉及有关公路、水运、水利、通信、铁路、民航等方面的建筑业企业资质许可被撤回、撤销、吊销和注销的情况告知同级有关部门。

资质许可机关应当建立、健全建筑业企业信用档案管理制度。建筑业企业信用档案应当包括企业基本情况、资质、业绩、工程质量和安全、合同履约、社会投诉和违法行为等情况。

企业的信用档案信息按照有关规定向社会公开。

取得建筑业企业资质的企业应当按照有关规定,向资质许可机关提供真实、准确、完整的企业信用档案信息。

县级以上地方人民政府住房城乡建设主管部门或其他有关部门依法给予企业行政处罚的,应当将行政处罚决定以及给予行政处罚的事实、理由和依据,通过省、自治区、直辖市人民政府住房城乡建设主管部门或者国务院有关部门报国务院住房城乡建设主管部门备案。

资质许可机关应当推行建筑业企业资质许可电子化,建立建筑业企业资质管理信息系统。

(二)勘察单位和设计单位

2001年7月25日原建设部发布了93号令《建设工程勘察设计企业资质管理规定》,2001年1月20日原建设部修订的《工程勘察资质分级标准》《工程设计资质分级标准》,对工程勘察设计单位的资质等级与标准、申请与审批、业务范围等作了明确规定。

1.勘察设计单位资质分类、分级

工程勘察资质范围包括建设项目的岩土工程、水文地质工程和工程测量等专业。其中岩土工程是指岩土工程的勘察、设计、测试、监测、检测、咨询、监理、治理等。工程设计行业资质分工程设计综合资质、工程设计行业资质和工程设计专项资质。

建设工程勘察、设计企业应当按照其拥有的注册资本、专业技术人员、技术装备和勘察设计业绩等条件申请资质,经审查合格,取得建设工程勘察、设计资质证书后,方可在资质等级许可的范围内从事建设工程勘察、设计活动。取得资质证书的建设工程勘察、设计企业可以从事相应的建设工程勘察、设计咨询和技术服务。

建设工程勘察、设计资质分为工程勘察资质、工程设计资质。工程勘察资质分为工程勘察综合资质、工程勘察专业资质、工程勘察劳务资质。工程勘察综合资质只设甲级;工程勘察专业资质根据工程性质和技术特点设立类别和级别,原则上设甲、乙两个级别;工程勘察劳务资质不分级别。取得工程勘察综合资质的企业,承接工程勘察业务范围不受限制;取得工程勘察专业资质的企业,可以承接同级别相应专业的工程勘察业务;取得工程勘察劳务资质的企业,可以承接岩土工程治理、工程钻探、凿井工程勘察劳务工作。

工程设计资质分为工程设计综合资质、工程设计行业资质、工程设计专项资质。工程设计综合资质只设甲级;工程设计行业资质设甲、乙、丙三个级别;工程设计专项资质根据工程性质和技术特点设立类别和级别。取得工程设计综合资质的企业,其承接工程设计业务范围不受限制;取得工程设计行业资质的企业,可以承接同级别相应行业的工程设计业务;取得工程设计专项资质的企业,可以承接同级别相应的专项工程设计业务。取得工程设计行业资质的企业,可以承接本行业范围内同级别的相应专项工程设计业务,不需再单独领取工程设计专项资质。

2.资质申请与审批

企业申请工程勘察甲级资质、建筑工程设计甲级资质及其他工程设计甲、乙级资质,应当向企业工商注册所在地的省、自治区、直辖市人民政府建设行政主管部门提出申请。其中,中央管理的企业直接向国务院建设行政主管部门提出申请,其所属企业由中央管理的企业向国务院建设行政主管部门提出申请,同时向企业工商注册所在地省、自治区、直辖市人民政府建设行政主管部门备案。

工程勘察甲级、建筑工程设计甲级资质及其他工程设计甲、乙级资质由国务院建设行政主管部门审批。

申请工程勘察甲级、建筑工程设计甲级资质及其他工程设计甲、乙级资质的,应当经省、自治区、直辖市人民政府建设行政主管部门审核。审核部门应当对建设工程勘察、设计企业的资质条件和企业申请资质所提供的资料进行核实。

申请工程勘察乙级资质、工程勘察劳务资质、建筑工程设计乙级资质和其他建设工程勘察、设计丙级以下资质(包括丙级),由企业工商注册所在地省、自治区、直辖市人民政府建设行政主管部门审批。审批结果应当报国务院建设行政主管部门备案。具体审批程序由省、自治区、直辖市人民政府建设行政主管部门规定。

建设工程勘察、设计企业申请晋升资质等级、转为正式等级或者申请增加其他工程勘察、工程设计资质,在申请之日前一年内有下列行为之一的,建设行政主管部门不予批准:

(1)与建设单位勾结,或者企业之间相互勾结串通,采用不正当手段承接勘察、设计业务的;

(2)将承接的勘察、设计业务转包或者违法分包的;

(3)注册执业人员未按照规定在勘察设计文件签字的;

(4)违反国家工程建设强制性标准的;

(5)因勘察设计原因发生过工程重大质量安全事故的;

(6)设计单位未根据勘察成果文件进行工程设计的;

(7)设计单位违反规定指定建筑材料、建筑构配件的生产厂、供应商的;

(8)以欺骗、弄虚作假等手段申请资质的;

(9)超越资质等级范围勘察设计的;

(10)转让资质证书的;

(11)为其他企业提供图章、图签的;

(12)伪造、涂改资质证书的;

(13)其他违反法律、法规的行为。

3.资质监督管理

国务院建设行政主管部门对全国的建设工程勘察、设计资质实施统一的监督管理。国务院铁道、交通、水利、信息产业、民航等有关部门配合国务院建设行政主管部门对相应的行业资质进行监督管理。

县级以上地方人民政府建设行政主管部门负责对本行政区域内的建设工程勘察、设计资质实施监督管理。县级以上人民政府交通、水利、信息产业等有关部门配合建设行政主管部门对相应的行业资质进行监督管理。任何部门、任何地区不得采取法律、行政法规规定以外的其他资信、许可等建设工程勘察、设计市场准入限制。

建设行政主管部门对建设工程勘察、设计资质实行年检制度。资质年检主要对是否符合资质标准,是否有质量、安全、市场交易等方面的违法违规行为进行检查。资质年检结论分为合格、基本合格和不合格。

4.企业资质年检制度

工程勘察乙级资质、工程勘察劳务资质、建筑工程设计乙级资质和其他建设工程勘察、设计丙级以下资质(包括丙级)由企业工商注册所在地省、自治区、直辖市人民政府建设行政主管部门负责年检。

工程勘察甲级、建筑工程设计甲级资质及其他工程设计甲、乙级资质由国务院建设行政主管部门委托企业工商注册所在地省、自治区、直辖市人民政府建设行政主管部门负责年检。年检结果为合格的应当报国务院建设行政主管部门备案,年检意见为基本合格和不合格的,应当报国务院建设行政主管部门批准,并由国务院建设行政主管部门商国务院有关部门确定年检结论。

建设工程勘察、设计企业应在规定时间内向建设行政主管部门提交资质年检申请。年检内容主要是针对是否符合资质标准,是否有质量、安全、市场交易等方面的违法违规行为进行检查。资质年检结论分为合格、基本合格和不合格。

建设工程勘察、设计企业连续两年资质年检合格,方可申请晋升资质等级;资质年检不合格或者连续两年基本合格的,应当重新核定其资质。新核定的资质应当低于原资质等级;达不到最低资质等级标准的,应当取消其资质。

在资质年检通知规定的时间内没有参加资质年检的建设工程勘察、设计企业,其资质证书自行失效,且一年内不得重新申请资质。

(三)工程监理单位

工程监理企业应当按照其拥有的注册资本、专业技术人员和工程监理业绩等资质条件申请资质,经审查合格,取得相应等级的资质证书后,方可在其资质等级许可的范围内从事工程监理活动。

国务院建设主管部门负责全国工程监理企业资质的统一监督管理工作。国务院铁路、交通、水利、信息产业、民航等有关部门配合国务院建设主管部门实施相关资质类别工程监理企业资质的监督管理工作。

省、自治区、直辖市人民政府建设主管部门负责本行政区域内工程监理企业资质的统一监督管理工作。省、自治区、直辖市人民政府交通、水利、信息产业等有关部门配合同级建设主管部门实施相关资质类别工程监理企业资质的监督管理工作。

工程监理企业资质分为综合资质、专业资质和事务所资质。其中,专业资质按照工程性质和技术特点划分为若干工程类别。

综合资质、事务所资质不分级别。专业资质分为甲级、乙级;其中,房屋建筑、水利水电、公路和市政公用专业资质可设立丙级。

工程监理企业资质相应许可的业务范围如下:

1. 综合资质

可以承担所有专业工程类别建设工程项目的工程监理业务。

2. 专业资质

(1)专业甲级资质

可承担相应专业工程类别建设工程项目的工程监理业务(见附表2)。

(2)专业乙级资质

可承担相应专业工程类别二级以下(含二级)建设工程项目的工程监理业务(见附表2)。

(3)专业丙级资质

可承担相应专业工程类别三级建设工程项目的工程监理业务(见附表2)。

3. 事务所资质

可承担三级建设工程项目的工程监理业务(见附表2),但是,国家规定必须实行强制监理的工程除外。

工程监理企业可以开展相应类别建设工程的项目管理、技术咨询等业务。

(四)工程造价咨询单位

2000年1月25日原建设部颁布了《工程造价咨询单位管理办法》,对工程造价咨询单位的资质等级与标准、申请与审批、业务范围等作了规定。工程造价咨询单位应当取得《工程造价咨询单位资质证书》,并在资质证书核定的范围内从事工程造价咨询业务。从事工程造价咨询活动,应当遵循公开、公正、平等竞争的原则。任何单位和个人不得分割、封锁、垄断工程造价咨询市场。

工程造价咨询单位资质等级分为甲级、乙级。

申请甲级工程造价咨询单位资质的,由国务院建设行政主管部门认可的特殊行业主管部门或者省、自治区、直辖市人民政府建设行政主管部门进行资质初审,初审合格后报国务院建设行政主管部门审批。申请乙级工程造价咨询单位资质的,由省、自治区、直辖市人民政府建设行政主管部门及同级有关专业部门审批。新开办的工程造价咨询单位只能申请乙级工程造价咨询单位资质等级。工程造价咨询单位应当在资质证书核定的范围内承接工程造价咨询业务。禁止超越资质等级和资质证书核定的范围承接工程造价咨询业务。

甲、乙级工程造价咨询单位承接业务按照下列规定执行:

(1)甲级工程造价咨询单位在全国范围内承接各类建设项目的工程造价咨询业务;

(2)乙级工程造价咨询单位在本省、自治区、直辖市范围内承接中、小型建设项目的工程造价咨询业务。

甲级工程造价咨询单位跨省、自治区、直辖市承接工程造价咨询业务时,应当到工程所在省、自治区、直辖市人民政府建设行政主管部门办理备案手续。

政府投资、国有单位投资以及政府、国有企事业单位投资控股的建设工程,应当委托具有相应资质的国内工程造价咨询单位进行工程造价咨询。

中外合资以及利用国外金融机构贷款的建设工程,原则上由国内甲级工程造价咨询单位承接工程造价咨询业务;确需国外工程造价咨询单位参加时,应当以中方为主,采取中外合作的方式。

工程造价咨询单位承接工程造价咨询业务时,应当与委托单位签订工程造价咨询合同。工程造价咨询合同一般包括下列主要内容:

(1)当事人的名称、地址;

(2)咨询项目的名称、委托内容、要求、标准;

(3)履行期限;

(4)咨询费、支付方式和时间;

(5)违约责任和纠纷解决方式;

(6)当事人约定的其他内容。

工程造价咨询单位应当在工程造价成果文件上注明资质证书的等级和编号,加盖单位公章及造价工程师执业专用章。

工程造价咨询单位的收费标准按照国家有关规定在工程造价咨询合同中约定。当事人不得违反国家有关最低收费标准的规定,任意压低工程造价咨询费。

(五)工程招标代理单位

工程招标代理单位资质等级分为甲级、乙级、暂定级。

1.甲级资质标准

(1)是依法设立的中介组织,具有独立法人资格;

(2)与行政机关和其他国家机关没有行政隶属关系或者其他利益关系;

(3)有固定的营业场所和开展工程招标代理业务所需设施及办公条件；

(4)有健全的组织机构和内部管理的规章制度；

(5)具有编制招标文件和组织评标的相应专业力量；

(6)具有可以作为评标委员会成员人员的技术、经济等方面的专家库；

(7)法律、行政法规规定的其他条件；

(8)取得乙级工程招标代理资格满3年；

(9)近3年内累计工程招标代理中标金额在16亿元人民币以上（以中标通知书为依据，下同）；

(10)具有中级以上职称的工程招标代理机构专职人员不少于20人，其中具有工程建设类注册执业资格人员不少于10人（其中注册造价工程师不少于5人），从事工程招标代理业务3年以上的人员不少于10人；

(11)技术经济负责人为本机构专职人员，具有10年以上从事工程管理的经验，具有高级技术经济职称和工程建设类注册执业资格；

(12)注册资本金不少于200万元。

2.乙级资质标准

(1)是依法设立的中介组织，具有独立法人资格；

(2)与行政机关和其他国家机关没有行政隶属关系或者其他利益关系；

(3)有固定的营业场所和开展工程招标代理业务所需设施及办公条件；

(4)有健全的组织机构和内部管理的规章制度；

(5)具有编制招标文件和组织评标的相应专业力量；

(6)具有可以作为评标委员会成员人员的技术、经济等方面的专家库；

(7)法律、行政法规规定的其他条件；

(8)取得暂定级工程招标代理资格满1年；

(9)近3年内累计工程招标代理中标金额在8亿元人民币以上；

(10)具有中级以上职称的工程招标代理机构专职人员不少于10人，其中具有工程建设类注册执业资格人员不少于6人（其中注册造价工程师不少于3人），从事工程招标代理业务3年以上的人员不少于6人；

(11)技术经济负责人为本机构专职人员，具有8年以上从事工程管理的经验，具有高级技术经济职称和工程建设类注册执业资格；

(12)注册资本金不少于100万元。

3.暂定级资质标准

申请暂定级资质需满足乙级资质标准中除第9点外的所有条件。

二　建筑业专业人员执业资格制度

【案例】

2004年5月12日上午9时20分，H省A公司某烟囱工地，施工人员在拆除井架（高75m）时，由于违章拆除井架缆风绳，导致井架发生倾覆，造成施工人员21人死亡、10人受伤，直接经济损失 268.3 万元。国务院领导对此高度重视并做出批示。事故发生后，原建设部即派出调查组赶赴 H 省对事故的调查处理工作进行了督察。

经 H 省"5·12"特大施工伤亡事故调查组认定，该事故是一起严重违章指挥、违规作业、违反建设程序，有关各方监督管理不力，安全责任不落实而导致的特大责任事故。依据事故处理权限，原建设部做出如下处罚：

（1）H 省 Z 建筑公司未履行职责，未对滑模作业队的资质、从业人员资格进行审查，现场没有配备专职安全员，安全生产责任制不落实，对该工程安全管理失控，导致事故的发生。对 H 省第七建筑工程公司给予降低资质等级的处罚，将房屋建筑工程施工总承包资质等级由一级降为二级。

（2）程某，该工程项目总监，未对烟囱物料提升架安装拆卸施工方案进行审核，未组织实施有效的监理，对这起事故负主要责任，给予吊销监理工程师注册证书，终身不予注册的处罚。

从业人员执业资格审查制度是指对具有一定专业学历、资历的从事建筑活动的专业技术人员，通过国家相关考试和注册确定其执业的技术资格，获得相应的建筑工程文件签字权的一种制度。从事建筑活动的专业技术人员，应当依法取得相应的执业资格证书，并在执业资格证书许可的范围内从事建筑活动。目前，我国建筑领域的专业技术人员执业资格制度主要有以下六种类型：注册建筑师、注册监理工程师、注册结构工程师、注册城市规划师、注册造价工程师和注册建造师。

（一）注册建筑师

注册建筑师是指依法取得注册建筑师证书，并从事房屋建筑设计及相关业务的专业技术人员。1995 年 9 月国务院颁布的《中华人民共和国建筑师条例》，1996 年原建设部颁布的《中华人民共和国注册建筑师条例实施细则》，对注册建筑师的考试、注册管理、执业范围等作了相关的具体规定。

1. 注册建筑师的报考条件

报考条件根据申请的级别不同而不同。报考者只要符合以下规定条件之一即可报考。

一级注册建筑师的报考条件：

（1）取得建筑学博士学位或相近专业工学博士学位，并从事建筑设计或相关业务两年以上；

（2）取得建筑学硕士学位或相近专业工学硕士学位，并从事建筑设计或相关业务三年以上；

（3）具有建筑学专业大学本科学历并从事建筑设计或相关业务五年以上，或具有建筑学相近专业大学本科毕业学历并从事建筑设计或相关业务七年以上；

（4）取得高级工程师技术职称并从事建筑设计相关业务三年以上，或取得工程师技术职称并从事建筑设计或相关业务五年以上；

（5）不具有以上四项规定条件，但设计成绩突出，经全国注册建筑师管理委员会认定，已达到了前四项专业水平。

二级注册建筑师的报考条件：

（1）具有建筑学或相近大学本科毕业以上学历，并从事建筑设计或相关业务两年以上；

（2）具有建筑设计专业或相近专业大学本科毕业以上学历并从事建筑设计或相关业务三年以上；

（3）具有建筑设计专业四年制中专毕业学历并从事建筑设计或相关业务五年以上；

（4）具有建筑设计相近专业中专毕业学历并从事建筑设计或相关业务七年以上；

（5）取得助理工程师以上职称并从事建筑设计或相关业务三年以上的。

注册建筑师的注册与管理：一级注册建筑师考试合格者，由全国注册建筑师管理委员会核发《一级注册建筑师考试合格证书》；二级注册建筑师考试合格者，由省、自治区、直辖市注册建筑师管理委员会核发《二级注册建筑师考试合格证书》。考试合格证书的取得标志已取得注册建筑师资格。一级注册建筑师的注册机构是全国注册建筑师管理委员会；二级注册建筑师的注册机构是省、自治区、直辖市注册建筑师管理委员会。另外，对不予注册的有关情形也作了相关的规定。有下列情形之一的不予注册：第一，不具有完全民事行为能力的；第二，因受刑事处罚，自处罚执行完毕之日起至申请注册之日止不满 5 年的；第三，因在建筑设计或相关业务中犯有错误，受行政处罚或撤职以上行政处分的。自处罚（处分）决定之日起至申请注册之日止不满 2 年的；第四，受吊销注册建筑师证书的行政处罚，自处罚决定之日起至申请注册之日止不满 5 年的；第五，有国务院规定不予注册的其他情形的。

注册证明每两年注册一次。已经注册的注册建筑师需继续注册时，应在注册有效期终止日前 30 天内向注册建筑师管理委员会提出注册申请。有下列情形之一的不予注册：第一，完全丧失民事行为能力的；第二，受刑事处罚的；第三，因在建筑设计或相关业务中犯有错误，受行政处罚或撤职以上行政处分的；第四，自行停止注册建筑师业务 2 年的。被撤销注册的人员可以按照规定重新注册。

2.注册建筑师的执业范围

注册建筑师的执业范围包括建筑设计、建筑设计技术咨询、建筑物调查与鉴定、对本人主持设计的项目进行指导和监督、国务院建设行政主管部门规定的其他业务。

注册建筑师在取得合法的执业资格证书之后，依法享有一定的权利和承担一定的义务，并负有相应的责任。其享有的权利有几方面：第一，有权以注册建筑师的名义执行注册建筑师业务。二级注册建筑师不得以一级注册建筑师的名义执行业务，也不得超越国家规定的二级注册建筑师的执业范围执行业务；第二，注册建筑师对国家规定的一定跨度、跨径和高度以上的房屋建筑主持设计时，要在设计文件上签字；第三，任何单位和个人未征得注册建筑师的同意，不得修改注册建筑师的设计图纸，但因特殊情况不能征得该注册建筑师同意的除外。其承担的义务有几方面：第一，遵守法律法规和职业道德，维护社会公共利益，保证建筑设计的质量，并在其负责设计的图纸上签字；第二，保守在执业中知悉的单位和个人的秘密；第三，不得同时受聘于两个或两个以上的建筑工程设计单位执行业务；第四，不能准许他人以本人名义执行业务。

注册建筑师在从事工程建设相关活动的责任主要体现在：因设计质量造成的经济损失，依法由与注册建筑师有隶属关系的设计单位承担赔偿责任。承担赔偿责任的建筑设计单位，可以对签字的注册建筑师根据其在该责任事故中责任的大小进行追偿。

（二）注册监理工程师

监理工程师是指经全国统一考试合格并注册取得监理工程师岗位证书的工程建设监理人

员。监理工程师系岗位职务。1996 年 6 月原建设部颁布的《监理工程师资格考试和注册试行办法》，对注册监理工程师的考试、注册以及权利和义务作了具体规定。

1. 注册监理工程师报考条件

首先要具有高级专业技术职称或获得中级专业技术职称后具有三年以上工程设计或施工管理实践经验；其次，在全国监理工程师注册机关认定的培训单位经过监理业务培训，并取得培训结业证书。

经监理工程师考试合格者，由监理工程师注册机关核发《监理工程师资格证书》。自领取证书起，5 年内未注册的，其证书失效。

2. 监理工程师的注册

取得《监理工程师资格证书》的人员，可以由拟聘用申请者的工程建设监理单位统一向本地区或本部门的监理工程师注册机关提出注册申请。监理工程师注册机关收到申请后，根据全国监理工程师注册机关批准的计划，对符合条件的申请者择优予以注册，颁发《监理工程师岗位证书》，并报全国监理工程师注册机关备案。监理工程师注册机关每 5 年要对《监理工程师岗位证书》持有者复查一次。对不符合条件者撤销注册，收回《监理工程师岗位证书》。已经取得《监理工程师资格证书》但未注册的人员，不得以监理工程师的名义从事建设监理业务。已经注册的监理工程师，不得以个人的名义私自承接工程建设监理业务。

（三）注册结构工程师

注册结构工程师是指取得注册结构工程师执业资格证书，并从事房屋结构、桥梁结构及塔架结构等工程设计及相关业务的专业技术人员。1997 年 9 月 1 日原建设部、人事部联合颁发的《注册结构工程师执业资格制度暂行规定》，对注册结构工程师执业资格的有关问题作了规定。

1. 注册结构工程师的报考与注册

我国注册结构工程师分为一级注册结构工程师和二级注册结构工程师。注册结构工程师考试实行全国统一大纲、统一命题、统一组织的方法，原则上每年举行一次考试。一级注册结构工程师资格考试由基础考试和专业考试两部分组成。申请参加考试的人员，在通过基础考试，从事结构工程设计或相关业务符合有关规定的年限之后，方可申请参加专业考试。基础考试和专业考试合格者颁发《注册结构工程师执业资格证书》。对准予注册的申请人，分别由全国注册结构工程师管理委员会和省、自治区、直辖市注册结构工程师管理委员会核发《注册结构工程师注册证书》。同时对不予注册的情形也作了相关的规定。有下列情形之一的不予注册：第一，不具有完全民事行为能力的；第二，因受刑事处罚，自处罚执行完毕之日起至申请注册之日止不满 5 年的；第三，因在结构工程或相关业务中犯有错误，受行政处罚或撤职以上行政处分的。自处罚（处分）决定之日起至申请注册之日止不满 2 年的；第四，受吊销注册结构工程师注册证书处罚，自处罚决定之日起至申请注册之日止不满 5 年的；第五，原建设部和国务院有关部门规定不予注册的其他情形的。

注册结构工程师注册有效期为 2 年，有效期届满需要继续注册的，应当在期满前 30 天内办理注册手续。注册结构工程师注册后，有下列情形之一的，由全国或省、自治区、直辖市注册结构工程师管理委员会撤销注册，收回注册证书：第一，完全丧失民事行为能力的；第二，因受刑事处罚的;第三,因在工程设计或相关业务中造成事故,受行政处罚或撤职以上行政处分的;第四,自行停止注册结构工程师业务满2年的。

2.注册结构工程师的执业范围

执业范围主要包括:结构工程师设计、结构工程师设计技术咨询、建筑物、构筑物、工程设施等调查和鉴定;对本人主持设计的项目进行施工指导和监督;原建设部和国务院有关部门规定的其他业务。

3.注册结构工程师执业的法律责任

注册结构工程师在从业中因结构设计质量造成的经济损失,由与设计人员有隶属关系的勘察设计单位承担赔偿责任,勘察设计单位有权向造成经济赔偿的结构设计签字的注册结构工程师实行追偿。

(四)注册城市规划师

为了加强城市规划专业技术人员的执业准入控制,保障城市规划工作质量,维护国家、社会和公众的利益,我国原人事部、原建设部在1999年根据《中华人民共和国城市规划法》(现为《中华人民共和国城乡规划法》)以及职业资格证书制度的有关规定,制定另外《注册城市规划师执业资格制度暂行规定》。该规定所称注册城市规划师是指通过全国统一考试,取得注册城市规划师执业资格证书,并经注册登记后从事城市规划业务工作的专业技术人员。

注册城市规划师执业资格制度属职业资格证书制度范畴,纳入专业技术人员执业资格制度的统一规划,由国家确认批准。

注册城市规划师执业资格考试实行全国统一大纲、统一命题、统一组织的办法。原则上每年举行一次。

1.注册城市规划师的报考条件

凡中华人民共和国公民,遵纪守法并具备以下条件之一者,可申请参加注册城市规划师执业资格考试:

(1)取得城市规划专业大专学历,并从事城市规划业务工作满6年。

(2)取得城市规划专业大学本科学历,并从事城市规划业务工作满4年;或取得城市规划相近专业大学本科学历,并从事城市规划业务工作满5年。

(3)取得通过评估的城市规划专业大学本科学历,并从事城市规划业务工作满3年。

(4)取得相近专业硕士学位,并从事城市规划业务工作满3年。

(5)取得城市规划专业硕士学位或相近专业博士学位,并从事城市规划业务工作满2年。

(6)取得城市规划专业博士学位,并从事城市规划业务工作满1年。

(7)原人事部、原建设部规定的其他条件。

原建设部负责组织有关专家编制考试大纲、编写培训教材和组织命题工作,统一规划并组织考前培训等有关工作。考前培训工作必须按照培训与考试分开、自愿参加的原则进行。

原人事部负责组织有关专家审定考试科目、考试大纲和试题,会同原建设部对考试进行检查、监督和指导。并负责组织或授权组织实施考务工作。

2.城市规划师的注册

注册城市规划师执业资格考试合格者,由原建设部和省、自治区、直辖市人事部门颁发人事部统一印制、人事部和原建设部用印的中华人民共和国注册城市规划师执业资格证书。

原建设部及各省、自治区、直辖市规划行政主管部门负责注册城市规划师的注册管理工作。各级人事部门对注册城市规划师的注册情况有检查、监督的责任。取得注册城市规划师执业资格证书申请注册的人员,可由本人提出申请,经所在单位同意后报所在地省级城市规划行政主管部门审查,统一报原建设部注册登记。经批准注册的申请人,由原建设部核发《注册城市规划师注册证》。

申请注册的人员必须同时具备以下条件。

(1)遵纪守法,遵守注册城市规划师职业道德;

(2)取得注册城市规划师执业资格证书;

(3)所在单位考核同意;

(4)身体健康,能坚持在注册城市规划师岗位上工作。

再次注册者,应经单位考核合格并有参加继续教育、业务培训的证明。

注册城市规划师每次注册有效期为三年。有效期满前三个月,持证者应当重新办理注册登记。

注册城市规划师有下列情况之一的,其所在单位应及时向所在省级城市规划行政主管部门报告,有关的省级城市规划行政主管部门必须及时办理撤销注册手续:

(1)完全丧失民事行为能力的;

(2)受到刑事处罚的;

(3)脱离注册城市规划师岗位连续 2 年以上的;

(4)因在城市规划工作中的失误造成损失,受到行政处罚或者撤职以上行政处分的。

被撤销注册的当事人对撤销注册有异议的,可以在接到撤销注册通知之日起 15 日内向原建设部申请复议。

注册城市规划师应严格执行国家有关城市规划工作的法律、法规和技术规范,秉公办事,维护社会公众利益,保证工作成果质量。注册城市规划师对所经办的城市规划工作成果的图件、文件以及建设用地和建设工程规划许可文件有签名盖章权,并承担相应的法律和经济责任。注册城市规划师有权对违反国家有关法律、法规和技术规范的要求及决定提出劝告。注册城市规划师应保守工作中的技术和经济秘密。注册城市规划师不得同时受聘于两个或两个以上单位执行城市规划业务。不得准许他人以本人名义执行业务。

注册城市规划师按规定接受专业技术人员继续教育,不断更新知识,提高工作水平。参加规定的专业培训和考核,并作为重新注册登记的必备条件之一。

(五)注册造价工程师

造价工程师是指经全国造价工程师执业资格统一考试合格,取得造价工程师注册证书并从事建筑工程造价活动的人员。1996 年 8 月 26 日原人事部与原建设部联合颁发的《造价工程师执业资格制度暂行规定》,对注册造价工程师执业的有关问题作了规定。

1.造价工程师的考试与注册

造价工程师执业资格考试实行全国统一大纲、统一命题、统一组织的办法。原则上每年举行一次。报考者只要具备以下条件之一即可报考：

（1）工程造价专业大专毕业后，从事工程造价工作满 5 年；工程或工程经济类大专毕业后，从事工程造价业务工作满 6 年；

（2）工程造价专业本科毕业后，从事工程造价业务满 4 年，工程或工程经济类专业本科毕业后，从事工程造价业务满 5 年；

（3）获上述专业第二学士学位、研究生毕业或获硕士学位后，从事工程造价业务工作满 3 年；

（4）获上述专业博士学位后，从事工程造价业务满 2 年。

通过造价工程师考试合格者，由省、自治区、直辖市人事部门颁发人事部统一印制、人事部和原建设部共同监印的造价工程师执业资格合格证书，该证书在全国范围有效。

取得造价工程师执业资格合格证书的人员，应当在取得合格证书后三个月内，到省级注册机构或部门注册机构申请初始注册。申请初始注册时应提交以下材料：第一，造价工程师注册申请表；第二，造价工程师执业资格考试合格证书；第三，工作业绩证明。如超过规定期限申请初始注册的，除提交上述材料外，还应提交国务院建设行政主管部门认可的造价工程师继续教育证明。有下列情形之一的，不予注册：第一，丧失民事行为能力的；第二，受过刑事处罚，自刑事处罚执行完毕之日起至申请注册之日止不满 5 年的；第三，在造价工程业务中有重大过失，受过行政处罚或撤职以上行政处分，自处罚（处分）决定之日起至申请注册之日止不满 2 年的；第四，在申请注册过程中有弄虚作假行为的。

造价工程师初始注册的有效期为两年，自核准注册之日起计算。注册有效期满要求继续执业的，造价工程师应在注册有效期满前两个月向省级注册机构或部门注册机构申请继续注册。申请时应提交从事工程造价活动的业绩、工作总结和国务院建设行政主管部门认可的工程造价继续教育证明。申请续期注册有下列情形之一的不予续期注册：第一，无业绩证明和工作总结的；第二，同时在两个单位执业的；第三，未按规定参加造价工程师继续教育或继续教育未达到标准的；第四，允许他人以本人名义执业的；第五，在从事工程造价活动中有弄虚作假行为的；第六，在从事工程造价活动中有过失，造成重大损失的。续期注册有效期为两年，自准予续期之日算起。

2.造价工程师的执业范围

执业范围主要包括：建设项目投资估算的编制、核审及项目经济评价；工程概预算、结算、决算、工程招标投标书的编制审核；工程变更及合同价款的调整和索赔费用的计算；建设项目各阶段的工程造价控制；工程经济纠纷的鉴定；工程造价依据的编制、核审以及与工程造价有关的其他业务。

3.造价工程师的权利义务与责任

造价工程师在从业过程中依法享有以下权利：第一，独立执行造价工程师岗位业务并参与工程项目经济管理的权利。第二，在所经办的工程造价成果文件上签字的权利；凡经造价工程师签字的工程造价文件需要修改时应经本人同意。第三，使用造价工程师名义的权利。第四，依法申请开办工程造价咨询单位的权利。第五，造价工程师对违反国家有关法律法规的意见和决定有权提出劝告，拒绝执行并有向上一级或有关部门报告的权利。

造价工程师从业中应履行的义务：第一，熟悉掌握和严格执行国家有关工程造价的法律法规和规定。第二，恪守职业道德和行为规范，遵纪守法，秉公办事。第三，及时掌握国内外新技术、新材料、新工艺的发展应用，为工程造价管理部门制定、修订工程定额提供依据。第四，自觉接受继续教育，更新知识，积极参加职业培训，不断提高业务水平。第五，不得参与，与经办工程有关的其他单位事关经办项目的经营活动。第六，严格保守执业中得知的技术和经济秘密。

造价工程师从业中的责任主要是，对经办工程造价文件质量负有经济和法律责任。

（六）注册建造师

2002年12月5日，原人事部、原建设部联合印发了《建造师执业资格制度暂行规定》（人发〔2002〕111号），这标志着我国建立建造师执业资格制度的工作正式建立。该《规定》明确规定，我国的建造师是指从事建设工程项目总承包和施工管理关键岗位的专业技术人员。

建造师执业资格制度起源于英国，迄今已有150余年历史。世界上许多发达国家已经建立了该项制度。具有执业资格的建造师已有了国际性的组织——国际建造师协会。我国建筑业施工企业有10万多个，从业人员3 500多万，从事建设工程项目总承包和施工管理的广大专业技术人员，特别是在施工项目经理队伍中，建立建造师执业资格制度非常必要。这项制度的建立，必将促进我国工程项目管理人员素质和管理水平的提高，促进我们进一步开拓国际建筑市场，更好地实施"走出去"的战略方针。

建造师是以专业技术为依托、以工程项目管理为主业的执业注册人员，近期以施工管理为主。建造师是懂管理、懂技术、懂经济、懂法规，综合素质较高的复合型人员，既要有理论水平，也要有丰富的实践经验和较强的组织能力。建造师注册受聘后，可以建造师的名义担任建设工程项目施工的项目经理、从事其他施工活动的管理、从事法律、行政法规或国务院建设行政主管部门规定的其他业务。在行使项目经理职责时，一级注册建造师可以担任《建筑业企业资质等级标准》中规定的特级、一级建筑业企业资质的建设工程项目施工的项目经理；二级注册建造师可以担任二级建筑业企业资质的建设工程项目施工的项目经理。大中型工程项目的项目经理必须逐步由取得建造师执业资格的人员担任；但取得建造师执业资格的人员能否担任大中型工程项目的项目经理，应由建筑业企业自主决定。

不同类型、不同性质的建设工程项目，有着各自的专业性和技术特点，对项目经理的专业要求有很大不同。建造师实行分专业管理，就是为了适应各类工程项目对建造师专业技术的不同要求，也与现行建设工程管理体制相衔接，充分发挥各有关专业部门的作用。一级建造师的专业分为房屋建筑工程、公路工程、铁路工程、民航机场工程、港口与航道工程、水利水电工程、电力工程、矿山工程、冶炼工程、石油化工工程、市政公用工程、通信与广电工程、机电安装工程、装饰装修工程等14个。二级建造师的专业分为房屋建筑工程、公路工程、港口与航道工程、水利水电工程、电力工程、矿山工程、冶炼工程、石油化工工程。

建造师制度的法律依据《中华人民共和国建筑法》第十四条规定："从事建筑活动的专业技术人员，应当依法取得相应的执业资格证书，并在执业证书许可的范围内从事建筑活动。"2003年2月27日《国务院关于取消第二批行政审批项目和改变一批行政审批项目管理方式的决定》(国发〔2003〕5号)规定:"取消建筑施工企业项目经理资质核准,由注册建造师代替,并设立过渡期"。人事部、原建设部依据国务院上述要求决定对建设工程项目总承包及施工管理的专业技术人员实行建造师执业资格制度,出台了《建造师执业资格制度暂行规定》(人发〔2002〕111号)。

项目经理是建筑业企业实施工程项目管理设置的一个岗位职务,项目经理根据企业法定代表人的授权,对工程项目自开工准备至竣工验收实施全面组织管理。项目经理的资质由行政审批获得。

建造师是从事建设工程管理包括工程项目管理的专业技术人员的执业资格按照规定具备一定条件,并参加考试合格的人员,才能获得这个资格。获得建造师执业资格的人员,经注册后可以担任工程项目的项目经理及其他有关岗位职务。项目经理负责制与建造师执业资格制度是两个不同的制度,但是具有联系的两个制度。

实行建造师执业资格制度后,大中型工程项目的项目经理必须由取得建造师执业资格的人员来担任,这必将提高项目经理的管理水平,对加强施工管理,保证工程质量,更好地落实项目经理负责制起重要作用。但另一方面,建造师执业资格的人员是否担任项目经理,由企业自主决定。小型工程项目的项目经理可以由不是建造师的人员担任。因此,建造师执业资格制度代替项目经理负责制。

根据《国务院关于取消第二批行政审批项目和改变一批行政审批项目管理方式的决定》(国发〔2003〕5号),原建设部印发了《建筑业企业项目经理资质管理制度向建造师执业资格制度过渡有关问题的通知》,《通知》明确,在过渡期内,原项目经理资质证书继续有效。一级建造师对应一级项目经理,二级建造师对应二级项目经理。过渡期内,将采取免试部分科目,积极组织培训等办法,积极鼓励具备条件的项目经理参加建造师考试;对符合建造师考核认定条件的一级项目经理,通过考核认定的办法使其取得建造师执业资格。过渡期满后,项目经理资质证书停止使用。

建造师分为一级建造师和二级建造师。英文分别译为:Constructor 和 Associate Constructor。一级建造师执业资格实行统一大纲、统一命题、统一组织的考试制度,由人事部、原建设部共同组织实施,原则上每年举行一次考试。原建设部负责编制一级建造师执业资格考试大纲和组织命题工作,统一规划建造师执业资格的培训等有关工作。二级建造师执业资格实行全国统一大纲,各省、自治区、直辖市命题并组织考试的制度。原建设部负责拟定二级建造师执业资格考试大纲,人事部负责审定考试大纲。培训工作按照培训与考试分开、自愿参加的原则进行。一级建造师执业资格考试为滚动考试(每两年为一个滚动周期),参加4个科目考试的人员必须在连续两个考试年度内通过应试科目为合格。符合免试条件,参加2个科目(建设工程法规及相关知识和专业工程管理与实务)考试的人员必须在一个考试年度内通过应试科目为合格。

取得建造师执业资格证书且符合注册条件的人员,经过注册登记后,即获得一级或二级建造师注册证书。注册后的建造师方可受聘执业。建造师执业资格注册有效期满前,要办理再次注册手续。一级注册建造师资格证书全国通用,二级注册建造师在省内有效。

1.一级建造师执业资格考试报考条件

凡遵守国家法律、法规,具备以下条件之一者,可以申请参加一级建造师执业资格考试:

（1）取得工程类或工程经济类大学专科学历，工作满6年，其中从事建设工程项目施工管理工作满4年；

（2）取得工程类或工程经济类大学本科学历，工作满4年，其中从事建设工程项目施工管理工作满3年；

（3）取得工程类或工程经济类双学士学位或研究生班毕业，工作满3年，其中从事建设工程项目施工管理工作满2年；

（4）取得工程类或工程经济类硕士学位，工作满2年，其中从事建设工程项目施工管理工作满1年；

（5）取得工程类或工程经济类博士学位，从事建设工程项目施工管理工作满1年。

符合上述报考条件，于2003年12月31日前，取得原建设部颁发的《建筑业企业一级项目经理资质证书》，并符合下列条件之一的人员，可免试《建设工程经济》和《建设工程项目管理》2个科目，只参加《建设工程法规及相关知识》和《专业工程管理与实务》2个科目的考试：

（1）受聘担任工程或工程经济类高级专业技术职务；

（2）具有工程类或工程经济类大学专科以上学历并从事建设工程项目施工管理工作满20年。

已取得一级建造师执业资格证书的人员，也可根据实际工作需要，选择《专业工程管理与实务》科目的相应专业，报名参加考试。考试合格后核发国家统一印制的相应专业合格证明。该证明作为注册时增加执业专业类别的依据。

一级建造师执业资格考试设《建设工程经济》《建设工程法规及相关知识》《建设工程项目管理》和《专业工程管理与实务》4个科目。其中《专业工程管理与实务》科目分为房屋建筑、公路、铁路、民航机场、港口与航道、水利水电、电力、矿山、冶炼、石油化工、市政公用、通信与广电、机电安装和装饰装修14个专业类别，考生在报名时可根据实际工作需要选择其一。

2.二级建造师执业资格考试报考条件

凡遵纪守法，具备工程类或工程经济类中等专业以上学历并从事建设工程项目施工管理工作满2年的人员，可报名参加二级建造师执业资格考试。

符合上述报考条件，具有工程（工程经济类）中级及以上专业技术职称或从事建设工程项目施工管理工作满15年的人员，同时符合下列条件的，可免试部分科目：

（1）已取得建设行政主管部门颁发的《建筑业企业一级项目经理资质证书》，可免试《建设工程施工管理》和《建设工程法规及相关知识》科目，只参加《专业工程管理与实务》1个科目的考试。

（2）已取得建设行政主管部门颁发的《建筑业企业二级项目经理资质证书》，可免试《建设工程施工管理》科目，只参加《建设工程法规及相关知识》和《专业工程管理与实务》2个科目的考试。

已取得《中华人民共和国二级建造师执业资格证书》的人员，可根据实际工作需要，选择另一个《专业工程管理与实务》科目的考试。考试合格后核发相应专业合格证明。该证明作为注册时增加执业专业类别的依据。

1965年12月31日前出生且已取得建筑业企业二级及以上项目经理资质证书的人员，可报名参加 2005 年度二级建造师执业资格考试。

上述报考条件中从事建设工程项目施工管理工作年限的截止日期为 2005 年年底。

二级建造师执业资格考试设《建设工程施工管理》《建设工程法规及相关知识》和《专业工程管理与实务》3 个科目。其中《专业工程管理与实务》科目分为：房屋建筑、矿山、公路、水利水电、电力、冶炼、石油化工、市政公用、机电安装和装饰装修 10 个专业类别,考生在报名时可根据实际工作需要选择其一。

考试成绩实行两年为一个周期的滚动管理办法,参加全部 3 个科目考试的人员必须在连续的两个考试年度内通过全部科目;免试部分科目的人员必须在一个考试年度内通过应试科目。

取得建造师执业资格证书且符合注册条件的人员,经过注册登记后,即获得一级或者二级建造师注册证书。注册后的建造师方可受聘执业。建造师执业资格注册有效期一般为 3 年,有效期满前,要办理再次注册手续。建造师必须接受继续教育,更新知识,不断提高业务水平。

◀ **本 章 小 结** ▶

行政许可,是行政机关根据公民、法人或者其他组织的申请,经依法审查,准予其从事特定活动的行为。建筑许可,是我国《建筑法》中重要的法律规定,是建设行政主管部门或其他行政主管部门准许、变更或中止公民、法人和其他组织从事建筑活动的具体行政行为。建筑许可包括三种法律制度:施工许可证制度,从事建筑活动单位资质制度,从事建筑活动个人资格制度。

建筑工程施工许可证,是建筑工程开始施工前建设单位向建设行政主管部门申请的允许可以施工的证明。工程投资额大,结构复杂的工程必须申领施工许可证。在开工日期之前申领施工许可证必须具备法定条件。

从事建筑活动的单位的从业资格制度是指建设行政主管部门对从事建筑活动的建设施工企业、勘察设计单位和工程监理单位的人员素质、管理水平、资金数量、业务能力等进行审查,以确定其承担相关业务的能力和范围,并发给相应的资质证书的一种管理制度。

从事建筑活动的执业资格制度是指建设行政主管部门对从事建筑活动的专业技术人员,依法进行考试、注册,并颁发执业资格证书的一种管理制度。我国建筑领域的专业技术人员执业资格制度主要有注册建筑师、注册监理工程师、注册结构工程师、注册城市规划师、注册造价工程师和注册建造师。

◀ **思 考 题** ▶

1. 施工许可证制度是如何规定的? 申请领取施工许可证应具备哪些条件?

2. 关于开工、延期开工、中止施工、恢复施工有哪些规定?

3. 从事建筑活动的单位应具备哪些从业条件？

4.《建筑法》规定的资质审查制度是什么？

5. 专业技术人员的执业资格制度是如何规定的？

6. 注册建造师的执业范围包括哪些？取得执业资格的基本程序是什么？

7. 建造师的执业要求是什么？应满足哪些基本条件、遵守哪些职业道德规范？

◆实 训 案 例▶

案例1

益达建筑公司欲取得某市一大型工程施工项目，在资质不够标准的情况下，与具有相应资质的长兴公司商定，挂靠在长兴建筑公司名下，向长兴公司交纳一定的管理费，借用长兴公司的资质证书参加竞标。由于益达公司的出价最低，获得了该工程的施工权。建设单位在招标投标活动中，已经知道了益达建筑公司的挂靠行为，但并未表示异议。工程完工后，因质量问题导致事故，造成巨大损失，建设单位赔偿损失后，将益达建筑公司和长兴建筑公司起诉至法院。此案应如何处理？说明理由。

案例2

某家建筑施工单位乙，2005年9月16日与某公司甲签订《建设工程施工合同》，约定由乙公司承建甲公司单位住宅楼，合同对施工期限、付款方式、工程竣工验收等主要内容均进行了约定；但在合同签订后乙公司进场施工前，发包人甲公司以该项目未取得建设工程施工许可证不得擅自施工为由，主张合同无效。请问，发包人以此主张建设工程施工合同无效是否于法有据？

案例3

2006年8月26日上午，某丰安科技办公楼工地上的33名民工，由于屡次向包工头讨要不到工资，于是在鼓楼广场非法聚集，在北京东路上举着标语、横幅，造成了恶劣影响。后经公安等有关部门的处理，领头的民工刘某、丁某被行政拘留。南京市建委、建工局、劳动局等有关部门经过详细调查后发现，某丰安科技办公楼建设单位为某丰安科技有限公司（以下简称丰安公司），施工单位是某中前建筑工程公司（以下简称中前公司，法人代表孙某某，项目经理夏某）。丰安公司未办理规划、施工许可及招投标等手续。中前公司承接工程后，项目经理夏某将工程大部分层层分包给无资质的包工头杨某、丁某等。由于层层分包，加之丰安公司工程款未能及时足额到位，导致63名农民工工资得不到落实，引发了极端讨薪事件。南京市江宁区中前建筑工程公司项目经理夏某在事件发生后态度恶劣，不配合相关部门的工作。此事件中在工程建设方面存在那些违法违规行为？应当如何处理？

案例 4

企业参加资质年审是行业主管部门对企业实行动态管理的必要手段,通过资质年审,主管部门可以随时掌握企业的经营管理、质量、安全等情况,为制定行业政策提供依据。然而,有一部分企业对此引不起足够的重视,对于行业主管部门的资质年审的规定置若罔闻,无故不参加资质年审。2004 年 4 月,郑州市装饰装修行业管理办公室就对没有按时参加资质年审的 9 家建筑装饰企业予以吊销资质、一年内不得重新申请资质的处罚。

根据《建筑业企业资质管理规定》,对未参加年度资质年审的企业应如何处理?

案例 5

申达公司原为某市市政工程公司,2003 年 9 月才改制更名为现在的私营企业。申达公司为骗取国家市政建筑一级资质,私刻公章、伪造公文、伪造工程合同、伪造工程业绩、虚报职称人数、虚报企业净资产、虚报工程结算收入、虚报企业自有机械设备,人称"八假"公司。2004 年 7 月 8 日,某新闻媒体披露了此事,随后新华社、中央电视台等众多新闻媒体也相继报道了申达公司的问题。

申达公司在资质申报中弄虚作假的问题暴露后,原建设部经过调查核实,依照建筑法、行政许可法等法律法规,于 2004 年 9 月 23 日依法向宜兴市申达公司发出吊销其市政建筑一级资质的行政处罚书,并向全国通报该公司在申报资质中弄虚作假的行为,以此为戒做出具体规定,进一步规范企业申报资质的行为。建筑活动的从业单位应当具备哪些基本条件?

第三章
建筑工程发包承包法规

建筑工程发包承包制度是《建筑法》中确定的建筑活动的基本制度之一。学习本章应当熟悉工程发包和承包的方式，掌握建设工程发包与承包的法律规定。在实际工作中，能够判定发包方和承包方的市场主体资格是否符合法定条件，遵守发包方、承包方的行为规范，运用招标投标的法律规定，依法参与市场招标投标的竞争，获得预期利益。

通过本章学习，了解工程建设项目的发包承包方法，招标投标法的适用对象与活动原则；掌握发包方和承包方的具体行为规范，强制招标的范围和标准，招标投标的程序以及招标、投标、开标、评标和中标的法律规定。熟悉建设行政主管部门对于发包承包管理的基本规定。

【引例】

2005 年 6 月 10 日，上海某房地产开发有限公司（以下简称"A 公司"）与浙江某建筑工程公司（以下简称为"B 公司"）签订《建设工程施工合同》，合同中约定：由 B 公司作为施工总承包单位承建由 A 公司投资开发的某宾馆工程项目，承包范围是地下二层，地上 24 层的土建、采暖、给排水等工程项目，其中，玻璃幕墙专业工程由 A 公司直接发包，工期自 2005 年 6 月 26 日至 2006 年 12 月 30 日，工程款按工程进度支付。同时约定，由 B 公司履行对玻璃幕墙专业工程项目的施工配合义务，由 A 公司按玻璃幕墙专业工程项目竣工结算价款的 3％向 B 公司支付总包管理费。

玻璃幕墙工程由江苏某一玻璃幕墙专业施工单位（以下简称"C 公司"）施工。施工过程中，在总包工程已完工的情况下，由于 C 公司自身原因，导致玻璃幕墙工程不仅迟迟不能完工，且已完工程也存在较多的质量问题。

A 公司在多次催促 B 公司履行总包管理义务和 C 公司履行专业施工合同所约定的要求未果的情况下，以 B 公司为第一被告、C 公司为第二被告向法院提起诉讼。

(1)B 公司收取的"总包管理费"，其实质是什么？而总包管理费与总包配合费的区别主要有哪些？

(2)若 B 公司在履行配合义务过程中存在瑕疵，是承担按份责任还是承担连带责任？而共同责任中的按份责任与连带责任法律有哪些主要规定？

(3)A 公司要求违约者承担宾馆延误开张的预期利润是否有法律依据？

第一节　建筑工程发包承包概述

发包承包是一种经营方式,是指交易的一方负责为交易的另一方完成某项工作或供应一批货物,并按一定的价格取得相应报酬的一种交易行为。工程发包承包是根据协议,作为交易一方的建筑施工企业,负责为交易另一方的建设单位完成某一项工程的全部或其中的一部分工作,并按一定的价格取得相应的报酬。委托任务并负责支付报酬的一方称为发包人,接受任务负责按时保质保量完成而取得报酬的一方称为承包人。承发包双方之间存在着经济上的权利与义务关系,但这是双方通过签订合同或协议予以明确的,且具有法律效力。

我国在工程建设中所采取的经营方式有自营方式和承包方式两种。承包方式又可分为指定承包、协议承包和招标承包。

自营方式是指建设单位自己组织施工力量,直接领导组织施工,完成所需进行的建筑安装工程。这种方式,在我国新中国成立后的国民经济恢复时期,采用的较多,此方式适应不了大规模生产建设的需要,现在除农民建房有时还采用外,基本已不采用。

指定承包是指国家对承包人下达工程施工任务,承包人接收任务并完成。协议承包是指发包人与建筑施工企业就工程内容及价格进行协商,签订承包合同。招标承包是指由三家以上建筑施工企业进行承包竞争,建设单位择优选定建筑施工企业与其签订承包合同。

我国工程承发包业务起步较晚,但发展速度较快,大致可划分为四个阶段。

1. 鸦片战争后

鸦片战争后外国建筑承包商进入中国,包揽官方及私营的土建工程。我国自 19 世纪 80 年代,在上海才陆续开办了一些营造厂(建筑企业),如 1880 年上海杨斯盛氏在上海创办的"杨瑞记"营造厂。此后,国人自营或与外资合营的营造厂在各大城市相继成立,逐渐形成了沿袭资本主义国家管理模式的建筑承包业。到 20 世纪初,我国建筑业已初步具有一般民用建筑设计与施工的能力。但是到新中国成立前夕,由于国民党政府的腐败和连年发动的内战,许多营造厂纷纷濒于破产倒闭,也无能力到国外去承包业务,这个时期建筑业处于停滞的状态。1949年解放之际,全国建筑业仅有营造厂职工和分散的个体劳动者约 20 万人。

2. 新中国成立以后到 1958 年

新中国成立初期,百废待兴,国家要建设,工业要发展,建设任务极其庞大,但此时施工力量甚为短缺。在此情况下建筑业的经营管理方式主要是推行承发包制,即由基本建设主管部门按照国家计划,把建设单位的工程任务以行政指令方式分配给建筑施工企业承包。工程承发包实行了包工包料制度,在当时的历史条件下,虽然工程任务是以行政手段分配,建筑业的发展受计划的控制,但仍起到了较大的积极作用,建筑业仍处于逐年发展之中。实践证明,此期间建设的工程项目建设周期和工程质量都能达到国家的要求,建筑设计和施工技术也都接近当时的国际水平。

3. 1958 年至 1976 年

此时期由于受"左"的思想影响,把工程承包方式当作资本主义经营方式进行批判,取消了承包制、合同制、法定利润以及建设单位与建筑施工企业双方的承发包关系,建立了现场指挥部,建设单位与建筑施工企业双方均属现场指挥部的管理体制。这实际上不承认建筑施工企业是一个物质生产部门,不承认建筑工程是商品。由于上述错误做法,违背了建筑生产的客观经济规律,违反了基本建设程序,结果大大削弱了建筑业的经营管理,工期拖延,经济效益低下,企业亏损严重。这一时期建筑施工企业处于徘徊不前的状态。

4.1978年至今

我国建筑业在党的改革、开放、搞活的方针政策指引下,认真总结经验教训,率先实行全行业改革。在此期间,建立、推行和完善了四项工程建设基本制度:

(1)颁布和实施了建筑法、招标投标法、合同法等法律法规,为建筑业的发展提供了法制基础;

(2)制定和完善了建设工程合同示范文本,贯彻合同管理制;

(3)大力推行招标投标制,把竞争机制引入建筑市场;

(4)创建了建设监理制,改革建设工程的管理体制。这些改革措施,有力地调动了建筑施工企业和全体职工的积极性,使其向着现代化施工与管理的目标不断前进。

随着改革的不断深入,建筑施工企业迅速的发展,目前建筑施工企业面临着激烈的竞争,迫使其提高素质、改变施工条件,加速施工现代化的进程;迫使一些技术力量雄厚、现代化程度高、施工技术先进的大型施工企业走出国门,奔向世界去承包工程。

工程承发包的内容非常广泛,可以对工程项目建设的全过程进行总承发包,也可以分别对工程项目的项目建议书、可行性研究、勘察设计、材料及设备采购供应、建筑安装工程施工、生产准备和竣工验收等阶段进行阶段性承发包。

1. 项目建议书

项目建议书是建设单位向国家提出要求建设某一项目的建设文件。主要内容为项目的性质、用途、基本内容、建设规模及项目的必要性等。项目建议书可由建设单位自行编制,也可委托工程咨询机构代为编制。

2. 可行性研究

项目建议书经批准后,应进行项目的可行性研究。可行性研究是国内外广泛采用的一种研究工程建设项目的技术先进性、经济合理性和建设可能性的科学方法。

可行性研究的主要内容是对拟建项目的一些重大问题,如市场需求、资源条件、原料、燃料、动力供应条件、厂址方案、拟建规模、生产方法、设备选型、环境保护、资金筹措等,从技术和经济两方面进行详尽的调查研究,分析计算和进行方案比较,并对这个项目建成后可能取得的技术效果和经济效益进行预测,从而提出该项工程是否值得投资建设和怎样建设的意见,为投资决策提供可靠的依据。此阶段的任务,可委托工程咨询机构完成。

3. 勘察设计

勘察与设计两者之间既有密切联系,又有显著的区别。

(1)工程勘察

其主要内容为工程测量、水文地质勘察和工程地质勘察。其任务是查明工程项目建设地点的地形地貌、地层土壤岩性、地质构造、水文条件等自然地质条件,做出鉴定和综合评价,为建设项目的选址、工程设计和施工提供科学的依据。

（2）工程设计

工程设计是工程建设的重要环节，它是从技术上和经济上对拟建工程进行全面规划的工作。大中型项目一般采用两阶段设计，即初步设计和施工图设计。重大项目和特殊项目，采用三阶段设计，即初步设计，技术设计和施工图设计。对一些大型联合企业、矿区和水利水电枢纽工程，为解决总体部署和开发问题，还需进行总体规划设计和总体设计。

该阶段可通过方案竞选、招标投标等方式选定勘察设计单位。

4.材料和设备的采购供应

建设项目所需的设备和材料，涉及面广、品种多、数量大。设备和材料采购供应是工程建设过程中的重要环节。建筑材料的采购供应方式有：公开招标、询价报价、直接采购等。设备供应方式有：委托承包、设备包干、招标投标等。

5.建筑安装工程施工

建筑安装工程施工是工程建设过程中的一个重要环节，是把设计图纸付诸实施的决定性阶段。其任务是把设计图纸变成物质产品，如工厂、矿井、电站、桥梁、住宅、学校等，使预期的生产能力或使用功能得以实现。建筑安装施工内容包括施工现场的准备工作，永久性工程的建筑施工、设备安装及工业管道安装等。此阶段可采用招标投标的方式进行工程的承发包。

6.生产职工培训

基本建设的最终目的，就是形成新的生产能力。为了使新建项目建成后投入生产、交付使用，在建设期间就要准备合格的生产技术工人和配套的管理人员。因此，需要组织生产职工培训。这项工作通常由建设单位委托设备生产厂家或同类企业进行，在实行总承包的情况下，则由总承包单位负责，委托适当的专业机构、学校、工厂去完成。

7.建设工程监理

建设工程监理作为一项新兴的承包业务，是近年逐渐发展起来的。工程管理过去是建设单位负责管理，但这种机构是临时组成，工程建成后又解散，使工程管理的经验不能积累，管理人员不能稳定，工程投资效益不能提高。专门从事工程监理的机构，其服务对象是建设单位，接受建设主管部门委托或建设单位委托，对建设项目的可行性研究、勘察设计、设备及材料采购供应、工程施工、生产准备直至竣工投产，实行全过程监督管理或阶段监督管理。他们代表建设单位与设计、施工各方打交道，在设计阶段选择设计单位，提出设计要求，估算和控制投资额，安排和控制设计进度等；在施工阶段组织招标选择施工单位，协助建设单位签订施工合同并监督检查其执行，直至竣工验收。

一　建筑工程发包承包的主体

【案例】

2006年1月13日，兴盛公司承接了某厂的简易厂房屋顶加层业务。2天后，公司未经审查，又将该工程的安装任务转包给不具备用工主体资格的曲成。之后，因发生安全事故，曲成当场摔死，工人陈柱受伤，但兴盛公司拒绝对陈柱进行赔偿。

蓝鹏律师事务所律师认为，根据相关规定，因建筑施工、矿山企业等用人单位将工程（业务）或经营权发包给不具备用工主体资格的组织或自然人，对该组织或该自然人招用的劳动者,由具备工程主体资格的发包方承担用工主体责任。

本案中,兴盛公司将安装工程发包给不具备用工主体资格的曲成进行施工,现曲成雇用人员即陈柱在此工程施工过程中受伤,应视为兴盛公司与陈柱存在事实上的劳动关系,所以,兴盛公司应承担用工主体责任。

建筑工程发包承包的主体是指参与建筑生产交易过程的各方,主要有业主(建设单位或发包人)、承包商、工程咨询服务机构等。建筑市场的客体则为有形的建筑产品(建筑物、构筑物)和无形的建筑产品(咨询、监理等智力型服务)。

1. 业主

业主是指既有某项工程建设需求,又具有该项工程的建设资金和各种准建手续,在建筑市场中发包工程项目建设的勘察、设计、施工任务,并最终得到建筑产品达到其经营使用目的的政府部门、企事业单位和个人。

在我国,业主也称之为建设单位,在发包工程或组织工程建设时才成为市场主体,故又称为发包人或招标人。因此,业主方作为市场主体具有不确定性。我国的工程项目大多数是政府投资建设的,业主大多属于政府部门。为了规范业主行为,我国建立了投资责任约束机制,即项目法人责任制,又称业主责任制,由项目业主对项目建设全过程负责。

项目业主的产生,主要有三种方式:

(1)业主即原企业或单位。企业或机关、事业单位投资的新建、扩建、改建工程,则该企业或单位即为项目业主;

(2)业主是联合投资董事会。由不同投资方参股或共同投资的项目,则业主是共同投资方组成的董事会或管理委员会;

(3)业主是各类开发公司。开发公司自行融资或由投资方协商组建或委托开发的工程管理公司也可成为业主。

业主在项目建设过程的主要职能是:①建设项目立项决策;②建设项目的资金筹措与管理;③办理建设项目的有关手续(如征地、建筑许可等);④建设项目的招标与合同管理;⑤建设项目的施工与质量管理;⑥建设项目的竣工验收和试运行;⑦建设项目的统计及文档管理。

2. 承包商

承包商是指拥有一定数量的建筑装备、流动资金、工程技术经济管理人员及一定数量的工人,取得建设行业相应资质证书和营业执照的,能够按照业主的要求提供不同形态的建筑产品并最终得到相应工程价款的建筑施工企业。

相对于业主,承包商作为建筑市场主体,是长期和持续存在的。因此,无论是国内还是按国际惯例,对承包商一般都要实行从业资格管理。承包商从事建设生产,一般需具备四个方面的条件:

(1)有符合国家规定的注册资本;

(2)有与其从事的建筑活动相适应的具有法定执业资格的专业技术人员;

(3)有从事相关建筑活动所应有的技术装备;

(4)经资格审查合格,已取得资质证书和营业执照。

承包商可按其所从事的专业分为土建、水电、道路、港口、铁路、市政工程等专业公司。在

72

市场经济条件下,承包商需要通过市场竞争(投标)取得施工项目,需要依靠自身的实力去赢得市场,承包商的实力主要包括四个方面:

(1)技术方面的实力。有精通本行业的工程师、造价师、经济师、会计师、项目经理、合同管理等专业人员队伍;有施工专业装备;有承揽不同类型项目施工的经验。

(2)经济方面的实力。具有相当的周转资金用于工程准备;具有相当的固定资产和为完成项目需购入大型设备所需的资金;具有支付各种担保和保险的能力,有承担相应风险的能力;承担国际工程还需具备筹集外汇的能力。

(3)管理方面的实力。建筑承包市场属于买方市场,承包商为打开局面,往往需要低利润报价取得项目。必须在成本控制上下功夫,向管理要效益,并采用先进的施工方法提高工作效率和技术水平,因此必须具有一批过硬的项目经理和管理专家。

(4)信誉方面的实力。承包商一定要有良好的信誉,它将直接影响企业的生存与发展。要建立良好的信誉,就必须遵守法律法规,承担国外工程能按国际惯例办事,保证工程质量、安全、工期,文明施工,认真履约。

承包商承揽工程,必须根据本企业的施工力量、机械装备、技术力量、施工经验等方面的条件,选择适合发挥自己优势的项目,避开企业不擅长或缺乏经验的项目,做到扬长避短,避免给企业带来不必要的风险和损失。

3.工程咨询服务机构

工程咨询服务机构是指具有一定注册资金,具有一定数量的工程技术、经济、管理人员,取得建设咨询证书和营业执照,能为工程建设提供估算测量、管理咨询、建设监理等智力型服务并获取相应酬金的中介机构。

工程咨询服务企业包括工程造价(测量)咨询单位、招标代理机构、工程监理公司、工程管理公司等。这类企业主要是向业主提供工程咨询和管理服务,弥补业主对工程建设过程不熟悉的缺陷,在国际上一般称为咨询公司。在我国,目前数量最多并有明确资质标准的是工程监理公司和工程造价(测量)咨询单位、招标代理机构。工程管理和其他咨询类企业近年来也有发展。

工程咨询服务机构虽然不是工程承发包的当事人,但其受业主委托或聘用,与业主订有协议书或合同,因而对项目的实施负有相当重要的责任。

二 建筑工程发包

(一)建筑工程发包方式

1.直接发包

直接发包是对特殊建筑工程或法律规定应招标发包范围以外的工程,发包方直接与承包方签订承包合同的行为。建筑工程一般实行招标发包,不适于招标发包的工程可以直接发包。如:保密工程、特殊专业工程,未超过法律规定的总投资额或建筑面积的建设工程。

2.招标发包

在建筑法中是鼓励招标发包的,只有不适于招标发包时,才实行直接发包,这就是在法律中确定招标发包处于优先考虑的位置。如此规定是由于招标发包符合市场经济的要求,体现公平竞争的原则。建筑工程项目由发包方发布信息,凡具备相应资质条件的,符合投标要求的单位,不受地域和部门的限制,都可以申请投标,而发包方就可以在较为广泛的范围内,有竞争性的报价中,择优选择承包单位,将工程项目委托给信誉较好、技术能力较强、管理水平较高、报价合理的承包单位。直接发包是一种仅限于特定的条件,难以展开公开竞争的发包方式,在现实中仍然是需要的,在法律中既是允许的,又是有一定限制的。

招标发包包括两种方式:公开招标和邀请招标。公开招标是指招标人按照法定程序,在公开的媒体上发布招标公告,公开招标文件,使所有潜在的投标人都可以平等参加投标竞争,择优选定中标人。邀请招标是指招标人根据自己所掌握的情况,预先确定一定数量的符合招标项目基本要求的投标单位,发出投标邀请书,从中确定中标人。

（二）建筑工程发包行为规范

1.发包单位及其工作人员在建筑工程发包中不得收受贿赂、回扣或者索取其他好处

《建筑法》第十七条规定,发包单位及其工作人员在建筑工程发包中不得收受贿赂、回扣或者索取其他好处。承包单位及其工作人员不得利用向发包单位及其工作人员行贿、提供回扣或者给予其他好处等不正当手段承揽工程。

收受贿赂、回扣或者索取其他好处,是市场经济发展过程中经济犯罪的最典型的表现形式。不仅是《建筑法》明令禁止的行为,同时也触犯了刑律。由于发包方的受贿等经济犯罪占有相当的比例,所谓基建项目中房子没盖起来人却先进去了。因此,《建筑法》中特别强调了此项规定。在账外暗中给予对方单位或者个人回扣的,以行贿论处,对方单位或者个人在账外暗中收受回扣的以受贿论处。

2.发包单位应当按照合同的约定及时拨付工程款项

《建筑法》第十八条第二款规定,发包单位应当按照合同约定,及时拨付工程款项。拖欠工程款,是规范建筑市场的难点问题。不仅严重影响了企业的生产经营和企业的发展,而且也影响了工程建设的顺利进行以及投资效益的提高。此项规定是对发包单位行为的规范,也是施工单位追索工程欠款的法律依据。

3.发包单位应当依照法定程序和方式进行公开招标

《建筑法》第十九条规定,建筑工程依法实行招标发包,对不适于招标发包的可以直接发包。建筑工程实行公开招标的,发包单位应当依照法定程序和方式,发布招标公告,提供载有招标工程的主要技术要求、主要的合同条款、评标的标准和方法以及开标、评标、定标的程序等内容的招标文件。开标应当在招标文件规定的时间、地点公开进行。开标后应当按照招标文件规定的评标标准和程序对标书进行评价、比较,在具备相应资质条件的投标者中,择优选定中标者。建筑工程招标的开标、评标、定标由招标人依法组织实施,并接受有关行政主管部门的监督。

4.发包单位应当将建筑工程发包给依法中标的承包单位

建筑工程实行直接发包的,发包单位应当将建筑工程发包给具有相应资质条件的承包单位。强调直接发包的工程中承包单位的相应资格,是因为通过招标方式发包,一般都通过了资格预审程序,能够参加投标的单位为已经具备资格条件的承包单位。建筑工程实行招标发包的,发包单位应当将建筑工程发包给依法中标的承包单位。因为这个中标的承包单位是依照法定程序投标、评标、定标而被选定的,在这个过程中形成了一系列的法律关系,中标后即享有承包该项建筑工程的合法权益,发包单位不应改变这种既定权益。政府及其所属部门也不得滥用行政权力,限定发包单位将招标发包的建筑工程发包给指定的承包单位。这项法律规定表明,必须排除政府部门对招标发包的不正当干预,尊重招标投标这种交易方式所确定的权利义务。

5. 禁止将建筑工程肢解发包

提倡对建筑工程实行总承包,禁止将建筑工程肢解发包。建筑工程的发包单位可以将建筑工程的勘察、设计、施工、设备采购一并发包给一个工程总承包单位,也可以将建筑工程勘察、设计、施工、设备采购的一项或者多项发包给一个工程总承包单位;但是,不得将应当由一个承包单位完成的建筑工程肢解成若干部分发包给几个承包单位。禁止肢解发包,即不得将应当由一个承包单位完成的建筑工程肢解成若干部分发包给几个承包单位。

对建筑施工最小发包的工程为一个单位工程。单位工程是单项工程的组成部分。通常按照单项工程所包含的不同性质的工作内容,根据是否独立施工的要求,一个单项工程可划分为若干个单位工程。对勘察设计最小发包的工程为一个单项工程。

6. 发包单位不得指定承包单位购入用于工程的建筑材料、建筑构配件和设备或者指定生产厂、供应商

按照合同约定,建筑材料、建筑构配件和设备由工程承包单位采购的,发包单位不得指定承包单位购入用于工程的建筑材料、建筑构配件和设备或者指定生产厂、供应商。由发包方自行采购的,不存在此类问题。这项规定是重要的,限制了发包单位利用其有利地位而违背合同的约定;保护了承包单位在合同中确定的权利,也有利于明确其责任;防止发包单位利用指定生产厂、供应商谋取不正当利益,影响工程质量。发包单位指定承包单位购入用于工程的建筑材料、建筑构配件和设备或者指定生产厂、供应商,不仅违反《建筑法》的规定,同时也是我国《反不正当竞争法》所禁止的行为。

三 建筑工程承包

(一)建筑工程承包方式

建筑工程承包方式即建筑工程承发包双方之间经济关系的形式。建筑工程承发包制度是我国建筑经济活动中的一项基本制度。《建筑法》规定,建筑工程的发包单位与承包单位应当依法订立书面合同,明确双方的权利和义务。建筑工程承包方式按不同的划分标准可进行不同的分类:

(1)按承包的范围和内容可以分为全过程承包、阶段承包和专项承包。全过程承包又称"统包"、"一揽子承包"或"交钥匙",指承包单位按照发包单位提出的使用要求和竣工期限,对建筑工程全过程实行总承包,直到建筑工程达到交付使用要求;阶段承包,指承包单位承包建设过程中某一阶段或某些阶段工程的承包形式,如勘察设计阶段、施工阶段等;专项承包,又称专业承包,指承包单位对建设阶段中某一专业工程进行的承包,如勘察设计阶段的工程地质勘

察、施工阶段的分部分项工程施工等。

（2）按承包中相互结合的关系,可分为总承包、分承包、独家承包、联合承包等。总承包,也称"总包",指由一个施工单位全部、全过程承包一个建筑工程的承包方式;分包,也称"二包",指总包单位将总包工程中若干专业性工程项目分包给专业施工企业施工的方式;独家承包,指承包单位必须依靠自身力量完成施工任务,而不实行分包的承包方式;联合承包,指由两个或两个以上承包单位联合承包一项建筑工程,参加联合的各单位统一与发包单位签订承包合同,共同对发包单位承担连带责任的承包方式。

（3）按承包合同类型和计价方法,可分为总价合同、单价合同和成本加酬金合同。总价合同是指在合同中确定一个完成建筑工程的总价,承包单位据此完成项目全部内容的合同。这种合同能够使建设单位在评标时易于确定报价最低的承包商、易于进行支付计算。此类合同适用于工程量不大并且能精确计算、工期较短、技术不太复杂的项目。单价合同是承包单位在投标时按照招标文件就分部分项工程所列出的工程量表来确定各分部分项工程费用的合同。此类合同的适用范围比较宽,其合同风险可以得到合理的分摊,并能促使承包单位通过提高工效等手段从成本节约中提高利润。成本加酬金合同是由发包单位向承包单位支付工程的实际成本,按照事先约定的方式支付酬金的合同。此类合同发包单位承担项目实际发生的一切费用,因此承担了项目的全部风险。

我国《建筑法》提倡对建筑工程实行总承包。实行建筑工程总承包制度有利于充分发挥在建设工程方面具有较强技术力量和组织管理能力的企业的专业优势,综合协调工程建设中的各种关系,加强对工程建设的统一指挥和组织管理,保证工程质量,提高投资效益。建筑工程的发包单位可以将建筑工程的勘察、设计、施工、设备采购一并发包给一个工程总承包单位,也可以将建筑工程勘察、设计、施工、设备采购的一项或者多项发包给一个工程总承包单位。

1.建筑工程的总承包

建筑工程总承包,也称 EPC 总承包（Engineering Procurement Construction）,是指公司受业主委托,按照合同约定对工程建设项目的设计、采购、施工、试运行等实行全过程或若干阶段的承包。通常公司在总价合同条件下,对所承包工程的质量、安全、费用和进度负责。

在 EPC 模式中,Engineering 不仅包括具体的设计工作,而且可能包括整个建设工程内容的总体策划以及整个建设工程实施组织管理的策划和具体工作;Procurement 也不是一般意义上的建筑设备材料采购,而更多的是指专业设备、材料的采购;Construction 应译为"建设",其内容包括施工、安装、试车、技术培训等。

总承包单位可以自己负责整个建筑工程的全过程,也可以依法分包给若干个专业分包单位完成。

建筑工程总承包单位可以将承包工程中的部分工程发包给具有相应资质条件的分包单位。除总承包合同中约定的分包外,必须经建设单位认可。

允许建设单位指定分包。指定分包必须被总承包单位认可,即在总承包合同中约定。总承包单位要对该分包方的承包工程负责。承包单位也有权利拒绝这种指定,因为如果建设单位指定的分包单位不能很好地完成现场工作,将增大总承包单位的责任。

实行总承包的,建筑工程主体结构的施工必须由总承包单位自行完成。建筑工程总承包单位按照总承包合同的约定对建设单位负责;分包单位按照分包合同的约定对总承包单位负责。总承包单位和分包单位就分包工程对建设单位承担连带责任。对于分包工程的责任,建设单位可以向总承包单位请求赔偿,也可以向分包单位请求赔偿。

2. 联合承包

建筑工程的发包单位将建筑工程勘察、设计、施工、设备采购的一项或者多项发包给一个总承包单位。

我国《建筑法》规定了建筑工程联合承包制度。采用联合承包方式承包工程的优势主要表现为:承包单位联合投标,可以加大技术力量等方面的优势组合,增强竞争力,增加中标机会;降低投资风险。承包单位共享利润的同时,可以共担风险;对建设单位来说,可以降低投资成本,降低风险。出现索赔时,由于联合承包各方负有连带责任,可以向任何一方要求赔偿。即使某个承包单位无力赔偿或破产,也不会影响索赔。

《建筑法》第二十七条规定,大型建筑工程或者结构复杂的建筑工程,可以由两个以上的承包单位联合共同承包。共同承包的各方对承包合同的履行承担连带责任。两个以上不同资质等级的单位实行联合共同承包的,应当按照资质等级低的单位的业务许可范围承揽工程。

联合承包的工程范围是大型建筑工程或者结构复杂的建筑工程。大型建筑工程或者结构复杂工程范围,参照国务院、地方政府或国务院有关部门确定的标准。大型工程以建筑面积或工程总造价划分;结构复杂工程以结构的专业性强弱划分。中小型建筑工程或结构不复杂的工程,不能联合承包。

(二)建筑工程承包行为规范

1. 禁止承包单位以虚假、欺诈手段承揽工程

承包建筑工程的单位应当持有依法取得的资质证书,并在其资质等级许可的业务范围内承揽工程。禁止建筑施工企业超越本企业资质等级许可的业务范围承揽工程,禁止假冒其他企业的名义承揽工程。禁止建筑施工企业以任何形式允许其他单位或者个人使用本企业的资质证书、营业执照,以本企业的名义承揽工程,如出借、出租资质证书、营业执照,允许其他建筑施工企业挂靠自己企业等。

2. 禁止承包单位将承包的工程违法分包

总承包单位可以将部分工程分包出去,但都必经建设单位同意,同意的方式为在总承包合同中约定,或者经建设单位认可,如果未经建设单位同意分包,则视为违法分包;禁止施工总承包单位将建设工程主体结构的施工分包给其他单位;禁止分包单位将其承包的工程再分包;禁止总承包单位将工程分包给不具备相应资质条件的单位。

3. 禁止转包

转包是指在工程建设中,承包单位不履行承包合同规定的职责,将所承包的工程转包给其他单位,只收取管理费,对工程不承担经济、技术及管理责任的行为。转包的形式有两种:一是承包单位将其承包的全部建筑工程转包给他人;二是承包单位将其承包的全部工程肢解后以分包的名义发包给他人,即变相的转包。分包工程发包人将工程分包后,未在施工现场,设立项目管理机构和派驻相应人员,并未对该工程施工活动进行组织管理的,视同转包行为。如果将工程主体结构的施工转包,特别是层层转包,层层盘剥工程费用,最终导致费用不足,偷工减

料,工程质量低劣。转包中,容易使不符合资质条件的低素质承包单位承接工程,导致质量问题、安全事故等。转包中也容易产生行贿受贿等现象。《建筑法》第二十八条规定:"禁止承包单位将其承包的全部建筑工程转包给他人,禁止承包单位将其承包的全部建筑工程肢解以后以分包的名义分别转包给他人。"

第二节　建筑工程招标与投标

一　建筑工程招标投标的概念、原则

【案例】

　　某房地产公司对某房建工程进行招标。招标公告发布之后,某建筑公司与该房地产公司进行私下交易,最后房地产公司决定将此工程承包给这家建筑公司。为了减小竞争,由房地产公司出面邀请了几家私交比较好的施工单位前来投标,并事先将中标意向透露给这几家参与投标的单位,暗示这几家施工单位投标书制作的马虎一些。后来在投标的时候,被邀请的几家单位和某建筑公司一起投标,但是由于邀请的几家单位的投标人未经认真制作,报价都比较高,最后评委推荐某建筑公司为中标候选人。某建筑公司如愿承包了此项工程。后经知情人举报,该案所有涉案单位均受到了建设行政主管部门的处罚。

　　招标投标是市场经济条件下进行大宗货物的买卖、工程建设项目的发包与承包,以及服务项目的采购与提供,所采用的一种交易方式。它的特点是,单一的买方设定包括功能、质量、期限、价格为主的标的,约请若干卖方通过投标进行竞争,买方从中选择优胜者并与其达成交易协议,随后按合同实现标的。工程项目的建设以招标投标的方式选择实施单位,是运用竞争机制来体现价值规律的科学管理模式。

　　工程招标,是指招标人用招标文件将委托的工作内容和要求告之有兴趣参与竞争的投标人,让他们按规定条件提出实施计划和价格,然后通过评审比较选出信誉可靠、技术能力强、管理水平高、报价合理的可信赖单位(设计单位、监理单位、施工单位、供货单位),以合同形式委托其完成。工程投标,是指各投标人依据自身能力和管理水平,按照招标文件规定的统一要求递交投标文件,争取获得实施工程的资格。招标投标是实现项目法人责任制的重要保障措施之一。

　　招标投标法是国家用来规范招标投标活动、调整在招标投标过程中产生的各种关系的法律规范的总称。《招标投标法》是规范招标投标活动的重要法律之一,是招标投标法律体系中的基本法律。1999年8月30日,第九届全国人民代表大会常务委员会第十一次会议通过了《中华人民共和国招标投标法》,并于2000年1月1日施行。《招标投标法》共六章,六十八条。第一章为总则,规定了《招标投标法》的宗旨、适用范围、强制招标的范围,以及招标投标活动中应遵循的基本原则;第二至四章根据招标投标活动的具体程序和步骤,规定了招标、投标、开标、评标和中标各阶段的行为规则;第五章规定了违反上述规则应承担的法律责任;第六章为附则,规定了本法的例外适用情形以及生效日期。1985年6月14日原国家计委、原建设部颁布《工程设计招标投标暂行办法》;1992年12月30日原建设部颁布《工程建设施工招标投标管理办法》;1999年4月17日,财政部颁布《政府采购管理暂行办法》;2000年5月1日原国家发展计划委员会颁布《工程建设项目招标范围和规模标准规定》;2000年7月1日原国家计委颁发《工程建设项目自行招标试行办法》;2000年6月30日原建设部颁发《工程建设项目招标代理机构资格认定办法》;2011年11月30日国务院第183次常务会议通过《中华人民共和国招标投标法实施条例》,自2012年2月1日起施行。中华人民共和国住房和城乡建设部第32次部常务会议审议通过2017年1月24日《建筑工程设计招标投标管理办法》,自2017年5月1日起施行。

制定《招标投标法》的根本目的是完善社会主义市场经济体制。《国民经济和社会发展"九五"计划及2010年远景目标纲要》提出,要在"九五"末期初步建立社会主义市场经济体制。市场经济的一个重要特点,就是要充分发挥竞争机制的作用,使市场主体在平等条件下公平竞争,优胜劣汰,从而实现资源的优化配置。而招标这种择优竞争的方式完全符合市场经济的要求,它通过事先公布招标条件和要求,众多的供应商和承包商在同等条件下进行竞争,招标人按照规定程序从中选择承包方这一系列程序,真正实现"公开、公平、公正"的市场竞争原则。纵观世界各国,凡是市场机制比较健全的国家,大多都有比较悠久的招标历史和比较完善的招标法律制度。因此,招标投标立法的根本目的是规范招标投标活动,保护国家利益、社会公共利益和招标投标活动当事人的合法权益,提高经济效益,保证项目质量。

招标投标法的基本原则:《招标投标法》第五条规定"招标投标活动应当遵循公开、公平、公正和诚实信用的原则。"公开、公平、公正和诚实信用,是招标投标活动必须遵循的基本原则,违反这一基本原则,招标投标活动就失去了本来的意义。

1.公开原则

公开原则要求招标投标活动在公开状态下进行,不允许私下交易。主要表现为:招标活动的信息要公开,足以使潜在的投标人做出是否参加投标的判断;开标应当公开进行,开标的时间和地点应当与招标文件中预先确定的相一致,开标活动过程公开;评标的标准和办法应当在提供给所有投标人的招标文件中载明,评标应当严格按照招标文件确定的标准和办法进行;中标结果公开,经评审确定中标人后,除向中标人发出中标通知书外,还应将定标结果通知未中标人。

2.公平原则

公平原则要求招标人给予所有投标人平等的机会,使其享有同等的权利,履行同等的义务。招标人应当严格按照规定的条件和程序,公平对待每一个投标人,不得对不同的投标人采用不同的标准,不得以任何方式限制或者排斥本地区、本系统以外的投标人参加投标。投标人不得采用不正当竞争手段参加投标竞争。在招标投标活动中,招标人和投标人双方地位平等,任何一方不得向另一方提出不合理的要求,不得将自己的意愿强加给对方。

3.公正原则

在招标投标活动中,招标人的行为应当公正,对所有投标人应当平等对待。特别在评标过程中,评标标准应当明确、严格,对所有在投标截止日期以后送到的投标文件都应拒收,不得向任何投标人泄露标底或其他可能妨碍公平竞争的信息,任何单位和个人不得非法干预、影响评标过程和结果。

4.诚实信用原则

诚实信用是民事活动的一项基本原则。招标投标活动是以订立采购合同为目的的民事活动,应当适用这一原则。诚实信用原则要求,在招标投标活动中,招标人或招标代理机构、投标人等应当以诚实守信的态度参与招标投标活动,严格按照法律的规定行使权利、履行义务,不得弄虚作假、采用欺骗手段牟取不正当利益,不得损害对方、第三人或者社会公共利益。对于违反诚实信用原则,给他人造成损失的,要依法承担赔偿责任。在招标过程中,招标人不得发布虚假的招标信息,不得擅自终止招标。在投标过程中,投标人不得以他人名义投标;不得与招标人或其他投标人串通投标。中标通知书发出后,招标人不得擅自改变中标结果,中标人不得擅自放弃中标项目。

二 建筑工程招标投标的监督管理

招标和投标活动属于当事人在法律规定范围内自主进行的市场行为,但必须接受政府行政主管部门的监督。国务院发展改革部门指导和协调全国招标投标工作,对国家重大建设项目的工程招标投标活动实施监督检查。国务院工业和信息化、住房和城乡建设、交通运输、铁道、水利、商务等部门,按照规定的职责分工对有关招标投标活动实施监督。

县级以上地方人民政府发展改革部门指导和协调本行政区域的招标投标工作。县级以上地方人民政府有关部门按照规定的职责分工,对招标投标活动实施监督,依法查处招标投标活动中的违法行为。县级以上地方人民政府对其所属部门有关招标投标活动的监督职责分工另有规定的,从其规定。财政部门依法对实行招标投标的政府采购工程建设项目的预算执行情况和政府采购政策执行情况实施监督。监察机关依法对与招标投标活动有关的监察对象实施监察。

(一)政府行政主管部门对招标投标的监督包括以下几个方面

1. 依法核查必须采用招标方式选择承包单位的建设项目

《招标投标法》规定,任何单位和个人不得将必须进行招标的项目化整为零或者以其他任何方式规避招标。如果发生此类情况,有权责令改正,可以暂停项目执行或者暂停资金拨付,并对单位负责人或其他直接责任人依法给予行政处分或纪律处分。《招标投标法》规定了实施工程项目建设,包括项目的勘察、设计、施工、监理以及与工程建设有关的重要设备、材料等的采购,必须进行招标。

2. 对招标项目的监督

工程项目的建设应当按照建设管理程序进行。招标项目按照国家有关规定需要履行项目审批手续的,应当先履行审批手续取得批准。当工程项目的准备情况满足招标条件时,招标单位应向建设行政主管部门提出申请。为了保证工程项目的建设符合国家或地方总体发展规划,以及能使招标后工作顺利进行,因此不同标底的招标均需满足相应的条件。

(1)工程建设项目施工招标的要求

①招标人已经依法成立;

②初步设计及概算应当履行批准手续的,已经批准;

③招标范围、招标方式和招标组织形式等应当履行核准手续的,已经核准;

④有相应资金或资金来源已经落实;

⑤有招标所需的设计图纸及技术资料。

（2）对招标人的招标能力要求

①是法人或依法成立的其他组织；

②有与招标工作相适应的经济、法律咨询和技术管理人员；

③有组织编制招标文件的能力；

④有审查投标单位资质的能力；

⑤有组织开标、评标、定标的能力。

利用招标方式选择承包单位属于招标单位自主的市场行为，因此，《招标投标法》规定，招标人具有编制招标文件和组织评标能力的，可以自行办理招标事宜，向有关行政监督部门进行备案即可，任何单位和个人不得强制其委托招标代理机构办理招标事宜。如果招标单位不具备上述（2）～（5）条要求，需委托具有相应资质的中介机构代理招标。

（3）招标代理机构的资质条件

招标代理机构是依法成立的组织，与行政机关和其他国家机关没有隶属关系。为了保证圆满地完成代理业务，必须取得建设行政主管部门的资质认定。招标代理机构应具备的基本条件包括：

①有从事招标代理业务的营业场所和相应资金；

②有能够编制招标文件和组织评标的相应专业力量；

③有可以作为评标委员会成员人选的技术、经济等方面的专家库。对"专家库"的要求包括：专家人选应是从事相关领域工作满 8 年并具有高级职称或具有同等专业水平的技术、经济等方面人员；专家的专业特长应能涵盖本行业或专业招标所需各个方面；人员数量应能满足建立专家库的要求。

委托代理机构招标是招标人的自主行为，任何单位和个人不得强制委托代理或指定招标代理机构。招标人委托的代理机构应尊重招标人的要求，在委托范围内办理招标事宜，并遵守招标投标法对招标人的有关规定。

3.对招标有关文件的核查备案

招标人有权依据工程项目特点编写与招标有关的各类文件，但内容不得违反法律规范的相关规定。建设行政主管部门核查的内容主要包括：

（1）对投标人资格审查文件的核查

①不得以不合理条件限制或排斥潜在投标人。为了使招标人能在较广泛范围内优选最佳投标人，以及维护投标人平等竞争的合法权益，不允许在资格审查文件中以任何方式限制或排斥本地区、本系统以外的法人或其他组织参与投标。

②不得对潜在投标人实行歧视待遇。为了维护招标投标的公平、公正原则，不允许在资格审查标准中针对外地区或外系统投标人设立压低分数的条件。

③不得强制投标人组成联合体投标。以何种方式参与投标竞争是投标人的自主行为，他可以选择单独投标，也可以作为联合体成员与其他人共同投标，但不允许既参加联合体又单独投标。

（2）对招标文件的核查

①招标文件的组成是否包括招标项目的所有实质性要求和条件，以及拟签订合同的主要条款，能使投标人明确承包工作范围和责任，并能够合理预见风险编制投标文件。

②招标项目需要划分标段的，承包工作范围的合同界限是否合理。承包工作范围可以是

包括勘察设计、施工、供货的一揽子交钥匙工程承包,也可以按工作性质划分成勘察、设计、施工、物资供应、设备制造等分项工作内容承包。施工招标的独立合同包的工作范围应是整个工程、单位工程或特殊专业工程的施工内容,不允许肢解工程招标。

③招标文件是否有限制公平竞争的条件。在文件中不得要求或标明特定的生产供应者以及含有倾向或排斥潜在投标人的其他内容。主要核查是否有针对外地区或外系统设立的不公正评标条件。

4. 对开标、评标和定标活动的监督

建设行政主管部门派员参加开标、评标、定标的活动,监督招标人按法定程序选择中标人。所派人员不作为评标委员会的成员,也不得以任何形式影响或干涉招标人依法选择中标人的活动。

5. 查处招标投标活动中的违法行为

《招标投标法》明确规定,有关行政监督部门有权依法对招标投标活动中的违法行为进行查处。视情节和对招标的影响程度,承担后果责任的形式可以为:判定招标无效,责令改正后重新招标;对单位负责人或其他直接责任者给予行政或纪律处分;没收非法所得,并处以罚款;构成犯罪的,依法追究刑事责任。

(二)我国目前对工程建设项目招标范围的界定

对工程建设项目招标的范围,《招标投标法》中规定:在中华人民共和国境内进行下列工程建设项目,包括项目的勘察、设计、施工、监理以及与工程建设有关的重要设备、材料等的采购,必须进行招标:

(1)大型基础设施、公用事业等关系社会公共利益、公众安全的项目;

(2)全部或者部分使用国有资金投资或者国家融资的项目;

(3)使用国际组织或者外国政府贷款、援助资金的项目。

根据原国家计委 2000 年 5 月 1 日发布的《工程建设项目招标范围和规模标准规定》,关系社会公共利益、公众安全的基础设施项目的范围包括:

(1)煤炭、石油、天然气、电力、新能源等能源项目;

(2)铁路、公路、管道、水运、航空以及其他交通运输业等运输项目;

(3)邮政、电信枢纽、通信、信息网络等邮电通讯项目;

(4)防洪、灌溉、排涝、引(供)水、滩涂治理、水土保持、水利枢纽等水利项目;

(5)道路、桥梁、地铁和轻轨交通、污水排放及处理、垃圾处理、地下管道、公共停车场等城市设施项目;

(6)生态环境保护项目;

(7)其他基础设施项目。

关系社会公共利益、公众安全和公用事业项目的范围包括:

(1)供水、供电、供气、供热等市政工程项目;

(2)科技、教育、文化等项目;

(3)体育、旅游等项目;

(4)卫生、社会福利等项目;

(5)商品住宅,包括经济适用住房;

(6)其他公用事业项目。

使用国有资产投资项目的范围包括：

(1)使用各级财政预算资金的项目；

(2)使用纳入财政管理的各种政府性专项建设基金的项目；

(3)使用国有企业事业单位自有资金,并且国有资产投资者实际拥有控制权的项目。

国家融资项目的范围包括：

(1)使用国家发行债券所筹资金的项目；

(2)使用国家对外借款或者担保所筹资金的项目；

(3)使用国家政策性贷款的项目；

(4)国家授权投资主体融资的项目；

(5)国家特许的融资项目。

使用国际组织或者外国政府资金的项目的范围包括：

(1)使用世界银行、亚洲开发银行等国际组织贷款资金的项目；

(2)使用外国政府及其机构贷款资金的项目；

(3)使用国际组织或者外国政府援助资金的项目。

《工程建设项目招标范围和规模标准规定》中规定,在招标范围内的各类工程建设项目,达到下列标准之一的,必须进行招标:①施工单项合同估算价在 200 万元人民币以上的;②重要设备、材料等货物的采购,单项合同估算价在 100 万元人民币以上的;③勘察、设计、监理等服务的采购,单项合同估算价在 50 万元人民币以上的;④单项合同估算价低于①、②、③项规定的标准,但项目总投资额在 3 000 万元人民币以上的。但是建设项目的勘察、设计,采用特定专利或者专有技术的,或者其建筑艺术造型有特殊要求的,经项目主管部门批准,可以不进行招标。

涉及国家安全、国家秘密、抢险救灾或者属于利用扶贫资金实行以工代赈、需要使用农民工等特殊情况,不适宜进行招标的项目,按照国家有关规定可以不进行招标。

此外,根据《招标投标法实施条例》规定,有下列情形之一的,可以不进行招标:

(1)需要采用不可替代的专利或者专有技术；

(2)采购人依法能够自行建设、生产或者提供；

(3)已通过招标方式选定的特许经营项目投资人依法能够自行建设、生产或者提供；

(4)需要向原中标人采购工程、货物或者服务,否则将影响施工或者功能配套要求；

(5)国家规定的其他特殊情形。

省、自治区、直辖市人民政府根据情况,可以规定本地区必须进行招标的具体范围和规模标准,但不得缩小本规定确定的必须进行招标的范围。

国家发展和改革委员会可以根据实际需要,会同国务院有关部门对本规定确定的必须进行招标的具体范围的规模标准进行部分调整。

三　建筑工程招标

【案例】

某市越江隧道工程全部由政府投资。该项目为该市建设规划的重要项目之一,且已列入地方年度固定资产投资计划，概算已经主管部门批准，征地工作尚未全部完成，施工图及有关技术资料齐全。现决定对该项目进行施工招标。因估计除本市施工企业参加投标外，还可能有外省市施工企业参加投标，故业主委托咨询单位编制了两个标底，准备分别用于对本市和外省市施工企业投标价的评定。业主对投标单位就招标文件所提出的所有问题统一作了书面答复，并以备忘录的形式分发给各投标单位。在书面答复投标单位的提问后，业主组织各投标单位进行了施工现场踏勘。在投标截止日期前 10 日，业主书面通知各投标单位。该项目施工招标在哪些方面存在问题或不当之处？

建筑工程招标人是指依法提出招标项目，进行招标的法人或者其他组织。通常为该建筑工程的投资人即项目业主或建设单位。建筑工程招标人在建筑工程招标投标活动中起主导作用。

（一）招标方式

为了规范招标投标活动，保护国家利益和社会公共利益以及招投标活动当事人的合法权益，招标投标法规定招标方式分为公开招标和邀请招标两类。只有不属于法规规定必须招标的项目才可以采用直接委托方式，如涉及国家安全、国家秘密、抢险救灾、利用扶贫资金实行以工代赈、需要使用农民工的特殊情况，以及低于国家规定必须招标标准的小型工程或标底较小的改扩建工程。

建筑工程招标人自行办理招标，从条件要求来看，主要是指招标人必须设立专门的招标组织；必须有与招标工程规模和复杂程度相适应的工程技术、概预算、财务和工程管理等方面的专业技术力量；有从事同类工程建设招标的经验；熟悉和掌握招标投标法及有关法规规章。凡符合上述要求的，招标人应向招标投标管理机构备案后组织招标。招标投标管理机构可以通过报备制度审查招标人是否符合条件。

招标人不符合上述条件的，不得自行组织招标，只能委托招标代理机构代理组织招标。招标代理机构的资格依照法律和国务院的规定由有关部门认定。国务院住房和城乡建设、商务、发展和改革、工业和信息化等部门，按照规定的职责分工对招标代理机构依法实施监督管理。招标代理机构在其资格许可和招标人委托的范围内开展招标代理业务，任何单位和个人不得非法干涉。

1. 公开招标

公开招标是指招标人以招标公告的方式邀请不特定的法人或其他组织投标。招标人通过报刊、信息网络或其他媒介等新闻媒体发布招标公告，凡具备相应资质符合招标条件的法人或其他组织不受地域和行业限制均可申请投标。公开招标的优点是，招标人可以在较广的范围内选择中标人，投标竞争激烈，有利于将工程项目的建设交予可靠的中标人实施并取得有竞争性的报价。其缺点是，申请投标人较多，一般要设置资格预审程序。评标的工作量较大，招标所需时间长、费用高。

2. 邀请招标

邀请招标是指招标人以投标邀请书的方式邀请特定的法人或其他组织投标。招标人向预先选择的若干家具备承担招标项目能力、资信良好的特定法人或其他组织发出投标邀请函，将招标工程的概况、工作范围和实施条件等做出简要说明，邀请其参加投标竞争。邀请对象的数目以 5～7 家为宜,但不应少于 3 家。被邀请人同意参加投标后,从招标人处获取招标文件,按规定要求进行投标报价。邀请招标的优点是,不需要发布招标公告和设置资格预审程序,节约招标费用和节省时间;由于对投标人以往的业绩和履约能力比较了解,减小了合同履行过程中承包方违约的风险。为了体现公平竞争和便于招标人选择综合能力最强的投标人中标,仍要求在投标书内报送表明投标人资质能力的有关证明材料,作为评标时的评审内容之一(通常称为资格后审)。邀请招标的缺点是,邀请范围较小选择面窄,可能失去某些在技术或报价上有竞争实力的潜在投标人,因此投标竞争的激烈程度相对较差。

国务院发展和改革部门确定的国家重点项目和省、自治区、直辖市人民政府确定的地方重点项目不适宜公开招标时,经国务院发展和改革部门或省、自治区、直辖市人民政府批准可以进行邀请招标。

国有资金占控股或者主导地位的依法必须进行招标的项目,应当公开招标;但有下列情形之一的,可以邀请招标:

(1)技术复杂、有特殊要求或者受自然环境限制,只有少量潜在投标人可供选择;

(2)采用公开招标方式的费用占项目合同金额的比例过大。

有前款第二项所列情形,按照国家有关规定需要履行项目审批、核准手续的依法必须进行招标的项目,由项目审批、核准部门在审批、核准项目时作出认定;其他项目由招标人申请有关行政监督部门作出认定。

(二)招标程序

招标是招标人选择中标人并与其签订合同的过程。而投标则是投标人力争获得实施合同的竞争过程。招标人和投标人均须遵循招标投标法律和法规的规定进行招标投标活动。

图 3-1 示出公开招标程序,邀请招标可以参照实行。按照招标人和投标人参与程序,可将招标过程概括划分成招标准备阶段、招标投标阶段和评标定标阶段。

1.招标准备阶段主要工作

招标准备阶段的工作由招标人单独完成,投标人不参与。招标人应具有与招标项目规模和复杂程度相适应的技术、经济等方面的专业人员。主要工作包括以下几个方面:

(1)工程报建

建筑工程项目的立项文件获得批准后,招标人需向建设行政主管部门履行建设项目报建手续。只有报建申请批准后,才可以开始项目的建设。报建时应交验的文件资料包括:立项批准文件或年度投资计划;固定资产投资许可证;建筑工程规划许可证和资金证明文件。

(2)选择招标方式

①根据工程特点和招标人的管理能力确定发包范围。

②依据工程建设总进度计划确定项目建设过程中的招标次数和每次招标的工作内容。如监理招标、设计招标、施工招标、设备供应招标等。

③按照每次招标前准备工作的完成情况,选择合同的计价方式。如施工招标时,已完成施工图设计的中小型工程,可采用总价合同;若为初步设计完成后的大型复杂工程,则应采用估计工程量单价合同。

```
申请招标 ┄┄┄┄┄┄┄┄┄┄┄┄┄┄┄┄ 批准招标

准备招标文件

发布招标广告 ←→ 索购资审文件 ┄┄┄┄ 核查资审文件

进行资格预审 ←→ 填报资审文件

确定投标人名单 ←→ 确认投标意向

发售招标文件 ←→ 购买招标文件 ┄┄┄┄ 核查招标文件

                 研究招标文件

组织现场考察 ←→ 参加现场考察

                 提出质疑问题

                 参加标前会议

召开标前会议 ←→ 确定投标策略

发送会议记录 ←→ 编制投标文件

接受投标书 ←→ 递交投标文件

公开开标 ←→ 参加开标会议 ┄┄┄┄ 监督开标过程

审查标书 ┄┄┄┄┄┄┄┄┄┄┄┄┄┄ 监督评标过程

澄清问题 ←→ 解答有关问题

评标比较

评标报告

定标 ┄┄┄┄┄┄┄┄┄┄┄┄┄┄┄┄┄ 监督定标

发出中标通知书 ←→ 准备履约保证 ┄┄┄┄ 核备招标报告

商签合同 ←→ 合同谈判

通知未中标人
```

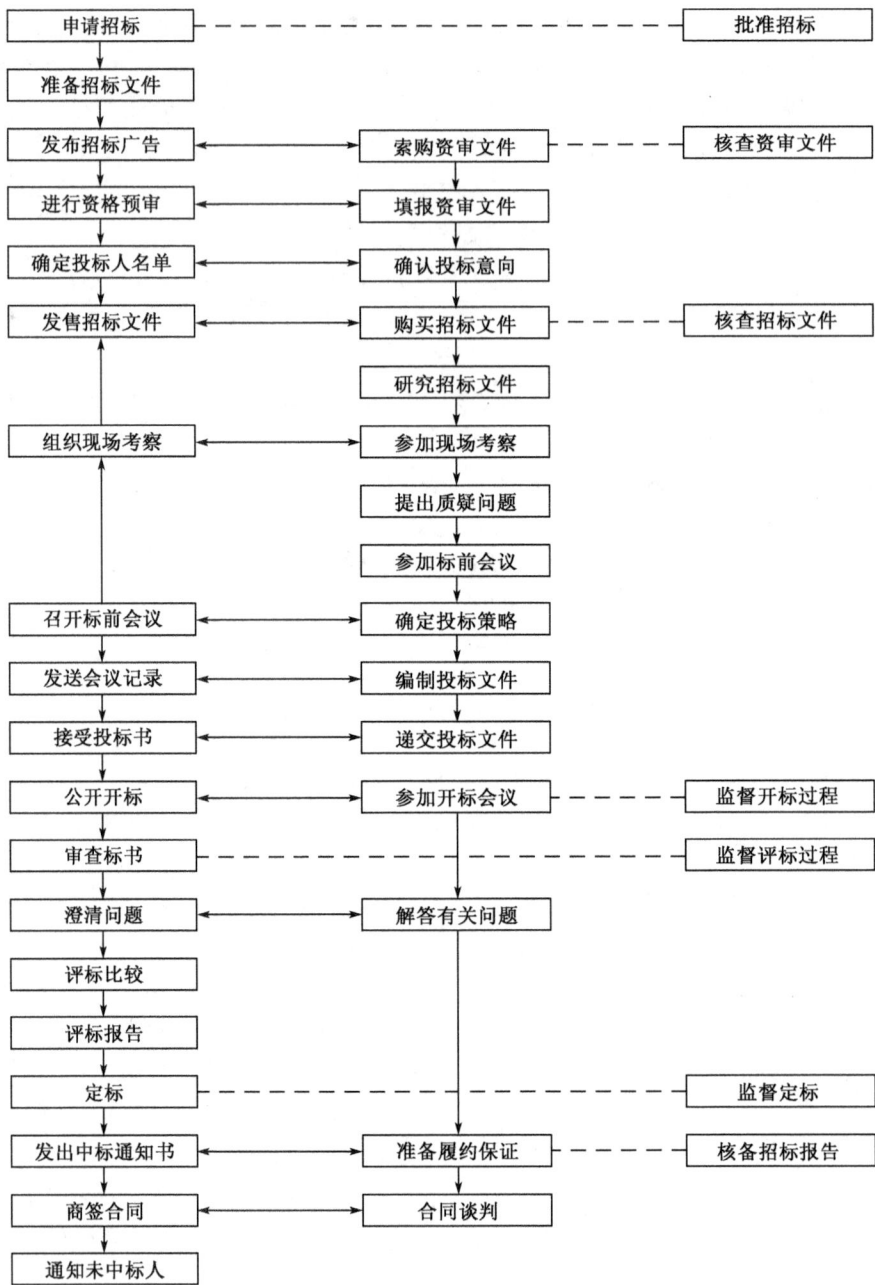

图 3-1 公开招标程序

④依据工程项目的特点、招标前准备工作的完成情况、合同类型等因素的影响程序，最终确定招标方式。

（3）申请招标

招标人向建设行政主管部门办理申请招标手续。申请招标文件应说明：招标工作范围；招标方式;计划工期;对投标人的资质要求;招标项目的前期准备工作的完成情况;自行招标还是委托代理招标等内容。

（4）编制招标有关文件

招标准备阶段应编制好招标过程中可能涉及的有关文件,保证招标活动的正常进行。这些文件大致包括:招标广告、资格预审文件、招标文件、合同协议书,以及资格预审评审的方法。

2.招标阶段的主要工作内容

公开招标,从发布招标公告开始;邀请招标,则从发出投标邀请书开始,到投标截止日期止的期间称为招标阶段。在此阶段,招标人应做好招标的组织工作,投标人则按招标有关文件的规定程序和具体要求进行投标报价竞争。招标人应当合理确定投标人编制投标文件所需的时间,自招标文件开始发出之日起到投标截止日止,最短不得少于 20 天。

（1）发布招标公告或投标邀请书

招标公告的作用是让潜在投标人获得招标信息,以便进行项目筛选,确定是否参与竞争。招标公告或投标邀请书的具体格式可由招标人自定,内容一般包括:招标单位名称;建设项目资金来源;工程项目概况和本次招标工作范围的简要介绍;购买资格预审文件的地点、时间和价格等有关事项。

（2）资格预审

资格预审的目的是对潜在投标人进行资格审查,主要考察该企业总体能力是否具备完成招标工作所要求的条件。公开招标时设置资格预审程序,一是保证参与投标的法人或其他组织在资质和能力等方面能够满足完成招标工作的要求;二是通过评审优选出综合实力较强的申请投标人,再请他们参加投标竞争,以减小评标的工作量。

①发布资格预审公告、编制资格预审文件。招标人采用资格预审办法对潜在投标人进行资格审查的,应当发布资格预审公告、编制资格预审文件。资格预审公告和招标公告,应当在国务院发展改革部门依法指定的媒介发布。在不同媒介发布的同一招标项目的资格预审公告或者招标公告的内容应当一致。

招标人依据项目的特点编写资格预审文件。资格预审应当按照资格预审文件载明的标准和方法进行。国有资金占控股或者主导地位的依法必须进行招标的项目,招标人应当组建资格审查委员会审查资格预审申请文件。

招标人可以对已发出的资格预审文件或者招标文件进行必要的澄清或者修改。澄清或者修改的内容可能影响资格预审申请文件或者投标文件编制的,招标人应当在提交资格预审申请文件截止时间至少 3 日前,或者投标截止时间至少 15 日前,以书面形式通知所有获取资格预审文件或者招标文件的潜在投标人;不足 3 日或者 15 日的,招标人应当顺延提交资格预审申请文件或者投标文件的截止时间。

潜在投标人或者其他利害关系人对资格预审文件有异议的,应当在提交资格预审申请文件截止时间 2 日前提出;对招标文件有异议的,应当在投标截止时间 10 日前提出。招标人应当自收到异议之日起 3 日内作出答复;作出答复前,应当暂停招标投标活动。

招标人编制的资格预审文件、招标文件的内容违反法律、行政法规的强制性规定,违反公开、公平、公正和诚实信用原则,影响资格预审结果或者潜在投标人投标的,依法必须进行招标的项目的招标人应当在修改资格预审文件或者招标文件后重新招标。

资格预审文件分为资格预审须知和资格预审表两大部分。资格预审须知内容包括招标工程概况和工作范围介绍，对投标人的基本要求和指导投标人填写资格预审文件的有关说明。资格预审表列出对潜在投标人资质条件、实施能力、技术水平、商业信誉等方面需要了解的内容，以应答形式给出的调查文件。

②资格预审合格的条件。资格预审合格的条件，首先是投标人必须满足资格预审文件规定的一般资格条件和强制性条件，其次是预审评定分数必须在预先确定的最低分数线以上。目前采用的合格标准有两种方式：一种是限制合格者数量，以便减小评标的工作量（如 5 家），招标人按得分高低次序向预定数量的投标人邀请投标函并请他予以确认，如果某一家放弃投标则由下一家递补维护预定数量；另一种是不限制合格者的数量，凡满足 80% 以上分的潜在投标人均视为合格，保证投标的公平性和竞争性。后一种原则的缺点是如果合格者数量较多时，增加评标的工作量。不论采用哪种方法，招标人都不得向他人透露有权参与竞争的潜在投标人的名称、人数以及与招标投标有关的其他情况。

资格预审结束后，招标人应当及时向资格预审申请人发出资格预审结果通知书。未通过资格预审的申请人不具有投标资格。通过资格预审的申请人少于 3 个的，应当重新招标。

（3）编制招标文件

招标人根据招标项目特点和需要编制招标文件，它是投标人编制投标文件和报价的依据，因此应当包括招标项目的技术要求、对投标人资格审查的标准（邀请招标的招标文件内需写明）、投标报价要求和评标标准等所有实质性要求和条件，以及拟签订合同的主要条款。招标文件通常包括投标须知、合同条件、技术规范、图纸和技术资料、工程量清单等几大部分内容。

招标人在招标文件中要求投标人提交投标保证金的，投标保证金不得超过招标项目估算价的 2%。投标保证金有效期应当与投标有效期一致。依法必须进行招标的项目的境内投标单位，以现金或者支票形式提交的投标保证金应当从其基本账户转出。招标人不得挪用投标保证金。

招标人可以自行决定是否编制标底。一个招标项目只能有一个标底。标底必须保密。接受委托编制标底的中介机构不得参加受托编制标底项目的投标，也不得为该项目的投标人编制投标文件或者提供咨询。

招标人设有最高投标限价的，应当在招标文件中明确最高投标限价或者最高投标限价的计算方法。招标人不得规定最低投标限价。

国家对招标项目的技术、标准有规定的，应在招标文件中提出相应要求。招标项目如果需要划分标段、有工期要求时，也需在招标文件中载明。招标人对招标项目划分标段的，应当遵守招标投标法的有关规定，不得利用划分标段限制或者排斥潜在投标人。依法必须进行招标的项目的招标人不得利用划分标段规避招标。

对技术复杂或者无法精确拟定技术规格的项目，招标人可以分两阶段进行招标。第一阶段，投标人按照招标公告或者投标邀请书的要求提交不带报价的技术建议，招标人根据投标人提交的技术建议确定技术标准和要求，编制招标文件。第二阶段，招标人向在第一阶段提交技术建议的投标人提供招标文件，投标人按照招标文件的要求提交包括最终技术方案和投标报价的投标文件。

（4）组织现场考察

招标人根据招标项目的具体情况,可以组织潜在投标人踏勘项目现场。一方面让投标人了解工程项目的现场情况、自然条件、施工条件以及周围环境条件,以便于编制投标书;另一方面也是要求投标人通过自己的实地考察确定投标的原则和策略,避免合同履行过程中他以不了解现场情况为理由推卸应承担的合同责任。招标人不得组织单个或者部分潜在投标人踏勘项目现场。

(5)标前会议

投标人研究招标文件和现场考察后会以书面形式提出某些质疑问题,招标人可以及时给予书面解答,也可以留待标前会议上解答。如果对某一投标人提出的问题给予书面解答时,所回答的问题必须发送给每一位投标人以保证招标的公开和公平,但不必说明问题的来源。回答函件作为招标文件的组成部分,如果书面解答的问题与招标文件中的规定不一致,以函件的解答为准。

标前会议是投标截止日期以前,按投标须知规定时间和地点召开的会议,又称交底会。标前会议上招标单位负责人除了介绍工程概况外,还可对招标文件中的某些内容加以修改(需经招标投标管理机构核准)或予以补充说明,以及对投标人书面提出的问题和会议上即席提出的问题给予解答。会议结束后,招标人应将会议记录用书面通知的形式发给每一位投标人。补充文件作为招标文件的组成部分,具有同等的法律效力。《招标投标法》第二十三条规定,招标人对已发出的招标文件进行必要的澄清或必要修改的,应当在招标文件要求提交投标文件截止时间至少 15 日前以书面形式通知所有招标文件收受人。

四 建筑工程投标

【案例】

林某自己有一个建筑企业,人员、设备、施工技术等方面实力均比较欠缺。沈某是一个大型建筑企业的老总,该企业在行业内的知名度很高。林某和沈某是高中同学,关系甚密。一次,某单位为修建办公大楼招标,公告中公布的该工程投标单位的资质条件、公司业绩等要求,林某的公司均不能满足。于是林某找到沈某,请沈某的公司前去投标,中标后由林某的公司实施该工程,由林某的公司付给沈某的公司一笔"感谢费"。结果沈某的公司成为该工程的中标单位,但实际是林某的公司在修建该工程。最终因林某公司的承建能力问题导致工程质量不合格,工期延误。本案中的工程质量责任应由谁来承担?

(一)投标人

建设工程投标人是建设工程招标投标活动中的另一主体,它是指响应招标并购买招标文件参加投标竞争的法人或其他组织。投标人参加依法必须进行招标的项目的投标,不受地区或者部门的限制,任何单位和个人不得非法干涉。

投标人应当具备承担招标项目的能力:①必须有与招标文件要求相适应的人力、物力和财力;②必须有符合招标文件要求的资质证书和相应的工作经验与业绩证明;③符合法律、法规规定的其他条件。建设工程投标人主要是指:勘察设计单位、施工企业、建筑装饰装修企业、工程材料设备供应(采购)单位、工程总承包单位以及咨询、监理单位等。

与招标人存在利害关系可能影响招标公正性的法人、其他组织或者个人，不得参加投标。单位负责人为同一人或者存在控股、管理关系的不同单位，不得参加同一标段投标或者未划分标段的同一招标项目投标。

(二)联合投标

两个以上法人或者其他组织可以组成一个联合体，以一个投标人的身份投标。招标人接受联合体投标并进行资格预审的，联合体应当在提交资格预审申请文件前组成。资格预审后联合体增减、更换成员的，其投标无效。联合体各方在同一招标项目中以自己名义单独投标或者参加其他联合体投标的，相关投标均无效。

联合体各方均应当具备承担招标项目的相应能力；国家有关规定或者招标文件对投标人资格条件有规定的，联合体各方均应当具备规定的相应资格条件。由同一专业的单位组成的联合体，按照资质等级较低的单位确定资质等级。联合体各方应当签订共同投标协议，明确约定各方拟承担的工作和责任，并将共同投标协议连同投标文件一并提交招标人。联合体中标的，联合体各方应当共同与招标人签订合同，就中标项目向招标人承担连带责任。招标人不得强制投标人组成联合体共同投标，不得限制投标人之间的竞争。

(三)投标程序

(1)组织投标机构；
(2)参加资格预审；
(3)编制投标文件；
(4)投标文件送达；
(5)参加开标会议。

(四)投标要求

投标人应当在招标文件要求提交投标文件的截止时间前，将投标文件送达投标地点。招标人收到投标文件后，应当签收保存，不得开启。投标人少于三个的，招标人应当依照本法重新招标。在招标文件要求提交投标文件的截止时间后送达的投标文件，招标人应当拒收。

投标人在招标文件要求提交投标文件的截止时间前，可以补充、修改或者撤回已提交的投标文件，并书面通知招标人。补充、修改的内容为投标文件的组成部分。

投标人根据招标文件载明的项目实际情况，拟在中标后将中标项目的部分非主体、非关键性工作进行分包的，应当在投标文件中载明。

投标人撤回已提交的投标文件，应当在投标截止时间前书面通知招标人。招标人已收取投标保证金的，应当自收到投标人书面撤回通知之日起5日内退还。投标截止后投标人撤销投标文件的，招标人可以不退还投标保证金。

投标人之间不得相互串通投标报价，不得排挤其他投标人的公平竞争，损害招标人或者其他投标人的合法权益。投标人不得与招标人串通投标，损害国家利益、社会公共利益或者他人的合法权益。禁止投标人以向招标人或者评标委员会成员行贿的手段谋取中标。

投标人不得以低于成本的报价竞标，也不得以他人名义投标或者以其他方式弄虚作假，骗取中标。

五 建筑工程开标、评标、中标

【案例】

某医大三院医技大楼设计建筑面积为 19 945m²,预计造价 7 400 万元,其中土建工程造价约为 3 402 万元,配套设备造价约为 3 998 万元。2001 年初,该工程项目进入某省建设工程交易中心以总承包方式向社会公开招标。经常以某房地产有限公司总经理身份对外交往的包工头郑某得知后,分别到 4 家建筑公司活动,要求挂靠这 4 家公司参与投标。这 4 家公司在未对郑某的房地产有限公司资质和业绩进行审查的情况下,就同意其挂靠,并分别商定了合作条件:投标保证金由郑某支付;由郑某挂靠的其中一家建筑公司代郑某编制表述,由郑某支付劳务费;中标后全部或部分工程由郑某组织施工,挂靠单位收取工程造价 3%～5% 的管理费。

同时郑某为能够中标,多次找到该交易中心评标处副处长张某,以咨询业务为名,请张某吃喝,并送给张某人民币 5 万元,以及一些贵重礼品。张某积极为郑某提供"咨询"服务,向郑某泄漏了招标投标中的有关保密事项。

2001 年 1 月 22 日下午开始评标。评标委员会把原定一天完成的评标工作集中在一个下午进行,没有足够时间对标书进行认真细致的评审,一些标书明显存在违反招标文件规定的错误未能及时发现。郑某挂靠的 4 家建筑公司均未中标,郑某便又鼓动这 4 家公司向有关部门投诉。

上述内容中有哪些行为违反法律规定?

从开标日到签订合同这一期间称为决标成交阶段,是对各投标书进行评审比较,最终确定中标人的过程。

(一)开标

开标是指投标人提交投标文件截止后,招标人依据招标文件规定的时间和地点,开启投标人提交的投标文件,公开宣布投标人的名称、投标价格及投标文件中的其他主要内容的活动。

公开招标和邀请招标均应举行开标会议,体现招标的公平、公正和公开原则。招标人应当按照招标文件规定的时间、地点开标。投标人少于 3 个的,不得开标;招标人应当重新招标。

开标由招标人主持,邀请所有投标人参加。所有投标人均应参加开标会议,并邀请项目有关主管部门、当地计划部门、经办银行等代表出席,招标投标管理机构派人监督开标活动。开标时,由投标人或者其推选的代表检查投标文件的密封情况,也可以由招标人委托的公证机构检查并公证,经确认无误后,由工作人员当众拆封,宣读投标人名称、投标价格和投标文件的其他主要内容。招标人在招标文件要求提交投标文件的截止时间前收到的所有投标文件,包括投标致函中提出的附加条件、补充声明、优惠条件、替代方案等,开标时都应当当众予以拆封、宣读。开标过程应当记录,并存档备查。开标后,任何投标人都不允许更改投标书的内容和报价,也不允许再增加优惠条件。如果招标文件中没有说明评标、定标的原则和方法,则在开标会议上应予说明,投标书经启封后不得再更改评标、定标办法。投标人对开标有异议的,应当在开标现场提出,招标人应当当场作出答复,并制作记录。

如果在开标会议上发现有下列情况之一,应宣布投标书为废标:

(1)投标书未按招标文件中规定封记;

(2)逾期送达的标书;

(3)未加盖法人或委托授权人印鉴的标书;

(4)未按招标文件的内容和要求编写、内容不全或字迹不清无法辨认的标书;

(5)投标人不参加开标会议的标书。

(二)评标

1.评标委员会

建设工程招标的评标定标工作由评标委员会完成。依法必须进行招标的项目,其评标委员会的专家成员应当从评标专家库内相关专业的专家名单中以随机抽取方式确定。技术复杂、专业性强或者国家有特殊要求,采取随机抽取方式确定的专家难以保证胜任评标工作的项目,可以由招标人直接确定。评标委员会成员名单应在开标前确定,并且在中标结果确定前应保密。

任何单位和个人不得以明示、暗示等任何方式指定或者变相指定参加评标委员会的专家成员。行政监督部门应当按照规定的职责分工,对评标委员会成员的确定方式、评标专家的抽取和评标活动进行监督。行政监督部门的工作人员不得担任本部门负责监督项目的评标委员会成员。

评标委员会成员人数应为 5 人以上单数,其中经济、技术方面的专家不得少于成员总数的2/3。为了保证评标委员会中专家的素质,评标专家应符合下列条件:

(1)从事相关专业领域工作满 8 年,并具有高级职称或者同等专业水平;

(2)熟悉有关招标投标的法律法规,并具有与招标项目相关的实践经验;

(3)能够认真、公正、诚实、廉洁地履行职责。

为了保证评标能够公平、公正进行,评标委员会成员有下列情形之一的,不得担任评标委员会成员:

(1)投标人或者投标主要负责人的近亲属;

(2)项目主管部门或者行政监督部门的人员;

(3)与投标人有经济利益关系,可能影响对投标公正评审的;

(4)曾因在招标、评标以及其他与招标投标有关活动中从事违法行为而受过行政或刑事处罚的。

如果评标委员会成员有以上情形之一的,应当主动提出回避。评标委员会的成员在评标定标过程中不得私下接触投标人,不得收受投标人给予的财物或者其他好处,不得向招标人征询确定中标人的意向,不得接受任何单位或者个人明示或者暗示提出的倾向或者排斥特定投标人的要求,不得有其他不客观、不公正履行职务的行为,以保证评标定标的公正、公平性。

2.评标程序

建设工程评标定标过程分两个阶段进行,第一阶段为评标的准备与初步评审,第二阶段为详细评审。

小型工程由于承包工作内容较为简单、合同金额不大,可以采用即开、即评、即定的方式由评标委员会及时确定中标人。大型工程项目的评标因评审内容复杂、涉及面宽,通常需分成初步评审和详细评审两个阶段进行。

(1)初步评审

评标委员会以招标文件为依据,审查各投标书是否为响应性投标,确定投标书的有效性。检查内容包括:投标人的资格、投标保证有效性、报送资料的完整性、投标书与招标文件的要求有无实质性背离、报价计算的正确性等。若投标书存在计算或统计错误,由评标委员会予以改正后请投标人签字确认。投标人拒绝确认,按投标人违约对待,没收其投标保证金。修改报价错误的原则是,投标文件中的大写金额与小写金额不一致的,以大写金额为准;总价金额与单价金额不一致的,以单价金额为准,但单价金额小数点有明显错误的除外;对不同文字文本投标文件的解释发生异议的,以中文文本为准。

①初步评审的内容。初步评审的内容包括对投标文件的符合性评审、技术性评审和商务性评审。

符合性评审。投标文件的符合性评审包括商务符合性和技术符合性鉴定。投标文件应实质上响应招标文件的所有条款、条件,无显著的差异或保留。所谓显著的差异或保留包括以下情况:对工程的范围、质量及使用性能产生实质性影响;偏离了招标文件的要求,而对合同中规定的业主的权利或者投标人的义务造成实质性的限制;纠正这种差异或者保留将会对提交了实质性响应要求的投标书的其他投标人的竞争地位产生不公正的影响。

技术性评审。投标文件的技术性评审包括:方案可行性评估和关键工序评估;劳务、材料、机械设备、质量控制措施、工期保证措施、安全保证措施评估以及对施工现场周围环境污染的保护措施评估。

商务性评审。投标文件的商务性评审包括:投标报价校核,审查全部报价数据计算的正确性,分析报价构成的合理性,并与标底价格进行对比分析。如果报价中存在算术计算上的错误,应进行修正。修正后的投标报价经投标人确认后对其起约束作用。

②投标文件的澄清和说明。评标委员会可以要求投标人对投标文件中含意不明确、对同类问题表述不一致或者有明显文字和计算错误的内容作必要的澄清或者说明,但是澄清或者说明不得超出投标文件的范围或者改变投标文件的实质性内容。对投标文件的相关内容做出澄清和说明,其目的是有利于评标委员会对投标文件的审查、评审和比较。

投标文件中的大写金额和小写金额不一致的,以大写金额为准;总价金额与单价金额不一致的,以单价金额为准,但单价金额小数点有明显错误的除外;对不同文字文本投标文件的解释发生异议的,以招标文件规定的主要语言为主为准。

③应当作为废标处理的情况:

a.弄虚作假。在评标过程中,评标委员会发现投标人以他人的名义投标、串通投标、以行贿手段谋取中标或者以其他弄虚作假方式投标的,该投标人的投标应作废标处理。

b.报价低于其个别成本。在评标过程中,评标委员会发现投标人的报价明显低于其他投标报价或者在设有标底时明显低于标底,使得其投标报价可能低于其个别成本的,应当要求该投标人做出书面说明并提供相关证明材料。投标人不能合理说明或者不能提供相关证明材料的,由评标委员会认定该投标人以低于成本报价竞标,其投标应作废标处理。

c.投标人不具备资格条件或者投标文件不符合形式要求,其投标也应当按照废标处理。

按照原建设部的规定,建设项目的投标有下列情况的也应当按照废标处理:

未密封;无单位和法定代表人或其代理人的印鉴,或未按规定加盖印鉴;未按规定的格式填写,内容不全或字迹模糊、辨认不清;逾期送达;投标人未参加开标会议。

d.未能在实质上响应的投标。评标委员会应当审查每一投标文件是否对招标文件提出的所有实质性要求和条件做出响应。未能在实质上响应的投标,应作废标处理。

如果投标文件与招标文件有重大偏差,也认为未能对招标文件做出实质性响应。如果招标文件对重大偏差另有规定的,从其规定。

④投标偏差。评标委员会应当根据投标文件,审查并逐项列出投标文件的全部投标偏差。投标偏差分为重大偏差和细微偏差。

下列情况属于重大偏差:

a.没有按照招标文件要求提供投标担保或者所提供的投标担保有瑕疵。

b.投标文件没有投标人授权代理人签字和加盖公章。

c.投标文件载明的招标项目完成期限超过招标文件规定的期限。

d.明显不符合技术规格、技术标准的要求。

e.投标文件载明的货物包装方式、检验标准和方法等不符合招标文件的要求。

f.投标文件附有招标人不能接受的条件。

g.不符合招标文件中规定的其他实质性要求。

细微偏差是指投标文件在实质上响应招标文件要求,但在个别地方存在漏项或者提供了不完整的技术信息和数据等情况,并且补正这些遗漏或者不完整不会对其他投标人造成不公平的结果。细微偏差不影响投标文件的有效性。

（2）详细评审

详细评审是指在初步评审的基础上,对经初步评审合格的投标文件,按照招标文件确定的评标标准和方法,对其技术部分和商务部分进一步评审、比较。评标委员会对各投标书实施方案和计划进行实质性评价与比较。评审时不应再采用招标文件中要求投标人考虑因素以外的任何条件作为标准。设有标底的,评标时应参考标底。

详评通常分为两个步骤进行。首先对各投标书进行技术和商务方面的审查,评定其合理性,以及若将合同授予该投标人在履行过程中可能给招标人带来的风险。评标委员会认为必要时可以单独约请投标人对标书中含义不明确的内容作必要的澄清或说明,但澄清或说明不得超出投标文件的范围或改变投标文件的实质性内容。澄清内容也要整理成文字材料,作为投标书的组成部分。在对标书审查的基础上,评标委员会比较各投标书的优劣,并编写评标报告。

①技术性评审主要包括对投标人所报的施工方案或组织设计、关键工序、进度计划、人员和机械设备的配备、技术能力、质量控制措施、安全措施、文明施工方案、临时设施的布置,和临时用地情况、施工现场周围环境污染的保护措施等进行评审。

②商务性评审指对投标文件中的报价进行评审,包括对投标报价进行校核,审查全部报价数据是否有计算上或累计上的算术错误,分析报价构成的合理性等。

评标委员会完成评标后,应向招标人提出书面评标报告,评标报告的内容有:

a.基本情况和数据表;

b. 评标委员会成员名单;

c. 开标记录;

d. 符合要求的投标一览表;

e. 废标情况说明;

f. 评标标准、评标办法或者评标因素一览表;

g. 经评审的价格或者评分比较一览表;

h. 经评审的投标人排序;

i. 推荐的中标候选人名单与签订合同前要处理的事宜;

j. 澄清、说明、补正事项纪要。

被授权直接定标的评标委员会可直接确定中标人。

由于工程项目的规模不同、各类招标的标底不同,评审方法可以分为定性评审和定量评审两大类。对于标底额较小的中小型工程评标可以采用定性比较的专家评议法,评标委员对各标书共同分项进行认真分析比较后,以协商和投票的方式确定候选中标人。这种方法评标过程简单在较短时间内即可完成,但科学性较差。大型工程应采用"综合评估法"或"经评审的最低投标价法"对各投标书进行科学的量化比较。综合评估法是指将评审内容分类后分别赋予不同权重,评标委员依据评分标准对各类内容细分的小项进行相应的打分,最后计算的累计分值反映投标人的综合水平,以得分最高的投标书为最优。经评审的最低投标价法是指评审过程中以该标书的报价为基础,将报价之外需要评定的要素按预先规定的折算办法换算为货币价值,根据对招标人有利或不利的原则在投标报价上增加或扣减一定金额,最终构成评标价。因此"评标价"既不是投标价也不是中标价,只是用价格指标作为评审标书优劣的衡量方法,评标价最低的投标书为最优。定标签订合同时,仍以报价作为中标的合同价。

评标完成后,评标委员会应当向招标人提交书面评标报告和中标候选人名单。中标候选人应当不超过 3 个,并标明排序。评标报告应当由评标委员会全体成员签字。对评标结果有不同意见的评标委员会成员应当以书面形式说明其不同意见和理由,评标报告应当注明该不同意见。评标委员会成员拒绝在评标报告上签字又不书面说明其不同意见和理由的,视为同意评标结果。

依法必须进行招标的项目,招标人应当自收到评标报告之日起 3 日内公示中标候选人,公示期不得少于 3 日。投标人或者其他利害关系人对依法必须进行招标的项目的评标结果有异议的,应当在中标候选人公示期间提出。招标人应当自收到异议之日起 3 日内作出答复;作出答复前,应当暂停招标投标活动。

如果评标委员会经过评审,认为所有投标都不符合招标文件的要求,可以否决所有投标。出现这种情况后,招标人应认真分析招标文件的有关要求以及招标过程,对招标工作范围或招标文件的有关内容做出实质性修改后重新进行招标。

(三) 中标

1. 中标条件

中标是确定中标人并签订合同的行为。中标人应当符合下列条件:①能够最大限度地满足招标文件中规定各项综合评价标准；②能够满足招标文件的实质性要求，并且经评审的投标价格最低，但是投标价格低于成本的除外。

2.中标程序

(1)确定中标人

招标人根据评标委员会提出的书面评标报告和推荐的中标候选人确定中标人。招标人也可以授权评标委员会直接确定中标人。

在确定中标人前，招标人不得与投标人就投标价格、投标方案等实质性内容进行谈判。

评标委员会经评审，认为所有投标都不符合招标文件要求的，可以否决所有投标。依法必须进行招标项目的所有投标被否决的，招标人应当依法重新招标。

国有资金占控股或者主导地位的依法必须进行招标的项目，招标人应当确定排名第一的中标候选人为中标人。排名第一的中标候选人放弃中标、因不可抗力不能履行合同、不按照招标文件要求提交履约保证金，或者被查实存在影响中标结果的违法行为等情形，不符合中标条件的，招标人可以按照评标委员会提出的中标候选人名单排序依次确定其他中标候选人为中标人，也可以重新招标。

(2)发出中标通知书

中标人确定后，招标人应当向中标人发出中标通知书，并同时将中标结果通知所有未中标的投标人。中标通知书对招标人和中标人具有法律效力。中标通知书发出后，招标人改变中标结果的，或者中标人放弃中标项目的，应当依法承担法律责任。

(3)招标人与中标人签订书面合同

招标人和中标人应当自中标通知书发出之日起30日内，按照招标文件和中标人的投标文件签订书面合同。招标人和中标人不得再行签订背离合同实质性内容的其他协议。招标人与中标人签订合同后5个工作日内，应当向中标人和未中标的投标人退还投标保证金。

(4)招标人将招标投标情况依法备案

依法必须进行招标的项目，招标人应当自确定中标人之日起15日内，向有关行政监督部门提交招标投标情况的书面报告。

中标人应当按照合同约定履行义务，完成中标项目。中标人不得向他人转让中标项目，也不得将中标项目肢解后分别向他人转让。中标人按照合同约定或者经招标人同意，可以将中标项目的部分非主体、非关键性工作分包给他人完成。接受分包的人应当具备相应的资格条件，并不得再次分包。中标人与分包人就分包项目向招标人承担连带责任。

(六) 建筑工程招标投标中的法律责任

【案例】

被告王某于1999年承建睢宁县电声器材厂电声大楼，并将该楼的水电安装部分分包给原告陈某施工。工程竣工后，被告于2002年3月8日为原告出具了水电工程结算单，其中包括被告扣除原告税收、管理费等费用4万元。双方工程款结清，双方对约定的管理费4万元在结算时并无异议。原告向法院起诉要求被告返还所扣的4万元税收和管理费，理由是被告无权向其征缴税收和管理费。被告庭审中主张其所扣的管理费和税收已上交公司，但未提供证据证明。另外,经调查表明,原、被告双方均无建筑资质。

　　法院审理后,依法判决驳回原告陈某的诉讼请求。另行制作《民事制裁决定书》,对被告已取得的 4 万元作为非法所得予以收缴。

　　《招标投标法》中关于法律责任的具体规定有以下几点:

　　1.招标人法律责任

　　(1)依法必须进行招标的项目的招标人不按照规定发布资格预审公告或者招标公告,构成规避招标的;将必须进行招标的项目化整为零或者以其他任何方式规避招标的,责令限期改正,可以处项目合同金额 5‰以上 10‰以下的罚款;对全部或者部分使用国有资金的项目,可以暂停项目执行或者暂停资金拨付;对单位直接负责的主管人员和其他直接责任人员依法给予处分。

　　(2)招标人以不合理的条件限制或者排斥潜在投标人的,对潜在投标人实行歧视待遇的,强制要求投标人组成联合体共同投标的,或者限制投标人之间竞争的,责令改正,可以处 1 万元以上 5 万元以下的罚款。

　　招标人有下列行为之一的,属于以不合理条件限制、排斥潜在投标人或者投标人:

　　①就同一招标项目向潜在投标人或者投标人提供有差别的项目信息;

　　②设定的资格、技术、商务条件与招标项目的具体特点和实际需要不相适应或者与合同履行无关;

　　③依法必须进行招标的项目以特定行政区域或者特定行业的业绩、奖项作为加分条件或者中标条件;

　　④对潜在投标人或者投标人采取不同的资格审查或者评标标准;

　　⑤限定或者指定特定的专利、商标、品牌、原产地或者供应商;

　　⑥依法必须进行招标的项目非法限定潜在投标人或者投标人的所有制形式或者组织形式;

　　⑦以其他不合理条件限制、排斥潜在投标人或者投标人。

　　(3)依法必须进行招标的项目的招标人向他人透露已获取招标文件的潜在投标人的名称、数量或者可能影响公平竞争的有关招标投标的其他情况的,或者泄露标底的,给予警告,可以并处 1 万元以上 10 万元以下的罚款;对单位直接负责的主管人员和其他直接责任人员依法给予处分;构成犯罪的,依法追究刑事责任。上述所列行为影响中标结果的,中标无效。

　　(4)依法必须进行招标的项目,招标人违反本法规定,与投标人就投标价格、投标方案等实质性内容进行谈判的,给予警告,对单位直接负责的主管人员和其他直接责任人员依法给予处分。上述所列行为影响中标结果的,中标无效。

　　(5)招标人在评标委员会依法推荐的中标候选人以外确定中标人的,或依法必须进行招标的项目在所有投标被评标委员会否决后自行确定中标人的,中标无效。责令改正,可以处中标项目金额 5%以上 10%以下的罚款;对单位直接负责的主管人员和其他直接责任人员依法给予处分。

　　(6)依法必须进行招标的项目的招标人无正当理由不发出中标通知书;不按照规定确定中标人;中标通知书发出后无正当理由改变中标结果;无正当理由不与中标人订立合同;在订立合同时向中标人提出附加条件的,由有关行政监督部门责令改正,可以处中标项目金额 10‰

以下的罚款;给他人造成损失的,依法承担赔偿责任;对单位直接负责的主管人员和其他直接责任人员依法给予处分。

(7)招标人超过规定的比例收取投标保证金、履约保证金或者不按照规定退还投标保证金及银行同期存款利息的,由有关行政监督部门责令改正,可以处 5 万元以下的罚款;给他人造成损失的,依法承担赔偿责任。

2.招标代理机构法律责任

招标代理机构违反法律规定,泄露应当保密的与招标投标活动有关的情况和资料的;与招标人、投标人串通损害国家利益、社会公共利益或者他人合法权益的,在所代理的招标项目中投标、代理投标或者向该项目投标人提供咨询;接受委托编制标底的中介机构参加受托编制标底项目的投标或者为该项目的投标人编制投标文件、提供咨询的,处 5 万元以上 25 万元以下的罚款,对单位直接负责的主管人员和其他直接责任人员处单位罚款数额 5% 以上 10% 以下的罚款;有违法所得的,并处没收违法所得;情节严重的,暂停直至取消招标代理资格;构成犯罪的,依法追究刑事责任。给他人造成损失的,依法承担赔偿责任。上述所列行为影响中标结果的,中标无效。

3.投标人法律责任

(1)投标人相互串通投标或者与招标人串通投标的,投标人以向招标人或者评标委员会成员行贿的手段谋取中标的,中标无效,处中标项目金额 5% 以上 10% 以下的罚款,对单位直接负责的主管人员和其他直接责任人员处单位罚款数额 5% 以上 10% 以下的罚款;有违法所得的,并处没收违法所得;情节严重的,取消其 1 年至 2 年内参加依法必须进行招标的项目的投标资格并予以公告,直至由工商行政管理机关吊销营业执照;构成犯罪的,依法追究刑事责任。给他人造成损失的,依法承担赔偿责任。

有下列情形之一的,属于投标人相互串通投标:

①投标人之间协商投标报价等投标文件的实质性内容;

②投标人之间约定中标人;

③投标人之间约定部分投标人放弃投标或者中标;

④属于同一集团、协会、商会等组织成员的投标人按照该组织要求协同投标;

⑤投标人之间为谋取中标或者排斥特定投标人而采取的其他联合行动。

有下列情形之一的,视为投标人相互串通投标:

①不同投标人的投标文件由同一单位或者个人编制;

②不同投标人委托同一单位或者个人办理投标事宜;

③不同投标人的投标文件载明的项目管理成员为同一人;

④不同投标人的投标文件异常一致或者投标报价呈规律性差异;

⑤不同投标人的投标文件相互混装;

⑥不同投标人的投标保证金从同一单位或者个人的账户转出。

有下列情形之一的,属于招标人与投标人串通投标:

①招标人在开标前开启投标文件并将有关信息泄露给其他投标人;

②招标人直接或者间接向投标人泄露标底、评标委员会成员等信息;

③招标人明示或者暗示投标人压低或者抬高投标报价;

④招标人授意投标人撤换、修改投标文件；

⑤招标人明示或者暗示投标人为特定投标人中标提供方便；

⑥招标人与投标人为谋求特定投标人中标而采取的其他串通行为。

投标人有下列行为之一的，属于情节严重行为，由有关行政监督部门取消其 1 年至 2 年内参加依法必须进行招标的项目的投标资格：

①以行贿谋取中标；

②3 年内 2 次以上串通投标；

③串通投标行为损害招标人、其他投标人或者国家、集体、公民的合法利益，造成直接经济损失 30 万元以上；

④其他串通投标情节严重的行为。

(2)投标人以他人名义投标或者以其他方式弄虚作假，骗取中标的，中标无效，给招标人造成损失的，依法承担赔偿责任；构成犯罪的，依法追究刑事责任。依法必须进行招标的项目的投标人有上述所列行为尚未构成犯罪的，处中标项目金额 5‰ 以上 10‰ 以下的罚款，对单位直接负责的主管人员和其他直接责任人员处单位罚款金额 5% 以上 10% 以下的罚款；有违法所得的，并处没收违法所得；情节严重的，取消其 1 年至 3 年内参加依法必须进行招标的项目的投标资格并予以公告，直至由工商行政管理机关吊销营业执照。

以他人名义投标是指使用通过受让或者租借等方式获取的资格、资质证书投标。

投标人有下列情形之一的，属于以其他方式弄虚作假的行为：

①使用伪造、变造的许可证件；

②提供虚假的财务状况或者业绩；

③提供虚假的项目负责人或者主要技术人员简历、劳动关系证明；

④提供虚假的信用状况；

⑤其他弄虚作假的行为。

投标人有下列行为之一的，属于情节严重行为，由有关行政监督部门取消其 1 年至 3 年内参加依法必须进行招标的项目的投标资格：

①伪造、变造资格、资质证书或者其他许可证件骗取中标；

②3 年内 2 次以上使用他人名义投标；

③弄虚作假骗取中标给招标人造成直接经济损失 30 万元以上；

④其他弄虚作假骗取中标情节严重的行为。

投标人自本条第二款规定的处罚执行期限届满之日起 3 年内又有该款所列违法行为之一的，或者弄虚作假骗取中标情节特别严重的，由工商行政管理机关吊销营业执照。

出让或者出租资格、资质证书供他人投标的，依照法律、行政法规的规定给予行政处罚；构成犯罪的，依法追究刑事责任。

4.评标委员会成员的法律责任

(1)评标委员会成员收受投标人的财物或者其他好处的，评标委员会成员或者参加评标的有关工作人员向他人透露对投标文件的评审和比较、中标候选人的推荐以及与评标有关的其他情况的，给予警告，没收所收受的财物，可以并处 3 千元以上 5 万元以下的罚款，对有所列违法行为的评标委员会成员取消担任评标委员会成员的资格，不得再参加任何依法必须进行招标的项目的评标；构成犯罪的，依法追究刑事责任。

（2）依法必须进行招标的项目的招标人不按照规定组建评标委员会，或者确定、更换评标委员会成员违反招标投标法和本条例规定的，由有关行政监督部门责令改正，可以处10万元以下的罚款，对单位直接负责的主管人员和其他直接责任人员依法给予处分；违法确定或者更换的评标委员会成员作出的评审结论无效，依法重新进行评审。

（3）评标委员会成员有下列行为之一的，由有关行政监督部门责令改正；情节严重的，禁止其在一定期限内参加依法必须进行招标的项目的评标；情节特别严重的，取消其担任评标委员会成员的资格：

①应当回避而不回避；

②擅离职守；

③不按照招标文件规定的评标标准和方法评标；

④私下接触投标人；

⑤向招标人征询确定中标人的意向或者接受任何单位或者个人明示或者暗示提出的倾向或者排斥特定投标人的要求；

⑥对依法应当否决的投标不提出否决意见；

⑦暗示或者诱导投标人作出澄清、说明或者接受投标人主动提出的澄清、说明；

⑧其他不客观、不公正履行职务的行为。

5. 中标人法律责任

（1）中标人无正当理由不与招标人订立合同，在签订合同时向招标人提出附加条件，或者不按照招标文件要求提交履约保证金的，取消其中标资格，投标保证金不予退还。对依法必须进行招标的项目的中标人，由有关行政监督部门责令改正，可以处中标项目金额10‰以下的罚款。

（2）招标人和中标人不按照招标文件和中标人的投标文件订立合同，合同的主要条款与招标文件、中标人的投标文件的内容不一致，或者招标人、中标人订立背离合同实质性内容的协议的，由有关行政监督部门责令改正，可以处中标项目金额5‰以上10‰以下的罚款。

（3）中标人将中标项目转让给他人的，将中标项目肢解后分别转让给他人的，违反本法规定将中标项目的部分主体、关键性工作分包给他人的，或者分包人再次分包的，转让、分包无效，处转让、分包项目金额5‰以上10‰以下的罚款；有违法所得的，并处没收违法所得；可以责令停业整顿；情节严重的，由工商行政管理机关吊销营业执照。

（4）中标人不履行与招标人订立的合同的，履约保证金不予退还，给招标人造成的损失超过履约保证金数额的，还应当对超过部分予以赔偿；没有提交履约保证金的，应当对招标人的损失承担赔偿责任。

（5）中标人不按照与招标人订立的合同履行义务，情节严重的，取消其2年至5年内参加依法必须进行招标的项目的投标资格并予以公告，直至由工商行政管理机关吊销营业执照。

6. 行政监督机关法律责任

（1）项目审批、核准部门不依法审批、核准项目招标范围、招标方式、招标组织形式的，对单位直接负责的主管人员和其他直接责任人员依法给予处分。

（2）有关行政监督部门不依法履行职责，对违反招标投标法和本条例规定的行为不依法查处,或者不按照规定处理投诉、不依法公告对招标投标当事人违法行为的行政处理决定的,对直接负责的主管人员和其他直接责任人员依法给予处分。

(3)项目审批、核准部门和有关行政监督部门的工作人员徇私舞弊、滥用职权、玩忽职守,构成犯罪的,依法追究刑事责任。

(4)国家工作人员利用职务便利,以直接或者间接、明示或者暗示等任何方式非法干涉招标投标活动,有下列情形之一的,依法给予记过或者记大过处分;情节严重的,依法给予降级或者撤职处分;情节特别严重的,依法给予开除处分;构成犯罪的,依法追究刑事责任:

①要求对依法必须进行招标的项目不招标,或者要求对依法应当公开招标的项目不公开招标;

②要求评标委员会成员或者招标人以其指定的投标人作为中标候选人或者中标人,或者以其他方式非法干涉评标活动,影响中标结果;

③以其他方式非法干涉招标投标活动。

◀ 本 章 小 结 ▶

发包承包是一种经营方式,是指交易的一方负责为交易的另一方完成某项工作或供应一批货物,并按一定的价格取得相应报酬的一种交易行为。建筑工程发包方式包括直接发包、招标发包。建筑工程承包方式是建筑工程承发包双方之间经济关系形式。我国《建筑法》规定,建筑工程的发包单位与承包单位应当依法订立书面合同,明确双方的权利和义务。《建筑法》提倡对建筑工程实行总承包。建筑工程的发包单位可以将建筑工程的勘察、设计、施工、设备采购一并发包给一个工程总承包单位,也可以将建筑工程勘察、设计、施工、设备采购的一项或者多项发包给一个工程总承包单位。

招标投标是市场经济条件下进行大宗货物的买卖、工程建设项目的发包与承包,以及服务项目的采购与提供,所采用的一种交易方式。招标投标活动应当遵循公开、公平、公正和诚实信用的原则。招标和投标活动是当事人在法律规定范围内自主进行的市场行为,但必须接受政府行政主管部门的监督。我国《招标投标法》中规定了强制招标的范围和规模。招标方式分为公开招标和邀请招标两类。公开招标是指招标人以招标公告的方式邀请不特定的法人或其他组织投标。邀请招标是指招标人以投标邀请书的方式邀请特定的法人或其他组织投标。招标、投标、开标、评标、中标应当遵循法律规定的程序和行为规范。

建设工程招标的评标定标工作由评标委员会完成。中标人确定后,招标人应当向中标人发出中标通知书,并依法按照招标文件和中标人的投标文件签订书面合同。

◀ 思 考 题 ▶

1.招标投标的适用范围是什么?在工程建设项目中,强制招标的范围是什么?

2.实行招标的工程以及招标单位应具备的条件?

3.招标和投标的程序是什么？

4.开标时哪些情况是废标？评标时哪些情况是废标？

5.简述详细评审的评标方法。

6.投标人应满足哪些条件？投标文件应包括哪些内容？

7.开标应遵守哪些法律程序？

8.评标委员会的组成有何规定？评标委员会的责任有哪些？

▶实 训 案 例◀

案例1

2005年初，某房地产开发公司欲开发新区第三批商品房，当年4月，某市电视台发出公告，房地产开发公司作为招标人就该工程向社会公开招标，择其优者签约承建该项目。此公告一发，在当地引起不小反响，先后有20余家建筑单位投标。原告A建筑公司和B建筑公司均在投标人之列。A建筑公司基于市场竞争激烈等因素，经充分核算，在标书中作出全部工程造价不超过500万元的承诺，并自认为依此数额，该工程利润已不明显。房地产开发公司组织开标后，B建筑公司投标数额为450万元。两家的投标均低于标底440万元。最后B建筑公司因价格更低而中标，并签订了总价包死的施工合同。该工程竣工后，房地产开发公司与B建筑公司实际结算的款额为510万元。A建筑公司得知此事后，认为房地产开发公司未依照既定标价履约，实际上侵害了自己的权益，遂向法院起诉要求房地产开发公司赔偿在投标过程中的支出等损失。原告的诉讼请求能否得到支持？为什么？

案例2

2001年4月6日，亚峰公司参与了绿色药业公司关于科研质检楼建设工程招投标活动，亚峰公司通过现场竞标后，经评标委员会评议被确定为中标单位，并由彭州市公证处进行了公证。4月9日，彭州市建设工程招标投标管理办公室（下称招投标办公室）给亚峰公司出具了编号为2001—019号的《中标通知书》。绿色药业公司不同意确定亚峰公司为中标人，拒绝与亚峰公司签订书面合同。双方为此发生纠纷，诉至法院。

亚峰公司诉称：原告中标后，被告却拒不与原告签订书面合同，有违诚实信用。请求法院判令被告赔偿因缔约过失给原告造成的损失8千元。

绿色药业公司答辩称：原告经评标委员会评议后被确定为中标单位，以及招投标办公室给原告出具的《中标通知书》，均未经作为招标人的被告同意，且原告不具备投标资格条件，故原告实际并未中标，被告在招投标过程中也没有过失或过错，不应承担缔约过失责任。要求驳回原告的诉讼请求。

此案应如何处理？说明理由。

案例 3

某国有企业计划投资 7 000 万元新建一栋办公大楼,建设单位委托了一家符合资质要求的监理单位进行该工程的施工招标代理工作,由于招标时间紧,建设单位要求招标代理单位采取内部议标的方式选取中标单位,共有 A、B、C、D、E 五家投标单位参加了投标,开标时出现了如下情形:

(1)A 投标单位的投标文件未按招标文件的要求而是按该企业的习惯做法密封;

(2)B 投标单位虽按招标文件的要求编制了投标文件但有一页文件漏打了页码;

(3)C 投标单位投标保证金超过了招标文件中规定的金额;

(4)D 投标单位投标文件记载的招标项目完成期限超过招标文件规定的完成期限;

(5)E 投标单位某分项工程的报价有个别漏项。

为了在评标时统一意见,根据建设单位的要求评标委员会有 6 人组成,其中 3 人是由建设单位的总经理、总工程师和工程部经理参加,3 人由建设单位以外的评标专家库中抽取;经过评标委员会,最终将低于成本价格的投标单位确定为中标单位。

问题:

(1)采取的内部招标方式是否妥当?说明理由。

(2)五家投标单位的投标文件是否有效或应被淘汰?分别说明理由。

(3)评标委员会的组建是否妥当?若不妥,请说明理由。

(4)确定的中标单位是否合理?说明理由。

案例 4

某大型项目由政府投资建设,业主委托某招标代理公司代理施工招标。招标代理公司确定该项目采用公开招标方式招标,招标公告在当地政府规定的招标信息网上发布。招标文件中规定:投标担保可采用投标保证金或投标保函方式担保。评标方法采用经评审的最低投标方法。投标有效期为 60 天。

业主对招标代理公司提出以下要求:为了避免潜在的投标人过多,项目招标公告只在本市日报上发布,且采用邀请招标方式招标。

项目施工招标信息发布后,共有 12 家潜在的投标人报名参加投标。业主认为报名参加投标的人数太多,为减少评标工作量,要求招标代理公司仅对报名的潜在投标人的资质条件、业绩进行资格审查。

开标后发现:

(1)A 投标人的投标报价为 8 000 万元,为最低投标价,经评审后推荐为中标候选人;

(2)B 投标人在开标后又提交了一份补充说明,提出可以降价 5%;

(3)C 投标人提交的银行投标保函有效期为 70 天;

(4)D 投标人投标文件函盖有企业及企业法定代表人的印章,但没有加盖项目负责人的印章;

（5）E投标人与其他投标人组成了联合体投标，附有各方资质证书，但没有联合体共同投标协议书；

（6）F投标人的投标价最高，故F投标人在开标后第二天撤回了其投标文件。

经过标书评审，A投标人被确定为中标候选人。发出中标通知书后，招标人和A投标人进行了合同谈判，希望A投标人能再压缩工期、降低费用。经谈判后双方达成一致：不压缩工期，降价3%。

问题：

（1）业主对招标代理公司提出的要求是否正确？说明理由。

（2）分析ABCDE投标人的投标文件是否有效？说明理由。

（3）F投标人的投标文件是否有效？对其撤回投标文件的行为应如何处理？

案例5

某工程监理公司承担施工阶段监理任务，建设单位采用公开招标方式选择承包单位。在招标文件中对省内与省外投标人提出了不同的资格要求，并规定2001年10月30日为投标截止时间。甲、乙等多家承包单位参加投标，乙承包单位11月5日才提交投标保证金，11月3日由招标办主持举行了开标会。但本次招标由于招标人原因导致招标失败。

建设单位重新招标后确定甲承包单位中标，并签订了施工合同。施工开始后，建设单位要求提前竣工，并与甲承包单位协商签订了书面协议，写明了甲承包单位为保证施工质量采取的措施和建设单位应支付的赶工费用。

施工过程中发生了混凝土工程质量事故。经调查组技术鉴定，认为是甲承包单位为赶工而拆模过早、混凝土强度不足造成的。该事故未造成人员伤亡，但导致直接经济损失4.8万元。

质量事故发生后，建设单位以甲承包单位的行为与投标书中的承诺不符，不具备履约能力，又不可能保证提前竣工为由，提出终止合同，甲承包单位认为事故是因建设单位要求赶工引起，不同意终止合同，建设单位按合同约定提请仲裁，仲裁机构裁定终止合同，甲承包单位决定向具有管辖权的法院提起诉讼。

指出该工程招投标过程中的不妥之处，并说明理由。招标人招标失败造成投标单位损失是否应给予补偿？说明理由。

第四章
建设工程合同

　　建设工程合同是《合同法》明确规定的有名合同之一,为保护建设工程合同双方当事人的合法权益,规范交易双方的市场行为,提供了法律保障。

　　通过本章学习,了解建设工程合同的基本概念、种类和法律特征;掌握建设工程合同订立程序、形式、内容的法律规定,掌握合同有效的法律条件、无效合同、可变更与可撤销合同的概念,掌握合同的履行原则,合同变更、转让、终止的法律规定,掌握违约责任的构成要件和免责事由。

【引例】

　　2005 年 7 月 28 日,某集团公司大连分公司(以下简称大连分公司)与某路明科技集团有限公司(以下简称路明公司)签订承建大连某科技有限公司厂房工程施工合同。工程造价1 000 多万元。合同约定施工期限为 2005 年 7 月 29 日至 2005 年 10 月 8 日。但工程并未在约定时间内完工。大连分公司称,工程没能按时完工是因为在施工过程中,部分建筑设计、预埋件设计、水暖电气设计等的变更。2006 年 5 月 25 日,路明公司以大连分公司多次违反"在一定期限内完工"的承诺为由,单方解除合同,并要求其撤出工地。29 日,路明公司以同样理由将大连分公司及其母公司某集团公司告上法庭。由于工程基本竣工,路明公司在支付了 450万元工程款后,剩余工程款没有再支付,因此,大连分公司在收到解除合同通知后,并没有撤出工地。据了解,该工程并未取得施工许可证,也未进行招投标。而且工程虽已经基本竣工,但一直没有进行竣工验收。2006 年 6 月 2 日,恒益达装修工程有限公司(以下简称恒益达公司)以大连分公司妨碍自己施工为由将其告上法庭,要求法院判决大连公司撤出工地,停止妨碍其施工,并赔偿 12 万元。原来,在 2006 年 5 月 9 日,恒益达公司与路明公司签订了一份《室内装饰装修施工合同》,由恒益达公司对还没有竣工验收的厂房进行内部装修。由于工程还没有竣工验收,与路明公司之间纠纷没有解决。大连分公司对恒益达公司前来施工进行了阻拦。

　　一个没有得到施工许可证、没有进行招投标的建筑工程施工合同是否具有法律效力?施工方的权益能否得到保障?这个基本竣工但并未进行验收,也未交付使用的建筑物的责、权、利应该如何界定?

第一节　建设工程合同概述

在市场经济中,财产的流转主要依靠合同。工程项目的标的额大、履行时间长、协调关系多,合同尤为重要。因此,建筑市场中的各方主体,包括建设单位、勘察设计单位、施工单位、监理单位、材料设备供应单位等都要依靠合同确立相互之间的权利义务关系。

一　合同的概念

1999 年 3 月 15 日第九届全国人民代表大会第二次会议审议通过并公布的《中华人民共和国合同法》,是维护经济运行秩序的基本法律,它规范的是市场主体在经济活动中的交易关系。《合同法》的制定实施,一方面对当事人的行为加以规范,维护了社会经济秩序;同时也保护了当事人的合法权益。对建立统一、有序的市场经济秩序,促进市场经济的发展,促进对外经济贸易和技术的交流与合作发挥了重要作用。

合同又称契约,有广义和狭义之分。广义的合同,是指一切权利义务关系的协议。在各部门法中都有表现,除民法中的合同之外,还包括行政合同、劳动合同等。狭义的合同仅指民事合同,《合同法》采用了狭义的合同概念。该法第二条规定:"本法所称的合同是平等主体的自然人、法人、其他组织之间设立、变更、终止民事权利义务关系的协议。"合同具有如下法律特征:

1.合同是平等主体之间的民事法律关系

合同当事人的法律地位平等,是民事主体人格平等的具体体现,也是社会主义市场经济对经济秩序、交易秩序的基本要求。当事人一方不得凭借行政权力、经济实力或其他优势,将自己的意志强加给对方。

2.合同是双方当事人意思表示一致的法律行为

合同的成立必须有两方以上的当事人,互为意思表示,达成实质上完全相同的意愿。这是合同与单方法律行为相区别的重要标志。合同当事人缔结合同的意思表示,应当是自己的自由意思,不得予以强制或者欺诈、胁迫。

3.合同是以发生法律关系为目的的协议

合同当事人签订合同的目的,是为了各自的经济利益或共同的经济利益,为保证其利益的实现,以合同的方式设立、变更、终止其权利义务关系。合同关系是法律关系,区别于一般的约定。合同依法成立,即具有法律约束力,当事人不履行合同或不完全履行合同,应当承担相应的法律责任。

4.合同是当事人的合法行为

合同关系是一种法律关系,订立合同的主体、合同的内容、形式和程序都要严格符合法律规定。

二　建设工程合同的概念和分类

建设工程合同是《合同法》分则中明确规定的有名合同之一,是一类较为特殊的合同。建设工程合同的标的是建筑工程。由于工程建设投资额大,建设周期长,涉及技术问题繁多等特点,决定了建设工程合同所涉及的内容复杂。

(一)建设工程合同的概念

《合同法》第二百六十九条规定:"建设工程合同是承包人进行工程建设,发包人支付价款的合同。"建设工程的主体是发包人和承包人。发包人,一般为建设工程的建设单位,即投资建设该项工程的单位,通常也称作"业主",包括业主所委托的管理机构。承包人,即实施建设工程勘察、设计、施工等任务的单位,包括对建设工程实行总承包的单位和承包分包工程的单位。承包人的基本义务是进行工程建设,包括勘查、设计和施工。发包人的基本义务是按照约定支付价款。

建设工程合同涉及基本建设规划,承包人完成的工程为不动产,长期存在和发挥效益,事关国计民生。虽然在市场经济条件下,基本建设项目的投资渠道多样化,但并不能完全改变基本建设的计划性,国家仍然需要对基本建设项目实行计划控制。对于建设工程合同,从合同的签订到合同的履行,从资金的投放到最终竣工验收,都受到国家严格的管理和监督。

(二)建设工程合同的分类

对建设工程合同可从不同角度、根据不同的标准进行分类。

1. 按照建设工程不同阶段为标准分类

(1)建设工程勘察合同。建设工程勘察,是指根据建设工程的要求,查明、分析、评价建设场地的地质地理环境特征和岩土工程条件,编制建设工程勘察文件的活动。建设工程勘察合同,是勘察人进行工程勘察,发包人支付价款的合同。

(2)建设工程设计合同。建设工程设计,是指根据建设工程的要求,对建设工程所需要的技术、经济、资源、环境等条件进行综合分析论证,编制工程设计文件的活动。建设工程设计合同,是设计人进行建设工程设计,发包人支付报酬的合同。

(3)建设工程施工合同。工程施工是工程的实际建设过程。建设工程施工合同,是指发包人与承包人签订的,为完成特定的建筑安装施工任务,明确双方权利和义务关系的协议。

2. 按照建设工程承包方式为标准分类

(1)建设工程总承包合同。建设工程总承包合同,是发包人将建设工程的勘察、设计、施工、安装及材料设备采购等一并发包给一个承包人的合同。

(2)建设工程分包合同。建设工程分包合同,是总承包人经发包人同意,将承包工程中的部分工程再发包给分包人,由总承包人与分包人之间签订的合同。

3. 按照合同价款计价方式为标准分类

(1)固定价格合同。双方当事人在合同中约定合同价款包含的风险范围和风险费用的计算方法,在约定的风险范围内合同价款不再调整。

(2)可调价格合同。合同价款可根据双方的约定而调整,双方当事人在合同中约定合同价款调整方法。如法律、行政法规和国家有关政策变化影响合同价款;工程造价管理部门公布价格调整等。

(3)成本加酬金合同。成本加酬金合同是承包人要求发包人支付工程实际成本,另加一定酬金的合同。双方当事人在合同中约定成本构成和酬金的计算方法。

第二节 建设工程合同的订立

由于建设工程合同标的的特殊性,国家对建设工程合同进行特殊管理。对建设工程合同订立的形式、程序、内容,都作了比较严格的规定。

一 建设工程合同订立的形式

【案例】

商海公司与大世纪公司签订了一份联合开发"商海商厦"建设协议书,协议书约定:商海公司负责办理有关联合开发建设的一切有关文件及手续,项目竣工验收合格后,负责办理土地转让手续,负责投入开发建设资金 1 775 500 元;大世纪公司负责剩余开发建设资金的全部投入及施工技术,大世纪公司的一切经济活动,均以商海公司的名义进行。2004 年 5 月,经某公司介绍,亦天装饰装修公司进入商海商厦工地现场,同年 6 月 8 日,亦天装饰装修公司正式投入施工。但商海公司未与亦天装饰装修公司签订承包施工合同。因大世纪公司负责商海商厦施工,给亦天装饰装修公司拨付工程款共计 1 600 万元,后未继续拨款。在工程全部完工后,亦天装饰装修公司向大世纪公司索要所欠工程款项,但大世纪公司以双方没有合同为由拒付。亦天装饰装修公司于 2004 年 11 月 11 日向市中级人民法院起诉。

法院审理认为,大世纪公司与商海公司系联合开发关系,其所进行的一切经济活动,均以商海公司的名义对外。亦天装饰装修公司与商海公司虽未签订承包施工合同,但实际已为其施工。施工期间,商海公司和大世纪公司均未提出异议,且大世纪公司给亦天装饰装修公司要求拨付了工程款,事实上形成了权利、义务关系,亦天装饰装修公司要求给付工程款及利息的请求应予支持。

合同的形式是指当事人采取何种方式来表现所订立合同的内容。合同的形式是内容的外在表现,是合同内容的载体。《合同法》第十条规定:"当事人订立合同,有书面形式、口头形式和其他形式。""法律、行政法规规定采用书面形式的,应当采用书面形式。当事人约定采用书面形式的,应当采用书面形式。《合同法》第十一条规定:"书面形式是指合同书、信件和数据电文(包括电报、电传、传真、电子数据交换和电子邮件)等可以有形地表现所载内容的形式。"

书面形式是指以文字的方式表现当事人之间订立合同内容的形式。书面形式的合同能够准确地记载合同双方当事人的权利和义务,在发生纠纷时有据可查,便于处理。因此法律要求,关系复杂的合同、价款或报酬数额较大的合同,应当采用书面形式。

工程建设尤其是大型工程建设需要大量的资金,建设周期长,涉及内容复杂、质量要求高,而且在建设过程中,经常会发生各种各样的事件影响合同的履行。为便于明确各自的权利和义务,减少履行困难和纠纷,《合同法》第二百七十条规定:"建设工程合同应当采用书面形式。"建设工程合同必须采用书面形式是由建设工程合同的特点决定的,也体现了国家对基本建设工程监督管理的要求。以书面形式对当事人双方的权利义务和责任做出具体明确的约定,才能保证合同内容的确定性并使其顺利地履行,才能保证建设工程的质量,保证国家对基本建设的规划及投资规模的控制。书面形式是建设工程合同成立的形式要件。为规范建设工程合同的书面内容,国家工商局和原建设部联合制定了示范文本,签订建设工程合同,可参照国家推荐使用的示范文本,如《建设工程勘察合同示范文本》、《建设工程设计合同示范文本》、《建设工程施工合同示范文本》。

对于没有采取书面形式订立的口头建设工程合同的效力,应当根据《合同法》第三十六条的规定予以确定,即当事人未采用书面形式但已经履行了主要义务,对方接受的,该合同成立;否则由于不符合法律规定的合同形式要件,一般应认定为合同不成立。但建设工程项目已经完成,又得到有关部门同意的,也可以按照有效处理。

二 建设工程合同订立的程序

当事人就合同内容协商一致,合同成立。从合同成立的程序来讲,必须经过要约和承诺两个阶段。《合同法》第十三条规定:"当事人订立合同,采取要约、承诺方式。"

【案例】

某建筑公司委派其职工张某向甲水泥厂求购一批高标号水泥5 000t,一个月内提货。张某按建筑公司的要求将传真发到甲水泥厂,甲水泥厂给张某回电表示同意。接电传后,张某将电传交给建筑公司。半个月后,甲水泥厂生产水泥的设备出现问题需要检修,便又给张某去电,要求推迟半个月交货,并请建筑公司在三天之内答复。张某又将电传转建筑公司,建筑公司考虑到时间较紧,不能等,便指示张某回电取消订货,公司另派人到乙水泥厂订货。因当时水泥紧缺,张某想借机谋利。于是张某第三天以建筑公司名义回电甲水泥厂,同意延期提货。一个月后,张某代表建筑公司将水泥提走,并以自己的名义将其卖给另一建筑队。张某交货后,该建筑队因拖欠别人材料款过多,无力支付货款,张某无法支付甲水泥厂货款。为此,甲水泥厂要求建筑公司支付货款。建筑公司说我方已经取消订货,与甲水泥厂已经没有买卖关系,甲水泥厂让张某将货提走,这是张某与甲水泥厂之间的事,与建筑公司无关。甲水泥厂无奈,向法院提起诉讼,法院判决建筑公司支付货款。

(一)要约

1.要约的概念和条件

《合同法》第十四条规定:"要约是希望和他人订立合同的意思表示,该意思表示应当符合下列规定:(一)内容具体确定;(二)表明经受要约人承诺,要约人即受该意思表示约束。"据此规定,要约发生法律效力,必须具备两个条件:

(1)内容具体确定。要约是要约人意图与他人订立合同,而由要约人向受要约人发出的意思表示,其目的在于征求对方的承诺。要约的内容必须具有足以确定合同成立的内容,即必须包含要约人所希望订立合同的主要条款。

(2)表明经受要约人承诺,要约人即受该意思表示约束。要约在被承诺后,就产生合同的法律效力。为便于掌握要约和要约邀请的区别,要求要约人应当明确向受要约人表明,一旦该要约经受要约人承诺,合同即告成立。

要约邀请,又称要约引诱,是希望他人向自己发出要约的意思表示。《合同法》规定,寄送价目表、拍卖公告、招标公告、招股说明书、商业广告等为要约邀请;商业广告的内容符合要约规定的,视为要约。要约邀请只是邀请他人向自己发出要约,对要约邀请任何相对人都没有约束力。

2.要约的生效

如何确定要约的生效时间,各国的法律规定并不一致,我国合同法采用了到达主义,在《合同法》第十六条中规定:"要约到达受要约人时生效。""采用数据电文形式订立合同,收件人指定特定系统接收数据电文的,该数据电文进入该特定系统的时间,视为到达时间;未指定特定系统的,该数据电文进入收件人的任何系统的首次时间,视为到达时间。"

3.要约的撤回和撤销

要约的撤回,是指要约人在发出要约后,要约生效之前,宣告收回发出的要约,使要约不具有法律效力的行为。《合同法》第十七条规定:"要约可以撤回。撤回要约的通知应当在要约到达受要约人之前或者与要约同时到达受要约人。"

要约的撤销,是指在要约生效后,受要约人作出承诺之前,宣布取消该项要约,使要约的效力归于消灭的行为。《合同法》第十八条规定:"要约可以撤销。撤销要约的通知应当在受要约人发出承诺通知之前到达受要约人。"

要约的撤销与要约的撤回是不同的。由于要约的撤销发生在要约生效之后,受要约人可能已经做出承诺和履行的准备,如果允许要约人随意撤销要约,可能损害受要约人的利益和社会交易安全。因此,《合同法》对撤销要约规定了一定的限制条件,有下列情形之一的,要约不得撤销:第一,要约中确定了承诺期限或者以其他形式表明要约不可撤销;第二,受要约人有理由认为要约是不可撤销的,并且已经为履行合同作了准备工作。

(二)承诺

1.承诺的概念和条件

《合同法》第二十一条规定:"承诺是受要约人同意要约的意思表示。"承诺是以接受要约的全部条件为内容的,有效的承诺应当符合下列条件:

(1)承诺必须由受要约人向要约人作出;

(2)承诺必须是对要约明确表示同意的意思表示;

(3)承诺必须在要约有效期限内作出;

(4)承诺的内容必须与要约的内容一致。

承诺应当以通知的方式作出,但根据交易习惯或者要约表明受要约人可以通过行为做出承诺的除外。

2.承诺的期限

承诺的期限是受要约人资格的存续期间。在此期间内受要约人具有承诺资格,可以向要约人发出具有约束力的承诺。《合同法》第二十三条规定:"承诺应当在要约确定的期限内到达要约人。""要约没有确定承诺期限的,承诺应当依照下列规定到达:(一)要约以对话方式作出的,应当即时作出承诺,但当事人另有约定的除外;(二)要约以非对话方式作出的,承诺应当在合理期限内到达。"

3.逾期承诺和承诺的逾期到达

逾期承诺,是指受要约人在要约人限定的承诺期满后,向要约人作出的承诺。受要约人超过承诺期限发出承诺的,除要约人及时通知受要约人该承诺有效的以外,为新要约。逾期承诺在时间因素上,不具有承诺的性质,不能因此成立合同。

承诺的逾期到达,是指受要约人在承诺期限内发出承诺,但超过承诺期限到达要约人。承诺的逾期到达是由于非要约人的原因,其效力不能一概而论。受要约人在承诺期限内发出承诺,按照通常情形能够及时到达要约人,但因其他原因承诺到达要约人时超过承诺期限的,除要约人及时通知受要约人因承诺超过期限不接受该承诺的以外,该承诺有效。

(三)建设工程合同订立的程序

【案例】

昌盛商业公司为兴建高层办公楼,在当地报纸上发布招标公告,有众多建筑公司竞标。经过一番激烈竞争,启明建筑工程公司最终以最优的条件中标。昌盛商业公司向启明建筑工程公司发出中标通知书。事后,启明建筑工程公司经过内部协商,又认为报价太低,难以按期保质完成昌盛商业公司高层办公楼的建设任务,于是拒绝与昌盛商业公司签订合同。两公司经过多次协商未达成一致意见,昌盛商业公司向法院提起诉讼。法院经审理认为,昌盛商业公司与启明建筑工程公司的合同关系成立,昌盛商业公司发出中标通知书后,启明建筑工程公司拒绝签订合同是违反法律规定的行为。

建设工程合同的成立,存在两种具体的方式:一是直接发包,即发包人经过批准或按照有关规定,就建设工程合同的内容直接与承包人协商,在协商一致后签订建设工程合同。这种签订合同的方式,在程序上即经过要约和承诺两个阶段;二是招标发包,通过招标投标的办法来确定承包人,经过招标、投标、开标、评标、定标的法定程序后,确定中标人并与之签订合同。在招标发包的过程中,发布招标公告、发出投标邀请书的行为是要约邀请,投标人投标的行为是要约,招标人发出中标通知书的行为是承诺。建设工程合同以招标投标的方式签订,其程序上需经过要约邀请、要约、承诺三个阶段。

三 建设工程合同的主要条款

合同条款是合同内容的表现形式,是合同内容的载体。合同的内容因合同涉及的事项不同而有所不同,由双方当事人在不违反法律的前提下自由约定。建设工程合同应当具备一般合同的条款,同时,由于建设工程合同标的的特殊性,法律对建设工程合同中某些条款作出了特殊规定。

(一)合同应当具备的一般条款

1.当事人的名称或者姓名和住所

名称是指法人或其他组织在登记机关登记的正式称谓;姓名是指自然人身份证或户籍登记上的正式称谓。法人和其他组织以其注册成立地或主要经营机构所在地为住所;自然人以其户籍所在地为住所,经常居住地与之不一致的,以经常居住地为住所。

2.标的

标的是合同权利和义务所指向的对象。合同的标的可以是物、行为、智力成果等。如勘察设计合同的标的是勘察设计成果,货物买卖合同的标的是货物。

3.数量

数量是以数字方式和计量单位方式对合同标的具体的规定,是合同标的的量化体现。标的的数量应当确切,选择双方当事人共同接受的计量单位、计量方法。

4. 质量

质量是度量标的的另一标准,是以成分、含量、尺寸、性能、纯度等来表示合同标的内在素质和外观形象的状况。质量往往涉及人身和财产的安全问题,所以国家对许多产品制定了质量标准,当事人在订立合同时,如果有国家强制性标准或者行业强制性标准时,不得低于该标准;如果没有国家强制性标准或者行业强制性标准的,可以由当事人自行协商确定。建设工程合同的工程质量标准和要求必须符合国家、行业或地方有关规定。对材料、设备、施工工艺和工程质量的检查与验收要求,发包方与承包方应在合同中约定,承包方应严格按施工合同和标准规范要求组织施工。

5. 价款或报酬

价款或报酬是取得标的时以货币形式支付的代价。合同标的为物或智力成果时,取得标的所应支付的代价为价款;合同标的为行为时,取得标的所应支付的代价为报酬。建设工程合同的工程价款应以定额和相应取费标准作为指导价格,通过招标投标和双方协商确定合同价款,并按合同约定对价款进行适时地调整。

6. 履行期限、地点和方式

履行期限是合同履行的时间规定,既是当事人请求对方履行合同义务的依据,又是判断当事人是否违约的一个重要因素。承发包双方应当参照国务院有关部门或省、自治区、直辖市颁发的工期定额,确定相应的施工工期,以确保工程质量。没有工期定额的工程,由双方协商确定合理工期。

履行地点是权利人接受义务人履行义务的场所。建设工程合同履行的地点为建设工程项目兴建的地点。

履行方式是当事人履行义务的方法,与合同标的密切相关。

7. 违约责任

违约责任是合同当事人不履行合同义务或者履行合同义务不符合约定应当承担的法律责任。当事人可在合同中约定违约责任的承担方式、违约金的计算方法、违约导致损失的计算方法、免责条款等。违约责任的约定有利于及时解决纠纷,保护当事人的利益。

8. 解决争议的方法

争议的解决方法有四种:协商、调解、仲裁、诉讼。当事人可以事先约定解决争议的方法,没有事先约定的,在纠纷发生后可以再协商,协商不成,按照法律规定办理。

【案例】

甲工厂与乙勘察设计单位签订一份《厂房建设设计合同》,甲委托乙完成厂房建设初步设计,约定设计期限为支付定金后30天,设计费按国家有关标准计算。另约定,如甲要求乙增加工作内容,其费用增加10%,合同中没有对基础资料的提供进行约定。开始履行合同后,乙向甲索要设计任务书、选址报告以及燃料、水、电等方面的协议文件,甲答复除设计任务书之外,其余都没有。乙自行收集了相关资料,于第37天交付设计文件。乙认为收集基础资料增加了工作内容,要求甲按增加后的数额支付设计费。甲认为合同中没有约定自己提供资料,不同意乙的要求,并要求乙承担逾期交付设计书的违约责任。乙遂诉至法院。法院认为,合同中未对基础资料的提供和期限予以约定,虽工作量增加,设计时间延长,乙方没有向甲方追偿由此造成的损失的依据,其责任应自行承担。增加设计费的要求违背国家有关规定不能成立,法院判决乙按规定收取费用并承担违约责任。

(二)勘察、设计合同应当具备的条款

勘察、设计合同除了具备一般合同应当具备的条款外,应当具备如下条款:

1. 提交合同文件的期限

合同文件包括基础资料、设计文件(包括概预算)等。提交有关勘察或者设计基础资料和文件是发包人的义务。勘察基础资料包括可行性报告,工程需要勘察的地点、内容,勘察技术要求及附图等。设计的基础资料包括工程的选址报告等勘察资料以及原料(或者经过批准的资源报告)、燃料、水、电、运输等方面的协议文件,需要经过科研取得的技术资料。为了保证勘察设计工作的顺利进行,合同中应当明确提交有关基础资料的期限。

提交勘察设计文件(包括概预算)是勘察设计人的基本义务。勘察文件一般包括对工程选址的测量数据、地质数据和水文数据等。勘察文件往往是进行工程设计的基础资料,勘察文件的交付影响设计工作的进度,因此,当事人应当在勘察合同中明确勘察文件的交付期限。设计文件的期限是指设计人完成设计工作,交付设计文件的期限。设计文件主要包括建设设计图纸及说明,材料设备清单和工程的概预算等。设计文件是工程建设的依据,工程必须按照设计文件进行施工,因此设计文件的交付期限直接影响工程建设的期限,所以当事人在设计合同中应当明确设计文件的交付期限。

2. 勘察、设计的质量要求

质量条款是勘察、设计合同中的重要条款,主要是指发包人对勘察设计工作提出的标准。勘察人和设计人应当按照确定的质量要求进行勘察、设计,按时提交符合质量要求的勘察、设计文件。勘察设计质量要求条款明确的勘察设计成果的质量,也是确定勘察人、设计人工作责任的重要依据。

3. 勘察、设计的费用

勘察、设计合同当事人可以参照国家有关勘察、设计收费标准和收费办法确定收费数额。支付勘察、设计费是发包人在勘察、设计合同中的主要义务,因此在勘察、设计费用条款中应当明确勘察、设计费用的数额或者计算方法,勘察、设计费用的支付方式、地点、期限等内容。

4. 其他协作条款

勘察、设计合同中,发包人负有协作的义务。协作条件的具体内容,应当根据具体情况由双方协商确定。

(三)施工合同应当具备的条款

施工合同的内容包括工程范围、建设工期、中间交工工程的开工和竣工时间、工程质量、工程造价、技术资料交付时间、材料和设备供应责任、拨款和结算、竣工验收、质量保修范围和质量保证期、双方协作等条款。

1. 工程范围

工程范围是承包人进行施工的工作范围,主要指基础工程、土建工程、设备安装、装饰装修等。合同中应明确承包的具体内容。

2.建设工期

建设工期是承包人完成施工合同约定的全部内容，达到竣工验收标准所经历的时间。合同协议书中应明确注明开工日期、竣工日期和合同工期总日历天数。

3.中间交工工程的开工和竣工时间

中间交工工程是需要在全部工程完成期限之前完工的分部、分项工程。为保证工程各阶段的顺利交接，保证工程质量，合同中应明确规定其开工、竣工时间。

4.工程质量

工程质量应达到国家或行业的质量检验评定标准合格的条件。工程质量条款是明确承包人施工要求，确定承包人责任的依据。

5.工程造价

工程造价是建设该工程所需的费用。包括材料费、人工费等。

6.技术资料交付时间

技术资料是承包人所必需的基础资料，技术资料的交付直接关系到施工进度、工程质量，合同中应明确交付时间。

7.材料和设备供应责任

材料和设备供应责任包括采购、运输、交付时间、验收、质量等。

8.拨款和结算

拨款和结算是发包人向承包人拨付工程款的数额、时间、结算方式等，是承包人要求发包人支付工程款和报酬的依据。

9.竣工验收

竣工验收是工程交付使用前的必经程序。合同应明确规定竣工验收的范围和内容、验收标准和依据、验收方式、验收日期等。

10.质量保修范围和质量保证期

此条款应按照工程的性质和特点规定对工程质量保修具体范围，以及工程各部分正常使用的期限。质量保证期可高于但不得低于国家规定的最低保证期限。

11.双方协作条款

双方当事人互相协作是工程顺利进行的重要保证。包括施工前的准备工作，施工过程中的相互配合，竣工验收后的管理等。

第三节　建设工程合同的效力

一　建设工程合同的生效

合同生效，是指合同产生法律上的约束力。合同产生的法律上的约束力，主要是对合同双方当事人来讲的。合同一旦生效，合同当事人即享有合同中所约定的权利和承担合同中所约定的义务。享有权利的一方，其权利受法律的保护，承担义务的一方必须履行自己的义务，否则应承担相应的违约责任。

【案例】

某省豪景花园有限公司与美华建筑公司签订了一份建筑工程承包合同,规定由承包方在某市承建一座豪景花园,合同主要条款约定:承包方负责设计、施工等工程的所有事宜,承包方应保证工程的质量;业主负责费用的支付,并有权验收工程;工程总价款为4000万元人民币,分四期支付,每期1000万元人民币;为保证承包方按时开工并能按时完工,双方协商后同意,由承包人先行支付业主50万元人民币,作为质量信誉金,待依合同履行义务后,随最后一批价款一并返还给承包方;工程时间从2002年5月1日到2004年1月31日,延期1日,收取10万元的罚金。合同经双方签字,按合同规定于2002年3月20日生效。2002年3月3日,承包方即开出50万元人民币的支票,并通过银行打入豪景花园有限公司账户。2002年4月20日,承包方准备如期开工,查找豪景花园有限公司支付的第一期工程款时,却发现其失踪了。其在中国银行某支行的账户已经取消,资金已提走;在某市工商管理局的公司登记已注销。经调查,豪景花园的业主是另一家公司。

在这个建筑工程合同陷阱中,美华建筑公司在承包工程项目时,未先确定对方的身份和实力,豪景花园有限公司利用美华建筑公司急于获得工程项目的心理,用虚假的身份和不公平的条款对其进行欺诈。

《合同法》第四十四条规定:"依法成立的合同,自成立时生效。""法律、行政法规规定应当办理批准、登记手续生效的,依照其规定。"合同生效的一般标准是行为人具有相应的民事行为能力、意思表示真实、内容不违反法律或者社会公共利益。这也是衡量建设工程合同是否生效的基本依据。根据《合同法》和相关建筑法规的规定,建设工程合同的生效条件还包括以下内容:

1. 合同主体具备法定资格

建设工程合同的主体,除了具有民事行为能力以外,还应当具有签订建设工程合同的法定资格。

建设工程合同的发包人一般应为经过批准进行工程建设的法人或其他组织。同时,在建设工程项目实施之前,发包人须办理项目立项、工程报建等法定手续,取得立项批准、土地使用权证、建设用地规划许可证、建设工程规划许可证等,并于建设工程项目正式实施之前取得施工许可证等。

作为建设工程合同承包人的勘察单位、设计单位、施工单位必须具有法人资格,并在其核准登记的经营范围内从事建设活动,超越经营范围签订的建设工程合同为无效合同。同时,我国法律对建设工程承包人实行严格的市场准入制度,明确规定承包人只能在其相应的资质等级范围内承包工程,超越资质等级签订的合同为无效合同。

2. 意思表示真实

合同是当事人的意思表示一致,合同要产生法律上的约束力,要求当事人表达的意思应当真实、自愿,即当事人所作出的有关产生、变更、终止民事法律关系的意思表示与内心意愿相一致。导致当事人意思表示不真实的原因主要有误解、欺诈、胁迫、乘人之危等,因这些原因签订的合同为可变更、可撤销的合同或者无效合同。

3. 不违反法律、法规或者损害社会公共利益

合法性原则是订立合同应遵循的重要原则之一。合同的内容违反法律、行政法规的强制性规定为无效合同。同时,合同内容应不得损害社会公共利益,包括社会政治基础、社会公共秩序、善良风俗习惯、行为道德准则等。

4. 形式符合法定要求

合同的形式要件是合同内容的表现形式,建设工程合同应当采用书面形式。此外,合同形式还包括订立合同的特定程序,如公正、审核、登记、批准等。建设工程合同应不违反建设工程的基本建设程序,如工程报建、招标投标是建筑工程承包合同签订的必经程序。签订勘察设计合同的双方,应将合同文本送所在地的建设行政主管部门或其授权机构进行审查。经审查同意的合同,可到工商行政管理部门办理合同鉴证。施工合同的发包方须在合同正式签订之前,将双方协商一致的合同草案,送建设行政主管部门或其授权机构审查;合同签订后,将合同文本报建设行政主管部门或其授权机构和开户银行备案。

二 无效的建设工程合同

无效合同是相对有效合同的效力而言的,是指当事人之间订立的合同具备合同成立的形式,但由于违反法律规定的事由而导致法律不予认可其效力。无效合同自成立时就不具有法律约束力。无效合同分为部分无效和全部无效两种情况,合同部分无效,不影响其他部分的效力,其他部分仍然有效。

(一)无效合同的种类

《合同法》第五十二条规定无效合同有以下五种情况:

(1)一方以欺诈、胁迫的手段订立合同,损害国家利益的合同无效。采取欺诈、胁迫的手段订立合同、违反了合同订立的意思表示一致以及诚实信用原则。欺诈,是指一方当事人故意制造假象或者故意隐瞒真相,使对方当事人作出错误的意思表示。胁迫,是指以给自然人及其亲友的生命健康、荣誉、名誉、财产等造成损害,或者以给法人或其他组织的荣誉、名誉、财产造成损害相要挟,迫使对方作出违背真实意愿的意思表示。

(2)恶意串通,损害国家、集体或者第三人利益的合同无效。恶意串通,是当事人为实现某种目的,以非法的合意订立合同,其结果是使国家、集体或者第三人的利益受到损害。

(3)以合法形式掩盖非法目的的合同无效。以合法形式掩盖非法目的,是指当事人以所实施合法行为来掩盖其真实的非法目的。就合同而言,当事人订立合同的内容、形式是合法的,其目的是非法的。

(4)损害社会公共利益的合同无效。损害社会公共利益即违反了社会公共秩序和善良风俗,当事人订立的合同损害了法律所保护的社会成员的公共利益。

(5)违反法律、行政法规的强制性规定的合同无效。违反法律、行政法规是指违反国家立法机关通过、颁布的法律,国务院制定、颁布的行政法规。违反的法律、行政法规的规定,必须是法律强制性的规定,任意性的规定由当事人自己选择,不存在是否违法的问题。

此外,《合同法》就免责条款的无效作了专门的规定。免责条款是指双方当事人在合同中约定的、为免除或者限制一方或双方当事人违约责任的条款。通常情况下,当事人有权依照合同中约定的免责条款,全部或部分免除其有关责任。但并非只要当事人在合同中约定了免责

条款,就当然可以免除责任。依照《合同法》第五十三条的规定,下列免责条款不具有法律效力:

(1)造成对方人身伤害的;

(2)因故意或者重大过失造成对方财产损失的。

《合同法》的这一规定仅指免责条款的无效,并不影响合同其他条款的效力。

(二)无效的建设工程合同

建设工程合同作为合同的一种,《合同法》关于合同无效的一般规定当然对它适用。除此以外,建设工程合同还有一些特殊的无效原因。

【案例】

某城市拟新建一大型火车站,各有关部门组织成立建设项目法人,在项目建议书、可行性研究报告、设计任务书等经市计划主管部门审核后,报国家计委、国务院审批并向国务院计划主管部门申请国家重大建设工程立项。审批过程中,项目法人以公开招标方式与三家中标的一级建筑单位签订《建设工程总承包合同》,约定由该三家建筑单位共同为车站主体工程承包商,承包形式为一次包干,估算工程总造价18亿元。但合同签订后,国务院计划主管部门公布该工程为国家重大建设工程项目,批准的投资计划中主体工程部分仅为15亿元。因此,该计划下达后,委托方(项目法人)要求建筑单位修改合同,降低包干造价,建筑单位不同意,委托方诉至法院,要求解除合同。法院认为,双方所签合同标的系重大建设工程项目,合同签订前未经国务院有关部门审批,未取得必要批准文件,并违背国家批准的投资计划,故认定合同无效,委托人(项目法人)负主要责任,赔偿建筑单位损失若干。

1.未取得相应资质或者超越资质等级订立的建设工程合同

承包人订立建设工程合同,不仅应当具有承包人的资格,而且应当按照依法核定的承包工程范围从事工程承包活动。无资质证书或擅自超越资质证书核定的承包工程范围签订的合同无效;没有资质的承包人借用有资质企业名义签订的合同无效。如果承包人超越资质等级许可的业务范围签订建设工程施工合同,在建设工程竣工前取得相应资质等级,不按照无效合同处理。在这种情况下,承包人在签订建设工程合同时已经具备了相应的建设能力,并且已经申报与建设工程相适应的资质等级,但由于审批时间和程序的限制,不能立即取得。认定此种合同的效力,不会影响建设工程质量。

2.违反国家计划的建设工程合同

建设工程合同的特点之一是具有计划性。市场经济体制下,计划管理逐渐减弱。但由于建设工程投入高、周期长,又与土地利用密不可分,国家重点工程和大型建设工程与国计民生密切相关,因此,工程项目的建设大多数必须经过国家、部门或者地方的批准。《合同法》第二百七十三条规定:"国家重大建设工程合同,应当按照国家规定的程序和国家批准的投资计划、可行性研究报告等文件订立。"凡依法应当报请国家和地方有关部门批准而未获批准,没有列入国家、部门和地方的基本建设计划而签订的合同,由于合同的订立没有合法依据,应当认定合同无效。

3.违反基本建设程序的建设工程合同

建设工程的基本建设程序是工程项目实施建设的法定程序,建设工程合同应不违反建设工程的基本建设程序。如未依法取得土地使用权而签订的合同;未取得《建设工程规划许可证》或者违反《建设工程规划许可证》的规定进行建设,严重影响城市规划的合同;未取得《建设用地规划许可证》的合同;跨越省级行政区域承揽工程,但未办理审批许可手续的合同;未依法办理工程项目报建手续而签订的合同等应认定为无效合同。

4. 违反招标投标法律规定订立的建设工程合同

建设工程合同除不宜进行招标投标的以外,应当依法以招标投标方式订立。建设工程合同招标投标应当依照公开、公平、公正的原则进行。建设工程合同订立的过程中,应当招标的工程而未招标的;招标人泄露标底的;投标人串通投标的;招标人与投标人恶意串通,内定投标人等情况,建设工程合同无效。

5. 违反分包、转包规定的建设工程合同

法律、法规对建设工程合同的分包、转包做出了严格明确的规定,违反这些规定的合同应认定为无效建设工程合同。如发包人将应由一个承包人完成的建设工程肢解成若干部分分包给几个承包人;承包人将其承包的工程分包给不具备相应资质等级的第三人;承包人将主体结构的施工工作分包;承包人将其承包的全部建设工程转包给第三人;分包人将其分包的工程再分包等。

三 效力待定的建设工程合同

有些合同的效力较为复杂,不能直接判断其是否生效。合同是否发生法律效力与合同的一些后续行为有关,这类合同即为效力待定的合同。

【案例】

2003年初,江苏某建筑公司(以下简称建筑公司)承建了广州某广场工程。7月,包工头赵某出具一张欠条给材料商钱某。欠条载明:"今欠钱某工程材料款共计人民币300 000元,以前所有欠条作废,以此条为准。"次日,建筑公司设立的不具备法人资格的广州分公司(以下简称分公司)负责人王经理在该欠条上注明"同意从广场工程款中扣除",并加盖分公司的印章。据了解,分公司虽然是一个不具有法人资格的单位,但王经理在广场工程建设期间,是具有建筑公司授予的"委托权"的。这份由建筑公司出具的"法人授权委托书",主要内容为"授权王××为其代理人,负责分公司的经营管理,有效期限从2003年1月31日至2004年6月31日止"。之后,赵某偿还钱某100 000元,其中有30 000元是经分公司支付的。但余款钱某久追无果,诉至法院,要求赵某偿还欠款200 000元,同时要求建筑公司承担连带责任。法院经审理认为,本案中,赵某向钱某出具欠条后,分公司的负责人王经理在赵某出具的欠条上签字"同意从广场工程款中扣除"并盖章,虽然王经理在该欠条上签字盖章不是在建筑公司的授权期限内,但他当时仍然掌管着分公司的印章,因此,钱某有理由相信王经理仍有权代理建筑公司对分公司进行经营管理。王经理在欠条上签字盖章确认债务的行为符合《中华人民共和国合同法》第四十九条"行为人没有代理权、超越代理权或代理权终止后以被代理人名义订立合同,相对人有理由相信行为人有代理权的,该代理行为有效。"的规定,故王经理的行为属于表见代理行为,其当时所行使的行为是职务行为而非个人行为。因分公司是建筑公司设立的不具备法人资格的分支机构,故建筑公司应承担民事责任,判决建筑公司对债务承担连带清偿责任。

合同法中涉及的效力待定的合同主要有以下几种情况：

1.限制民事行为能力人订立的合同

按照法律规定，无民事行为能力人不能订立合同，限制民事行为能力人一般情况下也不能独立订立合同。限制民事行为能力人订立的合同，经法定代理人追认后该合同有效。纯获利益的合同或者与其年龄、智力、精神状况相适应而订立的合同，不必经法定代理人追认。限制民事行为能力人的监护人是其法定代理人。

2.无权代理人订立的合同

无权代理、超越代理权或者代理权终止后以被代理人的名义签订的合同，未经被代理人追认，对被代理人不发生效力，由行为人承担责任。相对人可以催告被代理人在一个月内予以追认。被代理人未作表示的，视为拒绝追认。合同被追认之前，善意相对人有以通知的方式撤销的权利。

3.表见代理人订立的合同

表见代理是善意相对人通过被代理人的行为足以相信无权代理人有代理权的代理。无权代理、超越代理权或者代理权终止后以被代理人的名义签订的合同，相对人有理由相信代理人有代理权的，该代理行为有效，其后果由被代理人承担。规定表见代理的目的是为了保护善意第三人。

4.法定代表人、负责人超越权限订立的合同

法人或其他组织的法定代表人、负责人超越权限订立的合同，除相对人知道或应当知道其超越权限的以外，该代理行为有效。

5.无处分权的人处分他人财产的合同

无处分权的人处分他人财产的合同，经权利人追认或者无处分权的人订立合同后取得处分权的，该合同有效。如在房地产开发项目的施工中，施工单位对房地产是没有处分权的，如果施工单位将施工的商品房卖给他人，该买卖合同应当无效。但如果房地产开发商追认该买卖行为，或者事后施工单位与房地产开发商达成该商品房折抵工程款的协议，则该买卖合同有效。

实践中，效力待定的建设工程合同主要有下列几种情形：

(1)工程虽未取得有关部门颁发的证照，但不必然影响其合同的效力，在相关单位补齐证照后，可认定合同有效。

(2)合同签订之时，承包人不具备施工资质，但在施工过程中，施工人取得了资质的，应当认定合同有效。

(3)建设单位的内部机构对外发包工程，以法人名义签订合同，法人明知而不反对的，若无其他违法情节，可认定合同有效。内部机构既无事先授权又无事后追认的，合同以主体不合格归于无效。以内部机构名义签订合同，法人明知而不反对并准备履行或已开始履行合同的，可认定合同有效。

（四）可变更、可撤销的建设工程合同

可变更或者可撤销的合同，是指合同成立以后，由于存在法定事由，人民法院或者仲裁机构根据一方当事人的申请，以及具体情况允许变更有关合同内容或者撤销合同。变更合同的，

按照变更后的合同履行,原合同失效;撤销合同的,合同自始无效。如果虽然存在法定事由,但当事人不愿意变更或者撤销合同的,合同继续有效。

【案例】

1997年11月23日,上海十三冶金建设有限公司(原告)和上海礼才国际集装箱储运有限公司(被告)签订一份《储运仓库工程施工承包合同》。合同约定原告为被告承建位于上海市宝山区杨行镇杨北村的储运仓库工程,面积为32 036m²,合同预算造价为3 236万元。工程于1997年12月10日开工,于1999年通过竣工验收。1999年7月26日、27日,被告公司工作人员高某及本案工程监理周某分别在发文单上签字,表示收到冶金公司的《礼才工程结算书》一份。12月30日,被告在《决算说明》和《付款协议》上签字盖章。《决算说明》确认涉案工程的最后决算造价为39 401 324元,扣除已付款总额为31 016 350元,水电费总额为188 621.97元,最后付款应为8 196 352.03元。《付款协议》约定,被告应付原告决算余额为8 196 352.03元,被告首次付款200万应该于2000年1月支付,余款应该于2000年4、5月间支付100万元,于2000年12月支付5 196 352.03元。两次支付决议协议签订之日起算利息。原告于2001年3月向法院起诉要求被告支付欠款及利息。被告答辩称《决算说明》和《付款协议》从形式上具备真实性,然决算价存在高估冒算、重复计算问题,被告对工程款决算缺乏专业知识,对决算未经计算而签字盖章,故其行为系重大误解,而非真实意思表示。应重新确定工程款。

法院审理认为:被告于1999年7月收到《工程结算书》,至同年12月30日在《决算说明》上签字盖章,期间有5个月的时间可对结算事项进行审查、复核。其在《决算说明》上签字盖章的行为标明其认可《决算说明》上的工程最后决算价格。被告对《决算说明》和《付款协议》提出异议,但是未提供其于1999年12月30日签字盖章后到2001年3月原告起诉时曾就此提出过异议的证据,故超过了法律规定的可申请变更或撤销的期间。

(一)可变更、可撤销的建设工程合同

根据《合同法》第五十四条的规定,造成建设工程合同可变更或者依法申请予以撤销的原因主要有:

1.因重大误解订立的合同

重大误解,是指一方当事人由于自己的过错,对合同的内容等发生误解而订立了合同,该合同涉及当事人的重大利益。重大误解是一种认识错误,是由于当事人自己的过失造成的,而不是对方当事人的过失造成的。如果当事人的错误认识是由于其故意造成的,则不构成重大误解。

2.订立合同时显失公平

显失公平的合同,是指一方当事人利用优势或者利用对方没有经验,订立的双方权利和义务明显违反公平、等价有偿原则的合同。显失公平的合同主要是有偿合同,在双方当事人的利益上出现不公平的结果。建设工程合同中的发包方往往利用自身在建筑市场中的优势地位,在合同工期、工程质量等级等方面对承包方提出严格要求,同时又在工程价款问题上要求承包方降低费率、让利等。显失公平的发生时间是在订立合同之时,在订立合同以后,由于情势变更,致使合同显失公平的,不能适用此规定。

3.以欺诈、胁迫的手段或者乘人之危使对方在违背真实意思的情况下订立的合同

以欺诈、胁迫的手段订立合同,损害国家利益的,为无效合同。一般以欺诈、胁迫手段订立的合同,法律规定为可变更、可撤销的合同。乘人之危,是指一方当事人乘对方处于危难之际,为谋取不正当的利益,迫使对方作出不真实的意思表示,严重损害对方利益。一方以欺诈、胁迫的手段或者乘人之危,使对方在违背真实意思的情况下订立合同,受到损害的一方可以行使请求变更或者撤销合同的权利。

有以上三种情形之一的,当事人有权请求人民法院或者仲裁机构变更或者撤销合同。《合同法》的规定重在强调交易行为,维护正常的交易关系。因此,人民法院或者仲裁机构在接到申请时应当依法进行,当事人请求变更的,人民法院或者仲裁机构不得撤销。

(二)撤销权的消灭

《合同法》第五十五条规定:"有下列情形之一的,撤销权消灭:(一)具有撤销权的当事人自知道或者应当知道撤销事由之日起一年内没有行使撤销权;(二)具有撤销权的当事人知道撤销事由后明确表示或者以自己的行为放弃撤销权。"

1.撤销权的行使超过除斥期间

除斥期间,是指法律所规定的某种民事权利存续期间届满时必须无效的期间。其特点是,期间一经完成,该权利就完全消灭。《合同法》规定撤销权的除斥期间,期限为一年。自撤销权人知道或者应当知道撤销事由之日起计算,满一年者撤销权消灭。

2.放弃撤销权

放弃撤销权包括两种情况:一种是明示的,即明确表示不行使撤销权;另一种是默示的,即通过履行合同义务、享受合同权利的行为表示不行使撤销权。撤销权一经放弃,合同继续生效,当事人不得再主张变更或者撤销。

五 建设工程合同无效或被撤销的效力及其法律后果

(一)建设工程合同无效或被撤销的效力

《合同法》第五十六条规定:"无效的合同或者被撤销的合同自始没有法律约束力。合同部分无效,不影响其他部分效力的,其他部分仍然有效。"合同无效具有溯及既往的效力,合同被确认为无效或者被撤销以后,该合同从订立时起就没有法律约束力。有些合同并不是全部无效,如果无效的部分不影响其他部分效力,其他部分仍然有效。但如果无效的内容影响到其他条款的效力,则该合同全部内容均为无效。

为了保持对无效、被撤销或者终止的合同的争议有可行的解决办法,无论合同无效、被撤销或者终止,都不影响合同中有关解决合同争议方法条款的效力。《中华人民共和国仲裁法》第十九条规定:"仲裁协议独立存在,合同的变更、解除、终止或者无效,不影响仲裁协议的效力。"

(二)建设工程合同无效或被撤销的法律后果

建设工程合同作为合同的一种,其无效或被撤销的法律后果应当遵循合同法的一般原则。《合同法》第五十八条规定:"合同无效或者被撤销后,合同尚未履行的,不得履行。合同已经部分履行或已经履行完毕的,因该合同取得的财产,应当予以返还;不能返还或者没有必要返还的,应当折价补偿。有过错的一方应当赔偿对方因此所受到的损失,双方都有过错的,应当各自承担相应的责任。"第五十九条规定:"当事人恶意串通,损害国家、集体或者第三人利益的,因此取得的财产应当收归国家所有或者返还集体、第三人。"

【案例】

中兴商场为了扩大营业范围,购得某市伟业集团公司地皮一块,准备兴建中兴商场分店。中兴商场通过招标投标的形式与鸿达建筑工程公司签订了建筑工程承包合同。之后,承包人将各种设备、材料运抵工地开始施工。施工过程中,城市规划管理局的工作人员来到施工现场,指出该工程不符合城市建设规划,未领取施工规划许可证,必须立即停止施工。城市规划管理局对发包人作出了行政处罚,处以罚款 22 万元,勒令停止施工,拆除已修建部分。承包人因此而蒙受损失,向法院提起诉讼,要求发包人给予赔偿。法院审理认为,本案中引起当事人争议并导致损失产生的原因是工程开工前未办理规划许可证,从而导致工程为非法工程。当事人基于此而订立的合同无合法基础,应视为无效合同。根据《建筑法》的规定,规划许可证应由建设人,即发包人办理。所以本案中的过错在于发包方,发包方应当赔偿给承包人造成的先期投入、设备、材料运送费用以及耗用的人工费用等项损失。

1.勘察、设计合同无效或被撤销的法律后果

勘察、设计合同被确认无效或被撤销后,合同没有履行的,不得履行。发包人尚未支付报酬的,就勘察人、设计人在勘察设计过程中支付的费用,按照过错原则处理:合同无效或被撤销,发包人有过错的,由发包人承担;勘察人、设计人有过错的,由勘察人、设计人自行承担。发包人已经支付报酬的,勘察人、设计人应当返还给发包人,由于发包人的过错致使合同无效或被撤销,应当在返还的报酬中扣除其应当承担的部分,不足的部分仍由发包人支付。

2.施工合同无效或被撤销的法律后果

施工合同尚未履行的,双方当事人不得履行合同。因施工合同无效或被撤销致使当事人因此遭受损失的,由有过错的一方承担赔偿责任;双方都有过错的,应按照过错的大小各自承担相应的责任。

施工合同已经部分履行或者已经履行完毕后被确认无效或被撤销的情况比较复杂。合同已经部分履行,未履行的部分终止履行。对合同已经履行的部分或已经履行完毕的工程,一般的处理方法如下:

(1)恢复原状

建设工程合同是通过施工承包人将劳务和建筑材料物化到建筑工程中,发包人取得的财产形式是建筑物,施工人投入的是劳务和建材,应得的是工程款。由于建设工程合同的这种特殊性,在确认合同无效后,一般不能适用恢复原状、相互返还的处理原则。但是,如果施工合同的工程质量低劣,对社会公众形成危险,不能采取补救措施,应当恢复原状。工程严重违反国家有关计划、规划,如在国家已有规划的有特殊用途的区域内建造工程的,在防洪区域内建造对防洪构成威胁的工程等,不论工程质量是否合格,一律应采用恢复原状的办法处理。

发包人支付的价款,承包人应当返还;承包人完成的工程或部分工程应当拆除。发包人、承包人依法取回工程施工过程中各自所有的财产。恢复原状后,赔偿责任问题按照过错责任原则处理。

（2）折价补偿

折价补偿是发包人对承包人就完成的工程所付出的劳动给予的补偿。建设工程施工合同无效，但建设工程经竣工验收合格，承包人可以请求参照合同约定支付工程价款。建设工程施工合同无效，经竣工验收不合格，修复后的建设工程经竣工验收合格，发包人可以请求承包人承担修复费用。已经完成的全部或部分工程归发包人所有。

（3）赔偿损失

在采用恢复原状、折价补偿的办法后，当事人还有其他损失的，如施工合同招标投标活动的费用、原材料采购、设备采购等费用，按照过错责任原则，由双方当事人各自承担相应的责任。

施工合同尚未履行完毕的，过错方应赔偿对方当事人因合同无效或被撤销而停工的损失。发包人有过错的，应当按未履行工程比例赔偿承包人因签订合同以及未履行合同所做准备的费用。承包人有过错的，承包人应赔偿发包人窝工、工期延期的损失；工程质量不符合标准的，承包人还应当赔偿发包人对工程返工的费用。

施工合同已经履行完毕的，对工程质量合格的，按照过错责任原则，由有过错的一方赔偿对方的经济损失。工程质量不合格的，如果可以采取补救措施，承包人应当赔偿因采取相应的补救措施而支出的费用；无法采取补救措施的，承包人应当赔偿包括拆除建筑物、工程延期、重新签订合同等一切损失。

（4）收缴财产

当事人订立的建设工程合同，其内容损害国家、集体或者第三人利益的，对当事人因此而取得的财产应当收归国家所有，或者返还集体、第三人。如果属于一方故意的，故意的一方应将从对方取得的财产返还对方，非故意的一方已经从对方取得的财产依法予以追缴。

123

第四节　建设工程合同的履行

建设工程合同的履行，是指建设工程合同依法成立后，双方当事人按照合同约定全面、正确地完成各自应承担的义务，从而使当事人的合同权利全面实现。

合同的履行是实现双方当事人合同目的的重要环节，是合同法律效力的主要内容，也是合同关系消灭的主要原因。合同的履行是整个合同过程的中心，没有合同的履行，合同的订立就失去意义，合同权利也无法实现，不能达到双方当事人订立合同的目的。

建设工程合同的履行，是承包人按照合同的约定完成工程建设任务、向发包人交付工程，发包人依照合同的约定支付工程价款的行为。在建设工程合同履行的过程中，当事人双方的义务都是由一系列行为构成的，如发包方应当按照合同约定提供施工条件和原材料、组织图纸会审、参加隐蔽工程的验收、组织竣工验收、按期支付工程预付款、进度款等；承包方应当按照合同约定组织施工、保证工期和质量、维护施工安全、交付竣工验收资料等。

一　建设工程合同的履行原则

合同的履行原则，是合同当事人在履行合同过程中应遵循的基本准则。在合同履行原则中，有些是合同法的基本原则，如诚实信用原则、公平原则等，有些是合同履行的专属原则，如全面履行原则。《合同法》第六十条规定："当事人应当按照约定全面履行自己的义务。""当事人应当遵循诚实信用原则，根据合同的性质、目的和交易习惯履行通知、协助、保密等义务。"

(一)全面履行原则

全面履行原则，是指当事人按照合同约定的条款全面履行合同义务的原则。具体讲就是当事人按照合同约定的主体、标的、数量、质量、价款或报酬、履行期限、地点、方式等全面完成合同义务的履行原则。全面履行原则是判断合同当事人是否全面履行合同义务的标准，也是判断当事人是否存在违约行为及是否承担违约责任的法律准则。全面履行合同原则，是对合同双方当事人的最基本要求。履行建设工程合同的具体要求包括：

1.履行合同的主体符合法律规定

建设工程合同的履行中，承包人应当具备相应的资质等级，并且应当亲自组织实施施工作业，不得将工程转包或者非法分包。

2.履行合同的标的符合合同约定

合同的标的是合同义务人履行合同义务向合同权利人交付的对象。建设工程合同的发包人必须按照合同约定支付工程预付款、进度款、结算款，承包人必须按照合同约定的工期和质量交付勘察设计成果或者建筑产品。

3.在合同规定的期限内履行义务

履行建设工程合同的环节较多，当事人双方的履行互为条件。因此，严格遵守合同履行的期限要求，对履行建设工程合同十分重要。在工程实践中，发包方应按时做好"三通一平"工作，按时办理各种证照、许可手续；按时提供符合要求的施工图纸；按时提供自行采购的材料、设备；及时检查隐蔽工程，办理中间工程验收手续；及时支付工程进度款；及时组织工程质量验收，审核工程造价，拨付工程尾款。承包方应当准时开工，按时竣工；按时提供施工计划和阶段施工工作量报表；工程竣工后及时提供竣工结算报告。

4.履行方式符合合同约定

建设工程合同的承包方应当按照施工组织设计或施工方案按图施工。合同或施工规范对施工工艺或施工流程有特殊要求的，应当执行该要求。

【案例】

原告某房产开发公司与被告某建筑公司签订一施工合同，修建某一住宅小区。小区建成后，经验收质量合格。验收后1个月，房产开发公司发现楼房屋顶漏水，遂要求建筑公司负责无偿修理，并赔偿损失，建筑公司则以施工合同中并未规定质量保证期限，以工程已经验收合格为由，拒绝无偿修理要求。房产开发公司遂诉至法院。法院经审理认为，合同中虽然并没有约定工程质量保证期限，但并不影响双方当事人对施工合同主要义务的履行，故该合同有效。由于合同中没有质量保证期的约定，故应当依照法律、法规的规定或者其他规章确定工程质量保证期。依原建设部发布的《建设工程质量管理办法》的规定，屋面防水工程保修期限为3年，因此本案工程交工后两个月内出现的质量问题，应由施工单位承担无偿修理并赔偿损失的责任。判令建筑公司承担无偿修理的责任。

为使建设工程合同得以全面正确的履行，当事人订立合同时，条款应当完善、具体、确切。

在实践过程中,当事人订立合同条款如有欠缺,会给合同履行造成一定的困难。在这种情况下,《合同法》规定了相应的补救措施。《合同法》第六十一条规定:"合同生效后,当事人就质量、价款或者报酬、履行地点等内容没有约定或者约定不明确的,可以协议补充;不能达成补充协议的,按照合同有关条款或者交易习惯确定。"依照上述方法仍不能确定的,按照《合同法》规定的规则履行:

(1)质量要求不明确的,按照国家标准、行业标准履行;没有国家标准、行业标准的,按照通常标准或者符合合同目的的特定标准履行。

(2)价款或者报酬不明确的,按照订立合同时履行地点的市场价格履行;依法应当执行政府定价或者政府指导价的,按照有关规定办理。建设工程合同工程价款不明确的,按照国家建设标准定额计算。

执行政府定价或者政府指导价的合同,在合同约定的交付期限内政府价格调整时,按照交付时的价格计价。逾期交付标的物的,遇价格上涨时,按照原价格执行;价格下降时,按照新价格执行。逾期提取标的物或者逾期付款的,遇价格上涨时,按照新价格执行;价格下降时,按照原价格执行。

(3)履行地点不明确的,给付货币的,在接受货币一方所在地履行;交付不动产的,在不动产所在地履行;其他标的,在履行义务一方所在地履行。

(4)履行期限不明确的,债务人可以随时履行,债权人也可以随时要求履行,但应当给对方必要的准备时间。

建设工程合同工期不明确的,除国务院另有规定的以外,应当执行各省、自治区、直辖市和国务院主管部门颁发的工期定额,据此计算合同工期。法律暂时未规定工期定额的特殊工程,合同工期由双方协商,协商不成的,报建设工程所在地的定额管理部门审定。

建设工程合同中付款期限不明确的,发包方应于开工前支付进场费、工程备料款;对承包方的工程量报表进行审核后支付工程进度款;工程竣工,确认承包人提交的竣工结算报告及结算资料后支付竣工结算价款。

(5)履行方式不明确的,应当按照有利于实现合同目的的方式履行。

(6)履行费用的负担不明确的,由履行义务一方负担。

(二)诚实信用原则

诚实信用原则是合同法的基本原则,不是专属合同履行的原则。《合同法》在合同履行一章中规定这一原则,是强调这一原则在合同履行过程中的重要性。诚实信用原则,是指当事人在履行合同义务时,遵循诚实、信用、不滥用权力、不规避义务。诚实信用原则要求在合同履行过程中确保合同当事人之间利益关系的平衡,不容许欺诈、任意毁约等行为。

诚实信用原则除了强调双方当事人按合同约定全面履行义务外,还强调应当履行依据诚实信用原则产生的附属义务,即根据合同的性质、目的和交易习惯履行通知、协助、保密义务。

1.通知

在合同履行过程中发生对合同的履行有影响的客观情况,当事人负有相互通知的义务。如当事人合并、分立、变更住所,不可抗力的影响等,当事人及时通知对方,可避免合同履行困难。

2. 协助

合同的履行是当事人之间的相互行为，权利的实现需要义务人的合作，义务的履行也需要权利人的合作。协助通常包括：债务人履行义务，债权人应当及时受领；债务人履行义务，债权人应当创造必要的条件；因故不能履行或不能全部履行合同义务时，应当采取措施避免或者减少损失，防止损失扩大；当事人一方因过错违约时，对方应当及时协助纠正；发生合同纠纷时，不应互相推诿。

3. 保密

合同的内容有时会涉及对当事人的利益有一定影响的商业秘密、技术秘密等，各方当事人应当遵守保密义务。当事人在订立合同过程中知悉的商业秘密，无论合同是否成立，不得泄露或者不正当的使用。泄漏或不正当的使用该商业秘密给对方造成损失的，应当承担损害赔偿责任。

建设工程投资大，专业技术复杂，建设工程合同履行周期长，合同的履行中合同关系复杂，只有各方当事人密切合作、相互配合，才能顺利完成工程建设任务，实现建设工程合同的目的。

二 建设工程合同履行中的抗辩权

法律对双务合同的履行设立了抗辩权，建设工程合同属于双务合同，发包方与承包方互负义务。抗辩权，是指对抗请求权或否认对方权利主张的权利，即对抗债权人请求履行权的权利。通过行使双务合同的抗辩权，拒绝合同履行或者使合同的履行中止，但不消灭合同债权人的请求权。抗辩权的行使只是使合同暂时不予履行。为使合同双方当事人的利益都得到有效保护，《合同法》规定了双务合同中的三种抗辩权：同时履行抗辩权、后履行抗辩权、不安抗辩权。

【案例】

2000年9月，杭州市某房地产企业与该市某建筑公司签订了价值3 500万元的建筑施工总承包合同。合同约定：先由房地产企业支付25%的工程款，总计875万元。合同签订后，房地产企业发现该建筑公司存在严重的债务问题，经营状况严重恶化，因此未按合同的约定支付25%的工程款，并要求对方提供担保。而该建筑公司未提供任何担保，并以房地产公司违约为由向法院起诉，要求支付违约金。经法院调查审理，认定该建筑企业因在以往多处建筑项目中违规带资施工，导致公司资金无法正常运转，存在严重的财务风险，丧失了商业信誉，判决房地产企业的不安抗辩权成立，该建筑公司败诉。从而使房地产企业免受巨大的经济损失。

（一）同时履行抗辩权

同时履行抗辩权，是指双务合同的当事人互负债务，没有先后履行顺序的，当事人一方在对方未履行之前，或者对方履行债务不符合约定时，有权拒绝其履行要求。《合同法》第六十六条规定："当事人互负债务，没有先后履行顺序的，应当同时履行。一方在对方履行之前有权拒绝其履行要求。一方在对方履行债务不符合约定时，有权拒绝其履行要求。"同时履行抗辩权的作用主要是平衡当事人之间的利益，维护当事人的权利，维护交易秩序，增进双方当事人之间的协作。

建设工程合同是承包方按照合同约定完成承包任务,交付工作成果,发包方接受工作成果并支付约定报酬的合同。一般情况下,承包方将竣工工程交付使用后才能获得全部工程价款。但在合同履行过程中承发包双方履行合同义务如果无先后顺序,即可援用同时履行抗辩权拒绝履行义务。

同时履行抗辩权行使的结果,并不是使对方当事人的请求权归于消灭,只是阻碍其效力的发生。因此,同时履行抗辩权属于延缓的抗辩权。

(二)后履行抗辩权

后履行抗辩权,是指在双务合同中,先履行一方未履行之前或者履行债务不符合约定,后履行一方有权拒绝其履行要求。后履行抗辩权也属于延缓的抗辩权。《合同法》第六十七条规定:"当事人互负债务,有先后履行顺序,先履行一方未履行的,后履行一方有权拒绝其履行要求;先履行一方履行债务不符合约定的,后履行一方有权拒绝其相应的履行要求。"后履行抗辩权反映了后履行义务方的后履行利益,本质上是对违约的抗辩。

建设工程合同的当事人行使后履行抗辩权,可以是对合同义务的全部抗辩,即先履行义务的当事人对合同义务全部不履行,后履行当事人对全部义务都可以拒绝履行。如果建设工程合同的承包方所交付的勘察报告或设计方案、设计图纸不符合合同约定的质量标准,或者交付的建筑安装工程不符合合同约定的质量要求,发包人可以拒绝受领,要求承包人重新勘察、设计或返工,并暂缓支付合同价款。如果承包人在合理期限内纠正违约,使合同趋于正常时,后履行抗辩权消灭。

(三)不安抗辩权

不安抗辩权,是指在双务合同中应当先履行义务的当事人,在有确切证据证明后履行义务的当事人在合同订立后出现足以影响其合同履行的情况时,中止履行合同的权利。《合同法》中规定的不安抗辩权,旨在平衡经济利益,保障交易安全,防止合同欺诈。

1. 中止履行合同的情形

为使双务合同当事人双方利益平衡,保障先履行一方的权益免受损害,法律规定不安抗辩权的行使条件。不安抗辩权产生的基础是合同合法有效,并且当事人双方互负债务且有先后顺序。合同生效后,后履行的当事人财产状况恶化,这种情况在双方当事人订立合同是不能预知的。根据《合同法》第六十八条规定。应当先履行债务的当事人,有确切证据证明对方有下列情形之一的可以中止履行:

(1)经营状况严重恶化。这种情况是建设工程合同当事人经营管理不善造成的经营状况严重恶化的后果,发生这种情况,发包方就有可能无力支付工程款,承包方就有可能无法按期交付工程,所以先履行的当事人可以行使不安抗辩权。

(2)转移财产、抽逃资金,以逃避债务。后履行债务的当事人在履行期限届至前,转移财产、抽逃资金,意图是逃避债务。先履行债务的当事人如果仍然按照合同约定履行先给付义务,就有可能使自己的债权得不到实现,带来经济损失。

(3)丧失商业信誉。商业信誉是当事人经济能力的具体表现,也是履约能力的具体体现。

当事人丧失商业信誉,是违约的发生具有潜在性。对此,先履行债务的当事人可以行使不安抗辩权。

(4)有丧失或者可能丧失履行债务能力的其他情形。这是一项弹性条款,使不安抗辩权的适用范围加以扩大,以适应市场经济发展的需要。

对于上述可以行使不安抗辩权的情形,先履行债务的当事人负有举证责任,须举出确切证据证明上述情形确实存在。当事人没有确切证据中止履行的,应当承担违约责任。

2.行使不安抗辩权应履行的义务和产生的法律后果

合同应当先履行债务的当事人行使不安抗辩权时,除了负举证责任外,应当履行及时通知义务,即及时通知后履行债务的当事人其中止履行合同的情况。不安抗辩权的行使取决于一方当事人的意思,无须征得对方的同意,为了避免另一方当事人因此受到损害,法律要求其负及时通知的义务。

不安抗辩权行使后产生的法律后果有以下两种:

(1)在合同履行期内,对方提供了适当的担保,应当恢复履行。

(2)后履行当事人在合理期限内未恢复履行能力,也未提供适当担保的,中止履行的一方可以解除合同。

三 建设工程合同的保全

对于合同债权,债权人只能向债务人请求履行,原则上不涉及第三人。但当债务人与第三人的行为危及债权人的利益时,法律允许债权人对债务人与第三人的行为行使一定的权利,以排除对其债权的危害。这一制度就是合同债权的保全。

保全,即保持财产完整不使其受损失。法律为防止债务人财产的不当减少给债权人权利带来损害而设立债权保全制度,是债权人依据一定的程序或方法,保全债务人的财产,防止其不当处分而损害债权,以增加债务人履行债务的财产保障。合同债权的保全包括债权人的代位权和撤销权。

(一)代位权

【案例】

2003年3月某建筑企业乙因经营所需,决定向张某个人借款75万元人民币用于交纳工程保证金,约定借款期限二个月。该款项借得后,建筑企业乙及时将75万元工程保证金交给了工程发包单位甲。二个月后,建筑企业乙仅偿还张某借款10万元人民币,为此,张某将建筑企业乙起诉到法院,要求被告立即偿还借款本息。经法院主持调解,建筑企业同意一个月内偿还李某65万元,双方遂签收了《民事调解书》。一个月后建筑企业没有主动偿还借款,张某依法申请法院强制执行,在执行过程中发现,建筑企业乙已经没有偿还能力,同时还查明,建筑企业乙交给原发包单位甲的工程保证金没有收回,该款项属于到期债权。而建筑企业乙又始终不对此项债权采取积极行为。张某请求法院依法变更执行主体,执行到期债权。法院依法要求发包单位甲协助执行。

代位权,是指债权人为了保全其债权不受损害,以自己的名义代债务人行使权利的权利。

《合同法》第七十三条规定:"因债务人怠于行使其到期债权,对债权人造成损害的,债权人可以向人民法院请求以自己的名义代位行使债务人的债权,但该债权专属于债务人自身的除外。""代位权的行使范围以债权人的债权为限。债权人行使代位权的必要费用,由债务人负担。"

债权人的代位权是基于债务人的消极行为,当债务人怠于行使属于自己的财产权利而损害债权人的债权时,债权人可以行使代位权,目的是保全债权。债权人的代位权不同于代理权,代理权是代理人以被代理人的名义行使权利,代位权是债权人以自己的名义行使权利。债权人的代位权也不同于优先受偿权,优先受偿权是从债务人的财产中受偿,代位权是从债务人之债务人的财产中受偿。

1.代位权的构成要件

(1)债权人有保全债权的必要。代位权为保全债权而设立,因此只能在有保全债权必要时才能行使。

(2)债务人须有对第三人的权利存在。这是债权人代位权行使的必要条件。如果债务人对于第三人没有权利存在或者已经行使完毕,债权人就不能代位行使其权利。

(3)债务人怠于行使其到期债权。怠于行使,是指对应当行使的权利能行使但不行使,不论其理由如何。但对于债务人不能行使的权利或者债务人已经行使权利但方法不适当等情况债权人不得行使代位权。

(4)债权人的债权已届履行期。债权人须在债权已届履行期时行使代位权。对于尚未届至履行期的债权,债权人有无不能实现债权的危险尚不可知,此时行使代位权,对债务人不公平。

2.代位权的行使

(1)代位权的行使以债权人自己的名义进行。代位权不同于代理权,不能以债务人的名义行使。

(2)代位权的行使应当通过人民法院进行。为避免造成民事流转的混乱,代位权的行使以裁判方式为必要。

(3)代位权的行使以债权人的债权为限。行使代位权,应以保全债权为限度,代位行使债务人权利所获的价值,应与所需保全的债权价值相当。如果超出保全债权的范围时,应当分割债务人的权利行使;如果该权利为不可分割的,可以行使全部权利,将行使的结果归于债务人。

(4)债权人不得代位行使专属于债务人自身的债权。专属于债务人自身的权利,是须由债务人亲自行使才产生法律效力的权利。

(5)债权人行使代位权的必要费用由债务人负担。对于债权人,引起行使代位权而支出的必要费用,可以请求债务人返还。

(二)撤销权

【案例】

中天建筑公司与富华集团于1997年9月订立了一宗大理石板材买卖合同,合同约定中天建筑公司应于1997年11月底付清货款。但直到1997年12月底中天建筑公司还欠富华集团贷款 780 万元。因中天公司正投资一个商住小区的开发,占用了大笔流动资金,富华集团同意其延迟履行。1998 年 7 月小区建设竣工,中天公司却出人意料地宣布将其在开发项目中价值约 1 000 万的股份赠与合作商瑞达地产有限公司,并立即办理了赠与公证,富华集团认为这是中天公司有意躲避债务的骗局,向法院提出申请,要求撤销中天公司的赠与行为。法院经审理认为,中天建筑公司无偿转让财产,对富华集团的债权造成损害,对富华集团的申请予以支持。

撤销权,是指债权人对于债务人危害债权实现的行为,有请求人民法院撤销该行为的权利。《合同法》第七十四条规定:"因债务人放弃到期债权或者无偿转让财产,对债权人造成损害的,债权人可以请求人民法院撤销债务人的行为。债务人以明显不合理的低价转让财产,对债权人造成损害,并且受让人知道该情形的,债权人也可以请求人民法院撤销债务人的行为。" "撤销权的行使范围以债权人的债权为限。债权人行使撤销权的必要费用,由债务人承担。"

债权人行使撤销权主要基于债务人处分财产的积极行为和放弃到期债权的消极行为。当债务人的行为使其财产减少而损害债权人利益时,债权人可以请求人民法院对该行为予以撤销,使已经处分的财产恢复原状,以确保债权人权利的实现。

1. 撤销权的构成要件

债权人行使撤销权的构成要件包括客观要件和主观要件。因债务人的行为可能是有偿行为,也可能是无偿行为,因此构成要件不完全相同。

(1)客观要件。即债务人实施了有害于债权人债权的行为。

①债务人处分其财产的行为,这种行为可以是有偿行为,也可以是无偿行为。

②债务人的行为有害于债权,即债务人的行为导致财产减少将会使债权得不到清偿。

③债务人的行为发生在债权成立之后,否则,不存在危害债权的可能性。

(2)主观要件。即债务人实施处分行为或债务人与第三人实施民事行为有主观恶意。

债务人的恶意,即债务人知道其行为会损害债权人的利益;第三人的恶意,即第三人与债务人恶意串通,或者知道债务人的恶意而与之实施民事行为。

在无偿行为产生的撤销权构成要件中,只具备上述客观条件即可。即对放弃到期债权和无偿转让财产的行为,债务人有无恶意均可撤销。在有偿行为产生的撤销权的构成要件中,除了客观要件,还应当具备主观要件。

2. 撤销权的行使

撤销权的行使,须由享有撤销权资格的债权人以自己的名义向人民法院提出撤销的请求,由人民法院依法裁判。

撤销权的行使范围以债权人的债权为限。如果超过债权人的债权范围行使撤销权,是对债务人以及第三人合法利益的不当干涉,违背了撤销权设立的目的。

3. 撤销权的除斥期间

撤销权是为了保护债权人的利益,债权人应当在一定的期限内行使。如果债权人长期不行使撤销权,在债务人行为发生法律效力很长时间后才提出撤销,会使一些合同的效力长期处于不稳定状态。《合同法》第七十五条规定:"撤销权自债权人知道或者应当知道撤销事由之日起一年内行使。自债务人的行为发生之日起五年内没有行使撤销权的,该撤销权消灭。"

第五节　建设工程合同的变更、转让

一 建设工程合同的变更

(一)建设工程合同变更的概念

建设工程合同的变更,是指在合同成立以后、履行完毕之前,由双方当事人依法对原合同的内容进行修改。

广义上的合同的变更,包括合同内容的变更和合同主体的变更。狭义的合同的变更指合同内容的变更。合同法采用的是狭义的合同变更概念。建设工程合同的变更是指建设工程合同内容的变更。

(二)建设工程合同变更的条件

【案例】

某施工单位根据领取的3 000m² 两层厂房工程项目招标文件和全套图纸,经过参加投标并获得中标。该施工单位的(乙方)于某年某月某日与建设单位(甲方)签订了该工程项目的合同。合同工期为1年。约定甲方如不按期支付工程款或逾期组织竣工验收,从逾期次日起,按照银行有关延期付款的规定向乙方偿付违约金。甲方在乙方完成施工后因资金紧缺,无法如期支付工程款,经与乙方口头交涉,商定迟延六个月支付。乙方口头同意后,甲方始终未支付。乙方向法院起诉,要求甲方支付工程款,并按照原合同约定的支付期限计算并支付违约金。甲方认为,当时已与乙方迟延六个月付款达成一致,计算违约金不应包括这六个月在内。法院经审理认为,甲乙双方口头达成的变更工程款支付期限协议无效,对乙方的诉讼请求予以支持。

1. 建设工程合同关系已依法成立

合同的变更基于已经成立的原合同关系,由当事人对其部分内容加以修改,作为履行的依据。如果原合同无效,自成立时起就不具有法律约束力,不存在合同变更的问题。合同变更的期间为合同订立之后到合同没有完全履行之前。

2. 合同的变更是对原合同部分内容的修改

合同的变更是合同内容的变更,建设工程合同的变更包括建设规模的扩大、工期的变化、质量标准的改变的等。建设工程合同变更后,变更后的合同取代原合同的法律效力,作为发包人、承包人履行合同的依据。

3. 对合同变更部分的内容应当约定明确

合同的变更会改变当事人之间的权利义务的内容,直接关系到当事人的利益。如果约定不明确,在履行的过程中可能会发生争议。《合同法》第七十八条规定:"当事人对合同变更的内容约定不明确的,推定为未变更。"

4. 建设工程合同的变更应当符合法定程序和方式

《合同法》第七十七条规定:"当事人协商一致,可以变更合同。""法律、行政法规规定变更合同应当办理批准、登记手续的，依照其规定。"建设工程合同是发包人和承包人协商一致的结果，合同内容的变更，也应当经发包人和承包人协商一致。《建设工程勘察设计管理条例》第二十八条第三款规定："建设工程勘察、设计文件内容需要作重大修改的，建设单位应当报经原审批机关批准后，方可修改。"国家重大建设工程合同涉及内容的重大变化，须经审批后变更。发包方和承包方协商一致变更建设工程合同，应当采用书面形式。

二 建设工程合同的转让

建设工程合同的转让，是指合同当事人依法将合同的全部或者部分权利义务转让给第三人的合法行为。在合同的转让中，并不改变合同所约定的权利与义务，只是权利或者义务由第三人享有或承担。合同转让涉及权利和义务两方面的问题，可分为合同权利的转让、合同义务的转让和合同权利义务全部转让。

【案例】

某市 A 服务公司因建办公楼与 B 建设工程总公司签订了建筑工程承包合同。其后，经 A 服务公司同意，B 建设工程总公司分别与市 C 建筑设计院和市 D 建筑工程公司签订了建设工程勘察设计合同和建筑安装合同。建筑工程勘察设计合同约定由 C 建筑设计院对 A 服务公司的办公楼水房、化粪池、给水排水、空调及煤气外管线工程提供勘察、设计服务，做出工程设计书及相应施工图纸和资料。建筑安装合同约定由 D 建筑工程公司根据 C 建筑设计院提供的设计图纸进行施工，工程竣工时依据国家有关验收规定及设计图纸进行质量验收。合同签订后，C 建筑设计院按时做出设计书并将相关图纸资料交付 D 建筑工程公司，D 建筑公司依据设计图纸进行施工。工程竣工后，发包人会同有关质量监督部门对工程进行验收，发现工程存在严重质量问题，主要是由于设计不符合规范所致。原来 C 建筑设计院未对现场进行仔细勘察即自行进行设计导致设计不合理，给发包人带来了重大损失。由于设计人拒绝承担责任，B 建设工程总公司又以自己不是设计人为由推卸责任，发包人遂以 C 建筑设计院为被告向法院起诉。法院审理后认为，本案中 B 建设工程总公司作为总承包人不自行施工，而将工程全部义务转包他人，虽经发包人同意，但违反禁止性规定，亦为违法行为。追加 B 建设工程总公司为共同被告，对工程质量问题，判令其与 C 建筑设计院一起对工程建设质量问题承担连带责任。

(一)建设工程合同权利的转让

建设工程合同权利的转让，是指合同中的债权人依法将自己的权利全部或者部分转让给合同当事人以外的第三人的合法行为。《合同法》第七十九条的规定，债权人可以将合同的权利全部或者部分转让给第三人，但根据合同性质不得转让的、按照当事人约定不得转让的和依照法律规定不得转让的除外。

法律、法规并不禁止建设工程施工合同项下的债权转让，只要建设工程施工合同的当事人没有约定合同项下的债权不得转让，债权人向第三人转让债权并通知债务人的，债权转让合法有效，债权人无须就债权转让事项征得债务人同意。建设工程合同中一方当事人转让债权的，对方当事人享有以下权利：

（1）抗辩权。《合同法》第八十二条规定："债务人接到债权转让通知后,债务人对让与人的抗辩,可以向受让人主张。"债务人收到合同权利转让通知后,即应当将受让人作为合同债权人履行债务,受让人取代原合同债权人而成为新合同债权人。为了保障债务人不因合同权利转让而受损害,债务人可以向原合同债权人行使的抗辩权,都可以向新合同的债权人行使。

（2）抵销权。《合同法》第八十三条规定："债务人接到债权转让通知时,债务人对让与人享有债权,并且债务人的债权先于转让的债权到期或者同时到期的,债务人可以向受让人主张抵销。"这是为保护债务人利益所作的规定。在债务人对原债权人享有债权的情况下,债务人本来可以通过行使抵销权保护自己的利益。但原债权人将自己的债权转让给了第三人,债务人应向第三人履行债务,同时只能向原债权人主张权利。如果原债权人失去履行能力,债务人又不能主张抵销,债务人的利益就没有保障。为了保护债务人的利益,合同法规定,如果债务人对原债权人的债权先于转让的债权到期或者同时到期,债务人可以向受让债权的第三人主张抵销。抵销如果使受让人的利益受到损害,受让人可以请求原债权人给予补偿。

（二）建设工程合同义务的转让

建设工程合同义务的转让,是指合同中的债务人将自己应履行的义务全部或部分转让给第三人的行为。债务人将合同义务转让给第三人,可以是全部转让,也可以是部分转让,但应经债权人同意。

接受转让的第三人为新债务人,新债务人向债权人履行义务,并且应承担与主债务有关的从债务。《合同法》第八十六条规定："债务人转移义务的,新债务人应当承担与主债务有关的从债务,但该从债务专属于原债务人自身的除外。"此外,债务人转移义务的,新债务人可以主张原债务人对债权人的抗辩。

在建设工程合同中,承包人必须是具备相应资质等级的企业法人,这是承包人履行合同义务的基本行为能力,特别是经过招标投标程序订立的建设工程合同,承包人是经过公正、公平、公开的招标投标程序产生的,如果允许承包人转让合同义务,可能会使工程的工期、质量等得不到保证,招标投标也就成了一种形式。所以建设工程合同承包人的义务一般不得转让。

（三）建设工程合同权利义务全部转让

建设工程合同权利义务全部转让,又称为合同权利义务的概括转移。《合同法》第八十八条规定："当事人一方经对方同意,可以将自己在合同中的权利和义务一并转让给第三人。"

合同权利义务全部转让时,须经对方当事人的同意。合同权利义务一并转让,可以是与第三人约定,将合同权利义务一并转移给第三人,也可以因法律规定而发生。例如,《合同法》第二百二十九条规定,租赁物在租赁期间发生所有权的变动,不影响租赁合同的效力。如果法律对合同权利义务全部转让有禁止性的规定,不得违背禁止性规定。《建筑法》规定,承包方不能将自己的全部义务转让给第三人,即禁止转包工程,禁止以分包名义将工程肢解后分别转包给他人。

建设工程合同的转让,不同于建设工程合同的分包。建设工程合同的转让一方可以是发包方,也可以是承包方。而建设工程合同的分包是承包人将自己承包的工程项目的部分工作发包给分包单位的行为。建设工程合同义务的转让,可以是合同全部义务,也可以是部分义务,受让人直接向发包人履行义务。建设工程合同的分包过程中,建设工程主体结构的施工必须由承包人自己完成不得分包,承包人按照建设工程合同的约定对发包人负责,分包人按照分包合同的约定对承包人负责,承包人和分包人就分包工程对发包人承担连带责任。

三 建设工程合同当事人合并或分立时权利的行使和义务的承担

法人或其他经济组织的合并或者分立是市场经济条件下常见的现象。合并或者分立不论由何种原因引起,都会对合同权利的行使和义务的承担产生影响。合并是指两个或两个以上的法人或者其他组织通过一定的程序组成一个新的法人或者其他组织。分立是指一个法人或其他组织依照一定的程序分为两个或者两个以上的法人或者其他组织。

【案例】

某市轮胎厂与某市建筑公司于 2003 年 5 月 10 日签订了一份建设工程承包合同。合同规定:工程项目为 6 层楼招待所,建筑面积为 4 247.4m²,总造价 108 万元;2003 年 5 月 20 日开工,同年 12 月 25 日竣工;合同生效后 10 日预付 48 万元的材料款,工程竣工后办理竣工决算;工程按施工详图及国家施工、验收规范施工,执行国家质量标准。轮胎厂在工程竣工验收时又付款 22 万元,尚欠 38 万元,轮胎厂在 2004 年 3 月 8 日写有欠条,表示分期给付欠款。2005 年 1 月轮胎厂与省外贸公司合并。同年 5 月,外贸公司在某市报纸上刊登启事通知与原轮胎厂有业务联系者,见报后一个月内来该厂办理有关手续,过期不予办理。同年 12 月建筑公司持欠条要求外贸公司还款,外贸公司以原轮胎厂的账上无此款反映,并且已超过报上规定的时间为由拒付此款。建筑公司遂向法院起诉,请求外贸公司支付欠款和银行利息。法院审理认为,轮胎厂与建筑公司签订建设工程承包合同,双方均具有签约主体资格,且内容合法,意思表示真实,依法应确认为有效合同。工程竣工后,双方验收结算,明确了工程价款,轮胎厂扣除预付款 48 万元,竣工后支付工程款 22 万元,还应向建筑公司支付余款 38 万元。2004 年 3 月 8 日,轮胎厂又书面表示分期给付欠款。但该厂已与外贸公司合并,其债权债务应由外贸公司承担,外贸公司拒绝付款无法律依据,建筑公司可与外贸公司协议将该工程折价以支付工程价款,也可以直接申请人民法院将该工程依法拍卖,建筑公司可就该工程折价或者拍卖的价款优先受偿。

(一)建设工程合同当事人合并时权利的行使和义务的承担

建设工程合同的发包人或承包人合并后,原主体资格消灭,失去行使合同权利和履行合同义务的能力,但原已订立的合同约定的权利义务不因此而消灭。《合同法》第九十条规定,当事人订立合同后合并的,由合并后的法人或者其他组织行使合同权利,履行合同义务。

(二)建设工程合同当事人分立时权利的行使和义务的承担

建设工程合同的发包人和承包人订立合同后分立的,除承包法人另有约定的以外,由分立的法人或其他组织对合同的权利义务享有连带债权,承担连带债务。连带债权和连带债务都是连带关系,多数债权人或者多数债务人中对一人产生的效力对于其他债权人或者债务人也产生同样的效力。连带债权,是指分立后的两个或者两个以上的合同当事人中的任何一个都有权请求债务人履行全部债务。连带债务,是指分立后的两个或两个以上的合同当事人中的任何一个都有清偿全部债务的责任。

第六节　建设工程合同权利义务的终止

一　建设工程合同权利义务终止概述

建设工程合同权利义务的终止,是指当事人双方终止合同关系,合同确立的当事人之间的权利义务关系消灭。合同权利义务终止须有法律上的原因。导致合同权利义务终止的原因发生,合同关系即在法律上消灭,不须当事人主张。合同的权利义务终止可以是基于当事人的意思表示,如承发包双方协议解除合同、免除债务,也可以基于合同目的的消灭,如发包人和承包人履行合同全部义务,竣工结算价款支付完毕、提存、混同等。

1.债务已经按照约定履行

合同依法成立后,当事人双方均应按照合同约定履行自己的义务。如果双方当事人完全履行了自己的义务,使对方的权利得到实现,合同确立的权利义务关系就自然消灭了。建设工程合同义务的履行,在工程建设的不同阶段有不同的标准:勘察阶段,勘察人按期提交符合合同约定的勘察报告,发包人支付勘察费用;设计阶段,设计人提交符合建设设计要求的设计文件、设计图纸,发包人支付设计费用;工程的建筑安装阶段,承包方在合同约定的期限内按照合同约定的质量标准完成施工任务,发包人支付工程款。

2.合同解除

合同解除是在合同依法成立生效后,因发生法律规定或当事人约定的情况,或者当事人协商一致,使合同权利义务关系消灭。

3.债务相互抵销

债务相互抵销是指互负债务的当事人,各以其债权充当债务的清偿,使双方债务在等额范围内归于消灭。

当事人互负到期债务,该债务的标的物种类、品质相同的,任何一方可以将自己的债务与对方的债务抵销,但依照法律规定或者按照合同性质不得抵销的除外。当事人主张抵销的应当通知对方,通知自到达对方时生效。当事人互负债务,标的物种类、品质不相同的,经双方协商一致,也可以抵销。

4.债务人依法将标的物提存

提存,是指由于债权人的原因使债务人无法向其交付标的物,债务人将该标的物交付于提存机关而使合同权利义务终止。债务人难以履行债务,将标的物提存的原因包括:债权人无正当理由拒绝受领;债权人下落不明;债权人死亡未确定继承人或者丧失民事行为能力未确定监护人等。标的物不适于提存或提存费用过高的,债务人依法可以拍卖或者变卖标的物,提存所得的价款。标的物提存后,毁损、灭失的风险由债权人承担。提存费用由债权人承担。债权人领取提存物的权利,自提存之日起五年内不行使而消灭,提存物扣除提存费用后收归国家所有。

5.债权人免除债务

债权人免除债务,是指债权人放弃全部或者部分债权,使债务人的全部或者部分债务消灭的行为。债权人免除债务是一种单方法律行为,债权人一方的意思即可使合同债务消灭。

免除债务是债权人的处分行为,债权人应对其所要免除的债务有处分权。自债权人向债务人明确表示放弃债权发生法律效力,债权人一旦作出免除的意思表示即不得撤销。免除债务的法律后果是使合同权利义务终止。债务全部免除的,债权债务关系全部消灭;债务部分免除的,债权债务关系部分消灭。

6.债权债务同归于一人

债权债务同归于一人,即混同,合同权利义务关系终止,但涉及第三人利益的除外。债的成立必须有两个以上的主体,即债权人和债务人同时存在才能成立,当债权人和债务人为同一主体时,不符合债的关系应具备的要素。例如建设工程合同的施工单位和建设单位合并,债权债务同归于一方,债权债务关系消灭。

7.法律规定或者当事人约定终止的其他情形

除上述情形之外,还有一些其他法律规定的情形。此外,当事人也可以约定终止合同的条件,约定的条件成就时,合同权利义务终止。

合同权利义务终止,使双方当事人之间的合同关系消灭,但由于合同本身的特点,使当事人的某些义务具有延续性。因此,虽然原合同关系消灭了,当事人可能还有必须履行的义务。合同的权利义务终止后,当事人要遵循诚实信用原则,并根据交易习惯,承担合同终止后的义务,包括通知、协助、保密等。《合同法》第九十八条规定:"合同的权利义务终止,不影响合同中结算和清理条款的效力。"如果合同中约定结算和清理条款,在当事人之间的利益关系没有解决之前,该条款仍具有法律效力,包括结算和清理的方式、范围等。例如施工合同的承包人在合同解除后承包人应当做好已完成工程和已购材料、设备的保护和移交工作,将自有机械设备和施工人员撤出现场;发包人应为承包人撤出提供必要的条件、支付发生的费用,并支付已完成部分的工程价款。

二 建设工程合同的解除

建设工程合同的解除,是指在合同依法成立后,根据承发包双方的协议,或者法定或约定的条件发生时,依据一方当事人的意思表示,使合同的权利义务终止。建设工程合同解除的法律后果是使合同的权利义务关系消灭。

【案例】

燕康股份有限公司(以下简称燕康公司)与蓝田建筑工程公司(以下简称蓝田公司)签订了建设工程施工合同。合同约定,蓝田公司承建燕康公司的综合楼,15层,框架结构,总建筑面积15 000m²,工期从2004年9月1日至2006年4月30日,合同价款27 205 000元,在工程施工期间,燕康公司根据工程进度,分期预付工程款,其一期预付款应于合同签订后10日内支付,工程竣工并经验收合格后,燕康公司按合同约定支付工程尾款。合同签订后,蓝田公司如期开工,但燕康公司并未按合同约定预付一期预付款。蓝田公司几次要求燕康公司按合同约定预付工程款。燕康公司均以资金紧张为由拒付。蓝田公司的资金亦十分紧张,只得贷款垫资施工。工程进行到 5 层时,燕康公司仍未按合同约定预付各期预付款,致蓝田公司再无资金继续施工。而且,时值春节前夕,因蓝田公司不能发放农民工工资,造成农民工波动,农民工多人有过激行为。蓝田公司陷入极度困难,无奈再次与燕康公司交涉,希望燕康公司按合同约定尽快预付工程款。但燕康公司依然拒付。蓝田公司向燕康公司发出解除合同的书面通知,并要求对已完工程进行验收后,结算工程款。燕康公司则认为,本公司未按合同约定预付工程款实出于资金极度紧张,而并非有意拖欠,如资金状况好转便立即支付,不同意解除合同,也不同意对已完工程进行验收和结算工程款。蓝田公司与燕康公司多次交涉未果,遂诉至法院,请求法院判令解除双方所签合同,并对已完工程进行验收和结算工程款。

法院经审理查明后认为,原告蓝田公司与被告燕康公司签订的建设工程施工合同是双方真实意思的表示,合法有效。原告已履行了部分合同义务,但被告未按合同约定支付工程预付款,且经原告多次催告后仍未支付,致原告无力继续施工,原告关于解除双方所签合同,并对已完工程进行验收和结算工程款的请求符合法律规定,予以支持。

(一)建设工程合同解除的形式

建设工程合同的解除有两种形式,一是协议解除,二是法定解除。

1. 协议解除

协议解除是根据当事人的意思而解除合同。根据合同自愿原则,法律充分尊重合同当事人的自由意思,在当事人协商一致的情况下,可以解除合同。协议解除有两种情况:

(1)事后协商解除,即建设工程合同承发包双方经协商,就消灭合同关系达成合意,使合同的权利义务关系终止。《合同法》第九十三条第一款规定:“当事人协商一致,可以解除合同。”

(2)约定的解除条件成就。当事人在订立合同时,除了考虑订立合同当时各自的情况外,对将来的情况应有一定的预料。当事人可以在合同中事先约定解除条件,并可以约定哪一方享有解除权,当解除条件成就时,解除权人可以行使解除权,使合同权利义务关系终止。

建设工程合同承发包双方协商一致可以解除合同,但当事人的约定不得违反法律规定,不得违反社会公共利益。我国很多建设工程项目,特别是国家的重大建设项目是以国家批准的建设计划为基础订立的,这类合同的解除不得违反国家基本建设计划,不得损害社会公共利益。

2. 法定解除

法定解除是在发生法律规定的情形时,一方当事人解除合同。法定解除是单方的法律行为,在法定解除条件具备时,有解除权的一方可以直接行使解除权,不必经对方的同意。《合同法》第九十四条规定,有下列情形之一的,当事人可以解除合同:

(1)因不可抗力致使不能实现合同目的。不可抗力,是指不能预见、不能避免、不能克服的客观情况。不可抗力包括自然现象,如地震、洪水、台风等;也包括社会现象,如战争等。发生不可抗力并不一定发生法定解除权,是否解除合同要根据不可抗力对合同履行的影响程度而定。因不可抗力使合同不能完全履行或者按期履行时,可以变更合同。如工程施工过程中遇台风登陆,导致工期延误,经发包人确认后工期可以相应顺延。只有在不可抗力的影响足以使合同目的不能实现时,才能通知对方解除合同。

(2)在履行期限届满之前,当事人一方明确表示或者以自己的行为表明不履行主要债务。

明确表示不履行主要债务，即当事人一方在合同订立后，以明示的方式拒绝履行合同主要义务。以自己的行为表明不履行主要债务，是默示的表明，行为的做出可以使对方了解其含义。如施工合同的承包人在合同履行期限届满之前，对主体工程的施工未制订方案，也未做施工人员和设备的调配工作，即可通过该承包人的情况推定其以行为表明不履行合同主要义务。当事人一方以明示或默示的方式表明不履行主要债务时，为保护对方当事人的利益，合同法规定对方当事人可以行使解除权。

（3）当事人一方迟延履行主要债务，经催告后在合理的期限内仍未履行。迟延履行，即没有按照约定的时间履行。在超过履行期限时，如果允许不经催告就解除合同，可能对债务人有重大不利。因为迟延履行合同虽然构成违约，但后果一般并不严重，如能及时补救不会严重影响债权人的利益。如施工合同的承包人因自身原因造成施工进度滞后于计划进度，发包人可要求承包人修改进度计划，以便更好地完成后续施工任务。如果在被允许推迟履行的合理期限内仍未履行，对方当事人可据此判断出债务人不具备履行能力或者根本不打算履行，因此可以解除合同。"合理的期限"应当根据合同的具体情况确定。《最高人民法院关于审理建设工程施工合同纠纷案件适用法律问题的解释》中规定：承包人在合同约定的期限内没有完工，经发包人催告的合理期限内仍未完工的，发包人可请求解除合同。发包人具有下列情形之一，致使承包人无法施工，且在催告的合理期限内仍未履行相应义务，承包人可请求解除建设工程施工合同：

①未按约定支付工程价款的；
②提供的主要建筑材料、建筑构配件和设备不符合强制性标准的；
③不履行合同约定的协助义务的。

（4）当事人一方迟延履行债务或者有其他违约行为致使不能实现合同目的。当事人迟延履行债务致使不能实现合同目的，是指合同的履行期限对于债权人合同目的的实现具有决定性的意义，如果债务人不在特定时间履行，债权人订立合同的目的就无法实现。在这种情况下，无须催告即可解除合同。由于债务人的其他违约行为致使合同目的不能实现，也可以解除合同。

（5）法律规定的其他情形。除上述情形外，法律规定的其他情形，包括合同法及其他法律规定的情形。

（二）建设工程合同解除的程序

根据《合同法》第九十六条第一款的规定，享有解除权的当事人主张解除合同的，应当通知对方。合同自通知到达时解除。对方当事人有异议的，可以请求人民法院或者仲裁机构确认解除合同的效力。法律、行政法规规定解除合同应当办理批准、登记手续的，依照其规定。建设工程合同的发包方或承包方依据法律规定或约定解除合同的，应向对方发出解除合同的通知。解除合同的通知应当采用书面形式，并在发出通知前7天告知对方，通知到达对方时合同解除。

建设工程合同的解除权人应当在约定的期限内或合理期限内行使。法律规定应在规定的期限内行使解除权，期限届满不行使的解除权消灭。法律没有规定或者当事人没有约定解除权行使期限的，解除权应在对方催告后的合理期限内行使，否则该解除权消灭。

(三)建设工程合同解除的法律后果

【案例】

原告与被告于 2007 年 9 月 13 日签订建设工程施工合同,约定:原告将北京××中心区规划 1—6 路市政工程的路灯工程整体施工及材料发包给被告完成,工程总价款 885 000 元,并约定在被告进场后一周内,原告支付被告合同价款的 20%。合同履行过程中,原告依约支付给被告合同价款的 20% 即 177 000 元,后因城建公司未向原告交付设计交底,原告亦无法向被告履行该义务,导致被告自 2007 年 10 月 19 日停工。后城建公司与原告解除合同,导致原告无法再将原工程交与被告完成,原告于 2008 年 1 月 22 日通知被告撤场。此后,双方多次就被告已完成的工程量进行协商,但均未达成一致结果。原告诉至法院,请求法院判令解除原、被告于 2007 年 9 月 13 日签订的建设工程施工合同;被告返还原告工程款 130 991.88 元并承担本案诉讼费用。法院认为,原告与被告签订的合同,未违反国家强制性法律法规规定,应属有效。双方当事人均应严格履行各自的合同义务。原告在交付了预付款后,因城建公司的原因,无法向被告交付设计交底,导致被告停工事实的发生,本身具有过错,应承担相应的违约责任。被告与原告的合同已无法继续履行,故双方的合同应予解除。诉讼中,经原、被告核对,双方均认可被告已完成的工程量价款为 64 000 元。被告应在扣除应收取的工程价款后,将剩余的原告预付款项 113 000 元返还给原告。

建设工程合同解除是在合同订立以后没有完全履行之前,基于当事人的约定或法律规定终止合同的权利义务关系。合同解除后,尚未履行的,中止履行;已经履行的,根据履行情况和合同性质,当事人可以要求恢复原状、采取其他补救措施,并有权要求赔偿损失。

合同解除后合同关系消灭,对当事人来说合同权利义务已不存在,因此合同尚未履行的当然不必再履行。对已经履行的合同,可能涉及双方均已履行或单方履行、全部履行或部分履行等情况,应根据实际情况确定处理方式。对已经履行的部分,当事人可以要求恢复原状,不能恢复原状的,可以要求采取其他补救措施。此外,合同解除并不影响当事人主张损害赔偿的权利,因解除合同所造成的损失,由过错方承担相应的赔偿责任。对建设工程施工合同而言,合同解除后,已经完成的建设工程质量合格的,发包人应当按照约定支付相应的工程价款。已经完成的建设工程质量不合格的,修复后经竣工验收合格,承包人承担修复费用;修复后经竣工验收不合格,承包人无权请求支付工程价款。

第七节　建设工程合同的违约责任

违约责任,是指合同当事人不履行合同义务或者履行合同义务不符合约定时,依法应承担的法律责任。违约责任制度,在合同法律制度中居于重要地位。合同法规定违约责任制度,目的在于用法律强制力督促当事人认真履行合同,保护当事人的合法利益,维护社会经济秩序。

违约责任以有效的合同权利义务关系为前提,没有合同关系的存在,也就没有违约责任的发生。违约的发生须有合同当事人不履行合同义务的行为。在订立合同时,可以由当事人在法律允许的范围内约定违约责任。违约责任作为对不履行合同债务的补救措施,主要作用在于补偿对方当事人的损失。

【案例】

甲公司与乙勘察设计单位签订了一份勘察设计合同,合同约定:乙单位为甲公司筹建中的商业大厦进行勘察、设计,按照国家颁布的收费标准支付勘察设计费;乙单位应按甲公司的设计标准、技术规范等提出勘察设计要求,进行测量和工程地质、水文地质等勘察设计工作,并在2006年5月1日前向甲公司提交勘察成果和设计文件。合同还约定了双方的违约责任、争议的解决方式。甲公司同时与丙建筑公司签订了建设工程承包合同,在合同中规定了开工日期。但是乙单位迟迟不能提交出勘察设计文件。丙建筑公司按建设工程承包合同的约定做好了开工准备,如期进驻施工场地。在甲公司的再三催促下,乙单位迟延36天提交勘察设计文件。此时,丙公司已窝工18天。在施工期间,丙公司又发现设计图纸中的多处错误,不得不停工等候甲公司请乙单位对设计图纸进行修改。丙公司由于窝工、停工要求甲公司赔偿损失,否则不再继续施工。甲公司将乙单位起诉到法院,要求乙单位赔偿损失。法院经审理认为,该案中乙单位不仅没有按照合同的约定提交勘察设计文件,致使甲公司的建设工期受到延误,造成丙公司的窝工,而且勘察设计的质量也不符合要求,致使承建单位丙公司因修改设计图纸而停工、窝工。根据《合同法》规定,乙单位应负责赔偿上述违约行为给甲公司造成损失。

一 建设工程合同违约行为的表现形式

当事人的违约行为是指当事人不履行合同义务或者履行义务不符合约定的行为,即当事人有违反合同义务的行为。当事人违约行为的存在,是构成违约责任的前提条件。建设工程合同违约行为的表现形式主要包括:

1. 建设工程合同当事人不履行合同义务

不履行合同义务,即合同当事人拒绝履行合同义务。如建设工程施工合同的发包人,未按照合同约定支付工程预付款、进度款、决算款,承包人有权要求支付,并有权要求发包人赔偿损失或承担违约金责任。

2. 建设工程合同当事人迟延履行合同义务

迟延履行是指合同当事人履行合同义务不符合合同对履行期限的约定。例如建设工程勘察设计合同中,发包人没有按照合同约定的期限为勘察设计人提供勘察设计必需的资料、没有按期支付勘察设计费用,承包人没有按照约定的期限向发包人提供勘查、设计成果等,都是债务人迟延履行合同义务的表现。此外,迟延履行合同义务也包括合同债权人受领的迟延。例如建设工程施工合同的发包人依照合同约定向承包人提供建筑材料,承包人因场地等原因迟延受领;承包人依照合同约定完成施工任务,并提交了竣工资料和竣工验收资料,发包人无正当理由而不组织竣工验收等。

3. 建设工程合同当事人履行合同义务不适当

履行合同义务不适当,即质量有瑕疵,是指合同当事人交付的标的物不符合合同约定的质量要求。建设工程合同当事人履行合同义务不适当,通常表现为工程质量等级没有达到合同约定的标准;建设工程施工过程中偷工减料;发包人提供的设计有缺陷;提供或者指定购买的建筑材料、建筑构配件、设备不符合强制性标准等。《合同法》第一百一十一条规定:"质量不符合合同约定的,应当按照当事人的约定承担违约责任。"当事人如果对违约责任没有约定或者约定不明确的,可以依照《合同法》第六十一条的规定,由当事人协议补充;不能达成补充协议的,按照合同有关条款或者交易习惯确定;按上述方法仍不能确定的,受损害方可以合理选择要求对方承担修理、更换、重作、退货、减少价款或者报酬的违约责任。

4.预期违约

预期违约,是指在合同履行期限到来之前,当事人一方以明示的或者默示的方式表明不履行合同义务。建设工程合同中,承发包人在合同履行期限到来之前,以书面或者口头的方式明确向对方表示将不履行合同义务;或以自己的行为表明将不履行合同义务,就是预期违约。

预期违约发生在合同成立之后,履行期限到来之前,当事人以明示或者默示的方式表明将不履行合同义务,侵害的是债权人期待的债权。对于合同当事人预期违约行为,对方当事人可以在履行期限届满之前要求其承担违约责任。

违约行为可以是单方违约,也可以是双方违约。单方违约产生单方责任,即由违约方向对方承担违约责任;如果合同双方当事人均有违约行为,应各自承担相应的责任。承担违约责任的原则为严格责任原则,只要当事人有违约行为,不论是否有主观过错都要承担违约责任。合同当事人一方的违约行为由于第三人的原因造成的,也应承担违约责任。但由于其违约是第三人的原因,向对方承担违约责任所遭受的损失是第三人的行为造成的,其损失最终应由第三人承担。《合同法》第一百二十一条规定:"当事人一方因第三人的原因造成违约的,应当向对方承担违约责任。当事人一方和第三人之间的纠纷,依照法律规定或者按照约定解决。"例如施工合同履行的过程中,承包人因发包人委托设计单位提供的图纸错误而导致损失,发包人应首先给承包人以相应的损失补偿,然后再依据发包人与设计人之间的合同约定追究设计人的责任。

二 建设工程合同当事人承担违约责任的原则

承担违约责任的原则是不履行合同的当事人承担违约责任的根据。《合同法》规定,承担违约责任采取严格责任原则,即无过错责任原则。严格责任原则不以主观过错为构成要件,只要合同当事人有违约行为,就应当承担违约责任,守约的一方无须举证违约方具有主观过错。这样规定有利于保护守约方的合法利益。

严格责任原则是承担违约责任的主要原则,同时在特殊情况下也采用过错责任原则。如《合同法》第二百八十一条规定:"因施工人的原因致使建设工程质量不符合约定的,发包人有权要求施工人在合理期限内无偿修理或者返工、改建。经过修理或者返工、改建后,造成逾期交付的,施工人应当承担违约责任。"《最高人民法院关于审理建设工程施工合同纠纷案件适用法律问题的解释》第十二条规定:"发包人具有下列情形之一,造成建设工程质量缺陷,应当承担过错责任:(一)提供的设计有缺陷;(二)提供或者指定购买的建筑材料、建筑构配件、设备不符合强制性标准;(三)直接指定分包人分包专业工程。承包人有过错的,也应当承担相应的过错责任。"

三 建设工程合同违约责任形式

《合同法》第一百零七条规定:"当事人一方不履行合同义务或者履行合同义务不符合约定的,应当承担继续履行、采取补救措施或者赔偿损失等违约责任。"建设工程合同的当事人可以根据合同履行的不同情况,采取不同的违约责任承担方式。

【案例】

1992 年 2 月 4 日,某外国语学院与某建筑公司签订了一项建设工程承包合同,由建筑公司为外语学院建设图书馆。合同约定:建筑面积 7 600m²,高 9 层,总造价 1 080 万元;由外语学院提供建设材料指标,建筑公司包工包料;1993 年 8 月 10 日竣工验收,验收合格后交付使用;交付使用后,如果在一年之内发生较大质量问题,由施工方负责修复;开工前付工程材料费 50%,主体工程完工后付 30%,余额于验收合格后全部结清;如延期竣工,建筑公司偿付延期交付的违约金。1993 年该工程如期竣工。验收时,外语学院发现该图书馆的阅览室隔音效果不符合约定,楼顶也不符合要求,地板、墙壁等多处没有能达到国家规定的建筑质量标准。为此,外语学院要求建筑公司返工修理后再验收,建筑公司拒绝返工修理,认为不影响使用。双方协商不成,外语学院以建设工程质量不符合约定为由诉至法院。法院经审理认为,外语学院与建筑公司签订的建设工程承包合同意思表示真实,合法有效。建筑公司应当履行合同约定的义务,保证建设工程的质量,向发包人外语学院交付验收合格的工程。既然建筑公司承建的图书馆经验收查明质量不符合合同的约定,发包人外语学院有权要求建筑公司在合理期限内对质量不合格的工程进行无偿返工、修理,建筑公司经过修理或者返工,造成逾期交付的,应当承担违约责任。

(一)继续履行

继续履行,是指当事人一方不履行合同义务或者履行合同义务不符合约定时,强制其在合同履行期限届满后继续履行合同义务的违约责任方式。订立合同是为了通过履行合同义务实现当事人的预期目的,因此在有继续履行可能性的情况下,合同应当继续履行。当事人承担违约金责任或赔偿损失责任后,也不能免除违约方继续履行合同的责任。继续履行包括金钱债务的继续履行和非金钱债务的继续履行。

1.金钱债务的继续履行

金钱债务即当事人支付货币的义务。当事人未履行金钱债务的违约行为,表现为当事人未支付价款或者报酬。《合同法》第一百零九条规定:"当事人一方未支付价款或者报酬的,对方可以要求其支付价款或者报酬。"如建设工程施工合同的发包人不按时支付工程预付款、不按合同约定支付工程进度款,承包人可以要求其支付相应款项,赔偿因此造成的损失,并顺延延误的工期。发包人未按照约定支付竣工结算价款的,承包人可以催告发包人在合理期限内支付价款。发包人逾期不支付的,除按照建设工程的性质不宜折价、拍卖的以外,承包人可以与发包人协议将该工程折价,也可以申请人民法院将该工程依法拍卖。建设工程的价款就该工程折价或者拍卖的价款优先受偿。

实践中,发包人拖欠工程款的现象非常普遍。当事人对欠付工程价款利息计付标准有约定的,按照约定处理;没有约定的,按照中国人民银行发布的同期同类贷款利率计息。利息应从应付工程价款之日计付。当事人对付款时间没有约定或者约定不明的,下列时间视为应付款时间:(一)建设工程已经实际交付的,为交付之日;(二)建设工程没有交付的,为提交竣工结算文件之日;(三)建设工程未交付,工程价款也未结算的,为当事人起诉之日。

2.非金钱债务的继续履行

非金钱债务即除支付货币以外的其他债务,如提供劳务、完成工作、交付货物等。《合同法》第一百一十条规定:"当事人一方不履行非金钱债务或者履行非金钱债务不符合约定的,对方可以要求履行。"如果违约方不能主动继续履行,守约方有权请求人民法院采取强制措施。

由于非金钱债务种类的多样性,以及合同履行过程中发生的变化,有的非金钱债务可以继续履行,有的则不能继续履行。《合同法》第一百一十条规定,当事人一方因非金钱债务违约,对方可以要求履行,但有下列情形之一的除外:

(1)法律上或者事实上不能履行。法律上不能履行,是指因法律规定致使履行不能;事实上不能履行,是指因自然法则致使履行不能。不论是法律上的不能履行还是事实上的不能履行,都不再有继续履行的责任。但合同不能履行并不是合同无效,受损害的当事人可以要求采取其他措施。

(2)债务的标的不适于强制执行或履行费用过高。标的不适于强制执行的债务一般具有人身专属性,如技术开发,债务的标的在性质上不适于强制执行。履行费用过高,是指债务有履行的可能,但履行合同的代价太大。为平衡双方当事人的利害关系,法律规定此种情况不要求继续履行,可以通过其他方式解决。

(3)债权人在合理的期限内未要求履行。如果债权人长期不要求继续履行,对债务人不公平,因此对债权人主张权利作相应的限制,使债务人的责任承担方式尽早确定。如果债权人在合理的期限内未要求履行,债务人可以认为债权人不再要求继续履行。

(二)采取补救措施

采取补救措施的责任形式,主要在质量不符合约定的情况下。合同标的的质量不符合约定,违约方应当按照合同约定承担违约责任。如果当事人没有约定违约责任或者约定不明确,双方当事人可以达成补充协议;不能达成补充协议的,可以按照合同有关条款或者交易习惯确定。以上方法仍不能确定责任的,受损害方根据标的物的性质和损失的大小,可以合理选择修理、更换、重作、退货、减少价款或者报酬等方式。

建设工程合同中,采取补救措施是承担违约责任常用的方法。在确定具体的补救措施时,应根据建设项目的性质以及损失的大小,选择适当的补救方式。《合同法》第二百八十一条规定:"因施工人的原因致使建设工程质量不符合约定的,发包人有权要求施工人在合理的期限内无偿修理或者返工、改建。"《建设工程勘察设计条例》中也规定,建设工程勘察、设计文件不符合工程建设强制性标准、合同约定的质量要求的,建设单位有权要求建设工程勘察、设计单位对建设工程勘察、设计文件进行补充、修改。

(三)赔偿损失

赔偿损失,是指当事人一方不履行合同义务时依法赔偿对方当事人所受损失的责任。《合同法》第一百一十二条规定:"当事人一方不履行合同义务或者履行合同义务不符合约定的,在履行合同义务或者采取补救措施后,对方还有其他损失的,应当赔偿损失。"通过赔偿损失,可以补偿受损害方因对方违约行为所遭受的损失,使受损害方处于如合同已经履行的状态。

当事人一方不履行合同义务或者履行合同义务不符合约定,给对方造成损失的,损失赔偿额应当相当于因违约所造成的损失,包括合同履行后可以获得的利益,但不得超过违反合同一方订立合同时预见到或者应当预见到的因违反合同可能造成的损失。损失赔偿额包括合同履行后的预期利益,合同法以可预见性对损失赔偿额作出了必要的限制。

此外,当事人一方违约,对方当事人知道违约行为发生时,也应承担相应的积极义务。当事人一方违约后,对方应当采取适当措施防止损失的扩大;没有采取适当措施致使损失扩大的,不得就扩大的损失要求赔偿。当事人因防止损失扩大而支出的费用,由违约方承担。

对于建设工程合同,赔偿损失是经常采用的违约责任承担方式。例如由于勘察、设计质量不符合要求或者未按照期限提交勘察、设计文件拖延工期,造成发包人损失的,勘察人、设计人应当继续完善勘察、设计,减收或者免收勘察、设计费并赔偿损失;施工合同发包人未按照约定的时间和要求提供原材料、设备、场地、资金、技术资料的,承包人可以顺延工程日期,并有权要求赔偿停工、窝工的损失;隐蔽工程在隐蔽之前,承包人通知发包人检查,发包人没有及时检查的,承包人可以顺延工程日期,并有权要求赔偿停工、窝工的损失;因发包人的原因致使工程中途停建、缓建的,发包人应当采取措施弥补或者减少损失,赔偿承包人因此造成的损失和实际费用;因承包人的原因不能按照合同约定的竣工日期竣工或工程质量不能达到合同约定的标准,除继续完成施工任务、采取补救措施外,应当赔偿发包人因其违约所造成的损失等。

(四)支付违约金

违约金,是指按照合同的约定或者法律规定,当事人一方违约时向对方支付的一定数额的货币。《合同法》规定,当事人可以约定一方违约时应当根据违约情况向对方支付一定数额的违约金,也可以约定因违约产生的损失赔偿额的计算方法。

违约金具有补偿性,当事人可以在合同中对违约金的数额进行约定,但如果约定的违约金数额与损失额相差悬殊,就违背了违约金的补偿性质。因此《合同法》规定违约金数额过高或者过低时允许调整。约定的违约金低于造成的损失的,当事人可以请求人民法院或者仲裁机构予以增加;约定的违约金过分高于造成的损失的,当事人可以请求人民法院或者仲裁机构予以适当减少。

此外,当事人一方的违约行为表现为迟延履行时,对方当事人除可以要求违约方按约定支付违约金外,还可以要求违约方继续履行。例如,建设工程施工合同中,承包人没有按照约定期限完成施工任务,承包人应当按照合同约定支付延期竣工的违约金,同时发包人仍然有权利要求承包人继续施工,完成施工任务。

(五)定金罚则

定金,是指当事人为保证合同的履行,由一方当事人在合同履行之前支付给对方的一定数额的货币。定金是一种担保形式,也是一种违约责任形式。给付定金的一方不履行约定的债务的,无权要求返还定金;收受定金的一方不履行约定的债务的,应当双倍返还定金。

当事人可以在合同中既约定违约金又约定定金,在一方当事人违约时,二者不能并用。当事人一方在对方违约时可根据具体情况选择适用违约金或者定金条款。

（四）建设工程合同违约责任的法定免除

合同当事人有违约行为承担违约责任时遵循严格责任原则,无论当事人是否有主观过错,均应承担相应的责任。但这并不意味着没有免责的可能性。

【案例】

某房地产开发公司与某施工单位签订了一份建设工程施工合同,施工合同约定的竣工日期为 2007 年 5 月 30 日,工期每逾期一天承包人应向发包人支付 2 万元的违约金。同时合同约定了大风或暴雨等恶劣天气属于不可抗力,工期可以顺延。合同签订后,承包人按照合同约定的开工时间进场施工,工程实际竣工日为 2007 年 11 月 30 日,比约定的竣工日期逾期 180天。由于发包人拖欠承包工程款,承包人起诉发包人要求支付工程款,发包人提起反诉要求承包人承担逾期完工违约金。承包人认为工期顺延是因为施工期间发生了大风和暴雨等恶劣天气,按照合同约定,工期应该予以顺延,承包人不应该承担工期逾期违约金。法院经审理后认为:当事人双方已经在合同中约定大风或暴雨天气等恶劣天气属于不可抗力,并且均承认在施工期间发生了大风和暴雨等恶劣天气。由于合同中未对大风或暴雨的等级进行约定,发包人又不能对自己的抗辩提供有力的证据,只能承担举证不能的法律后果,工期可以顺延。

1. 合同法将不可抗力规定为违约责任的法定免除事由

不可抗力是合同当事人不能预见、不能避免、不能克服的客观情况。建设工程合同中的不可抗力包括因战争、动乱、空中飞行物坠落或其他非发包人责任造成的爆炸、火灾,以及合同条款约定程度的地震、风、雨、洪水等自然灾害。

应当注意的是,尽管不可抗力是导致合同无法履行的客观情况,但什么样的客观情况或者客观情况达到何种程度才能成为不可抗力,在不同的合同中做出判断是复杂的,也容易引发争议。为避免争议的发生,当事人在订立合同时可以根据合同的性质以及合同履行可能出现的特殊情况,对不可抗力作出约定,这对建设工程合同来讲非常重要。与其他合同相比,建设工程合同履行期限较长、涉及技术问题复杂,并且施工条件受自然、社会因素影响较大。在工程施工的过程中发生地震、洪水等自然灾害达到一定程度,会导致无法施工、工期延误;国家政策、法律的重大变化可能使合同无法履行;政府的临时措施,如高考期间内严禁夜间施工,也会导致工期延误。对于这些容易发生的客观情况,当事人在订立合同时如果有明确规定,可以避免纠纷的发生。

不可抗力作为违约责任法定免除事由,只在不可抗力影响所及的范围内免除责任。《合同法》第一百一十七条第一款规定:"因不可抗力不能履行合同的,根据不可抗力的影响,部分或者全部免除责任,但法律另有规定的除外。当事人迟延履行合同后发生不可抗力的,不能免除责任。"遭受不可抗力的一方,应当承担法律规定的义务。当事人一方因不可抗力不能履行合同的,应当及时通知对方,以减轻可能给对方造成的损失,并应当在合理期限内提供证明。建设工程施工合同的承包人,在不可抗力事件发生后,应在力所能及的条件下迅速采取措施,尽量减少损失。并在不可抗力事件结束后 48 小时内向发包人通报受害情况和损失情况,及预计清理和修复的费用。发包人应协助承包人采取措施。

建设工程合同当事人因发生不可抗力可以全部或部分免除违约责任。在施工合同中因不可抗力事件导致的费用及延误的工期应由承发包双方分别承担责任。

（1）工程本身的损害、因工程损害导致第三方人员伤亡和财产损失以及运至施工场地用于施工的材料和待安装的设备的损害，由发包人承担；

（2）承发包双方人员的伤亡损失，分别由各自负责；

（3）承包人机械设备损坏及停工损失，由承包人承担；

（4）停工期间，承包人应工程师要求留在施工场地的必要的管理人员及保卫人员的费用由发包人承担；

（5）工程所需清理、修复费用，由发包人承担；

（6）延误的工期相应顺延。

因合同一方迟延履行合同后发生不可抗力的，不能免除迟延履行方的相应责任。

2. 建设工程合同的免责事由

违约行为是承担违约责任的前提条件，但并不是说只要有违约行为就必然要承担违约责任，如果当事人的违约行为存在法定的或约定的事由则可免除其违约责任。

◀ 本 章 小 结 ▶

合同是平等主体的自然人、法人、其他组织之间设立、变更、终止民事权利义务关系的协议。建设工程合同是承包人进行工程建设，发包人支付价款的合同。

建设工程合同应当采用书面形式。当事人订立合同，采取要约、承诺方式。要约是希望和他人订立合同的意思表示，承诺是受要约人同意要约的意思表示。合同条款是合同内容的表现形式，是合同内容的载体。建设工程合同应当具备一般合同的条款，同时，由于建设工程合同标的的特殊性，法律对建设工程合同中某些条款作出了特殊规定。

依法成立的合同，自成立时生效。法律、行政法规规定应当办理批准、登记手续生效的，自批准、登记时生效。当事人之间订立的合同具备合同成立的形式，但由于违反法律规定而导致法律不予认可其效力为无效合同。合同成立以后，由于存在法定事由，人民法院或者仲裁机构根据一方当事人的申请，以及具体情况允许变更有关合同内容或者撤销合同。无效的合同或者被撤销的合同自始没有法律约束力。合同部分无效，不影响其他部分效力的，其他部分仍然有效。合同无效或者被撤销后，合同尚未履行的，不得履行。合同已经部分履行或已经履行完毕的，因该合同取得的财产，应当予以返还；不能返还或者没有必要返还的，应当折价补偿。有过错的一方应当赔偿对方因此所受到的损失，双方都有过错的，应当各自承担相应的责任。当事人恶意串通，损害国家、集体或者第三人利益的，因此取得的财产应当收归国家所有或者返还集体、第三人。

建设工程合同依法成立后，双方当事人按照合同约定全面、正确地完成各自应承担的义务，从而使当事人的合同权利全面实现。建设工程合同的承包人按照合同的约定完成工程建设任务、向发包人交付工程，发包人依照合同的约定支付工程价款。

合同成立以后、履行完毕之前，双方当事人可依法对原合同的内容进行修改。合同当事人可依法将合同的全部或者部分权利义务转让给第三人。合同的转让，可分为合同权利的转让、合同义务的转让和合同权利义务全部转让。合同权利义务终止须有法律上的原因。

合同当事人不履行合同义务或者履行合同义务不符合约定时,依法应承担法律责任。严格责任原则是承担违约责任的主要原则,严格责任原则下规定法定免责事由为不可抗力。当事人一方不履行合同义务或者履行合同义务不符合约定的,应当承担继续履行、采取补救措施或者赔偿损失等违约责任。

◀ **思 考 题** ▶

1. 试述建设工程合同的概念和特征。

2. 试述建设工程合同订立的程序。

3. 建设工程合同的生效条件是什么?

4. 建设工程合同无效有哪些情形?

5. 哪些建设工程合同是可变更或者可撤销的合同?

6. 建设工程合同的当事人在哪些情形下可以行使同时履行抗辩权、后履行抗辩权和不安抗辩权?

7. 建设工程合同中的代位权和撤销权如何行使?

8. 在哪些情况下可以解除建设工程合同?

9. 试述建设工程合同的违约责任。

10. 建设工程合同违约责任的法定免除事由是什么?

◀ **实 训 案 例** ▶

案例 1

1998 年 10 月 5 日,原告某市帆布厂与被告某修建工程队订立了建筑工程承包合同,合同规定:被告为原告建筑框架厂房,跨度 12m,总造价为 98.9 万元;承包方式为包工包料;开、竣工日期为 1998 年 11 月 2 日至 2000 年 3 月 10 日。自工程开工至 1999 年底,原告给付被告工程款、材料垫付款共 101.6 万元。到合同规定的竣工期限,被告未能完工,而且已完工程质量部分不合格。为此,原告诉至法院。受诉法院查明:被告在工商行政管理机关登记的经营范围为维修和承建小型非生产性建筑工程,无资格承包此项工程。经有关部门鉴定:该项工程造价应为 98.9 万元;未完工程折价为 111.7 万元;已完工程的厂房屋因质量不合格,返工费为 5.6 万元。此案应如何处理,说明理由。

案例 2

天兴商场为了扩大营业范围,购得某市毛纺织厂地皮一块,准备兴建该商场分店。天兴商场通过投标的形式与市建筑工程公司签订了建筑工程承包合同。之后,承包人将各种设备、材料运抵工地开始施工。施工过程中,城市规划管理局的工作人员来到施工现场,指出该工程不符合城市建设规划，未领取施工规划许可证，必须立即停止施工。最后，城市规划管理局对发包人作出了行政处罚，处以罚款 2 万元，勒令停止施工，拆除已修建部分。承包人因此而蒙受损失，向法院提起诉讼，要求发包人给予赔偿。此案应如何处理，说明理由。

案例 3

1993 年 5 月 10 日，原告立新房地产投资开发公司与被告宏安建筑安装工程公司签订了建设工程施工合同，约定由被告承包工程中的全部建筑基础及上部工程和安装等工程，工期为 18 个月，开工日期为 1993 年 5 月 17 日，竣工日期为 1994 年 11 月 17 日，原告在开工前准备完所有施工必备的条件。如果原告不能及时给出必要指令，不按合同约定履行自己的每一项义务，致使合同无法履行，应承担违约责任。被告若延误竣工日期，除不可抗力因素外，则每日按工程造价的万分之五承担违约责任。除双方协议终止合同或一方违约使合同无法履行，违约方在承担违约责任后应继续履行合同。在合同履行过程中，由于原告未按约定履行自己的义务，导致工程处于停工状态。1995 年 9 月，原告反而诉至法院，要求解除与被告之间的建筑工程施工合同，并要求被告赔偿损失。此案应如何处理，说明理由。

案例 4

某工程项目中，建设单位自行采购 32.5 普通硅酸盐水泥 500t。采购合同中约定 2003 年 7 月 20 日为交货期，采购方应在交货后 3 日内付款。由于该地区水泥厂商联合限量供应，导致该段时间水泥货源突然紧张，供货商于 7 月 20 日先供货 400t，建设单位认为余下的 100t 水泥还未到拒绝付款，直至 8 月 25 日余下的 100t 水泥才运至工地，8 月 27 日，建设单位一次性支付了所有的水泥材料款。在协商过程中，建设方坚持说 8 月 27 日支付货款不属于违约行为。因为，供货商没有按照合同在 7 月 20 日提供全部的 500t 水泥。采购方因此享有抗辩权。请问采购方所指的抗辩权属于哪一类抗辩权？建设方的说法是否成立？为什么？

案例 5

甲电讯公司因建办公楼与乙建筑承包公司签订了工程总承包合同。其后，经甲同意，乙分别与丙建筑设计院和丁建筑工程公司签订了工程勘察设计合同和工程施工合同。勘察设计合同约定由丙对甲的办公楼及其附属工程提供设计服务，并按勘察设计合同的约定交付有关的设计文件和资料。施工合同约定由丁根据丙提供的设计图纸进行施工，工程竣工时依据国家有关验收规定及设计图纸进行质量验收。合同签订后，丙按时将设计文件和有关资料交付给丁，丁依据设计图纸进行施工。工程竣工后，甲会同有关质量监督部门对工程进行验收，发现工程存在严重质量问题，是由于设计不符合规范所致。原来丙未对现场进行仔细勘察即自行进行设计导致设计不合理，给甲带来了重大损失。丙以与甲没有合同关系为由拒绝承担责任，乙又以自己不是设计人为由推卸责任，甲遂以丙为被告向法院起诉。此案如何处理，说明理由。

案例 6

甲商业公司为了兴建高层办公楼,在当地报纸上发布了招标公告,引来了众多建筑公司竞标。乙建筑公司最终以最低的报价和最优的条件中标。事后,乙建筑公司经过内部协商,又认为报价太低,难以按期保质完成甲商业公司高层办公楼的建设任务,于是拒绝与甲商业公司签订合同。甲商业公司与乙建筑公司经过多次协商未达成一致意见,甲商业公司向人民法院提起诉讼。此案应如何处理,说明理由。

案例 7

某房地产开发公司长期拖欠某建筑公司工程款1400万元,建筑公司多次催要,房地产公司提出因资金周转困难暂时无力偿还。2000年3月10日,建筑公司找房地产公司催要工程款时,房地产公司提出为筹措资金偿还债务正准备将其一幢办公楼和一幢已出租的楼房卖给他人。按当时市价,两幢楼约为1500万元。同年4月18日,房地产公司与某综合商场达成协议,将两幢楼卖给综合商场,共得价款900万元。5月,某房地产公司又开始租用已卖给综合商场的办公楼,租期两年。建筑公司了解到房地产公司所付的租金很低,因此认为房地产公司与综合商场恶意串通,低价买卖楼房,以损害建筑公司的利益。以后,建筑公司多次催讨欠款未果,起诉到法院,请求法院认定房地产公司与综合商场恶意串通,宣告该合同无效。房地产开发公司和综合商场是否构成恶意串通?建筑公司是否有权请求法院撤销合同?依据是什么?

案例 8

2004年11月9日,某工程施工企业(承包人)与某实业公司(发包人)签订了一份建设工程施工合同,约定:施工企业根据实业公司提供的施工图纸为其建造一幢厂房,承包方式为包工包料,工程价款依照工程进度支付。工程进行当中,实业公司多次拖延给付工程进度款。后经协商双方达成协议,由施工企业先行垫付一部分资金,利息按同期银行贷款利率计算,实业公司应于两个月后将欠付工程款及施工企业垫资的利息返还给施工企业。但是两个月后,实业公司并未返还相应款项。施工企业多次以书面的形式催要均没有结果,于是向法院提起诉讼,以实业公司未能如约支付工程款,导致自己不能正常履行合同义务为由,请求法院判定解除双方的建设工程施工合同,并要求实业公司赔偿损失、返还施工企业的垫资及利息。此案如何处理?并说明理由。

案例 9

甲地产公司与乙建筑公司订立了一份地产项目合同,合同约定先由乙建筑公司完成土地"三通一平",然后甲地产公司注资5000万元支付乙建筑公司的土地平整费用和工程后期投资。合同订立后乙建筑公司开始施工,无意中得知甲地产公司注册资金不足1000万元,并且在不久前的一笔投资中因经营不善亏损了1000余万元,乙建筑公司便停止了一开始的施工。甲地产公司获悉后以乙建筑公司违约为由向人民法院提起诉讼。甲建筑公司停止施工的行为应如何认定?说明理由。

案例 10

东方开发公司向阳光建筑公司发包建设工程项目，双方约定，工程工期六个月。阳光建筑公司在施工过程中，由于百年不遇的洪水，使得工程中断。阳光建筑公司在通知东方开发公司情况后，虽然加紧施工，还是没有按期完成工程。工程因为水灾导致设备毁坏，停工管理导致费用增加。工程完工后，东方开发公司拒绝支付因水灾而增加的费用，并要求追究阳光建筑公司逾期交工的责任。双方发生纠纷，起诉至法院。此纠纷应如何处理，说明理由。

案例 11

某厂与某建筑公司签订建设工程承包合同。合同开工后一个月，厂方因资金紧缺，口头要求建筑公司停工，建筑公司口头同意停工一个月。工程按合同规定期限验收时，厂方发现工程质量问题，要求返工。两个月后返工完毕。结算时，厂方认为建筑公司迟延交付工程，应偿付逾期违约金。建筑公司认为，厂方要求临时停工并不得顺延工期，建筑公司因抢工期才出现质量问题，因此迟延交付的责任不在建筑公司。厂方认为，临时停工和不顺延工期是当时建筑公司同意的，其应当承担违约责任。此争议应当如何解决？

第五章 建筑工程监理法规

学习建筑工程监理法规,掌握和运用监理法规基本概念及其有关法律、规范等知识,可以依法正确处理建筑工程监理当事人(业主、监理单位和承包商)之间的关系,解决实际工作中出现的各种涉及《建筑法》、《建筑工程监理规范》和《建设工程监理范围和规模标准规定》等相关法律法规方面的问题和纠纷。

通过本章学习,了解建设工程监理单位的资质与管理,项目监理组织的建立和规划;掌握工程建设监理的基本概念,监理的主要工作内容、工作程序和实际运作方法;熟悉工程建设监理的组织和规划。

【引例】

杭州市萧山区某工程,建设单位和施工单位依据《建设工程施工合同(示范文本)》签订了施工合同,工程开工日期约定为 2003 年×月×日。考虑到杭州秋季多雨不利于深基坑施工、施工单位已获施工许可证以及设备人员已进场等因素,建设单位执意授权施工单位在合同约定的开工日期之前进行施工,并对施工单位报送的《工程开工报审表》予以审核签字确认,同时告知本项目监理机构。在施工过程中,又遇阴雨连绵,基坑施工进度缓慢。在未经专家研究论证和设计单位、监理单位同意的情况下,建设单位再次授权施工单位调整施工方案,在基坑支护结构养护时间不充分的条件下,于×月×日趁天气放晴之际加快基坑开挖速度,最终导致当天夜里发生基坑支护结构变形破坏严重和基坑一侧垮塌的严重工程事故。

在本案例中,我们需要思考的问题有:①建设单位是否有权要求施工单位提前进行施工和调整施工方案,是否有权对《工程开工报审表》进行审核签字确认。②监理机构在避免此类工程事故发生时应该采取什么样的措施和方法。③建设单位、施工单位和监理单位三者之间的法律关系如何处理才能保证工程建设安全、有序、保质、按期圆满完成。如果解决了上述三个问题,也就是建设单位、施工单位和监理单位都清楚自身的权利和义务,并且能够做到认真执行,也就可以避免本次事故发生。现在,我们将对有关的建筑工程监理法规展开介绍。

151

第一节　建筑工程监理概述

一　建筑工程监理的含义和性质

（一）建筑工程监理的含义

《建筑法》第三十条明确规定："国家推行建筑工程监理制度"。

建筑工程监理，是指由具有法定资质条件的工程监理单位，与建设单位签订委托监理合同，接受建设单位的委托，依据国家有关法律、法规及有关的技术标准、设计文件和其他建筑工程合同，对工程建设实施的专业化监督管理。换而言之，建筑工程监理也就是对工程建设的可行性研究阶段、勘测设计阶段、施工阶段、竣工后的保修阶段等全程进行监督和管理，避免工程建设行为的盲目性和随意性，做到依法、文明施工，实现对工程质量、工程工期和工程投资的有效管理和控制。

建筑工程监理的对象是建设活动中有关单位的权利、义务和职责的执行情况，而不是工程本身。建筑工程监理单位必须具备监理资质证书，拥有与工程建设单位签订的工程建设委托监理合同，获得委托授权，并在建设单位和承包商签署的承包合同条件中得到确认，才能够对工程建设行使监理。

（二）建筑工程监理的性质

建筑工程监理活动具有两个层面的含义：一是指社会职能的建筑工程监理，称为社会监理；二是指具有政府行政职能的建筑工程监理，称为政府监理。两种建筑工程监理在监督依据、监督性质以及与工程建设单位和承包单位的关系方面均存在较大差异，且不能相互替代。具有资质的建筑工程监理单位对建筑工程建设实施监督和管理，需要获得建设单位的委托授权，代表建设单位依法进行专业化监督和管理；在性质上，工程监理单位是一种社会中介组织，能够提供复杂的专业技术服务；工程监理单位与建设单位、工程承包单位三者之间是平等的民事主体关系，监理单位如果发现承包单位的违法行为或者违反监理合同的行为，应当及时向建设单位报告，但是它没有行政处罚权。政府职能的建筑工程监理是指政府建筑行政主管部门对工程建设参与者进行监督和管理，确保建设行为符合国家法律、法规和有关技术规范标准，实现建筑活动的科学和经济；政府职能的建筑工程监理在性质上属于强制性的行政监督管理行为，与建设单位和建筑工程承包单位之间属于行政管理与被管理的关系，不论建设单位和工程承包单位是否愿意，都必须严格服从行政主管部门依法进行的监督管理，政府主管部门有权对建设单位和建筑工程承包单位的违法行为依法做出行政处罚。

社会监理和政府监理作为建筑工程监理制度中重要组成部分。前者主要负责监理工作的微观管理，对工作人员的专业性和技术性要求非常高；后者主要负责监理工作的宏观管理，制定相关法律政策。社会监理的工作性质决定监理单位是一个拥有一批精通工程建设专业知识、经济知识和组织管理知识的人才组织；同时，它也要求其工作人员应该是具备多学科知识的复合型人才。

建筑工程监理制度是改革开放和市场经济建设发展到一定阶段的必然产物,我国推行建筑工程监理制度的最终目的就是提高我国工程建设水平、降低工程成本、提高工程效益。因此,建筑工程监理的性质应包括科学性、独立性、公正性和服务性。

1.科学性

建筑工程监理是一项高智能的技术性服务,在建筑工程监理过程中会遇到各种各样的技术和管理问题需要及时解决处理,因此,监理水平的高低直接影响到监理单位的生存与发展。监理单位必须培养和拥有一批管理水平高、工程经验丰富和应变能力强的监理工程师队伍;监理企业应具备现代管理制度,符合国际惯例和标准;监理企业要有足够的技术积累和人才储备;监理企业能够向建设单位提供科学性、严禁性和创造性的技术性服务成果。按照《建筑法》第十二条和第十三条规定,国家对监理单位的资质管理和监理工程师的注册执业管理有着一套严格的规章制度,以保证建筑工程监理单位资质合格和监理工程师高素质高水准。无论是从监理单位资质、管理水平和监理工程师素质等角度来讲,还是从监理单位提供的技术服务水平角度来讲,建筑工程监理工作必须具有科学性。

2.独立性

《建筑法》第三十四条规定,工程监理单位应当依据建设单位的委托,客观、公正地执行监理任务,工程监理单位与被监理工程的承包单位,以及建筑材料、建筑构配件和设备供应单位不得有隶属关系或者其他利害关系。《建设工程质量管理条例》第十二条也规定,实行监理的建设工程,建设单位应当委托具有相应资质等级的工程监理单位进行监理,也可以委托具有工程监理相应资质等级并与监理工程的施工承包单位没有隶属关系或者其他利害关系的该工程的设计单位进行监理。在工程监理过程中,监理单位和监理工程师应依据法律、法规、规章、技术标准和工程建设合同等文件开展工作,以避免监理单位、监理工程师和被监理单位之间存在利益关系。这样,才能够保持建筑工程监理的独立性,才符合国际惯例。

3.公正性

公正性是社会公认的职业道德准则,是监理单位能够长期生存、发展和壮大的基本职业道德准则。在开展建设工程监理的过程中,监理单位应当排除各种干扰,客观、公正地对待承包商和建设单位,从而为建设单位和承包商提供良好的竞争环境,保障建设单位的合法权益不受损害。

4.服务性

《建筑法》第三十一条规定,建设单位与其委托的工程监理单位应当订立书面委托监理合同。建筑工程监理属于服务性行业,本身不直接创造价值,而是根据合同利用自己的科学知识和工程建设经验为建设单位提供一定的专业服务,协助建设单位完成工程建设任务,以获得建设单位提供的酬金。监理单位和建设单位之间是经济关系,二者之间的相互选择是一种市场行为,根据服务优劣和酬金多寡来确定。因此,建筑工程监理具有较强的服务性。

⊜ 二 建筑工程监理的依据和范围

(一)建筑工程监理的依据

1.有关法律、法规

全国人民代表大会及其常务委员会、国务院制定颁布的法律和行政法规。如《建筑法》《招标投标法》《合同法》《建设工程质量管理条例》和《建设工程监理范围和规模标准规定》等。

2.技术标准、技术规范

国家行政主管部门制定的建筑工程及其监理相关的技术标准和技术规范等，如国家现行的《建设工程监理规范》(GB/T 50319—2013)等。

3.工程项目建设文件

工程项目建设必须报批，通过政府有关部门审查后才可进行建设，工程项目建设文件包括有工程项目建设计划、建设规划、设计文件和设计图纸等。

4.建设工程合同和委托监理合同

工程建设合同是监理单位对工程投资、进度和质量进行监督和管理的法律依据，监理单位必须严格执行工程建设合同。监理单位必须签订委托监理合同，获得建设单位授权，才能够依法对工程项目建设进行监督和管理。

(二)建筑工程监理的范围

《建筑法》第三十条规定："国务院可以规定实行强制监理的建筑工程的范围。"为了加强对建设工程质量的监督和管理，保证建设工程质量，保护人民生命和财产安全，根据《建筑法》制定《建筑工程质量管理条例》，该条例第十二款对必须实现监理的建设工程作出了原则性规定。必须实行监理的建筑工程项目主要以下几项。

1.国家重点建设工程

国家重点建设工程，是指依据《国家重点建设项目管理办法》所确定的对国民经济和社会发展有重大影响的骨干项目。

2.大中型公用事业工程

大中型公用事业工程，是指项目总投资额在3 000万元以上的下列工程项目：

(1)供水、供电、供气、供热等市政工程项目；

(2)科技、教育、文化等项目；

(3)体育、旅游、商业等项目；

(4)卫生、社会福利等项目；

(5)其他公用事业项目。

3.成片开发建设的住宅小区工程

成片开发建设的住宅小区工程，建筑面积在5万 m^2 以上的住宅建设工程必须实行监理；5万 m^2 以下的住宅建设工程，可以实行监理，具体范围和规模标准，由省、自治区、直辖市人民政府建设行政主管部门规定。

为了保证住宅质量，对高层住宅及地基、结构复杂的多层住宅应当实行监理。

4.利用外国政府或者国际组织贷款、援助资金的工程

利用外国政府或者国际组织贷款、援助资金的工程范围包括：

(1)使用世界银行、亚洲开发银行等国际组织贷款资金的项目；

(2)使用国外政府及其机构贷款资金的项目；

(3)使用国际组织或者国外政府援助资金的项目。

5.国家规定必须实行监理的其他工程

(1)项目总投资额在3 000万元以上关系社会公共利益、公众安全的下列基础设施项目：

①煤炭、石油、化工、天然气、电力、新能源等项目；

②铁路、公路、管道、水运、民航以及其他交通运输业等项目；

③邮政、电信枢纽、通信、信息网络等项目；

④防洪、灌溉、排涝、发电、引(供)水、滩涂治理、水资源保护、水土保持等水利建设项目；

⑤道路、桥梁、地铁和轻轨交通、污水排放及处理、垃圾处理、地下管道、公共停车场等城市基础设施项目；

⑥生态环境保护项目；

⑦其他基础设施项目。

(2)学校、影剧院、体育场馆项目。国务院建设行政主管部门商同国务院有关部门后，可以对本规定确定的必须实行监理的建设工程具体范围和规模标准进行调整。

第二节 建设工程委托监理合同

一 建设工程委托监理合同的内容

2000年1月14日，原建设部和国家工商行政管理局联合颁布新修订后的《建设工程委托监理合同(示范文本)》(GF—2000—2002)。《建设工程委托监理合同(示范文本)》包括"工程建设委托监理合同"(简称"合同")、"建设工程委托监理合同标准条件"(简称"标准条件")和"建设工程委托监理合同专用条件"(简称"专用条件")三部分内容。该示范文本参照FIDIC(国际咨询工程师联合会)编制的合同文本，结合我国工程建设监理的具体特点编制而成，作为法定的规范性文件，要求我国建设单位和监理单位在签订委托监理合同时参照执行。

(一)建设工程委托监理合同

建设工程委托监理合同实际上是一个总协议书，属于总纲性的法律文件。它规定了监理合同应当包含的内容：当事人双方确定的委托监理的工程概况，如工程名称、地点、规模、总投资、监理阶段和范围等；合同签订、生效、完成时间；有关双方愿意履行约定的各项义务的表述情况；委托人向受托人支付报酬的期限和方式等。委托监理合同是一份标准化的格式文件，当事人双方应首先按照原建设部和国家工商行政管理局联合颁布《建设工程委托监理合同(示范文本)》(GF—2000—2002)格式填写，双方确认后再签字盖章，即发生法律效力。考虑到监理合同对委托人和受托监理人均具法律约束力，因此，监理合同除了包含双方签署的上述协议外，还应包含以下文件：

(1)监理委托函或中标函；

(2)建设工程委托监理合同标准条件；

(3)建设工程委托监理合同专用条件；

(4)在监理过程中双方共同签署的修正和补充文件。

(二)建设工程委托监理合同的标准条件

标准条件是委托监理合同的通用文本,适于各类建设工程项目监理,其内容涵盖了合同正常履行过程中和非正常情况下当事人之间的权利义务划分,以及对管理程序规范化的约定,避免在订立合同时遗漏某些内容或约定的风险和责任分担。标准条件主要包括:所用词语定义,适用范围和相关法规,签约双方的责任、权利和义务,合同生效变更与终止,监理报酬和支付方式,争议的解决及其他事项等。各个委托人、监理人都应认真遵守和履行。

(三)建设工程委托监理合同的专用条件

标准条件适于各种行业和专业项目的建设工程监理工作,适用范围广泛,但其条款无法面面俱到,甚至有些条款过于笼统。专业条件则是在签订某工程项目的委托监理合同时,结合专业特点、所在地域特点以及委托监理项目的特点,由建设单位和监理单位共同协商一致后进行填写。当合同当事人双方认为有必要时,还可以对标准条件中的某些条款进行修正和补充,允许在专用条件中增加双方议定的有关条款内容。

补充条款是指标准条件中的某些条款有明确规定,但其内容较为笼统,需要完善,为此,在遵循该条款的原则下,在专用条件的条款中再进一步阐述清楚其具体内容,使在标准条件和专业条件中具有相同序号的条款共同形成一套内容完备的条款。例如,标准条件中规定"建设工程委托监理合同适用的法律是国家法律、行政法规,以及专用条件中议定的部门规章或工程所在地的地方法规、地方章程。"针对某具体工程监理项目来说,具体要求在专用条件的相同序号条款内写入履行本合同必须遵循的部门规章和地方法规的名称,以此作为双方都必须遵守的条件。

修改条款是指在标准条件中某些条款规定的程序方面的内容,被合同当事人双方认为不合适,对该条款进行修改。例如,标准条件第三十七条规定"当委托人认为监理人无正当理由而又未履行监理义务时,可向监理人发出指明其未履行义务的通知。若委托人发出通知后21日内没有收到答复,可在第一个通知发出后35日内发出终止委托监理合同的通知,合同即行终止。监理人承担违约责任。"考虑到工程建设所面临的复杂情况,委托人认为这个时间太长,可与监理单位展开协商,在达成一致意见后,在专用条件的相同序号条款内缩短时间,也就是可将35天改为28天。

二 建设工程监理当事人之间的法律关系

在建设工程监理过程中,当事人主要包括业主、承包商和监理单位三方。在当事人之间,业主与承包商签订的是建设工程合同,业主与监理单位签订的是委托监理合同,这些合同约定了当事人的权利、义务和责任。监理单位对承包商建设活动的监督管理权及其合法性是来源于业主的委托与权利的让渡和授予,即委托—代理关系。虽然监理单位和承包商之间没有任何直接关系,更没有相互签署合同,但是监理单位必须履行对承包商的监督与管理。为了实现当事人之间的权利和义务的基本平等,以利于工程建设的顺利开展,我国原建设部和国家工商行政管理局依据工程建设的有关法规,并结合当前工程建设的实际状况,通过借鉴国际咨询工程师联合会编制的 FIDIC 合同文本,编制和颁布了《建设工程施工合同(示范文本)》(GB—2013—0201)和《工程建设监理合同(示范文本)》(GF—2012—0202),供监理当事人参照执行。根据上述的合同示范文本所签订的建设合同和委托监理合同,能够更明确地反映业主、承包商和监理单位之间的法律关系。

(一)业主与承包商的法律关系

在我国,业主是指由投资方派代表组成的,全面负责项目筹资、建设、生产经营、归还贷款和债券本息的,并承担投资风险的管理机构。根据公开、公正和公平的竞争原则,业主采用招标投标手段,择优选择承包商,并与之签订合同,业主和承包商之间就形成了合同关系,也称之为承包、发包的合同关系。在本质上,业主与承包商之间是雇佣与被雇佣的关系;在合同条件中,二者则是平等主体。

业主和承包商应严格按照合同条件的规定,认真履行自己的义务和责任。承包商应当承担合同范围内工程的勘察、设计、施工以及竣工后的保修等责任。业主也应当按照合同文件规定履行自己的职责,如及时提供合同约定的资金和设备等。在施工过程中,业主和承包商应清楚自己的权利和责任,业主不能随意干涉承包商正常施工,承包商既不能违法合同规定也不能盲从业主进行施工,双方必须遵守合同约定。对于建筑工程建设的监管,业主应委托监理单位具体负责,业主可以不再直接指挥承包商的施工活动。在合同条件中,没有任何条款说明承包商应接受业主的指令,承包商有权拒绝执行业主直接向其下达的属于违反合同的指令。同样,监理工程师也有权拒绝承包商执行业主违反合同的指令。在工程实践中,业主如果干涉承包商和监理工程师依合同执行工作,最终可能导致合同失败。业主应尽可能不干预承包商执行合同,由监理单位来组织、协调和监督,确保工程质量。

(二)业主与监理单位的法律关系

【案例】

原告:××监理公司

被告:××大学

××大学投资建设一幢 6 层的综合办公大楼,于 2004 年 6 月 21 日,和××工程监理公司签订了建设工程委托监理合同。在专用条件的监理职责条款中,在合同条款中明确约定:"乙方(××监理公司)负责甲方(××大学)实验楼工程设计阶段和施工阶段的监理业务,……,从监理业务结束之日起 7 天以内,甲方(××大学)应及时支付给乙方(××监理公司)最后 15%的建设工程监理费用。"当甲方(××大学)实验楼竣工 10 天之后,乙方(××监理公司)要求甲方(××大学)支付最后 15%的监理费用,甲方(××大学)以双方有口头约定,乙方(××监理公司)的监理职责应该履行到工程保修期满为由,拒绝支付余下的监理费。

双方交涉未果,乙方(××监理公司)于是起诉到法院,要求索款。法院通过审理,最终判决双方口头约定的"监理职责应该履行到工程保修期满"这一条内容,不构成委托监理合同的内容,甲方(××大学)到期不支付最后的 15%监理费用,已构成违约,因此,应该承担违约责任,支付乙方(××监理公司)余下的 15%监理费用以及由于延期付款产生的利息。

根据《建筑法》(1998)和《建设工程监理范围和规模标准规定》(2001)中的规定,必须进行强制监理的建设工程项目主要包括有：①国家重点建设工程；②大中型公用事业工程；③成片开发建设的住宅小区工程；④利用外国政府或者国际组织贷款、援助资金的工程；⑤国家规定必须实行监理的其他工程。结合案情介绍，我们可以判断出××大学综合办公大楼必须进行强制监理。

由于要依法对××大学综合办公大楼建设工程实行强制监理，根据《合同法》、《建设工程质量管理条例》和《建筑法》中的有关规定，业主与监理单位双方应签订书面的建设工程委托监理合同，业主与监理单位可以签订书面的委托监理合同，并由监理单位按照合同约定对建设工程进行监理。

这里，我们首先要理清案情：甲方（××大学）投资建一综合办公大楼，属于需要强制监理的建设工程，依法应该与乙方（××监理公司）订立书面的委托监理合同。在本案中，甲乙双方争执的焦点是明确乙方的监理范围和监理工作的具体内容。建设工程委托监理合同约定，工程监理范围和监理工作内容包括工程设计和施工两个阶段，并不包括保修阶段。双方仅仅对保修阶段的工程监理做出过口头约定。

我国法律规定：委托监理合同确立的是发包人与工程师的委托关系，工程师处理的是发包人的事务，接受的是发包人的指令，维护的是发包人的利益，是发包人的代理人。建设工程委托监理合同既不是技术合同，也不是工程合同，而是委托合同。《合同法》第二百七十六条规定："建设工程实行监理的，发包人应当与监理人采用书面形式订立委托监理合同。发包人与监理人的权利和义务以及法律责任，应当依照本法委托合同以及其他有关法律、行政法规的规定"。我国《合同法》《建筑法》《建设工程质量管理条例》均一致认为工程师是发包人的代理人。《合同法》第三百九十九条规定："受托人应当按照委托人的指示处理委托事务"。《建筑法》第三十一条规定："实行监理的建筑工程，由建设单位委托具有相应资质条件的工程监理单位监理。建设单位与其委托的工程监理单位应当订立书面委托监理合同"。《建设工程质量管理条例》第十二条规定："实行监理的建设工程，建设单位应当委托具有相应资质等级的工程监理单位进行监理"。综上所述，建设工程委托监理合同必修以书面形式订立，口头形式约定则不成立，不具法律效力。因此，该委托监理合同关于监理范围和监理工作内容的约定，只能包括工程设计和施工两个时间段，不包括保修阶段。这表明，乙方（××监理公司）已经完全履行了合同义务，甲方（××大学）到期不支付监理费用的行为已构成违约。因此，判决甲方（××大学）应当承担违约责任，支付乙方（××监理公司）最后15％监理费用以及延期付款产生的利息，这一判决是正确的。

根据我国《建设工程施工合同（示范文本）》和《工程建设委托监理合同（示范文本）》等文件的规定，业主拥有选择承包商和监理单位，以及与它们订立合同的决定权。业主与监理单位的关系是平等的主体之间的关系，在工程建设监理上是委托与被委托、授权与被授权的关系。

在业主与承包商签订的施工合同中，详细规定了监理工程师的权利和职责，从而奠定了业主和监理工程师之间的工作关系基础。这样，监理工程师才可能独立公正地行使合同条件给予的权利，才能够对业主行使一定的约束权利。

在业主与监理单位签订的《工程建设委托监理合同》中，主要对监理人员数量、素质、服务范围、服务费用、服务时间以及权利等各方面进行详细规定。不同的业主委托监理单位监理的内容会有所差异。同样,不同的业主对工程建设监理授予的权力也会有所区别。因此,监理单位必须依照委托合同中规定的工作任务和授权范围履行职责。注意保持《工程建设监理合同》和《建设工程施工合同》两文件中监理工程师权力的一致性。

正确处理业主与监理工程师的关系,必须坚持两点:一是业主有权解除不称职的监理人员,甚至是解除监理合同,明确业主的处罚权,既保护业主权益,又对监理工程师是一种鞭策;二是约束业主权限,确立监理工程师按照合同条件独立公正地从事监理工作的权利。只有认识到这两点的重要性,业主和监理工程师才能够摆正各自的位置、团结合作。

(三)监理单位与承包商的法律关系

监理单位与承包商都是企业性质的单位,属于平等的主体。虽然二者之间既没有合同关系也没有签署任何协议,但是它们都受聘于业主。根据业主与承包商签订的合同条件,监理单位可以对工程项目建设中的行为实施监理,这种监理权的合法性主要体现在以下三个方面:

(1)业主的授权,即监理工程师接受业主的委托;

(2)承包商在其与业主签订的合同中事先予以承认——其一切工程建设活动都必须得到监理工程师的批准;

(3)国家工程建设监理法规赋予监理单位具有监督建设法规和技术法规实施的职责。

因此,监理单位与承包商之间是监理与被监理的关系,承包商必须接受监理单位的监督与管理。

在实施建筑工程监理之前,业主应当将委托的工程建设监理单位、总监理工程师姓名、监理的内容及监理权限,书面通知被监理的承包商。承包商在接受监理时应该为监理单位开展工作提供方便,还应该按照要求提供完整的原始记录、检测记录和技术经济资料。凡是涉及工程的事项,不论其是否在合同中已明确写出,承包商都应严格遵守和执行监理工程师的书面指示。承包商完成的任何工作都必须满足监理工程师的要求,承包商也可以提出自己的意见和要求。当承包商无法接受监理工程师的决定和指示时,他有权向有关机构提出仲裁,甚至可以通过法律手段解决问题,保护自身合法权益不受侵犯。因此,监理单位在处理同承包商的关系时必须坚持两个原则,其一是监理单位要严格监督承包商全面履行合同规定的义务,其二是要积极维护承包商的合法权益。

根据有关法律法规和规章制度,监理单位不能与承包商有任何经济关系,也不能有任何隶属关系。一般情况下,工程监理单位与被监理工程的承包商以及建筑材料、建筑构配件和设备供应单位不得有隶属关系或者其他利害关系,也不得是这些单位的合伙经营者,监理单位及其工作人员不得在这些单位任职,这是监理工作必须坚持的基本原则和行为准则。

总而言之,工程建设监理过程中主要当事人包括业主、承包商和监理单位,既相互独立又相互制约,独立是指主体的独立,制约是指合同条件的制约。只有处理好三方间的关系,明确各自定位和作用,才能够保证工程建设按照合同条件顺利、圆满完成。

三 监理单位的权利和义务

监理单位是承担监理业务和监理责任的一方及其合法继承人。监理机构是监理单位派驻工程建设现场实施监理业务的组织。

（一）监理单位的权利

【案例】

1991 年 2 月，中国某国际工程公司通过国际竞标的方式，获得也门某体育场工程项目，发包方是也门阿得班公司。双方于 1991 年 5 月签订了一份国际工程承包合同，其主要内容是：

（1）监理工程师职权。监理工程师由业主指定，为德国人布雷默先生，他是为合同的目的作出决定、发出证明和下达指令的人员。业主制定的监理工程师的条件是要求工程师在行使任何权力时必须取得业主的具体批准。

（2）价格条款和支付条款。合同总价是 1.5 亿美元，包括承包商的工程款和建筑材料和机械设备款在内。工程开工时支付 20％，中期支付 25％，竣工后支付 25％，余下的 30％待工程验收合格后一并支付。

（3）工程期间。1991 年 6 月 1 日到 1993 年 4 月 30 日。

（4）工程所需的建筑材料、机械设备等由承包商负责筹措和购买。但是必须经过监理工程师的审批，承包商先送样品和图样给监理工程师，待通过后再成批购买。

（5）工程延期要收取罚金，从承包商应获取的工程款中扣缴，延期一日，交罚金 20 万美元。

（6）工程由承包商负责设计、施工，竣工后由监理工程师初步验收，合格之后付给 25％ 的款项；待正式验收之后，业主与承包商按合同规定，由业主付给承包商的全部工程款，承包商则正式将工程移交给业主。

（7）当发生争议时，交伦敦仲裁院仲裁。

合同经双方签订后生效，承包商按合同规定提交建筑材料的小样和机器设备的图纸，均被监理工程师以质量不高为由否决。如此反复 5 次，工程已经耽误了 82 天。为了不延误工期，避免双方合作破裂，中方承包商只得放弃自己选购材料、设备的权利，由监理工程师自己联系渠道购买。随后监理工程师从德国购买材料和设备，总费用达 3 000 万美元之巨。后工程快要竣工时，监理工程师又以管道设计不合理为由，要求承包商重新设计和施工。承包商对此据理力争，提出当时对工程的设计监理工程师和业主并未提出异议，此设计并无实质不当，且如果改变设计和重新施工，会延误工期。对此，业主置若罔闻，仍要求承包方按监理工程师的指示办。结果，承包商无奈，只得重新设计管道安装并重新施工。最后的竣工日期是 1993 年 8 月 23 日，延误工期 115 天。据此，业主要求按合同收取罚金，共计 2 300 万美元。对此，双方发生争执，遂提交伦敦仲裁院仲裁。

经调查，德国监理工程师与业主订立了一个君子协定，监理工程师出面百般刁难承包商，使其工期拖延，业主可以少付工程款，监理工程师收取 10％ 的回扣；监理工程师从德国购买的材料设备，实际价值 1 200 万美元，却采取欺骗的手法乱报发票，目的也是少支付承包商工程款，1 800 万美元的差价监理工程师也可收取 10％ 的好处费。故工期的拖延纯粹是由业主和监理工程师的恶意串通刁难而致。仲裁裁决最后裁定承包商不对工期延误负责，并可以获得其应得的全部款项，即 1.38 亿美元。

建筑工程监理，或称建筑监理，是指由具有法定资质条件的工程监理单位，与业主签订委托监理合同，接受其委托，根据国家法律、法规及有关的技术标准、设计文件和其他建筑工程合同,对工程建设的参与者行为进行专业化监督管理,制止工程建设行为的盲目性和随意性,做到依法、文明施工,实现对工程质量、工程工期和工程投资的有效管理和控制。《建筑法》第三十条规定:"国家推行建筑工程监理制度。"

实行建筑工程监理制度是我国工程建设领域中管理体制的一项重大改革措施,是我国加入 WTO 后建筑市场日趋国际化、建设工程管理逐渐与国际接轨的必然结果,还是提高我国工程建设管理水平、增强国际竞争力的客观要求。在国际工程中,FIDIC 合同条件要求咨询工程师全过程参与工程项目建设,即参与业主立项前的咨询服务和立项后的投资、设计、招投标、采购、施工、安装、调试和验收等工作。基于 FIDIC 合同条件,我国监理制度要求建筑工程监理应该做到"三控、二管、一协调"。实践证明,监理工程师协调好工程建设各方的工作关系,有助于顺利完成工程建设,提高工程质量、保证工期和节省投资。

在 FIDIC 合同条件中,监理工程师拥有很大的权利,也承担一定的责任,履行相应的义务。在签订合同时,工程监理当事人的责任、权利和义务应尽可能详尽和明确,避免发生不必要的争执。由于我国多数企业对国际惯例不熟悉,在签订合同前,必须仔细研究 FIDIC 条件,加强自身保护。本案中,业主和监理工程师正是利用合同中存在的漏洞,对承包商进行刁难。如果事先在合同条件中明确监理工程师在材料验收和工程验收等方面的职权,并加以适当限制,此类事情就很难发生。另外,本案还应规定工程延期款的一个最高限额。

在业主委托的工程范围内,监理单位享有以下监理权利:

(1)在业主委托工程范围内的监理权。监理权涉及工程建设的勘察、设计、施工和保修阶段,包括有:建议权、确定权、否定权、检验权以及检查监督权等。

(2)在业主授权下对承包商合同规定的义务提出变更的权利。当发生工程建设质量问题时,监理单位有权提出变更有关工作人员的建议。

(3)在业主委托工程范围内的调解和作证权。监理单位应注意保持自身的独立身份,坚持公平、公正的原则,协调业主与承包商之间的纠纷,公正提供有关证据。

(4)对已完工的工程有确认或拒收的权利。在工程验收时,发现施工不合格情况,监理工程师有权要求承包商如期修复缺陷或拒绝验收工程,直到工程质量达标为止。

(5)遇到紧急情况时,监理工程师有权要求承包商采取紧急措施进行处置。

(6)有权拒绝承包商的代表;有权要求承包商撤走不称职的工作人员。

(7)有权下达开工令、停工令、复工令;发布工程变更令。

(8)当工程进度和计划进度不一致时,监理工程师有权责令承包商修改进度计划。

(9)有权决定工程量的增减、决定相关费用和费率;有权决定工程延长工期或增加投资。

(10)批准承包商的付款。监理工程师负责审核批准承包商的工程报表,负责开出付款证书。

(11)解释合同中有关文件。

(12)在委托的工程范围内,建设单位或承包人对对方的任何意见和要求(包含索赔要求),均必须首先向监理机构提出,由监理机构研究处置意见,再同双方协商确定。当建设单位和承包人发生争议时,监理机构应根据自己的职能,以独立的身份判断,公正地进行调解。当其双方的争议由政府建议行政主管部门或仲裁机关进行调解和仲裁时,应当提供作证的事实材料。

(二)监理单位的义务

根据《建筑法》《建设工程委托监理合同(示范文本)》(GF—2000—0202)和其他法律法规的规定,监理单位必须承担的义务,主要包括:

(1)监理单位应在资质等级许可范围内,承揽监理业务;监理单位与承包商之间不能有隶属关系和其他利害关系,监理工程师也不能在承包商单位兼任职务,更不能从事损害业主的经济活动。

(2)根据合同约定向建设单位报送委派的总监理工程师及其监理机构主要成员名单、监理规划,完成监理合同专用条件中约定的监理工程范围内的监理业务;监理单位不得转让委托监理合同的权利和义务。

(3)在履行合同的义务期间,监理机构应运用合理的技能,为建设单位提供与其监理机构水平相适应的咨询意见,认真、勤奋地工作;注意协调和处理工程管理、工程质量及技术、合同管理以及工程款项等事务。帮助建设单位实现合同预定的目标,公正地维护各方的合法权益。

(4)坚持以书面形式发出有关指示,如果遇到紧急情况来不及发出书面指示时,就应该在发出口头指示之后再以书面形式进行确认。

(5)考虑到监理机构使用建设单位提供的设施和物品,因此,在监理工作完成或中止之时,应当将其设施和剩余的物品库存清单提交给业主,并按合同约定的时间和方式移交此类设施和物品。

(6)在合同期内或终止后,未征得有关方同意,不得泄露与本工程、本合同业务活动相关的保密资料。

四 建设单位的权利和义务

(一)建设单位的权利

根据我国《工程建设监理合同(示范文本)》《建设工程施工合同(同示范文本)》以及有关法规、规章制度,建设单位应享有以下权利:

(1)建设单位有选定工程总设计单位和总承包单位,并与其订立合同的权利;具有终止合同转让的权利;补充或完善合同实施的权利。

(2)建设单位有对工程规模、设计标准、规划设计、生产工艺设计和设计使用功能要求的认定权,以及对工程设计变更的审批权;决定工程暂停或复工的权利。

(3)决定在一定的幅度内增减工程量的权利;理由充分时拒绝承包商分包或转让工程的权利;当合同当事人之间发生争端时,建设单位有权提出仲裁。

(4)监理单位调换总监理工程师须经建设单位同意,具有授予监理工程师职责的权利。

(5)建设单位有权要求监理机构提交监理工作月度报告及监理业务范围内的专项报告。

(6)在承包商违约时,业主有权接管工程或没收各种保函或保证金;建设单位有权要求监理单位更换不称职的监理人员,直到终止合同。

(二)建设单位的义务

根据我国《工程建设监理合同(示范文本)》的有关规定,建设单位应向监理单位履行以下义务:

(1)建设单位应负责工程建设的所有外部关系的协调,为监理工作提供外部条件。

(2)建设单位应在双方约定的时间内免费向监理机构提供与工程有关的为监理机构所需要的工程资料。

(3)建设单位应在约定的时间内就监理单位书面提交并要求作出决定的一切事宜作出书面决定。

(4)建设单位应授权一名熟悉本工程情况、能迅速作出决定的常驻代表,负责与监理单位联系。更换常驻代表,要提前通知监理单位。

(5)建设单位应将授予监理单位的监理权利,以及监理机构主要成员的职能分工,及时书面通知已选定的承包人,并在与承包人签订的合同中予以明确。

(6)建设单位应为监理机构提供如下协助:

①获取本工程使用的原材料、构配件、机械设备等生产厂家名录;

②提供与本工程有关的协作单位、配合单位的名录。

(7)建设单位应免费向监理机构提供合同专用条件约定的设施,对监理单位自备的给予合理的经济补偿。

(8)如果双方约定,由建设单位免费向监理机构提供职员和服务人员,则应在监理合同专用条件中增加与此相应的条款。

(9)根据合同约定,按时足额支付监理费用。

(10)未经监理单位书面同意,建设单位不得转让合同中约定的权利和义务。

第三节　建筑工程监理的实施

一　建筑工程监理的内容

建筑工程监理的主要工作内是"三控制、两管理、一协调"。"三控制"是指建筑工程监理对建设工程的质量控制、进度控制和投资控制,"两管理"是指建筑工程监理对建设工程进行合同管理和信息管理,"一协调"是指建筑工程监理要协调好参与工程建设的各方的工作关系。建筑工程监理可分为:前期阶段、设计阶段、施工招标阶段、施工阶段和保修阶段的监理。各阶段的监理工作内容主要包括:

1.设计前期监理工作内容

(1)工程建设项目投资决策咨询和评估;

(2)工程建设项目的可行性研究;

(3)编写工程建设匡算和组织设计任务书编写。

2.设计阶段监理工作内容

(1)结合工程特点,收集设计所需技术经济资料;

（2）编写设计大纲；

（3）组织工程设计方案竞赛或设计招标，协助建设单位选择好勘测设计单位；

（4）商谈和拟定设计委托合同；

（5）向设计单位提供所设计需要的基础资料；

（6）配合设计单位进行技术经济分析，搞好设计方案的比选，优化设计；

（7）配合设计进度，组织设计部门和有关部门（如消防、环保、地震、防汛、人防、园林）以及供水、供电、供气、电信等部门的协调工作；

（8）组织各设计单位之间的协调工作；

（9）参与主要设备、材料的选型工作；

（10）组织对设计方案进行评审或咨询；

（11）审核工程估算、概算；

（12）审核施工图纸；

（13）审核主要设备、材料清单；

（14）审核工程项目图纸；

（15）检查和控制设计进度；

（16）组织设计文件的报批。

3. 施工招标阶段监理工作内容

（1）拟定项目招标方案并征得业主同意；

（2）办理招标申请；

（3）编写招标文件，主要内容包括：工程综合说明，设计图纸及技术说明文件，工程量清单和单价表，投保须知，拟定承包合同的主要条款；

（4）编写标底，标底经业主认可后，并报送所在地方建设主管部门审核；

（5）组织投标；

（6）组织现场勘察，并回答投标人提出的问题；

（7）组织开标、评标和决标工作；

（8）与中标单位签订承包合同。

4. 施工阶段监理工作内容

（1）协助建设单位和承包商编写开工报告；

（2）确认承包商，选择分包单位；

（3）审批施工组织设计、施工技术方案和施工进度计划；

（4）下达开工令；

（5）审查承包商的材料、设备采购清单；

（6）检查工程所使用的材料、构件、设备的规格和质量；

（7）检查安全防护设施和施工技术措施；

（8）主持协商工程设计变更，超出委托权限的变更需报业主决定；

（9）督促履行承包合同，主持协商合同条款的变更，调解合同双方的争议，处理索赔事项；

（10）检查工程进度和施工质量，验收分部分项工程，签署工程预付款凭证；

（11）督促整理承包合同文件和技术档案资料；

（12）组织相关单位进行工程竣工初步验收，提出竣工验收报告；

（13）核查结算。

5. 工程保修阶段监理工作内容

在合同约定的保修期限内，负责检查工程质量状况，鉴定质量问题、确定责任归属，督促责任单位进行修理和维护。

6. 合同监理工作内容

拟定本建设项目合同体系和合同管理制度，主要包括合同草案的拟定、会签、协商、修改、审批、签署、保管等工作制度及其流程；协助建设单位拟定项目的各类合同条款，并参与各类合同的洽谈工作；对合同的执行情况进行分析和跟踪管理；协助建设单位处理与项目相关的索赔事宜和合同纠纷事宜。

二 建筑工程监理的程序

【案例】

2000 年 1 月 30 日，由铁道部某工程局施工的广东省深圳市东部某供水网络干线工程 H 标段在隧洞出口某工段发生塌方事故。1 月 31 日凌晨 3 时 40 分该单位在对塌方段进行抢险处理过程中，再次发生塌方，当场掩埋抢险人员 7 人，其中造成 5 人死亡，2 人轻伤，直接经济损失约 39 万元。

广东省深圳市某供水网络干线工程是深圳市重点工程，建设单位是深圳市东部某供水网络工程建设指挥部，施工单位是铁道部某工程局，质检单位为市某工程质量监督站，设计单位市水利规划院和铁道部隧道局设计院，监理单位为某监理公司。该工程由铁道部某工程局项目部私自分包给平潭县某建筑公司施工。2000 年 1 月 4 日，铁道部某工程局项目经理丰×× 因事暂离岗位，临时安排助理工程师聂××负责全面工作，专职安全员谢××也于 1 月份探亲，现场无专职安全员。

2000 年 1 月 30 日，分包队伍平潭县某建筑公司安排十余人在出口该工段二衬拱部安装绑扎钢筋，掘进班有五人在清理该工段下导隧道土方，并开始安装格栅拱架，15 时许，施工人员发现该段右侧边墙起拱线位置处出现裂缝，并有掉渣掉混凝土现象，施工队即带人加固支撑，因不起作用便组织施工人员撤离了施工现场，并报告了项目部与监理部。项目部和监理部相关人员在现场研究制定了口头塌方抢险处理方案：先喷注混凝土对塌方暴露围岩及时进行封闭，然后做方木排架，对塌落拱进行支撑加固措施，再打入 $\phi28$ 钢筋锚杆，长度 2.5～4m，布设 $\phi28$ 间距为 40mm 的钢筋拱架及布设 $\phi6$ 间距为 150mm 钢筋网片。

1 月 31 日 0 时 00 分至 3 时 30 分，掘进班 5 人、电焊班 2 人、衬砌班 4 人继续进行抢险。凌晨 3 时 30 分左右，在掘进班即将布设完成钢筋网片，准备喷射混凝土时，原塌方处围岩再次发生整体塌落，土量约 20m³，将正在施工作业的 7 名作业人员埋人塌体中，项目部于凌晨 5 时左右挖出全部被埋人员，并送医院抢救，其中 5 人抢救无效死亡，2 人轻伤。

此次事故技术方面的原因在于未严格按照设计与图纸施工，造成初支体系未达到设计要求的承载能力。塌方处隧道穿过围岩为水工 V 类强风化软岩，现场土质为黏土，无水时，有一定自稳能力，但遇水浸泡后，围岩本身的自稳能力受到破坏。此处围岩曾经雨水浸泡，未引起足够重视。由于未严格按照设计与图纸施工,造成初支体系未达到设计要求的承载能力;未按要求进行有效量测与监控,未采取有效处理措施,使围岩持续变形,从而丧失自稳;是此次事故中第一次坍塌的技术原因。围岩第一次塌方后已丧失自稳能力,现场未认真研究塌方处理措施,抢险措施错误。

在管理方面,施工单位项目部管理、技术力量薄弱,项目管理混乱,安全体制不健全,安全管理不到位,未按投标文件的承诺配备管理与技术人员,现场主要工程技术人员无隧道施工经验,项目经理无资质证。在施工生产过程中未严格按施工组织设计施工,抢险作业未按程序编制书面抢险方案和进行审批。没有认真实施事故防范措施,对围岩被水浸泡和以前的塌方认识不足,险情发生后盲目套用以前的抢险方案。监理、质量监督工作不到位,对施工质量不符合设计要求的部位未严格要求整改,未按规定进行隐蔽工程验收,总监、监理无证上岗。建设单位指挥部,未对监理单位、施工单位实施有效的监督管理是此次事故的重要管理原因。

这是一宗由于不按设计图纸施工,违法分包,违反施工程序,施工管理混乱,安全与技术体制不健全,安全与技术管理不到位而造成的三级重大责任事故。施工单位未经甲方许可,私自将工程主体分包出去,属违法分包工程;同时对分包队伍管理不到位,造成施工中偷工减料,未按设计施工,"以包代管、包而不管"。主要责任主体为施工单位、监理单位,主要责任人为项目经理和监理总监。

建设工程施工单位,必须严格依法施工生产,违法转(分)包工程,势必造成生产管理和安全管理出现严重漏洞,并且由于在管理中存在严重缺陷,因而"以包代管、包而不管"自然形成了生产管理上的事故隐患。施工单位须建立健全安全与质量保证体系,调整项目部领导班子,配备合格的安全与技术管理人员。应建立健全安全监督机制,层层抓落实,安全责任落实到人,保障安全工作顺利进行。

参与工程建设的各方应加强安全教育与技能教育,制定完善、针对性强的施工组织设计与抢险方案,禁止盲目施工、盲目抢险,确保作业人员的安全。严格按设计和规范施工,严格隐蔽验收程序。

在本案例中,现场施工方和监理方都无岩土工程专业技术人员,监测不力是管理方面的一个重要原因。在参与建设工程的各个方面,特别是建设工程监理单位是否尽职尽责,都直接影响到工程质量和生产安全,直接关系到人民群众的生命安全。在建设工程施工过程中,任何不负责任或者玩忽职守的行为,都会给国家财产和人民群众的生命安全造成损失。监理单位应严格按业主委托,配备合格的监理人员,实施对工程质量、安全、工期、投资全方位和全过程的监理。

在建筑工程监理过程中,只有坚持监理工作程序的标准化和规范化,才能保证监理程序有序展开,提高建筑工程监理水平和工作质量。建筑工程监理程序一般包括以下八个方面。

1. 确定总监理工程师,组建项目监理组织

在建设单位与监理单位签订委托监理合同之后,监理单位应根据工程建设项目的规模、性质和建设单位对监理的任务要求,组建项目监理组织,该组织由总监理工程师、监理工程师和其他工作人员组成,项目监理组织必须进驻施工现场,开展监理工作。

实施监理前,建设单位应当将委托的监理单位、监理的内容、总监理工程师姓名及所赋予的权限,书面通知被监理单位。

2.收集有关资料

(1)反映工程特征的资料;

(2)反映当地工程建设政策和法规的资料;

(3)反映工程所在地区技术和经济状况等建设条件的资料;

(4)反映类似工程项目建设状况的资料。

3.编制工程建设监理规划

建设工程监理规划是实现项目总目标的前提和依据,是进行监理活动的行动纲领。项目监理机构只有依据监理规划,才能做到全面、有序、规范地开展各项监理工作。同时,监理规划也是建设工程监理主管部门对监理单位进行监督管理的重要依据。监理规划的基本内容包括工程项目说明、义务说明、目标规划、目标控制、组织协调、合同管理和信息管理等部分。

4.编制工程建设监理细则

工程建设监理细则包括总则、工程概况、监理细则编制依据、施工阶段监理的组织及管理、质量控制、工程进度监理和工程投资监理等。编制工程建设监理细则应切忌摘抄和罗列各种规范,应注意分专业编制工程建设监理细则,突出工程建设细则的针对性和可操作性。

5.按照建设监理细则进行建设监理

在施工准备阶段,建设监理内容有:审批施工组织设计、分包单位资格审查、设计交底、第一次工地例会、审批开工报告和签发开工指令等工作。

在施工阶段,建设监理内容有:质量控制、进度控制、投资控制、合同管理、信息管理和组织协调等工作,即"三控制、二管理、一协调"。

6.参与工程竣工预验收,签署建设监理意见

施工单位经自检合格并达到竣工验收条件后,报项目监理机构,申请进行工程竣工预验收。总监理工程师负责组织对工程进行检查验收,合格后总监理工程师签署工程竣工预验收报验表。

7.建设监理业务完成后,向建设单位提交工程建设监理档案资料

监理单位向建设单位提交的工程建设监理档案资料包括合同管理、进度控制、工程质量控制、投资控制和监理工作管理等五部分资料。具体内容为:

(1)合同管理资料

合同管理资料包括:监理委托合同;分包单位资格报审资料;施工组织设计报审表;索赔文件资料(申请书、批复意见);工程变更单;工程竣工验收资料;工程质量保修书或移交证书。

(2)进度控制资料

通常,进度控制资料应包括:施工进度计划申报表及监理方的审批意见;进度计划与工程实际完成情况的比较分析报告;施工计划变更申请及监理方的批复意见;延长工期申请及批复意见;人员、材料、机械设备的进场计划及监理方的审批意见;工程开工、复工申请及监理方的批复意见。

(3)工程质量控制资料

工程质量控制资料包括:施工方案报审表及监理工程师审批意见;工程质量安全事故调查处理文件(事故调查报告、事故处理意见书、事故评估报告等);原材料、构配件、设备报验申请表(含批复意见);检验批、分项工程报验单(含批复意见);工程定位放线报验单及监理工程师

复核意见；分部工程验收记录（工程验收记录）；旁站记录；施工试验报审单及监理方的见证意见；工程质量评估报告。

（4）投资控制资料

投资控制资料包括：工程计量单及审核意见；工程款支付证书；竣工结算审核意见书（当监理单位参与工程竣工结算工作时，才提供该资料）。

（5）监理工作管理资料

监理工作管理资料包括：监理规划；监理实施细则；监理日记；监理月报；监理指令文件；总监巡视检查记录；与业主、被监理单位、设计单位的往来函件；会议纪要；监理总结报告。

8. 监理工作总结

工作总结包括：向建设单位提交监理工作总结；向社会监理单位提交监理工作总结。要及时对监理工作中存在的问题和改进的建议进行总结，以便指导今后的监理工作，提高工程建设监理水平。

◀ **本 章 小 结** ▶

建筑工程监理是由具有法定资质条件的工程监理单位，与建设单位签订委托监理合同，接受建设单位的委托，依据国家有关法律、法规及有关的技术标准、设计文件和其他建筑工程合同，对工程建设实施的专业化监督管理。国务院可以规定实行强制监理的建筑工程的范围。建筑工程监理的主要依据包括关法律、法规，技术标准、技术规范，工程项目建设文件，建设工程合同和委托监理合同。

建筑工程监理单位是通过政府行政主管部门审查、批准，取得监理资质证书，具有法人资格的监理事务所、监理公司和兼承监理业务的工程设计、科学研究及建设咨询的单位。工程监理企业的资质等级分为甲级、乙级和丙级，并按照工程性质和技术特点划分为若干工程类别。监理工程师是指参加全国监理工程师资格统一考试，成绩合格并注册申请取得《监理工程师岗位证书》的工程建设监理人员。

签订委托监理合同时可参照《建设工程委托监理合同示范文本》执行。该示范文本由"工程建设委托监理合同"、"建设工程委托监理合同标准条件"、"建设工程委托监理合同专用条件"组成。

建筑工程监理的主要工作内容是"三控制、两管理、一协调"。"三控制"是指建筑工程监理对建设工程的质量控制、进度控制和投资控制。"两管理"是指建筑工程监理对建设工程进行合同管理和信息管理。"一协调"是指建筑工程监理要协调好参与工程建设的各方的工作关系。建筑工程监理可分为前期阶段、设计阶段、施工招标阶段、施工阶段和保修阶段的监理。

◀ **思 考 题** ▶

1. 我国推行工程建设监理的意义是什么？

2.分析社会监理和政府监理二者有何不同？

3.我国实行强制性工程建设监理的范围有哪些？

4.什么是建设工程委托监理合同？

5.工程建设监理各方之间的法律关系是什么？

6.监理单位的权利、义务和责任是什么？

7.建设单位的权利、义务和责任是什么？

8.工程建设监理工作的内容有哪些？

9.工程建设监理工作程序是什么？

◀实 训 案 例▶

案例1

某工程，施工总承包单位依据施工合同约定，与甲安装单位签订了安装分包合同。基础工程完成后：由于项目用途发生变化，建设单位要求设计单位编制设计变更文件，并授权项目监理单位就设计变更引起的有关问题与总承包单位进行协商。项目监理单位在收到经相关部门重新审查批准的设计变更文件后，经研究对其今后工作安排如下：由总监理工程师负责与总承包单位进行质量、费用和工期等问题的协商工作；要求总承包单位调整施工组织设计，并报建设单位同意后实施；由总监理工程师代表主持修订监理规划；由负责合同管理的专业监理工程师全权处理合同争议；安排一名监理员主持整理工程监理资料。项目监理机构认为甲安装分包单位不能胜任变更后的安装工程，要求更换安装分包单位。总承包单位认为项目监理机构无权提出该要求，但仍表示愿意接受，随即提出由乙安装单位分包。甲安装单位依据原定的安装分包合同已采购的材料，因设计变更需要退货，向项目监理机构提出了申请，要求补偿因材料退货造成的费用损失。指出项目监理机构对其今后工作的安排是否妥当？总承包单位认为项目监理机构无权提出更换甲安装分包单位的意见是否正确？说明理由。指出甲安装单位要求补偿材料退货造成费用损失申请程序的不妥之处。该费用损失应由谁承担？

案例2

监理单位承担了某工程的施工阶段监理任务，该工程由甲施工单位总承包，甲施工单位选择了经建设单位同意并经监理单位资质审查合格的乙施工单位作为分包。施工过程中，监理工程师在熟悉图纸时发现，基础工程部分设计内容不符合国家有关工程质量标准和规范。总监理工程师随即致函设计单位要求改正并提出更改建议方案。设计单位研究后，口头同意了总监理工程师的更改方案。总监理工程师随即将更改内容写成监理指令通知甲施工单位执行。施工过程中，监理工程师发现乙施工单位施工的分包工程部分存在质量隐患，同时向甲、乙施工单位发出整改通知。监理工程师在巡视时发现，甲施工单位使用未经报验的建筑材料，如果继续施工，该部分将被隐蔽。于是总监理工程师向甲施工单位发出暂停施工指令。乙施工单位因此被迫停工。乙施工单位就停工损失向甲施工单位要求赔偿，甲施工单位认为此次停工是监理工程师的指令，应向建设单位提出赔偿。建设单位认为，此次停工是由于监理单位失职造成的，并且事先未征得建设单位同意，停工损失应由监理单位承担。指出上述内容中监理工程师的行为是否正确？乙施工单位的损失应当由谁承担？说明理由。

案例 3

　　某工程的建设单位与甲施工单位按照《建设工程施工合同（示范文本）》签订了施工合同。经建设单位同意，甲施工单位选择了乙施工单位作为分包单位。在合同约定的工程开工日前，建设单位收到甲施工单位报送的《工程开工报审表》后给予处理：考虑到施工许可证已获政府主管部门批准且甲施工单位的施工机具和施工人员已经进场，便审核签认了《工程开工报审表》并通知了项目监理机构。在施工过程中，甲施工单位的资金出现困难，无法按分包合同约定支付乙施工单位的工程款。乙施工单位向项目监理机构提出了支付申请。项目监理机构受理并征得建设单位同意后，即向乙施工单位签发了付款凭证。专业监理工程师在巡视中发现，乙施工单位施工的某部位存在质量隐患，专业监理工程师随即向甲施工单位签发了整改通知。甲施工单位回函称，建设单位已直接向乙施工单位付款，因而本单位对乙施工单位施工的工程质量不承担责任。甲施工单位向建设单位提交了工程竣工验收报告后，建设单位于 2003 年 9 月 20 日组织勘察、设计、施工、监理等单位竣工验收，工程竣工验收通过，各单位分别签署了质量合格文件。建设单位于 2004 年 3 月办理了工程竣工备案。因使用需要，建设单位于 2003 年 10 月初要求乙施工单位按其示意图在已验收合格的承重墙上开车库门洞，并于 2003 年 10 月底正式将该工程投入使用。2005 年 2 月该工程给排水管道大量漏水，经监理单位组织检查，确认是因开车库门洞施工时破坏了承重结构所致。建设单位认为工程还在保修期，要求甲施工单位无偿修理。建设行政主管部门对责任单位进行了处罚。指出建设单位、项目监理机构的做法是否正确，说明理由。甲施工单位是否应对工程质量承担责任？建设行政主管部门是否应该对建设单位、监理单位、甲施工单位和乙施工单位进行处罚？并说明理由。

第六章
建筑工程安全生产管理法规

【职业能力目标与学习要求】

建筑施工的特点是高处作业工作量大,作业环境复杂多变,手工操作劳动强度大,多工种交叉作业危险因素多,极易发生事故,因此,建筑业在我国各行业中属危险性较大的行业。安全生产是建筑企业的生命线,发生事故不但给企业造成严重的经济损失,同时又会造成家庭的不幸和悲痛,影响企业的声誉,制约企业的生存和发展,甚至会影响社会的稳定。为此,学习建筑工程安全生产管理法规,提高安全生产意识,为学生将来从业打下良好的职业基础。

通过本章学习,使学生了解建筑工程安全生产管理的基本制度,了解建筑安全生产管理制度的基本内容、建筑活动主体的安全生产责任、建筑工程事故处理制度的基本内容,增强学生的安全生产意识,提高学生的安全生产管理水平。本章的重点和难点是建筑安全生产的基本制度、建设单位和施工单位的安全生产责任、建筑工程事故等级及其处理。

【引例】

2008 年 12 月 27 日 7 时 30 分左右,湖南省长沙市上海城二期住宅工程 19 栋工地发生一起施工升降机坠落事故,造成 18 人死亡,1 人重伤。据查,该工程建设单位为长沙纵横置业有限公司,施工单位为湖南东方红建设集团有限公司,监理单位为湖南中湘建设监理有限公司,设备制造及租赁单位为湖南泰升工程机械制造有限公司,设备安装单位为衡阳市天利安装工程有限责任公司。据事故分析,事故原因是由于前一天晚上将施工电梯擅自升高,第二天未经检测,民工乘坐施工电梯至 18 层时坠落。

如果施工电梯的安装人员、运行操作人员以及进入施工电梯的作业人员责任心更强一些、具备的安全生产知识更多一些、自我保护意识更具体一些,对加节升高后的运行能提出一点质疑,情况就很可能不一样。

依照《建筑法》《安全生产法》及《建设工程安全生产管理条例》的有关规定,应该对施工单位的安全生产工作负全面责任的是哪个单位的负责人?哪个部门对本行政区域内的建设工程安全生产实施监督管理?工程监理单位在实施监理过程中,如发现存在安全事故隐患的应当怎么处理?施工现场哪些人员属于特种作业人员?相关法律法规对建设工程各方责任主体的安全责任是怎么划分的?

第一节　建筑工程安全生产管理概述

建设工程劳动人数众多,规模巨大,且工作环境复杂多变,安全生产的难度很大。通过建立各项制度,规范建设工程的生产行为,对于提高建设工程安全生产水平是非常重要的。

《建筑法》《安全生产法》《建设工程安全生产管理条例》《安全生产许可证条例》等与建设工程有关的法律法规,对政府部门、有关企业及相关人员的建设工程安全生产和管理行为进行了全面的规范,确立了一系列建设工程安全生产管理制度。

一　建筑工程安全生产管理的基本制度

【案例】

2003年1月7日13时10分,广东省惠州市某花园工地的卸料平台架体因失稳发生坍塌事故,造成3人死亡,7人受伤,初步统计经济损失55万元。

惠州市某花园工程项目建设单位是惠州市某房地产开发公司(私营企业),施工单位是惠州市某住宅公司,监理单位是广州某监理事务所惠州监理部。

2002年9月12日,惠城区建设局发现该项目未领取《施工许可证》擅自施工,当即对惠州市某房地产开发公司发出了停工通知书,要求他们在15天内到惠城区建设局办理有关施工报建手续。发出停工通知书后,惠城区建设局有关领导和工作人员曾多次督促他们办理施工手续,直至2002年12月上旬,建设单位才到惠城区建设局补办施工报建手续。2002年12月9日,惠城区建设局建设工程发包审核领导小组讨论该项目时,认为该项目未领取《施工许可证》擅自施工,应按照有关规定进行经济处罚。2002年12月17日,惠城区建设局根据有关规定对该项目进行经济处罚后,当即发出了该项目的施工安全监督通知书,要求建设单位和施工单位到惠城区建筑工程施工安全监督站办理建筑施工安全监督手续。2003年1月3日,惠城区建筑工程施工安全监督站在工地进行检查时,发现该工地存在严重施工安全隐患,当场发出整改通知,要求他们在7天内整改完毕,但施工单位没有严格按照规定进行整改,致使在整改期内发生事故。

该花园工程原是烂尾楼,由惠州市某房地产公司收购建设开发。6月份工程动工复建,6月底该工程项目的现场施工员根据公司的安排,通知搭棚队黄某搭设脚手架,搭设时无设计施工方案,搭设完成后没有经过验收便投入使用。投入使用后,工程队在施工作业过程中,擅自拆除改动卸料平台架体每层2根横杆,对平台架体的稳定性造成一定的影响。

12月底,为了赶工期,工地施工员根据公司安排,通知搭棚队负责人黄某在工程未完工的情况下,先行拆除B、C栋与平台架体相连的外脚手架。1月3日拆完外脚手架后,只剩下独立的平台架体。事故前几天,工程队带班黄某在施工作业过程中,发现卸料平台架体不稳固,向工地施工员报告了此事,但施工员和搭棚队负责人及有关管理人员均未对平台架体进行认真安全检查和采取加固措施。1月7日13时,工程队带班黄某安排工人在B、C栋建筑进行施工作业。13时10分,平台架体失稳发生坍塌,造成平台作业人员2人当场死亡,4人重伤,4人轻伤。其中1名重伤人员因伤势严重,于1月14日抢救无效死亡。

事故原因如下：

1. 技术方面

缺少脚手架搭设方案是此次事故的技术原因。《建筑施工安全检查标准》规定，脚手架搭设前应当编制施工方案。卸料平台应单独进行设计计算，不允许与脚手架进行连接，必须把荷载直接传递给建筑结构。该工程脚手架搭设时，只是由现场施工员向搭棚队负责人黄某安排了工作任务，黄某在即无方案又无交底的情况下，完全根据自己的经验和习惯，随意搭设脚手架，造成该工程脚手架缺少技术依据和论证。卸料平台未进行设计，也没有施工图纸，并违反规定与脚手架连接。在搭设过程中，还随意拆改卸料平台的结构架体，造成卸料平台整体受力结构改变，影响了稳定性。工序颠倒。施工单位在工程尚未完成的情况下，先行拆除了与平台架体相连的外脚手架，却没有对平台架体采取相应的加固措施。平台架体与建筑物的拉接过少，在勘察事故现场时，只发现了3根拉结筋。

2. 管理方面

安全生产责任制不落实是此次事故的直接管理原因。该工程搭设卸料平台及外脚手架无设计方案，无验收便投入使用。没有对施工现场的工人进行安全技术交底。施工单位的管理人员安全意识差，未能认真履行职责，职责不明，未认真开展安全检查。施工单位明知存在事故隐患也没有及时纠正和采取防范措施，制度不健全，落实不到位。

劳动组织不合理，造成人员集中，荷载集中造成超载也是事故的原因。施工单位安排在卸料平台上作业人员过多。未及时清理作业平台残余废料，平台残余废料堆积过多过重，工人违章作业，直接在平台胶板上堆置砂浆进行搅拌作业。取水口设置不合理，造成作业人员集中停留在平台架体过道取水。

根据事故有关事实证据材料，事故调查组认定这起事故是违章指挥，违反施工安全操作规定造成的重大责任事故。

该工程施工单位惠州市某住宅公司作为总承包单位，其主要负责人对安全生产工作不重视，监督检查力度不够。安全管理责任不落实，在项目施工建设中，现场施工混乱、没有专职安全员，对施工队违反施工程序作业缺乏有效和有序管理，安全管理不到位，违反《建筑法》《安全生产法》等有关规定。对事故发生负领导管理责任。

惠州市某住宅公司项目经理对施工安全管理制度落实不到位，安全管理职责混乱，造成施工现场隐患突出，工人违章作业。此外，不认真进行安全检查，对存在隐患不采取措施跟踪落实整改，对事故发生负有直接责任。

惠州市某房地产公司在没有领取《建筑施工许可证》的情况下，组织施工人员擅自施工作业；对惠城区建设局于2002年9月12日发出的停工通知书置之不理，继续强行施工。对施工场地的作业人员忽视安全教育。直至事故发生时，建设方和施工方未到惠城区建筑工程施工安全监督站办理好有关手续。为赶工期，要求搭棚队违反程序施工，对事故发生负有重要的责任。

惠州市某房地产公司工地代表、工地施工员，作为施工现场主要负责人，对现场施工组织和安全生产负有直接责任。其对工人违章作业熟视无睹，在工程未完的情况下，违章指挥，通知搭棚队先拆除了外脚手架；对施工队反映报告的重大隐患不重视，不采取措施进行加固，不认真开展安全检查和落实防范措施，对事故发生负有主要责任，应依法追究其刑事责任。

惠州市惠城区某搭棚队负责人黄某，根据施工员通知安排，未完工就先拆除外脚手架，明知违反程序，明知存在危险也不采取措施进行加固，对其搭设的架体忽视安全管理，对事故发生负有重要责任。

地区建设行政管理部门有关责任人审批手续把关不严，在没有安监站书面安监材料的情况下，违反规定发放《施工许可证》，属工作中的重大过失。

监理公司对施工现场存在的安全隐患督促整改力度不够，没有进一步加大力度要求施工企业进行整改，对此次事故负有不可推卸的责任。

此次伤亡事故的发生的直接原因，是由于脚手架搭设没有施工方案，拆除作业没有安全交底，卸料平台缺少设计计算，且违章与脚手架连接，从而形成事故隐患。在搭设后又没有按照规定进行验收，使用中缺乏维护管理，以至当杆件被拆除没有及时采取补救措施，再加上违章使用，荷载集中形成超载等导致事故发生。无论是建设单位，还是施工单位绝不能片面追求经济效益，而忽视安全生产。惠州市某住宅公司作为工程的总承包单位，对施工现场安全管理不到位，没有配备专职安全员，对分包的施工队伍违反程序作业缺乏有效的管理，不认真开展安全检查，不及时整改隐患。建设单位忽视安全生产，为赶进度，要求施工队违反程序作业，不落实防范措施，最终酿成重大事故的发生，教训是十分深刻的。

从此次事故可以看出，建设行政主管部门、建设单位和施工单位，都必须严格遵守《建筑法》《安全生产法》和《建设工程安全生产管理条例》。建筑施工总承包单位应严格审查分包单位的施工资质，严禁将工程分包给无资质的施工单位。建设施工单位必须严格遵守作业规程和施工程序，禁止为赶工期和降低成本而违反程序作业，坚决制止违章指挥和违章作业。惠州市某住宅公司和惠州市某房地产公司应彻底整顿，建立健全安全生产管理制度，建立安全生产检查制度和事故应急预案制度，明确职责，层层落实安全生产责任制，设立安全生产管理机构，配置专职安全员。严格对工人进行安全教育和技术交底。开展全面彻底的安全生产检查，对存在的问题要立即采取措施整改，确保符合安全规范标准。进一步教育其他建筑施工单位，要认真吸取事故教训，引以为戒，全面开展检查，对存在隐患和违反安全生产行为要坚决整改和严肃处理。针对建筑施工安全管理问题多，建议要进行全行业安全专项治理活动，切实做到预防为主。

（一）安全生产责任制度

安全生产责任制度是建筑生产中最基本的安全管理制度，是所有安全规章制度的核心。所谓安全生产责任制度是指将各种不同的安全责任落实到负责有安全管理责任的人员和具体岗位人员身上的一种制度。这一制度是安全第一，预防为主方针的具体体现。

《安全生产法》规定，生产经营单位应当具备法律、行政法规和国家标准规定的安全生产条件；不具备安全生产条件的，不得从事生产经营活动。在建筑活动中，只有明确安全责任、分工负责，才能形成完整有效的安全管理体系，激发每个人的安全责任感，严格执行建筑工程安全的法律、法规和安全规程、技术规范，防患于未然，减少和杜绝建筑工程事故，为建筑工程的生产创造一个良好的环境。安全生产的责任制度既包括行业主管部门建立健全建筑安全的监督管理体系，制定建筑安全生产监督管理工作制度，组织落实各级领导分工负责的建筑安全生产责任制；又包括参与建筑活动各方的建设单位、设计单位特别是建筑施工企业的安全生产责任制;还包括施工现场的安全责任制。《安全生产法》把明确安全责任、发挥生产经营单位安全生产管理机构和安全生产管理人员作用作为一项重要内容,规定了生产经营单位主要负责人、安全生产管理机构以及安全生产管理人员应当履行的职责。

生产经营单位的主要负责人对本单位安全生产工作负有下列职责:

(1)建立、健全本单位安全生产责任制;

(2)组织制定本单位安全生产规章制度和操作规程;

(3)保证本单位安全生产投入的有效实施;

(4)督促、检查本单位的安全生产工作,及时消除生产安全事故隐患;

(5)组织制定并实施本单位的生产安全事故应急救援预案;

(6)及时、如实报告生产安全事故。

生产经营单位的安全生产管理机构以及安全生产管理人员履行下列职责:

(1)组织或者参与拟订本单位安全生产规章制度、操作规程和生产安全事故应急救援预案;

(2)组织或者参与本单位安全生产教育和培训,如实记录安全生产教育和培训情况;

(3)督促落实本单位重大危险源的安全管理措施;

(4)组织或者参与本单位应急救援演练;

(5)检查本单位的安全生产状况,及时排查生产安全事故隐患,提出改进安全生产管理的建议;

(6)制止和纠正违章指挥、强令冒险作业、违反操作规程的行为;

(7)督促落实本单位安全生产整改措施。

(二)群防群治制度

所谓群防群治制度,是指职工群众进行预防和治理安全的一种制度。群防群治制度是在建筑安全生产中,充分发挥广大职工的积极性,加强群众性监督检查工作,以预防和治理建筑生产中的伤亡事故。

生产经营单位的工会依法组织职工参加本单位安全生产工作的民主管理和民主监督,维护职工在安全生产方面的合法权益。生产经营单位制定或者修改有关安全生产的规章制度,应当听取工会的意见。

工会依法对安全生产工作进行监督,对建设项目的安全设施与主体工程同时设计、同时施工、同时投入生产和使用进行监督,提出意见;对生产经营单位违反安全生产法律、法规,侵犯从业人员合法权益的行为,有权要求纠正;发现生产经营单位违章指挥、强令冒险作业或者发现事故隐患时,有权提出解决的建议,生产经营单位应当及时研究答复;发现危及从业人员生命安全的情况时,有权向生产经营单位建议组织从业人员撤离危险场所,生产经营单位必须立即作出处理。

生产经营单位的从业人员有权了解其作业场所和工作岗位存在的危险因素、防范措施及事故应急措施,有权对本单位的安全生产工作提出建议;对本单位的安全生产管理工作中存在的问题提出批评、检举、控告。

（三）安全生产教育培训制度

安全生产教育培训制度是对广大建筑干部职工进行安全教育培训,提高安全意识,增加安全知识和技能的制度。安全生产,人人有责。只有通过对广大职工进行安全教育、培训,才能使广大职工真正认识到安全生产的重要性、必要性,掌握更多更有效的安全生产的科学技术知识,牢固树立安全第一的思想,自觉遵守各项安全生产和规章制度。分析许多建筑安全事故,一个重要的原因就是有关人员安全意识不强,安全技能不够,这些都是没有搞好安全教育培训工作的后果。《建筑法》第四十六条明确规定:"建筑施工企业应当建立健全劳动安全生产教育培训制度,加强对职工安全生产的教育培训;未经安全生产教育培训的人员,不得上岗作业。"《安全生产法》第二十五条规定:"生产经营单位应当对从业人员进行安全生产教育和培训,保证从业人员具备必要的安全生产知识,熟悉有关的安全生产规章制度和安全操作规程,掌握本岗位的安全操作技能,了解事故应急处置措施,知悉自身在安全生产方面的权利和义务。未经安全生产教育和培训合格的从业人员,不得上岗作业。"

1. 特种作业人员持证上岗制度

垂直运输机械作业人员、安装拆卸工、爆破作业人员、起重信号工、登高架设作业人员等特种作业人员,必须按照国家有关规定经过专门的安全作业培训,并取得特种作业操作资格证书后,方可上岗作业。

2. "三类"人员考核任职制度

施工单位的主要负责人、项目负责人、专职安全生产管理人员应当经建设行政主管部门或者其他有关部门考核合格后方可任职。

3. 安全管理人员和作业人员的安全教育培训和考核

施工单位应当对管理人员和作业人员每年至少进行一次安全生产教育培训,其教育培训情况记入个人工作档案。安全生产教育培训考核不合格的人员,不得上岗。

4. 作业人员进入新岗位、新工地或采用新技术时的上岗教育培训

《安全生产管理条例》第三十七条规定,作业人员进入新的岗位或者新的施工现场前,应当接受安全生产教育培训。未经教育培训或者教育培训考核不合格的人员,不得上岗作业;施工单位在采用新技术、新工艺、新设备、新材料时,应当对作业人员进行相应的安全生产教育培训。

（四）安全生产监督检查制度

安全生产检查制度是上级管理部门或企业自身对安全生产状况进行定期或不定期检查的制度。通过检查可以发现问题,查出隐患,从而采取有效措施,堵塞漏洞,把事故消灭在发生之前,做到防患于未然,是"预防为主"的具体体现。通过检查,还可总结出好的经验加以推广,为进一步搞好安全工作打下基础。安全检查制度是安全生产的保障。

建筑工程安全检查的主要形式一般可分为定期安全检查、经常性安全检查、季节性安全检查、节假日安全检查、开工、复工安全检查、专业性安全检查和设备设施安全验收检查等。

1. 定期安全检查

建筑施工企业应建立定期分级安全检查制度,定期安全检查属全面性和考核性的检查,建

筑工程施工现场应至少每旬开展一次安全检查工作,施工现场的定期安全检查应由项目经理亲自组织。

2.经常性安全检查

建筑工程施工应经常开展预防性的安全检查工作,以便于及时发现并消除事故隐患,保证施工生产正常进行。

3.季节性安全检查

季节性安全检查主要是针对气候特点(如:暑季、雨季、风季、冬季等)可能给安全生产造成的不利影响或带来的危害而组织的安全检查。

4.节假日安全检查

在节假日、特别是重大或传统节假日(如:"五一"、"十一"、元旦、春节等)前后和节日期间,为防止现场管理人员和作业人员思想麻痹、纪律松懈等进行的安全检查。节假日加班,更要认真检查各项安全防范措施的落实情况。

5.开工、复工安全检查

针对工程项目开工、复工之前进行的安全检查,主要是检查现场是否具备保障安全生产的条件。

6.专业性安全检查

由有关专业人员对现场某项专业安全问题或在施工生产过程中存在的比较系统性的安全问题进行的单项检查。这类检查专业性强,主要应由专业工程技术人员、专业安全管理人员参加。

7.设备设施安全验收检查

针对现场塔吊等起重设备、外用施工电梯、龙门架及井架物料提升机、电气设备、脚手架、现浇混凝土模板支撑系统等设备设施在安装、搭设过程中或完成后进行的安全验收、检查。

(五)伤亡事故处理报告制度

施工中发生事故时,建筑施工企业应当采取紧急措施减少人员伤亡和事故损失,并按照国家有关规定及时、如实地向负责安全生产监督管理的部门、建设行政主管部门或者其他有关部门报告;特种设备发生事故的,还应当同时向特种设备安全监督管理部门报告。接到报告的部门应当按照国家有关规定,如实上报。实行施工总承包的建设工程,由总承包单位负责上报事故。

(六)安全责任追究制度

生产经营活动中发生安全事故,其直接原因是多种多样的,但造成这些直接原因的原因,即事故的间接原因,则大多是因为违反安全生产的法律、法规、标准和有关技术规程、规范等人为因素造成的。如生产经营活动的作业场所不符合保证安全生产的规定;设施、设备、工具、器材不符合安全标准,存在缺陷;未按规定配备安全防护用品;未对职工进行安全教育培训,职工缺乏安全生产知识;劳动组织不合理;管理人员违章指挥;职工违章冒险作业等。鉴于生产安全事故对国家和人民群众的生命、财产安全造成的损失,对因人为原因造成的责任事故,必须依法追究责任者的法律责任,以示警诫和教育。为此,《安全生产法》第十四条规定,国家实行生产安全事故责任追究制度，依法追究生产安全事故责任人员的法律责任。

对确定为责任事故的，既要查清事故单位责任者的责任，也要查清对安全生产负有监督管理职责的有关部门是否有违法审批或不依法履行监督管理职责的责任。对尚未构成犯罪的事故责任者，按照法律规定，根据不同情节，分别给予包括降级、撤职、开除等在内的行政处分，或给予罚款等行政处罚。构成犯罪的，由司法机关依法追究其刑事责任。

负有安全生产监督管理部门建立安全生产违法行为信息库，如实记录生产经营单位的违法行为信息；对违法行为情节严重的生产经营单位，应当向社会公告，并通报行业主管部门、投资主管部门、国土资源主管部门、证券监督管理部门和有关金融机构。

二 建筑工程安全生产的监督管理

【案例】

某建筑企业，企业经理为法定代表人，设有现场安全生产管理负责人。该企业在其注册地的某项工程施工过程中，甲班班长在指挥组装塔吊时，没有严格按规定把塔吊吊臂的防滑板转入燕尾槽中并用螺栓固定，而是用电焊将防滑板点焊住。某日甲班作业过程中发生吊臂防滑板开焊、吊臂折断脱落事故，造成 3 人死亡、1 人重伤。这次事故造成的损失包括：医疗费用（含护理费用）45 万元，丧葬及抚恤等费用 60 万元，处理事故和现场抢救费用 28 万元，设备损失 200 万元，停产损失 150 万元。

本案中的甲班班长是本次事故的主要责任人。其违章指挥、违反劳动安全责任制和操作规程，造成伤亡事故。作为该企业所在行政区的县级以上人民政府负责安全生产监督管理的部门，对该企业的建筑工程安全生产工作实施综合监督管理。

（一）建设工程安全生产的行政监督管理

建设工程安全生产的行政监督管理，是指各级人民政府建设行政主管部门及其授权的建设工程安全生产监督机构，对建设工程安全生产所实施的行政监督管理。

我国现行对建设工程（含土木工程、建筑工程、线路管道和设备安装工程）安全生产的行政监督管理是分级进行的，建设行政主管部门因级别不同具有的管理职责也不完全相同。

国务院和县级以上地方各级人民政府应当根据国民经济和社会发展规划制定安全生产规划，并组织实施。安全生产规划应当与城乡规划相衔接。

国务院和县级以上地方各级人民政府应当加强对安全生产工作的领导，支持、督促各有关部门依法履行安全生产监督管理职责，建立健全安全生产工作协调机制，及时协调、解决安全生产监督管理中存在的重大问题。

国务院建设行政主管部门负责建设工程安全生产的统一监督管理，并依法接受国家安全生产综合管理部门的指导和监督。国务院交通、水利等有关部门按照国务院规定职责分工，负责有关专业建设工程安全生产的监督管理。

县级以上地方人民政府建设行政主管部门负责本行政区内的建设工程安全生产管理。县级以上地方人民政府交通、水利等有关部门在各自的职责范围内，负责本行政区域内的专业建设工程安全生产的监督管理。县级以上地方人民政府建设行政主管部门和地方人民政府交通、水利等有关部门应当设立建设工程安全监督机构负责建设工程安全生产的日常监督管理工作。

(二)建筑安全生产监督管理部门的职权

负有安全生产监督管理职责的部门依法对生产经营单位执行有关安全生产的法律、法规和国家标准或者行业标准的情况进行监督检查,行使以下职权:

1. 现场检查权

为了履行日常安全生产监督管理的职责,安全生产监督检查人员需要经常进入有关生产经营单位的作业现场进行实地检查,受检的生产经营单位应当服从并予以配合。但在实际执行过程中有的生产经营单位不予配合,设置障碍,拒绝、阻挠甚至暴力抗拒检查,致使监督检查人员无法履行职责。依法进入现场进行检查,是实施监督管理的最基本的职权。

2. 当场处理权

在安全生产检查中发现的安全生产违法行为,当场予以纠正或者要求限期改正;对依法应当给予行政处罚的行为,依照安全生产法和其他有关法律、行政法规的规定作出行政处罚决定。

3. 紧急处置权

对检查中发现的事故隐患,应当责令立即排除;重大事故隐患排除前或者排除过程中无法保证安全的,应当责令从危险区域内撤出作业人员,责令暂时停产停业或者停止使用相关设施、设备;重大事故隐患排除后,经审查同意,方可恢复生产经营和使用。

4. 查封扣押权

生产经营单位的安全设施、设备、器材是否符合国家标准或者行业标准,处于良好的安全状态,对于确保安全生产具有重要影响。因此,在检查过程中对有根据认为不符合保障安全生产的国家标准或者行业标准的设施、设备、器材以及违法生产、储存、使用、经营、运输的危险物品予以查封或者扣押,对违法生产、储存、使用、经营危险物品的作业场所予以查封,并依法作出处理决定。

(三)安全生产监督检查人员的义务

安全生产监督检查人员在行使职权时,应当履行如下法定义务:

应当忠于职守,坚持原则,秉公执法;

执行监督检查任务时,必须出示有效的监督执法证件;

对涉及被检查单位的技术秘密和业务秘密,应当为其保密。

第二节　建筑活动主体的安全生产责任

建设系统的工作涉及行业多、领域广,且许多行业和领域的安全生产工作直接关系着国家和人民群众的生命财产安全,确保建设系统安全生产的关键在基层、在企业,核心在于安全生产的主体责任是否得到了真正落实。

一 建设单位安全生产管理的责任和义务

【案例】

林某等55人是某住宅小区的业主，与甲施工单位签订了该住宅小区的施工合同，合同中规定：该工程于2007年7月14日开工，2009年5月21日竣工。为更早的住进小区，林某等人要求甲单位不惜一切代价保证工程进度，于2009年2月21日竣工。为了减少成本，林某等人不允许甲单位配备必要的应急救援器材。

林某等人要求甲单位不惜一切代价保证工程进度，甲单位有权拒绝。施工单位应当制定本单位的生产安全事故应急救援预案，建立应急救援组织或者配备应急救援人员。配备必要的应急救援器材、设备，并定期组织演练。

（一）向施工单位提供有关资料的责任

建设单位应当向施工单位提供现场及毗邻区域内供水、排水、供电、供气、供热、通信、广播电视等地下管线资料，气象和水文观测资料、相邻建筑物和构筑物、地下工程的有关资料，并保证资料的真实、准确、完整。建设单位因建设工程需要，向有关部门或者单位查询前款规定的资料时，有关部门或者单位应当及时提供。

有下列情形之一的，建设单位应当按照国家有关规定办理申请批准手续：

（1）需要临时占用规划批准范围以外场地的；

（2）可能损坏道路、管线、电力、邮电通信等公共设施的；

（3）需要临时停水、停电、中断道路交通的；

（4）需要进行爆破作业的；

（5）法律、法规规定需要办理报批手续的其他情形。

涉及建筑主体和承重结构变动的装修工程，建设单位应当在施工前委托原设计单位或者具有相应资质条件的设计单位提出设计方案；没有设计方案的，不得施工。建设单位提供的资料将成为施工单位后续工作的主要参考依据。这些资料如果不真实、不准确、不完整，并因此导致了施工单位的损失，施工单位可以就此向建设单位要求赔偿。

（二）依法履行合同的责任

建设单位不得对勘察、设计、施工、工程监理等单位提出不符合建设工程安全生产法律、法规和强制性标准规定的要求，不得压缩合同约定的工期。

遵守建设工程安全生产法律、法规和安全标准，是建设单位的法定义务。进行建筑活动，必须严格遵守法定的安全生产规定，依法进行建设施工。违法从事工程建设，将要承担法律责任。

要求勘察、设计、施工、工程监理等单位违法从事有关活动，必然会给建设工程带来重大结构性的安全隐患和施工中的安全隐患，容易造成事故。建设单位不得为了盲目赶工期，简化工序，粗制滥造，或者留下建设工程安全隐患。

压缩合同工期必然带来事故隐患，必须禁止。压缩工期是建设单位为了早发挥效益，迫使施工单位增加人力、物力，损害承包方利益，其结果是赶工期、简化工序和违规操作，诱发很多事故,或者留下了结构性安全隐患。确定合理工期是保证建设施工安全和质量的重要措施。合理工期应经双方充分论证、协商一致确定,具有法律效力。要采用科学合理的施工工艺、管理方法和工期定额,保证施工质量和安全。

(三)提供安全生产费用的责任

要保证建设施工安全,必须要有相应的资金投入。安全投入不足的直接结果,必然是降低工程造价,不具备安全生产条件,甚至导致建设施工事故的发生。

《安全生产法》第二十条规定,生产经营单位应当具备的安全生产条件所必需的资金投入,由生产经营单位的决策机构、主要负责人或者个人经营的投资人予以保证,并对由于安全生产所必需的资金投入不足导致的后果承担责任。有关生产经营单位应当按照规定提取和使用安全生产费用,专门用于改善安全生产条件。安全生产费用在成本中据实列支。

建设单位在编制工程概算时,应当确定建设工程安全作业环境及安全施工措施所需费用。安全作业环境和施工措施所需费用应当符合《建设施工安全检查标准》的要求,建设单位应当据此承担的安全施工措施费用,不得随意降低取费标准。

(四)不得推销劣质材料设备的责任

为了确保工程质量和施工安全,施工单位应当严格按照勘察设计文件、施工工艺和施工规范的要求选用符合国家质量标准、卫生标准和环保标准的安全防护用具、机械设备、施工机具及配件、消防设施和器材。但实践中违反国家规定使用不符合要求的安全防护用具、机械设备、施工机具及配件、消防设施和器材。

《安全生产法》第三十五条规定,国家对严重危及生产安全的工艺、设备实行淘汰制度。生产经营单位不得使用应当淘汰的危及生产安全的工艺、设备。

(五)提供安全施工措施资料的责任

申领施工许可证的,在申请时提供安全施工措施资料办理开工报告的,自开工报告批准之日起 15 日内,将安全施工措施报送工程所在地县级以上人民政府建设行政主管部门备案。

建设单位在申请领取施工许可证前,应当提供安全施工措施的资料:
(1)施工现场总平面布置图;
(2)临时设施规划方案和已搭建情况;
(3)施工现场安全防护设施(防护网、棚)搭设(设置)计划;
(4)施工进度计划,安全措施费用计划;
(5)施工组织设计(方案、措施);
(6)拟进入现场使用的起重机械设备(塔式起重机、物料提升机、外用电梯)的型号、数量;
(7)工程项目负责人、安全管理人员和特种作业人员持证上岗情况;
(8)建设单位安全监督人员和工程监理人员的花名册。

建设单位在申请领取施工许可证时,所报送的安全施工措施资料应当真实、有效,能够反映建设工程的安全生产准备情况、达到的条件和施工实施阶段的具体措施。必要时,建设行政主管部门收到资料后,应当尽快派员到现场进行实地勘察。

(六)对拆除工程进行备案的责任

建设单位应当将拆除工程发包给具有相应资质等级的施工单位。

建设单位应当在拆除工程施工 15 日前,将下列资料报送建设工程所在地的县级以上地方人民政府主管部门或者其他有关部门备案:

(1)施工单位资质等级证明;

(2)拟拆除建筑物、构筑物及可能危及毗邻建筑的说明;

(3)拆除施工组织方案;

(4)堆放、清除废弃物的措施。

实施爆破作业的,还应当遵守国家有关民用爆炸物品管理的规定。根据《民用爆炸物品管理条例》第二十七条的规定,使用爆破器材的建设单位,必须经上级主管部门审查同意,并持说明使用爆破器材的地点、品名、数量、用途、四邻距离的文件和安全操作规程,向所在地县、市公安局申请领取《爆炸物品使用许可证》,方准使用。根据《民用爆炸物品管理条例》第三十条的规定,进行大型爆破作业,或在城镇与其他居民聚居的地方、风景名胜区和重要工程设施附近进行控制爆破作业,施工单位必须事先将爆破作业方案,报县、市以上主管部门批准,并征得所在地县、市公安局同意,方准爆破作业。

二 勘察、设计单位安全生产管理的责任和义务

建设工程具有投资规模大、建设周期长、生产环节多、参与主体多等特点。安全生产是贯穿于工程建设的勘察、设计及其他有关单位的活动。

建设工程勘察、设计是工程建设的基础性工作。建设工程勘察文件,是建设工程项目规划、选址、设计和施工的重要依据,勘察文件的质量直接关系到设计工程质量,对建设工程安全生产具有重要影响。设计单位的设计文件质量又关系到施工安全操作、安全防护以及作业人员和建设工程的主体结构安全。建筑设计应当符合建筑安全规程和技术规范,应当按照国家规定制定的有关规程和规范。

【案例】

某学校欲在校园内新建一栋教学楼,委托甲单位进行勘察设计工作。甲单位经过 2 个月的勘察,确定了教学楼的地址,提交了勘察报告,同时进行设计工作。3 个月后,甲单位完成全部工作,向该学校提交了设计方案。学校根据设计方案与乙方施工单位签订了施工合同,工期为 6 个月。因建设地点在校内,学校向乙单位着重强调了施工安全问题。

(一)勘察单位的安全责任

建筑工程设计应当符合按照国家规定制定的建筑安全规程和技术规范,保证工程的安全性能。

1.勘察单位提供的勘察文件应当真实、准确

工程勘察是工程建设的先行官。工程勘察成果是建设工程项目规划、选址、设计的重要依据,也是保证施工安全的重要因素和前提条件。因此,勘察单位应当按照法律、法规和工程建

设强制性标准进行勘察,提供的勘察文件应当真实、准确,满足建设工程安全生产的需要。

2.勘察单位在勘察作业时,应当严格执行操作规程

勘察单位在勘察作业时,应当采取措施保证各类管线、设施和周边建筑物、构筑物的安全。

(二)设计单位的安全责任

在建设工程项目确定后,工程设计就成为工程建设中最重要、最关键的环节,对安全施工有着重要影响。

1.按照法律、法规和工程建设强制性标准进行设计

设计单位应当按照法律、法规和工程建设强制性标准进行设计,防止因设计不合理导致生产安全事故的发生。

2.提出防范生产安全事故的指导意见和措施建议

设计单位应当考虑施工安全操作和防护的需要,对涉及施工安全的重点部位和环节在设计文件中注明,并对防范生产安全事故提出指导意见。

采用新结构、新材料、新工艺的建设工程和特殊结构的建设工程,设计单位应当在设计中提出保障施工作业人员安全和预防生产安全事故的措施建议。

3.对设计成果承担责任

设计单位和注册建筑师等注册执业人员应当对其设计负责。

三 监理单位安全生产管理的责任和义务

工程监理单位是保证建设工程安全生产的重要一方,对保证施工单位作业人员的安全起着重要的作用。施工机械设备生产、租赁、安装以及检验检测机构等与工程建设有关的其他单位是否依法从事相关活动,直接影响到建设工程安全。

【案例】

2003年7月24日7时40分,黑龙江省北安市某小学教学楼加高接建工程发生楼体坍塌事故,造成16人死亡,6人受伤,直接经济损失220余万元。

北安市某小学教学楼建于1987年,1988年11月建成投入使用。该楼为四层(一楼改为商业用房),局部五层砖混结构,建筑面积2 469.88m²。承建单位为北安市城郊某建筑公司,公司负责人杜某。工程竣工后,由北安市某质检站组织有关单位对该工程进行验收,认定为"合格工程"。近年来,由于学生数量增多,教室不够用,该小学请示北安市教育局,要求在现教学楼四层基础上接建五层,以满足教学需要。北安市教育局经研究同意并向市发展计划局申请立项,市发展计划局批准了市教育局的基建计划。该小学教学楼接层工程所需经费由北安市教育局拨款32万元(实际经费未落实),不足部分由小学自行筹集解决。该小学采取非标方式与北安市某建筑公司签订工程承包合同。该工程由项目经理国某负责,接层勘察单位为黑河市某建筑勘察设计院,设计单位为北安市某建筑设计室,监理单位为黑河市某监理公司北安分公司,施工单位为北安某建筑公司(企业资质级别为三级)。

接层工程主体砌筑结构于2003年7月1日开始施工,7月7日砌筑和混凝土工程结束。7月24日6时,楼南侧外墙施工现场有施工人员14人,楼内有施工人员4人。7时40分,施

工人员正在吊篮脚手架中进行二层外墙抹灰剔除工作，工程项目经理国某与工长郝某在楼下巡视时发现，原建筑结构二层邻街南侧第2个墙垛突然出现多条竖向裂缝，国某只令吊篮中的工人撤离，因为未预见事件的严重性，所以没有采取所有人员全面撤离危险区域的应急措施。当国某给设计负责人栾某打电话进行联系时，墙垛破坏，楼体大面积坍塌，现场施工人员18人和一楼营业门市房内4人，共计22人被埋入坍塌的瓦砾中，造成16人死亡、1人重伤、5人轻伤。

此次事故技术方面原因是：原建筑拆除木窗，更换塑钢窗时，造成窗间墙截面减少；原建筑墙体砂浆强度及砖砌体强度不能满足设计要求；新接楼层后使荷载加大，导致楼体坍塌，是此次事故的技术原因，也是直接原因。设计审查把关不严。设计单位越级设计，没按图纸审查中心提出的审查意见进行落实；没按设计规范要求对基础、承重结构进行认真验算，设计错误是此次事故的重要原因。1987年承建某小学教学楼工程的北安城郊某建筑公司在施工中未对红砖、砂浆、混凝土等建筑材料进行试压检验，使该楼未达到设计要求的技术质量标准。工程竣工验收时有关单位和部门没有认真进行检查即通过验收，遗留下重大工程隐患。

从管理方面来说，建设单位管理原因即建设单位将原建筑木窗更换塑钢窗工程非法发包给个人，个人野蛮拆除，严重削弱窗间墙承载面积（有的地方面积削弱50%）。施工单位管理混乱，责任不落实，没有完善的施工组织设计审批手续。工长无证上岗，不懂建筑结构，当承重结构已遭到严重破坏发生竖向裂缝时，没有采取全面紧急撤离措施，是指挥施工的严重失误。监理单位是黑河市某监理公司的北安分公司，其本身不具备监理资质，只有在接受上级单位黑河市某监理公司委托时，才能够承接监理工程。因此，该监理单位属于非法进行工程监理的行为。建设行政主管部门安全监督管理不到位，执法不严，对未取得施工许可证擅自开工的某小学楼层接建工程没有给予制止和处罚，对不具备监理资质非法进行监理的行为，没有给予严肃查处。

根据事故调查组的调查和专家鉴定，确认这是一起特大楼体坍塌责任事故。

这起事故是由于建设单位和施工企业不执行《建筑法》和国家有关规定，违背基本建设法定程序，擅自决定开工，且施工管理混乱；设计单位、施工监理单位越权设计、越权监理；建设行政主管部门及有关部门不认真履行职责；以及原楼建设过程中也存在严重施工质量问题等一系列问题所造成的，事故教训是极其深刻的。

建设单位在学校原教学楼改扩建，楼层接建工程中，没有组织有关专业技术机构对原建筑的整体结构、基础和承重结构的承载能力进行勘察，做出技术鉴定。也没有认真落实图纸审查单位提出的整改意见，在未办理《施工许可证》的情况下，擅自决定施工，并委托不具备资质的单位进行设计和工程监理。另外，还指派不具备资质的无业人员对原有的旧木窗野蛮拆除。建设单位对此次事故负有直接责任。

施工单位在建设单位的开工手续不完备的情况下擅自开工，没有签订安全生产合同，没有编制施工组织设计，没有对原建筑物的结构质量和承载能力进行全面的了解，施工现场管理混乱。施工单位对此次事故负有主要责任。

监理单位作为黑河市某监理公司的分支机构，其本身不具备监理资质，只有在接受上级单位黑河市某监理公司委托时，才能够承接监理工程。因此，该监理单位属于非法进行工程监理的行为。监理单位对此次事故负有重要责任。

当地有关政府职能和建设行政主管部门,没有认真贯彻落实《建筑法》《安全生产法》和国务院颁布实施的《建设工程质量管理条例》等有关规定,没有认真履行基本建设程序,没有把施工许可、施工图审查、项目法人责任制等有关制度落实到位。当地有关部门对此次事故负有重要的管理责任。

这起事故是由于建设单位、施工企业和监理单位不执行《建筑法》和国家有关规定,违背基本建设法定程序,擅自决定开工,且施工管理混乱;设计单位越权设计、工程监理单位越权监理;建设行政主管部门及有关部门不认真履行职责;原楼建设存在严重施工质量问题等一系列问题所造成的。在改扩建工程施工中,特别是具有较大社会影响的工程项目,必须对原有工程结构进行评估鉴定,否则在对其承载能力不清不详的情况下,盲目接建楼层,将加大结构荷载造成事故。同时,在窗户改造过程中,破坏了整体竖向承重结构,发生事故是必然的。防止此类事故的关键,就是政府有关部门在基本建设工程项目立项审批时,要严把审查关,对未经论证的基本建设工程项目和资金未落实的新、改、扩建工程项目一律不予审批,从源头上根本控制。

根据《建设工程安全生产管理条例》的规定,监理单位的安全生产管理的责任和义务包括:

1. 安全技术措施或者专项施工方案进行审查

工程监理单位应当审查施工组织设计中的安全技术措施或者专项施工方案是否符合工程建设强制性标准。

施工组织设计在本质上是施工单位编制的施工计划。其中要包含安全技术措施和施工方案。对于达到一定规模的危险性较大的分部分项工程要编制专项施工方案。如基坑支护、降水工程、土方开挖工程、模板工程、起重吊装工程、脚手架工程、拆除工程、爆破工程等达到一定规模的危险性较大的分部分项工程,施工单位应当编制专项施工方案。工程监理单位依法应当对这些安全技术措施和专项施工方案进行审查,审查的重点是其是否符合工程建设强制性标准。

2. 依法对施工安全事故隐患进行处理

工程监理单位在实施监理过程中,发现存在安全事故隐患的,应当要求施工单位整改;情况严重的,应当要求施工单位暂时停止施工,并及时报告建设单位。施工单位拒不整改或者不停止施工的,工程监理单位应当及时向有关主管部门报告。

3. 对建设工程安全生产承担监理责任

工程监理单位和监理工程师应当按照法律、法规和工程建设强制性标准实施监理,并对建设工程安全生产承担监理责任。

(四) 施工单位安全生产管理的责任和义务

施工单位是工程建设活动中的重要主体之一,在施工安全中居于核心地位,是绝大部分生产安全事故的直接责任方。

【案例】

2001年6月20日,武汉市某大厦发生一起因拆除外檐悬挑结构的坍塌事故,造成4人死亡,5人受伤。

武汉市某大厦装修改造工程由中建某局某公司承包后，又将建筑物的局部拆除工程转包给四川省合江县某建筑公司武汉分公司，该分公司又雇用了重庆市合川龙凤镇某建筑工程队做劳务施工。

2001年6月19日，作业人员在拆除大厦的17层④～⑩轴外檐悬挑结构时，采用先拆除⑤～⑨轴的外檐，然后再拆除④轴和⑩轴处的局部外檐。该悬挑外檐结构由悬挑梁与外檐板组成，④～⑩轴外檐总长为21.6m，轴与轴间距为3.6m。上部结构为悬挑梁（与结构柱连接），外檐板在悬挑梁下部（板厚80mm，板高5.0m），由悬挑梁承力。但是在拆除之前，施工负责人没有讲明悬挑结构的承力部位，也没说清楚拆除程序，作业人员错误的先将⑤～⑨轴处与柱相连的悬挑梁处凿除了混凝土，由于悬挑梁钢筋尚未切断，另外尚有④轴和⑩轴两处混凝土未拆除，虽已造成隐患却没导致坍塌事故。至下午4时左右，主楼工长和监理人员进行了查看，便认为"基本完好，未发现异常现象"，因此错过了采取补救措施的机会。次日，6月20日作业人员继续凿除④轴和⑩轴处与柱相连接的悬挑梁，并切断其连接钢筋，此时外檐板失去承力结构向外倾倒，砸坏外脚手架后坠落，造成裙房门厅支模人员4人死亡，5人受伤。

此次事故主要是拆除程序错误，应该先拆除非承重结构，后拆除承重结构。该工程由于先拆除了悬挑梁，使外檐板失去承力传递结构，剩余连接部分无法支承外檐墙板的自重而发生坍塌坠落，将下面（距坠落处46m）的支模人员砸伤致死。作业人员和管理人员不懂建筑结构，不认真查看图纸，导致了违章指挥和违章操作，已经发生隐患，却未及时采取补救措施，最终导致事故。总包放弃管理。总包单位将拆除工程包给分包单位后，既不认真审查资质，又不对方案的可操作性进行认真研究，再加上雇佣农民工作劳务，层层放松管理，最后发生事故。

房屋拆除工程与新建工程相比较，有些工程更具危险性和复杂性，必须由懂得工程结构的具有相应资质的队伍施工，施工之前调查了解原建筑结构和使用现状，并制定详细的拆除方案，否则容易发生事故。为此，《建筑法》中专门进行了规定，要求必须严格执行。

本次事故由于总包单位对分包拆除工程时，未认真审查其资质，拆除过程中又疏于管理，分包单位对工程结构不清楚而违章指挥，作业人员未经培训无相应证书，违章操作，导致拆除程序错误，导致事故发生。

本次事故属责任事故。从总包非法转包部分拆除工程，分包又雇佣农民工拆除，由不具备拆除资质的队伍施工，不懂工程结构，拆除作业前无正确可行的方案指导，也未向作业人员对拆除程序进行交底，且整个拆除过程中也未得到懂结构的管理人员指导，以致在拆除挑檐时，错误的先把悬挑梁凿除，致使挑檐板坠落，导致发生伤亡事故。

总包承揽该大厦装修工程后，又把建筑物的局部拆除工程进行分包，由于没认识拆除工程的危险性和复杂性而放弃管理。《建筑法》中规定，禁止总包单位将工程分包给不具备相应资质条件的单位，总包单位按照总承包合同的约定对建筑单位负责。此事故中，中建某局某公司没对分包单位资质认真审查，非法转包工程，且疏于管理，总包单位应负全面管理责任。分包虽然是发生事故的直接责任者，但总包违反《建筑法》转包工程，不进行全面管理，应追究总包单位的管理责任。

建筑施工企业在编制施工组织设计时，应当根据建筑工程的特点制定相应的安全技术措施；对专业性较强的工程项目，应当编制专项安全施工组织设计，并采取安全技术措施。根据《建设工程安全生产管理条例》规定，施工单位的安全生产管理的责任和义务包括以下四个方面。

186

(一)施工单位应当具备的安全生产资质条件

施工单位从事建设工程的新建、扩建和拆除等活动,应当具备国家规定的注册资本、专业技术人员、技术装备和安全生产等条件,依法取得相应等级的资质证书,并在其资质等级许可的范围内承揽工程。

(二)施工总承包单位与分包单位安全责任的划分

建设工程实行施工总承包的,由总承包单位对施工现场的安全生产负总责。

总承包单位应当自行完成建设工程主体结构的施工。总承包单位依法将建设工程分包给其他单位的,分包合同中应当明确各自的安全生产方面的权利、义务。总承包单位和分包单位对分包工程的安全生产承担连带责任。

分包单位应当接受总承包单位的安全生产管理,分包单位不服从管理导致生产安全事故的,由分包单位承担主要责任。

(三)施工单位安全生产责任制度

施工单位主要负责人依法对本单位的安全生产工作全面负责。施工单位应当建立健全安全生产责任制度和安全生产教育培训制度,制定安全生产规章制度和操作规程,保证本单位安全生产条件所需资金的投入,对所承担建设工程进行定期和专项安全检查,并做好安全检查记录。

施工单位的项目负责人应当由取得相应职业资格的人员担任,对建设工程项目的安全施工负责,落实安全生产责任制度、安全生产规章制度和操作规程,确保安全生产费用的有效使用,并根据工程的特点组织制定安全施工措施,消除安全事故隐患,及时、如实报告生产安全事故。

(四)施工单位安全生产基本保障措施

1.安全生产费用应当专款专用

施工单位对列入建设工程概算的安全作业环境及安全施工措施所需费用,应当用于施工安全防护用具及设施的采购和更新、安全施工的落实、安全生产条件的改善,不得挪作他用。

2.安全生产管理机构及人员的设置

施工单位应当设立安全生产管理机构,配备专职安全生产管理人员。专职安全生产管理人员负责对安全生产进行现场监督检查。发现安全事故隐患,应当及时向项目负责人和安全生产管理机构报告;对违章指挥、违章操作的,应当立即制止。

3.编制安全技术措施及施工方案的规定

施工单位应当在施工组织设计中编制安全技术措施和施工现场临时用电方案,对达到一定规模的危险性较大的分部分项工程编制专项施工方案,并附具安全验算结果,经施工单位技术负责人、总监理工程师签字后实施,由专职安全生产管理人员进行现场监督。

施工单位还应当根据施工和周围环境及季节、气候的变化,在施工现场采取相应的安全施工措施。施工现场暂时停止施工的,施工单位应当做好现场防护,所需费用由责任方承担,或按照合同约定执行。

4.对安全施工技术要求的交底

建设工程施工前,施工单位负责项目管理的技术人员应当对有关安全施工的技术要求向施工作业班组、作业人员作出详细说明,并由双方签字确认。

5.危险部位安全警示标志的设置

施工单位应当在施工现场入口处、施工起重机械、临时用电设施、脚手架、出入通道口、楼梯口、电梯井口、孔洞口、桥梁口、隧道口、基坑边沿、爆破物及有害危险气体和液体存放处等危险部位,设置明显的安全警示标志。安全警示标志必须符合国家标准。

6.对施工现场生活区、作业环境的要求

施工单位应当将施工现场的办公、生活区与作业区分开设置,并保持安全距离;办公、生活区的选址应当符合安全性要求。职工的膳食、饮水、休息等场所应当符合卫生标准。施工单位不得在尚未竣工的建筑物内设置员工集体宿舍。

7.环境污染防护措施

施工单位因建设工程可能造成损害的毗邻建筑物、构筑物和地下管线等,应当采取专项保护措施。

施工单位应当遵守有关环境保护法律、法规的规定,在施工现场采取措施,防止或减少粉尘、废气、废水、固体废物、噪声、振动和施工照明对人和环境的危害和污染。

8.消防安全保障措施

消防安全是建设工程安全生产管理的重要组成部分,是施工单位现场安全生产管理的工作重点之一。施工单位应当在施工现场监理消防安全责任制度,确定消防安全责任制,制定用火、用电、使用易燃易爆材料等各项消防安全管理制度和操作规程,设置消防通道、消防水源,配备消防设施和灭火器材,并在施工现场入口处设置明显标志。

9.劳动安全管理规定

施工单位应当向作业人员提供安全防护用具和安全防护服装,并书面告知危险岗位的操作规程和违章操作的危害。

作业人员有权对施工现场的作业条件、作业程序和作业方式中存在的安全问题提出批评、检举和控告,有权拒绝违章指挥和强令冒险作业。

在施工中发生危及人身安全的经济情况时,作业人员有权立即停止作业或者在采取必要的应急措施后撤离危险区域。

作业人员应当遵守安全施工的强制性标准、规章制度和操作规程,正确使用安全防护用具、机械设备等。

施工单位应为单位施工现场从事危险作业的人员办理意外伤害保险。

意外伤害保险费用由施工单位支付。实行施工总承包的,由总承包单位支付意外伤害保险费。意外伤害保险期限自建设工程开工之日起至竣工验收合格止。

10.安全防护用具及机械设备、施工机具的安全管理

施工单位采购、租赁的安全防护用具、机械设备、施工机具及配件,应当具有生产(制造)许可证、产品合格证,并在进入施工现场前进行查验。

施工现场的安全防护用具、机械设备、施工机具及配件必须由专人管理,定期进行检查、维修和保养,建立相应的资料档案,并按照国家有关规定及时报废。

施工单位在使用施工起重机械和整体提升脚手架、模板等自升式架设设施前,应当组织有关单位进行验收,也可以委托具有相应资质的检验检测机构进行验收;使用承租的机械设备和施工机具及配件的,由施工总承包单位、分包单位、出租单位和安装单位共同进行验收。验收合格的方可使用。

五　建设工程相关单位安全生产管理的主要责任和义务

(一)机械设备和配件供应单位的安全责任

为建设工程提供机械设备和配件的单位,应当按照安全施工的要求配备齐全有效的保险、限位等安全设施和装置。

(二)机械设备、施工机具和配件出租单位的安全责任

出租的机械设备和施工工具及配件,应当具有生产(制造)许可证,产品合格证。出租单位应当对出租的机械设备和施工工具及配件的安全性能进行检测,在签订租赁协议时,应当出具检测合格证明。禁止出租检测不合格的机械设备和施工工具及配件。

(三)起重机械和自升式架设设施的安全管理

在施工现场安装、拆卸施工起重机械和整体提升脚手架、模板等自升式架设设施,必须由具有相应资质的单位承担。安装、拆卸施工起重机械和整体提升脚手架、模板等自升式架设设施,应当编制拆装方案、制定安全施工措施,并由专业技术人员现场监督。施工起重机械和整体提升脚手架、模板等自升式架设设施安装完毕后,安装单位应当自检,出具自检合格证明,并向施工单位进行安全使用说明,办理验收手续并签字。施工起重机械和整体提升脚手架、模板等自升式架设设施的使用达到国家规定的检验检测期限的,必须经具有专业资质的检验检测机构检测。经检测不合格的,不得继续使用。检验检测机构对检测合格的施工起重机械和整体提升脚手架、模板等自升式架设设施,应当出具安全合格证明文件,并对检测结果负责。

第三节　建筑工程事故处理

建筑工程事故处理是一项非常严肃、程序严谨的工作,需要遵从严格法律规程,以便能够有效地避免损害后果的扩大,恢复生产秩序;国家队对安全事故报告、调查、处理及责任追究等的组织体系,具体操作程序、行为规范、实现的目标等作出了明确规定,建筑工程安全事故的处理应该遵守这些规则。

一　建筑工程事故的含义和等级

【案例】

2004 年 5 月 5 日,位于某市北郊某冷藏贸易有限公司所属的 30 号冷库房内发生货架坍塌事故,正在库房进行蒜薹分拣的 34 名民工被压在蒜薹和货架下,其中 15 人死亡。经检察机

关查明,2003年3月6日,根据某村委会主任、某公司董事长陈某的决定,某冷藏贸易有限公司在没有认证的情况下,盲目与某市金塔金属制品有限公司签订购买货架的合同。某金塔公司法人代表马某明知本企业不具备生产仓储货架的资质和能力,在利润的驱使下,违反国家行业规定,违规套用超市货架标准,指派无设计资质的生产技术厂长杨某负责设计并进行生产。2003年4月初,马某委派业务员周某和无质检资质的质检员陈某等人到冷库,进行货架的安装和质量检验。周某、陈某不但没有带专业技术人员现场安装,反而私自改变安装设计草图,在某市街头随意找来民工安装货架。安装完毕后,周某与陈某未按规定验收,某冷藏贸易有限公司作为使用方也没有进行应有的检查验收,致使货架安装不规范,留下事故隐患。

后经有关部门调查认定,造成该事故的直接原因是常熟市金塔金属制品有限公司在没有生产高位仓储式货架资质的情况下,违规生产,货架存在整体稳定性差、承载能力不足等严重的质量问题。某村党支部、村委会及某冷藏贸易有限公司在未对常熟市金塔金属制品有限公司资质进行确认的情况下,盲目购买和使用无合格证的货架,并对供货方提供的产品质量缺乏监督。鉴于原某村委会主任、郑州某公司董事长陈某于2004年11月18日因病医治无效死亡,郑州市金水区人民检察院遂依法对某冷藏贸易有限公司冷库负责人刘某、某市金塔金属制品有限公司法人代表马某、生产技术厂长杨某、业务员周某、质检员陈某等5名直接责任人提起公诉。

法院经过审理后认为:常熟市金塔金属制品有限公司违反《中华人民共和国产品质量法》《中华人民共和国安全生产法》等相关国家规定,降低工程质量标准,造成15人死亡、直接损失约196万元的货架倒塌重大安全事故,被告人刘某、马某、杨某、周某、陈某系该起事故的直接责任人员,均已构成工程重大安全事故罪。遂依法作出上述判决。

该事故是人为因素导致的责任事故,事故类型是坍塌事故。事故造成15人死亡、直接经济损失196万元,根据《生产安全事故报告和调查处理条例》,构成重大事故。

(一)建筑工程事故的含义

建筑工程事故是指工程建设过程中发生的造成人身伤亡或者直接经济损失的生产安全事故。按事故发生的责任原因可分为责任事故和非责任事故,非责任事故是由于不可抗力和自然灾害、外来破坏所导致的没有责任主体的事故,责任事故是人为因素导致的事故。按事故造成的后果可分为:人身伤亡事故和非人身伤亡事故,人身伤亡事故是事故中有人身伤害或死亡后果的事故,非人身伤亡事故是指没有人身伤害或死亡后果,只有经济损失的事故。按事故的等级分类可分为:特大事故、重大事故、较大事故、一般事故。按事故的具体原因分类可分为:物体打击事故、车辆伤害事故、机械伤害事故、触电事故、火灾事故、灼烫事故、淹溺事故、高处坠落事故、坍塌事故、透水事故、爆炸事故、中毒和窒息事故以及其他伤害事故。

(二)建筑工程安全事故的等级

2007年6月1日起施行的《生产安全事故报告和调查处理条例》(国务院1989年3月29日公布的《特别重大事故调查程序暂行规定》和1991年2月22日公布的《企业职工伤亡事故报告和处理规定》同时废止)对生产安全事故做出了明确的分类。与《国家突发公共事件总体应急预案》《国家安全生产事故专项应急预案》事故分级相一致。

1. 建筑工程安全事故的等级的确定因素

事故定级要素的界定必须从各类事故侵犯的相关主体、社会关系和危害后果等方面来考虑。《生产安全事故报告和调查处理条例》(简称《条例》)规定的事故分级要素有三个,可以单独适用。

(1)人员伤亡的数量(人身要素)

安全生产和事故调查处理都要以人为本,最大限度地保护从业人员的生命安全。事故危害的最严重后果,就是造成人员死亡、重伤(中毒)。因此,《条例》将人员伤亡的数量列为事故分级的第一要素。

(2)直接经济损失的数额(经济要素)

事故不仅造成人员伤亡,而且经常造成直接经济损失。要保护国家、企业和人民群众的财产权,必须根据造成直接经济损失的多少来区分事故等级。

(3)社会影响(社会要素)

2. 建筑工程安全事故的等级分类

有些事故的伤亡人数、直接经济损失数额达不到法定标准,但是具有恶劣的社会影响、政治影响和国际影响,也必须列为特殊事故进行调查处理,这是维护社会稳定的需要。

根据生产安全事故(以下简称事故)造成的人员伤亡或者直接经济损失,事故一般分为以下等级:

(1)特别重大事故,是指造成30人以上死亡,或者100人以上重伤(包括急性工业中毒,下同),或者1亿元以上直接经济损失的事故;

(2)重大事故,是指造成10人以上30人以下死亡,或者50人以上100人以下重伤,或者5 000万元以上1亿元以下直接经济损失的事故;

(3)较大事故,是指造成3人以上10人以下死亡,或者10人以上50人以下重伤,或者1 000万元以上5 000万元以下直接经济损失的事故;

(4)一般事故,是指造成3人以下死亡,或者10人以下重伤,或者1 000万元以下直接经济损失的事故。

国务院安全生产监督管理部门可以会同国务院有关部门,制定事故等级划分的补充性规定。

本条第一款所称的"以上"包括本数,所称的"以下"不包括本数。

二 建筑工程安全事故报告制度、应急救援和现场保护

【案例】

某施工现场发生了安全生产事故,堆放石料的料堆坍塌,将一些正在工作的工人掩埋,最终导致了3名工人死亡。工人张骏江在现场目睹了整个事故的全过程,于是立即向本单位负责人报告。由于张俊江看到的是掩埋了5名工人,他就推测这五名工人均已死亡。于是向本单位负责人报告说5名工人遇难。此数字与实际数字不符你认为该工人是否违法?

根据《安全生产法》,事故现场有关人员应当立即报告本单位负责人,但并不要求如实报告。因为在进行报告的时候,报告人未必能知道准确人数。所以,即使报告数据与实际数据不符,也并不违法。但是,如果报告人不及时报告,就会涉嫌违法。因为可能由于其报告不及时而使得救援延缓,伤亡扩大。

（一）建筑工程安全事故报告的基本要求

《安全生产法》规定，生产经营单位发生生产安全事故后，事故现场有关人员应当立即报告本单位负责人。单位负责人接到事故报告后，应当迅速采取有效措施，组织抢救，防止事故扩大，减少人员伤亡和财产损失，并按照国家有关规定立即如实报告当地负有安全生产监督管理职责的部门，不得隐瞒不报、谎报或者迟报，不得故意破坏事故现场、毁灭有关证据。负有安全生产监督管理职责的部门接到事故报告后，应当立即按照国家有关规定上报事故情况。负有安全生产监督管理职责的部门和有关地方人民政府对事故情况不得隐瞒不报、谎报或者迟报。

1. 事故报告的时间要求

发生事故现场有关人员应立即向本单位负责人报告；单位负责人接到报告后，1 小时内从生产经营单位报到安全生产监督管理部门；安全生产监督管理部门和负有安全生产监督管理部门职责的有关部门再逐级上报事故情况，每级上报的时间不得超过 2 小时。安全生产监督管理部门依照前款规定上报事故情况时，应当同时报告本级人民政府。

2. 事故报告的内容要求

(1) 事故发生单位概况；

(2) 事故发生的时间、地点以及事故现场情况；

(3) 事故的简要经过；

(4) 事故已经造成或者可能造成的伤亡人数（包括下落不明的人数）和初步估计的直接经济损失；

(5) 已经采取的措施；

(6) 其他应当报告的情况。

3. 事故补报的要求

事故报告后出现新情况的，应当及时补报。事故发生之日起 30 日内，伤亡人数发生变化，事故发生单位、安监部门和有关部门应及时补报。

（二）应急救援和现场保护

1. 安全生产责任事故应急救援体系

(1) 县级以上地方人民政府应当组织有关部门制定本行政区内特大生产安全事故应急救援预案，建立应急救援体系；

(2) 危险物品的生产、经营、储存单位以及矿山、建筑施工单位应当建立应急救援组织；生产经营规模较小，可以不建立应急救援组织的，应当指定兼职的应急救援人员。危险物品的生产、经营、储存单位以及矿山、建筑施工单位应当配备必要的应急救援器材、设备，并进行经常性维护、保养，保证正常运转。

2. 应急救援措施

事故发生单位负责人接到事故报告后，应当立即启动事故相应应急预案，或者采取有效措施，组织抢救，防止事故扩大，减少人员伤亡和财产损失。

事故发生地有关地方人民政府、安全生产监督管理部门和负有安全生产监督管理职责的有关部门接到事故报告后，其负责人应当立即赶赴事故现场，组织事故救援。

3.事故现场保护

应当妥善保护事故现场以及相关证据,任何单位和个人不得破坏事故现场、毁灭相关证据。

因抢救人员、防止事故扩大以及疏通交通等原因,需要移动事故现场物件的,应当做出标志,绘制现场简图并做出书面记录,妥善保存现场重要痕迹、物证。

三 建筑工程安全事故的调查处理

【案例】

2007年8月13日16时45分,某省某县正在建设的某江大桥发生特别重大坍塌事故,造成64人死亡、4人重伤、18人轻伤,直接经济损失3974.7万元。事故发生后,党中央、国务院领导同志作出重要批示。8月16日,经国务院同意,成立了由国家安全监管总局、监察部、交通部、原建设部、全国总工会、某省人民政府及有关部门人员参加的国务院某江大桥"8.13"特别重大坍塌事故调查组,并邀请最高人民检察院派员参加。调查组从项目立项、地质勘察、设计、施工、监理和工程管理六个环节入手,通过现场勘察、技术鉴定、查阅资料和询问有关当事人,查明了事故发生的经过、直接原因和间接原因,提出了对有关责任单位及责任人的处理意见和事故防范与整改措施。2007年12月7日,国务院常务会议听取事故调查组对事故调查处理情况的汇报,讨论通过了对相关责任人和责任单位的处理意见。处理结果如下:

一、基本情况

(一)某江大桥工程概况。某江大桥工程全长328.45m,桥面宽度13m,设3%纵坡,桥型为4孔65m跨径等截面悬链线空腹式无铰连拱石拱桥,桥墩高33m。

(二)事故相关单位概况。

1.建设单位。建设单位某公路建设有限责任公司,为国有独资公司。2003年10月,某省人民政府决定,建设项目业主变更为湖南省公路管理局。

2.设计和地质勘察单位。设计和地质勘察单位是某设计院,具有公路行业甲级《工程设计证书》、甲级《工程咨询资格证书》和甲级《工程勘察证书》。

3.施工单位。施工单位是某路桥建设集团公司,具有原建设部颁发的"公路工程施工总承包特级、公路路基工程专业承包一级、公路路面工程专业承包一级、桥梁工程专业承包一级、公路交通工程专业承包交通安全设施"《资质证书》和《安全生产许可证》。某路桥建设集团公司所属道路七分公司具体负责大桥的施工任务。

4.监理单位。监理单位为某交通咨询监理有限公司,具有公路工程甲级监理资质。

二、事故原因及性质

(一)直接原因。大桥主拱圈砌筑材料未满足规范和设计要求,拱桥上部构造施工工序不合理,主拱圈砌筑质量差,降低了拱圈砌体的整体性和强度,随着拱上施工荷载的不断增加,造成1号孔主拱圈靠近0号桥台一侧3~4m宽范围内,即2号腹拱下的拱脚区段砌体强度达到破坏极限而坍塌,受连拱效应影响,整个大桥迅速坍塌。

(二)间接原因。

1.施工单位方面的原因。施工单位严重违反工程建设质量和安全生产的法律法规及技术标准,施工质量控制不力,现场管理混乱。一是项目经理部未经设计单位同意,擅自与业主商议变更原主拱圈施工方案,未严格按照设计要求的主拱圈砌筑方式进行施工。二是未配备专职的质量监督员和安全员，未认真整改落实监理单位多次指出的严重工程质量和安全生产隐患；主拱圈施工质量问题突出，如拱石材料未严格控制形状和尺寸，砌体砌缝宽度极不均匀，部分砌筑不密实，砌体存在空洞；主拱圈施工各环在不同温度无序合龙，造成拱圈内产生附加的永存的温度应力，削弱了拱圈强度。三是倒排工期赶进度，连续施工主拱圈、横墙、腹拱、侧墙，在主拱圈未达到设计强度的情况下就开始落架施工作业，降低了砌体的整体性和强度。四是技术力量薄弱，现场管理混乱。项目经理部的技术、管理人员共 17 人，其中专业技术人员仅 6 人；施工人员技术素质低，劳务分包给不具备施工基本水平的农民工队伍，且在上岗前未按规定进行技术培训和安全教育，卷扬机操作人员、试验员、测量员等均无相应资格证书；工程材料质量把关不严，未按照设计要求控制拱石规格。五是道路七公司未按规定履行质量和安全管理职责。没有专门的安全生产管理机构，在巡查中走过场，未能发现存在的严重质量、安全生产隐患以及施工现场管理混乱问题，默认同意项目经理部招雇没有石拱桥施工经验的农民工及无证上岗等问题，违规同意项目经理部变更原主拱圈设计施工方案，盲目倒排工期赶进度。六是某路桥建设集团公司对工程施工安全质量工作监管不力。某路桥建设集团公司对道路七公司的机构设置、人员配置、质量安全职责和控制措施监督落实不力；指导和监督道路七公司贯彻落实工程建设质量和安全生产管理的规章制度不力；对项目经理部长期存在的管理混乱、人员不到位、无证上岗、工程质量等问题和对项目经理部变更原主拱圈设计施工方案、不顾工期延误现实盲目倒排工期赶进度的问题失察。

2. 建设单位方面的原因。建设单位严重违反建设工程管理的有关规定，项目管理混乱。一是对发现的施工质量不符合规范、施工材料不符合要求等问题，未认真督促整改。二是未经设计单位同意，擅自与施工单位商议变更原主拱圈设计施工方案，且为确保凤大公路在"州庆"前交工通车，盲目倒排工期赶进度，将原计划三个月完成的主拱圈砌筑时间压缩为一个半月，严重影响大桥主拱圈砌筑质量。同时，为赶施工进度，越权指挥施工，甚至要求监理不要上桥检查。三是未能加强对工程施工、监理、安全等环节的监督检查，对检查中发现的工程质量问题未认真督促纠正；发现施工单位选用的施工材料不符合设计要求、施工人员未经培训等问题后未认真督促整改；发现监理人员资格不符合要求后也未采取任何措施。四是某州公路局主要领导同时兼任凤大公司主要领导，不能认真履行职责，放松对工程建设质量和安全生产的监督检查，没有督促整改工程存在的重大质量和安全隐患。五是某省公路局在将项目委托给州公路局后未认真履行自己的职责，疏于监督管理，没有及时发现和认真解决工程建设中存在的各种问题。

3. 监理单位方面的原因。监理单位违反有关规定，未能依法履行工程监理职责。一是现场监理处对施工单位擅自变更原主拱圈施工方案，未予以坚决制止；在主拱圈施工关键阶段，监理处人员投入不足；对发现的主拱圈施工质量问题督促整改不力，不仅没向有关主管部门报告，有关监理人员还在主拱圈砌筑完成但拱圈强度资料尚未测出的情况下，即在验收砌体质检表、检验申请批复单、施工过程质检记录表上签字验收合格。二是监理公司对现场监理处管理不力。派驻现场监理处技术人员不足；一半监理人员不具备执业资格；对驻场监理人员频繁更换，不能保证大桥监理工作的连续性。三是某省交通规划勘察设计院未能认真督促金衢监理公司贯彻落实有关工程质量和安全生产的法律法规和规章制度，对监理公司在大桥工程监理中存在的问题失察。

4.勘察设计单位方面的原因。勘察设计单位工作不到位,违规将地质勘察项目分包给个人,前期地质勘察工作不细,设计深度不够,施工现场设计服务不到位、设计交底不够。

5.质量监督部门对大桥工程的质量监管严重失职。一是某州质监分站作为凤大公路的监督单位,工作严重失职。未制订月度、季度质量监督计划,未落实重点工程质量监督责任人;对施工方、监理方从业人员培训和上岗资质情况监督不力,大部分仅以口头形式向建设、施工、监理方通报质量监督结果和提出要求;发现重大质量和安全隐患后,未依法责令工程停工整改,也未向有关主管部门报告。二是省质监站对州质监分站业务工作监督指导不力。对凤大公路、某江大桥这一"统贷统还"项目监管不到位,没有及时掌握凤大公路真实质量动态,对凤大公路工程建设中存在的管理混乱、施工质量差、存在安全隐患等问题失察。

6.州、县两级政府和有关部门及省有关部门对工程建设立项审批、招投标、质量和安全生产等方面的工作监管不力,对下属单位要求不严,管理不到位。一是某州交通局违规办理相关申报手续,在凤大公路工程建设项目立项审批过程中,违规补办并倒签工程招投标相关申报文件。二是县政府解决工程征地拆迁问题和保障施工环境不力,越权出台《凤大公路征地拆迁安置补偿办法》,导致凤大公路施工环境差,出现多次严重阻工,致使施工工期拖延长达一年多,导致后来为赶进度倒排工期。三是州政府在工程建设项目立项审批过程中,违反基本建设程序和招投标法的有关规定,要求州计委、州交通局弄虚作假,补办、倒签有关上报文件;对因征地政策导致凤大公路项目工程多次严重阻工、拖延工期以及保障施工环境督促解决不力;要求盲目赶工期,向"州庆"献礼,而对50周年州庆项目倒计时目标管理的后期实施工作监督检查不到位。四是省交通厅履行工程质量和安全生产监管工作不力。在工程可行性研究报告尚未批复的情况下,违规委托设计单位编制勘察设计文件;违规批准凤大公司的项目开工报告;对下属单位省质监站、公路局管理不力,督促检查不到位;对某大桥工程建设中存在的重大质量和安全隐患失察。

三、事故性质经调查认定,某江大桥"8·13"特别重大坍塌事故是一起责任事故。

四、对事故有关单位和人员的处理。

(一)对事故发生负有直接责任,涉嫌重大安全事故罪、滥用职权罪、玩忽职守罪等被移送司法机关处理的有24人。其中,政府公职人员8人,包括县处级3人,科级及以下5人;企业人员16人,包括包工头4人,建设、施工单位7人,监理单位5人。

(二)给予党纪、政纪处分的政府公职人员和国有企业人员共33人(11人被撤职)。其中,政府公职人员17人,包括厅局级6人,县处级9人、科级及以下2人;企业人员16人,包括施工单位9人,设计单位2人,监理单位5人。

(三)对施工单位和建设单位各给予500万元的经济处罚。暂扣施工单位某路桥建设集团公司《建筑企业资质证书》、《安全生产许可证》等有关证照半年,其所属的道路七公司依《公司法》等有关法律法规给予解散;暂扣监理单位某交通咨询监理有限公司《工程监理证书》等有关证照。

(四)对施工单位和建设单位主要负责人以个人2006年年收入基数的80%给予经济处罚。对施工单位所属七公司经理、项目经理部经理兼安全部负责人,施工单位安全生产部副部长、项目管理部部长、总工程师,监理单位董事长兼总经理、副经理、总工程师、驻地高监吊销有关执业资格和岗位证书。对涉案追究刑事责任以及追究行政责任的建设、施工、监理单位9人,自刑罚执行完毕或者受处分之日起,5年内不得担任任何生产经营单位的主要负责人。

五、调查组提出的事故防范和整改措施

（一）某路桥公司要按照"谁施工,谁负责"的原则,认真落实质量和安全责任。要严格按照施工规范和设计要求进行施工,不得任意变更。要加强施工技术管理,编制详细的施工组织设计、质量控制措施、安全防范措施,确保施工安全。要加大各工种人员的技术培训工作力度,提高劳务管理人员及民工的技术素质,持证上岗。要加强原材料选择、砌筑工艺、质量控制等关键环节的管理,确保工程质量,保障路桥的使用安全。

（二）某省公路局、某州公路局和某公司要真正落实项目法人负责制和安全生产责任制,认真贯彻安全生产法律法规和技术质量规程标准,建立有效的安全质量工作机制,切实加强对施工单位安全生产和施工质量的监督管理和指导,协调好设计、施工、监理等单位,共同做好安全和质量管理工作。尤其要发挥监理单位在路桥建设中的作用,督促监理公司认真履行对工程质量安全的监理职责。在选择施工队伍时,不仅要认真审查施工企业的资质,更要考察施工企业的施工经历和实际能力。

（三）某监理公司要切实提高监理人员的业务素质和责任心,认真履行监理职责,严格执行各项质量与安全法规、技术规范、标准,重点加强对原材料质量、工程项目施工关键环节、关键工序的质量控制,现场监理中发现工程质量问题要坚决采取有效措施督促整改到位。必要时要向上级报告。

（四）某设计院要严格落实勘察设计单位和人员的责任,认真执行勘察设计规程和有关标准规范,加强设计后续服务,加强现场技术指导,发挥设计单位对施工的指导作用。要扎实做好工程地质勘察工作,确保基础资料全面、真实、可靠,施工图设计深度必须满足施工要求,对关键工序的施工工艺应作出详细说明,并进行细致的技术交底。

该事故造成64人死亡、4人重伤、18人轻伤,直接经济损失3 974.7万元,是一起特别重大事故,根据《生产安全事故报告和调查处理条例》,特别重大事故由国务院或者国务院授权有关部门组织事故调查组进行调查,事故调查组由有关人民政府、安全生产监督管理部门、负有安全生产监督管理职责的有关部门、监察机关、公安机关以及工会派人组成,并应当邀请人民检察院派人参加。事故调查组可以聘请有关专家参与调查。本次事故经国务院同意,成立了由国家安全监管总局、监察部、交通部、原建设部、全国总工会、某省人民政府及有关部门人员参加的国务院某江大桥"8.13"特别重大坍塌事故调查组。事故调查组根据《生产安全事故报告和调查处理条例》第二十五条的规定,"(一)查明事故发生的经过、原因、人员伤亡情况及直接经济损失;(二)认定事故的性质和事故责任;(三)提出对事故责任者的处理建议;(四)总结事故教训,提出防范和整改措施;(五)提交事故调查报告。"2007年12月7日,国务院常务会议听取事故调查组对事故调查处理情况的汇报,讨论通过了对相关责任人和责任单位的处理意见,显示该事故从发生到处理不超过4个月的时间,符合特大事故处理期限。综合来看,该案件从调查组的成立、调查程序直至处理决定的做出,严格符合《生产安全事故报告和调查处理条例》规定的程序和期限。

（一）生产安全事故调查

1.事故调查的管辖

（1）级别管辖

事故调查工作由政府负责。按照事故大小,事故调查工作由不同级别政府负责。

特别重大事故由国务院直接组织事故调查组或国务院授权有关部门组织事故调查组进行调查；

重大事故由省级人民政府直接组织事故调查组；

较大事故由设区的市级人民政府直接组织事故调查组；

一般事故由县级人民政府直接组织事故调查组。

省级人民政府、设区的市级人民政府、县级人民政府可以直接组织事故调查组进行调查，也可以授权或委托有关部门组织事故调查组进行调查。

上级人民政府认为必要，可以调查由下级人民政府负责调查的事故。事故发生之日起 30 日内(道路交通、火灾事故自发生之日起 7 日内)，事故伤亡人数变化而导致事故等级变化，上级人民政府可以另行组织调查。

(2)地域管辖

特别重大事故以下等级事故，事故发生地与事故发生单位不在同一个县级以上行政区域，由事故发生地人民政府负责调查，事故发生地单位所在地人民政府应当派人参加。

2.事故调查组的组成

(1)事故调查组的成员

根据事故的具体情况，事故调查组由有关人民政府、安全生产监督管理部门、负有安全生产监督管理职责的有关部门、监察机关、公安部门、工会、有关专家组成，并应当邀请人民检察院派人参加。

(2)事故调查组成员资格

事故调查组长由负责事故调查的人民政府指定；事故调查组成员应当具有事故调查所需的知识和专长、与被调查事故没有直接利害关系。

(3)事故调查组的职责

①查明事故发生的经过、原因、人员伤亡情况及直接经济损失；

②认定事故的性质和事故责任；

③提出对事故责任者的处理建议；

④总结事故教训，提出防范和整改措施；

⑤提交事故调查报告。

(4)事故调查组的权利义务

①向有关单位和个人了解情况、查阅有关文件、资料；

②发现涉嫌犯罪的，应及时向司法机关移交有关材料；

③可委托有关单位进行技术鉴定；

④诚信公正、保守秘密；

⑤不得擅自发布有关事故信息。

3.事故调查时限

事故调查组应当自事故发生之日起 60 日内提交事故调查报告；特殊情况下，经负责事故调查的人民政府批准，提交事故报告的期限可适当延长，但延长的期限最长不超过 60 日。

4.事故调查报告

事故调查报告应当包括以下内容：

（1）事故发生单位概况；

（2）事故发生经过和事故救援情况；

（3）事故造成的人员伤亡和直接经济损失；

（4）事故发生的原因和事故性质；

（5）事故责任的认定以及对事故责任者的处理建议；

（6）事故防范和整改措施。

事故调查报告应当附具有关证据材料。事故调查组成员应当在事故调查报告上签名。事故调查报告报送负责事故调查的人民政府后，事故调查报告即告结束。事故调查的有关资料应当归档保存。

（二）生产安全事故的处理

1. 事故处理时限

重大事故、较大事故、一般事故，负责事故调查的人民政府应当自收到事故调查报告之日起 15 日内作出批复；特别重大事故，30 日内作出批复，特殊情况下，批复时间可以适当延长，但延长的时间最长不超过 30 日。

有关机关应当按照人民政府的批复，依照法律、行政法规规定的权限和程序，对事故发生单位和有关人员进行行政处罚，对负有事故责任的国家工作人员进行处分。

事故发生单位应当按照负责事故调查的人民政府的批复，对本单位负有事故责任的人员进行处理。负有事故责任的人员涉嫌犯罪的，依法追究刑事责任。

2. 事故发生单位的整改

事故发生单位应当认真吸取事故教训，落实防范和整改措施，防止事故再次发生。防范和整改措施的落实情况应当接受工会和职工的监督。

安全生产监督管理部门和负有安全生产监督管理职责的有关部门应当对事故发生单位落实防范和整改措施的情况进行监督检查。

3. 处理结果的公布

事故处理的情况由负责事故调查的人民政府或者其授权的有关部门、机构向社会公布，依法应当保密的除外。

四 法律责任

【案例】

1994 年 8 月，某县政府决定在某河上架设一座人行桥，由县城建委负责组织实施。时任县城建委主任兼县城重点工程指挥部常务副指挥长及下设重点工程办公室主任的林某（另案处理）邀请重庆市市政勘察设计研究院设计三室主任、被告人段浩设计方案。段浩找到本单位的退休工程师赵某（另案处理）等人，设计出两套方案。经县城建委林某等研究选定方案为"中承式钢管混凝土提篮式人行拱桥"（简称虹桥）。该设计方案桥的总长 140m，主跨长度 120m，桥面总宽 6m，净宽 5.5m，拱高 24m。被告人段某即向林某提出以某市市政勘察设计研究院下属的某华庆设计工程公司（以下简称华庆公司）名义对虹桥工程设计、施工总承包。林表示同意。之后,段某找到华庆公司经理承诺按造价的 2% 交管理费,获得同意。同年十月初,华庆公司超越资质等级与县城建委签订了虹桥工程设计、施工总承包合同。该总承包合同约定:虹桥工程造价为 250 万元;工期为勘察设计 30 日,工程开工时间:1994 年 11 月 5 日,工程竣工时间 1995 年 6 月 30 日。同年十月八日,段某又以无资质的华庆公司富华分公司的名义与县城建委主任林某再次签订了与前述合同内容相同的合同。之后,段某以"富华分公司"的名义在綦江县建行设立了专门账户。事后,县城建委多次向段某的富华分公司的账户上拨付虹桥工程款 125.36 万元。段某从中扣除管理费、勘察、设计费其 22.5 万元,从中获利 3 万余元。随后,段某找到本单位的刘某、赖某等人私人对虹桥工程进行勘察、测量,并将该工程交由赵某等人进行私人设计。同时,段某经赵某推荐,邀请李某联系到无施工资质的被告人费某,承接虹桥工程的施工。李、费约定,由李某担任虹桥工程技术负责人,费上利组织施工队伍,并垫付前期费用。费、李二人便挂靠于不具备桥梁施工资质且无法人资格的某市桥梁工程总公司川东南经理部(以下简称川东南经理部),亦未向该总公司汇报。之后,费某、李某以川东南经理部的名义与段某违反国家有关规定达成承建虹桥工程施工的口头协议。1995 年 12 月底,段某才以华庆公司名义与费某挂靠的川东南经理部补签了虹桥工程施工分包合同,并将签订合同的时间提前到同年 3 月 27 日。段某违反国家有关规定,违规找私人对虹桥进行设计、勘察、测量,致其设计粗糙、改动随意。吊杆由圆钢改为钢绞线群锚体系后,对采用无顶压张拉锚具未提出确保锁锚质量的相应措施;部分构造处理不当;对主拱钢管结构的材质、焊接工艺及质量标准以及接头位置等均无明确要求;成桥增设花台等附加荷载后,主拱承载力不能满足相应规范要求;在虹桥工过程中,放弃对虹桥工程施工的技术服务和质量监督管理责任,从而降低了工程质量标准。

1994 年 11 中旬,费某临时拼凑施工队伍进场施工。费先后聘请了无上岗证书的夏某、阎某等多人担任施工员,但均未审查其施工员的上岗资质,让不具备施工资格的人员担任虹桥施工中的重要岗位的工作。同时,聘用了多名没有上岗证的技术工人进行作业。

1996 年 2 月 15 日,虹桥在未经验收和等级评定的情况下违规交付使用。同年 6 月 19 日,某县组织龙舟赛时该桥发生异响后,李某、费某及赵某等人现现场,在未经任何技术检测的情况下,李、赵即轻率的主观推断异响系"应力调整",属正常现象。对虹桥继续违规、带病带伤、危险使用客观上起了重要的误导作用。

1999 年 1 月 4 日 18 时 50 分许,虹桥整体垮塌,造成 40 人死亡,14 人受伤直接经济损失达 6 280 000 余元。经专家组鉴定,结论为:"(1)吊杆锁锚方法错误,不能保证钢绞线有效锁定及均匀受力,钢绞线部分或全部滑出使吊杆锚固失效是导致桥面板垮塌的直接原因。(2)加工主拱钢管工厂对接焊缝普遍存在裂纹、未焊透、未熔合、气孔、夹渣及陈旧性裂纹等严重缺陷,质量达不到施工及验收规范二级焊缝检验标准要求,故钢管工厂对接焊缝质量低劣是导致主拱垮塌的直接原因。(3)主拱钢管内混凝土强度达不到设计要求,局部有漏灌现象,拱肋板处甚至出现一米多长的空洞。吊杆灌浆防护也存在严重问题。(4)设计粗糙,更改随意,构造也有不当之处。对主拱钢结构的焊接质量、接头位置及锁锚质量均无明要求。在成桥增设花台等附加荷载后,主拱承载力不能满足相应的规范要求"。

上述虹桥工程建设责任人及单位的处理:

1.李某，该桥工程施工技术总负责人，某市市政对外建设总公司退休高级工程师。对本起事故负直接责任。已经某市纪委决定给予其开除党籍处分，已由主管部门取消享受的退休人员的一切待遇，同时已由主管部门取消其工程技术职称资格，经法院一审判决，犯工程重大安全事故罪，判处有期徒刑10年，并处罚金人民币20万元。

2.费某，该桥工程施工承包总负责人，某桥梁工程总公司工人。对本起事故负直接责任。经法院一审判决，犯工程重大安全事故罪，判处有期徒刑10年，并处罚金人民币50万元。

3.夏某，该桥工程施工管理员，某桥梁工程总公司房建处工人。对本起事故负直接责任。已经某市纪委决定给予其开除党籍处分，已由主管部门决定开除其公职，由主管部门取消其工程技术职称资格。并经法院一审判决，犯工程重大安全事故罪，判处有期徒刑7年，并处罚金人民币4万元。

4.阎某，该桥工程施工管理员，无业人员。对本起事故负直接责任。已由主管部门取消其工程技术职称资格。并经法院一审判决，犯工程重大安全事故罪，判处有期徒刑6年，并处罚金人民币3万元。

5.段某，该桥工程总承包人，建桥时任市政设计院院长助理，事故发生时任某市市政勘察设计研究院设计三室主任。对本起事故应直接责任。已经中共重庆市纪委决定给予其开除党籍处分，主管部门决定开除其公职，由主管部门取消其工程技术职称资格。并经法院一审判决，犯工程重大安全事故罪，判处有期徒刑10年，并处罚金人民币20万元；对非法所得人民币3万元，予以继续追缴。

6.某华庆设计工程公司应对此负有直接责任。决定由市建设主管部门吊销某华庆设计工程公司的乙级工程总承包资质证书，同时由工商行政管理部门吊销其工商营业执照。

7.某市市政勘察设计研究院对下属某华庆设计工程公司管理不善，对本院设计更改图章管理不严负有管理责任。决定由市建设主管部门给予通报批评，并已报请原建设部同意降低其桥梁设计资质等级一级，责令其限期整顿。

8.某桥梁工程公司川东南公司擅自承包该桥工程，违规同意个人挂靠承包，且对以本公司名义承接的工程的质量安全放弃监督管理，应对施工中出现的施工质量问题负有直接责任。决定由市建设主管部门依法对该单位予以撤销，同时由工商行政管理部门吊销其工商营业执照。

9.某县城乡建设管理委员会、县重点工程建设办公室在该桥建设、管理全过程中未履行建设行政主管部门和建设单位的管理职责，工作严重失职，对该桥重大质量责任事故负有直接管理责任。决定由市建设主管部门予以通报批评，并由綦江县委、县政府对县建委、县重点办进行全面整顿。

（本案例节选某江彩虹桥事件中的部分责任人及单位的处理内容）

本次事故中工程建设的责任单位及人员被依法追究了撤销、吊销或降级资质、撤销职业资格、撤职等行政处分及处罚责任。同时对于构成工程重大安全事故罪的犯罪人员追究了刑事法律责任。

生产经营单位发生生产安全事故，经调查确定为责任事故的，除了应当查明事故单位的责任并依法予以追究外，还应当查明对安全生产的有关事项负有审查批准和监督职责的行政部门的责任，对有失职、渎职行为的，依法追究法律责任。

(一)事故发生单位主要负责人的法律责任

《安全生产法》第一百零六条规定,生产经营单位的主要负责人在本单位发生生产安全事故时,有下列行为之一的,给予降级、撤职的处分,并由安全生产监督管理部门处上一年年收入60%～100%的罚款;对逃匿的处15日以下拘留;构成犯罪的,依照刑法有关规定追究刑事责任:

(1)不立即组织抢救;

(2)在事故调查处理期间擅离职守或者逃匿的;

(3)对生产安全事故隐瞒不报、谎报或者迟报的。

(二)事故发生单位及其有关人员的法律责任

事故发生单位及其有关人员有下列行为之一的,对事故发生单位处100万元以上500万元以下的罚款;对主要负责人、直接负责的主管人员和其他直接责任人员处上一年年收入60%～100%的罚款;属于国家工作人员的,并依法给予处分;构成违反治安管理行为的,由公安机关依法给予治安管理处罚;构成犯罪的,依法追究刑事责任:

(1)谎报或者瞒报事故的;

(2)伪造或者故意破坏事故现场的;

(3)转移、隐匿资金、财产,或者销毁有关证据、资料的;

(4)拒绝接受调查或者拒绝提供有关情况和资料的;

(5)在事故调查中作伪证或者指使他人作伪证的;

(6)事故发生后逃匿的。

发生生产安全事故,对负有责任的生产经营单位除要求其依法承担相应的赔偿等责任外,由安全生产监督管理部门依照下列规定处以罚款:

(1)发生一般事故的,处20万元以上50万元以下的罚款;

(2)发生较大事故的,处50万元以上100万元以下的罚款;

(3)发生重大事故的,处100万元以上500万元以下的罚款;

(4)发生特别重大事故的,处500万元以上1000万元以下的罚款;情节特别严重的,处1000万元以上2000万元以下的罚款。

(三)政府有关部门及其人员的法律责任

《安全生产法》第一百零七条规定,有关地方人民政府、负有安全生产监督管理职责的部门,对生产安全事故隐瞒不报、谎报或者迟报的,对直接负责的主管人员和其他直接责任人员依法给予处分;构成犯罪的,依照刑法有关规定追究刑事责任。

参与事故调查的人员在事故调查中有下列行为之一的,依法给予处分;构成犯罪的,依法追究刑事责任:

(1)对事故调查工作不负责任,致使事故调查工作有重大疏漏的;

(2)包庇、袒护负有事故责任的人员或者借机打击报复的。

◀▶ **本章小结** ◀▶

　　建筑安全生产管理是指建设行政主管部门、建筑安全监督管理机构、建筑施工企业及有关单位对建筑生产过程中的安全工作,进行计划、组织、指挥、控制、监督等一系列的管理活动。其目的在于保证建筑工程安全和建筑职工的人身安全。建筑业是全国事故高发行业之一,每年施工的死亡人数仅次于交通运输和矿山井下,在全国各行业中居第三位。建筑安全事故给国家、社会特别是给事故死伤人员的家庭造成了特别重大的损失和影响。建筑安全生产管理直接关系到人身和财产安全,是建筑活动管理的重要内容之一。为此国家对建筑活动实行建筑安全生产管理制度。为此,全国人民代表大会常务委员会、国务院及其建设行政主管部门制定了一系列的有关工程建设安全生产法规和规范性文件。通过这些文件,构建了我国全面的建筑安全生产管理制度,主要内容包括:建筑安全生产全责任制度、建筑安全生产群防群治制度、建筑安全生产监督与检查制度、建筑安全生产教育制度、建设安全生产的劳动保护制度、建筑安全生产中危险作业职工的强制保险制度、建筑安全生产事故的调查处理制度、建筑安全生产责任追究制度,等等。

◀▶ **思考题** ◀▶

　　1. 建筑工程安全生产管理的基本制度有哪些?

　　2. 试述施工单位安全生产管理的责任和义务。

　　3. 试述建设单位安全生产管理的责任和义务。

　　4. 试述监理单位安全生产管理的责任和义务。

　　5. 简述建筑工程安全事故的等级划分。

　　6. 简述《生产安全事故报告和调查处理条例》关于生产安全事故报告的规定。

◀▶ **实训案例** ◀▶

案例 1

　　事故概况:2002 年 1 月 14 日,在上海某总公司总包、某装潢有限公司分包的高层工地上,因 2002 年 1 月 11 日 4 号房做混凝土地坪,将复式室内楼梯口临边防护栏杆拆除,但由于混凝土地坪尚未干透,强度不足,故无法恢复临边防护设施。项目部准备在地坪干透后,再重新设置临边防护栏杆,然后安排瓦工封闭 4 号房 13 层施工墙面过人洞。分包单位现场负责人王某,未经项目部同意,擅自安排本公司二位职工到 4 号房 13 层封闭墙面过人洞,普工李某负责用小推车运送砌筑砖块。上午 7 时左右,李某在运砖时,由于通道狭窄,小推车不能直接穿过墙面过人洞,李某在转向后退时,不慎从 4 号房 13 层室内楼梯口坠落至 12 层楼面(坠落高度2.8m),事故发生后,现场人员立即将其急送医院,经抢救无效于次日凌晨2时死亡,本起事故直接经济损失约为14万元。

本次事故属于责任事故还是非责任事故?本次事故的事故等级是多少?

案例2

某在建工程,业主按照规定招标,发包给某建筑单位为总承包。在该项目深基坑施工阶段,该总承包单位把这一施工作业分包给另一具有相应资质的单位,设计单位根据勘察资料设计了施工作业方案,分包单位根据设计方案,制定了专项施工方案,并经过审批。在施工过程中(开挖约地下6m左右),地表出现裂缝,监理单位及时警告,书面通知总承包单位立即暂停作业,撤离现场,待查明原因再行作业,但该总包单位认为地表出现裂缝属于正常现象,未予理睬,维持继续施工,结果导致发生重大伤害事故,造成3人死亡,4人重伤。事后查明,因该施工作业区域存在地下古河道,地质条件不好,勘察单位未勘察到,而设计单位又是根据勘察单位提交的有关资料制定的方案,在设计时未考虑此因素。

结合安全管理法律法规的要求,分析上述单位在此次事故中应该负那些责任?并说明理由(可先从原因分析,依照所承担的责任大小,按顺序依次排列论述)。

案例3

2000年10月25日,南京市某演播厅舞台工程屋盖在浇筑混凝土过程中,模板支架发生倒塌事故,造成6人死亡、35人受伤。

演播中心工程由某建筑集团上海分公司施工,大演播厅舞台屋盖檐底标高为+27.7m,模板支架材料采用脚手架钢管及扣件,支架立杆最底部标高为-8.7m,支架高度为36.4m。2000年10月25日上午在浇筑混凝土过程中模板支架发生倒塌,造成6人死亡,35人受伤的重大事故。

影响钢管支架的整体稳定性的主要因素有:立杆间距、步距、立杆的接长、连墙件的竖向距离以及扣件的紧固程度。从现场实测情况看,以上诸因素完全失控。大演播厅屋盖混凝土浇筑工程支撑高度高(已达36m以上),支撑重量大(主梁与次梁交点处最大荷载值每平方米达6t以上),模板支架采用了脚手钢管及扣件(一般脚手架施工荷载仅为300kN/m²),如此高大模板工程竟无计算,只凭经验随意搭设,且无人过问,是造成此事故的主要原因。施工队伍素质差。从施工管理人员到操作人员都没认识到模板工程施工技术的关键,从而放松管理。经现场检查,无自检、互检、交接检查的原始资料,混凝土浇筑前,只有对模板、钢筋的隐蔽工程质量验收,对模板的承力支架无任何检验。

试分析此次事故的主要原因和性质,其安全管理责任应如何承担?

案例4

江西省南昌市某广场综合楼(商场、商务公寓、写字楼于一体)项目是该市西湖区的招商项目,建设投资方为江西某房地产置业有限公司,施工单位为江苏宜兴某建筑公司,工程监理方为江西某监理公司。建筑面积为51 196m²,2002年10月10日开工,预定于2004年7月20日竣工,合同期日历数为648天。

按照设计方案要求,该工程地下部分采用逆作法施工,由人工挖地下桩成孔,混凝土护壁采用定型钢模进行支付浇灌，强度等级为 C20。在人工挖孔施工中明确提出要求，一般一个工班开挖深以 1m 为宜，每挖深 0.9～1m 要浇钢筋混凝土护壁。开挖过程中为确保安全，应用钢护筒进行开挖并减小支护高度。而施工方在组织施工时，违反设计方案的这一要求，对场地地质条件、交叉作业（开挖、取芯、爆破地下障碍物）的影响缺乏足够的思想准备和安全防范意识；为省时、省工，人工挖孔时采取了极其冒险的直接挖成方法，并每天开挖深度超过 1m，而且采用竹篾护壁的方法。2003 年 3 月 2 日下午 2 时 40 分左右，当 K5 孔挖深至 7m 左右时，突然坍塌，致使在孔下 3 人和孔顶 1 人（自然坠入）一并埋入孔内，被淤泥掩埋窒息死亡。这是一起违反施工方案，不按图纸施工，违章指挥、违章作业，缺少安全生产监督管理的重大责任事故。

人工挖孔的施工单位违反设计方案的技术要求，擅自改变施工方案中关于使用混凝土护壁采用定型钢模进行支护浇灌混凝土，强度等级为 C20，一个工班开挖深以 1m 为宜，每挖深 0.9～1m 要浇钢筋混凝土护壁的明确要求；对施工现场管理人员多次提出不能用竹篾作护壁，而应采用混凝凝土护壁的整改要求置若罔闻，是此次事故的主要技术原因。该孔作业的施工人员冒险作业。当天上午该孔曾发生过坍塌的征兆，而作业人员没有给予高度重视，未能采取有效措施进行处理，是此次事故的重要原因。

作为全面负责现场施工安全管理的施工单位现场负责人，对发现施工中存在的问题未及时制止。施工单位技术负责人未按技术交底要求进行施工作业交底；现场施工员和安全员作为施工现场直接管理人员，对作业人员不按要求施工作业的行为没有及时检查纠正，对监理方下达的隐患整改通知书没有引起高度重视，制止违章不力，是此次事故主要的管理原因。建设单位未能按有关规定办理工程报建手续，使该工程项目没有及时得到有关部门的监管，负有不可推卸的管理责任。其派出的现场监督人员对施工单位违反施工方案的违章作业监督不力，没有采取有效措施予以及时纠正，也是此次事故管理原因。工程监理单位受建设单位委托承担对该工程施工作业中的质量和安全施工行使监督管理职责，在此次事故发生前，已发现施工单位的违章行为，并下达了隐患整改通知书，但是没有进一步落实隐患整改措施，是此次事故重要的管理原因。

此次事故中应如何追究相关责任人的法律责任？在建筑工程安全生产监督管理过程中应如何预防此类事故的发生？

案例 5

2002 年 10 月 20 日中午 13：00，在由某建工集团第十建筑有限公司楚雄项目经理部承建的云南大姚铜矿玛瑙园住宅楼 24 幢建筑工程施工工地，施工组长黄某安排工人穆某及其丈夫张某供砂浆给邹某粉外墙，邹某在 24 幢 48 轴线上粉外墙，穆某和张某在 42 轴线的通道上负责提砂浆给邹某。13 时 30 分，在送砂浆的过程中由于穆某不慎，从 11.6m 的高空坠落。在场人员及时将穆某送到楚雄州人民医院抢救，诊断为颈 5～6 节滑脱高位截瘫，经全力抢救无效，于 2002 年 11 月 2 日因高位截瘫伴呼吸衰竭死亡。经"10.20"事故联合调查组认真细致地调查取证，查阅有关资料，现场勘察，调查组认为造成这起事故发生的原因为：

安全防护设施不完善是造成这一事故的直接原因。在通道口与外架连接处未按规定每两层设一平防护网，留下了一个 1.4m×1.4m 的空隙；在外架上仅放了两块平木板，垂直方向未设护栏板；正是由于这一安全隐患的存在，直接导致了这一事件的发生。安全责任制不落实、安全监管不严是发生这起事故的重要管理原因。正是由于该公司项目经理部对安全施工的意识不强,没有层层落实安全生产责任制,把责任落实到班组、落实到人,实行定点定员管理,加之安全员监管不力,才留下了安全死角而长时间未发现,最终导致事故发生。施工组组长未对施工现场进行认真检查,未采取切实可行的防护措施,没有把安全生产放在首位,盲目指挥,冒险作业是导致事故发生的一个管理原因。穆祯萍本人由于缺乏安全培训,安全意识淡薄,自我保护意识不强,没有发现作业场所存在的隐患,没有采取有效的防护措施,严重违章,冒险作业,是导致事故发生的重要原因。

造成"10.20"死亡事故发生是一起由于该单位安全生产意识薄弱,没有很好地层层落实安全生产责任制,现场安全管理疏漏,安全防范措施不完善,加之本人的疏忽大意、冒险作业,而引发的一起安全生产责任事故。

对此次安全生产责任事故的责任单位、责任人员应如何处理? 请提出加强安全防范措施的建议。

第七章
建筑工程质量管理法规

通过本章学习,使学生了解我国现行的建筑质量管理的基本制度,了解建筑工程质量管理体系及认证制度、建筑工程质量监督检测制度、建筑工程质量责任制度、建筑工程竣工验收和质量保修制度,从而培养学生的工程质量意识,提高学生的工程质量管理水平。本章的重点和难点是建筑工程质量责任制度和建筑工程质量保修制度。

【引例】

2006 年 4 月 6 日,原告某食品公司与被告某建筑公司就原告科技大楼、办公大楼工程签订了一份建设工程施工合同。双方约定,上述工程的土建、装饰部分(包工包料)由被告承建。建设工期从 2006 年 4 月 12 日至 2007 年 4 月 11 日。合同签订后,被告依约组织工程队伍进场施工。在施工过程中,该工程因故多次停工。2007 年 1 月,被告完成科技大楼的主体工程,同时也对整个工程停止了施工。该工程在施工过程中,原、被告双方均未严格依照建筑工程的有关规范和操作方式进行。如并未完全实行监理施工、施工签证签收等制度,且整个施工过程中,对有关建筑工程中需要检测部分的工作,均未依照规定进行。2007 年 4 月 27 日,原、被告双方就该工程未完成的工程量情况进行了确定,并签订了《科技大楼未完土建工程情况表》。2008 年 4 月 8 日,建设工程质量司法鉴定所出具了对原告食品公司科技大楼工程质量鉴定结论,科技大楼质量不合格。主要原因是施工过程中,基础底面压力不能满足原设计及规范要求和工程在施工过程中,将原设计的四、五层框架结构改变为砖混结构。

房屋的主体结构包括哪些部分? 双方均未按有关规定建房导致房屋质量不合格,责任该如何划分? 原告在施工过程中要求被告改变原有设计结构,但当这种改变会降低工程质量时,被告作为施工单位对建设单位的要求是否应予以拒绝?

第一节　建筑工程质量管理概述

质量是建筑工程的生命,是建筑工程实现其效益的根本保证,质量管理是工程建设的重要环节。为了对工程质量进行规制,我国颁布了一系列关于建筑工程质量的法律、法规、规章等。例如:1988 年 12 月 29 日第七届全国人民代表大会通过了《中华人民共和国标准化法》;1991

年3月26日原建设部颁布了《建设部质量奖评审管理办法》;1991年5月7日国务院颁布了《中华人民共和国产品质量认证管理条例》;1992年12月30日原建设部颁布了《工程建设行业标准管理办法》;1993年11月1日原建设部颁布了《建筑工程质量管理办法》《建筑工程质量监督管理规定》;1997年11月1日第八届全国人民代表大会通过了《中华人民共和国建筑法》;2000年1月30日国务院颁布了《建筑工程质量管理条例》;2000年2月17日原建设部颁布了《建筑工程施工图设计文件审查暂行办法》;2000年4月20日原建设部颁布了《工程建设标准强制性条文》;原建设部2000年颁布了《房屋建筑工程质量保修办法》;原建设部2001年修订了《建筑工程施工许可管理办法》等等。

一 建筑工程质量管理体系

【案例】

《无锡市建设工程质量监督管理办法》第一条规定:"为加强建设工程质量的监督管理,保证工程建设质量,保护人民生命和财产安全,根据《中华人民共和国建筑法》《建设工程质量管理条例》《江苏省工程建设管理条例》等法律法规,结合本市实际,制定本办法。"

《无锡市建设工程质量监督管理办法》是作为国务院认定的较大城市无锡市政府制定的地方性规章。该规章必须遵守地方性法规、行政法规和法律。所以该办法在制定时明确规定其上位法是《中华人民共和国建筑法》《建设工程质量管理条例》《江苏省工程建设管理条例》。《中华人民共和国建筑法》是法律,《建设工程质量管理条例》是国务院制定的行政法规,应该遵循上位法《中华人民共和国建筑法》,《江苏省工程建设管理条例》是地方法规应该遵循上位法《建设工程质量管理条例》。《无锡市建设工程质量监督管理办法》第一条可以作为一个典型的立法例,比较好地体现了我国建筑工程质量管理法律渊源的层次和形式。

(一)建筑工程质量管理的管理体系

建筑工程质量是指在国家现行的有关法律、法规、技术标准、设计文件和合同中,对工程的安全、适用、经济、美观等特性的综合要求。建设工程质量的好坏直接关系到国民经济的发展和人民生产安全。因此,加强建设工程质量的管理,是十分重要的问题。

我国的建设工程质量管理体系,包括纵向管理和横向管理两个方面。

纵向管理是国家对建设工程质量所进行的监督管理,具体由建设行政主管部门及其授权机构实施,这种管理贯穿在工程建设的全过程和各个环节之中。它既对工程建设从计划、规划、土地管理、环保、消防等方面经行监督管理,又对工程建设的主体从资质认定和审查、成果质量检测、验证和奖惩等方面进行监督管理,又对工程建设各种活动,如工程建设招标、投标、工程施工、验收、维修等方面进行监督管理。

横向管理包括两个方面,一是工程承包单位,如勘察单位、设计单位、施工单位自己对所承担工作的质量管理。二是建设单位对所建工程的质量进行监督管理。

(二)我国建筑工程质量管理法律法规的基本形式

建筑工程质量管理是工程建设过程中永恒的主题。我国颁布了一系列关于建筑工程质量的法律、法规、规章等。基本形式有：

1. 法律——《中华人民共和国建筑法》

《中华人民共和国建筑法》于 1997 年 11 月 1 日经八届全国人大常务委员会第 28 次会议审议通过，自 1998 年 3 月 1 日起施行。这部法第六章规定了建筑工程质量管理，包括建筑工程质量的要求、质量义务和质量管理制度。第七章规定了建筑质量责任.《建筑法》是我国社会主义市场经济法律体系重要法律，对于加强建筑活动的监督管理，维护建筑市场秩序，保证建筑工程的质量和安全，促进建筑业的健康发展，具有重要意义。

2. 行政法规——《建设工程质量管理条例》

《建设工程质量管理条例》于 2000 年 1 月 10 日经国务院第 25 次常务会议通过，自 1 月 30 日发布实施。《条例》以参与建筑活动各方主体为线，分别规定了建设单位、勘察单位、设计单位、施工单位、工程监理单位的质量责任和义务，确立了建设工程质量保修制度，工程质量监督管理制度等内容。《条例》对违法行为的种类和相应处罚作出了原则规定，同时，完善了责任追究制度，加大了处罚力度。《条例》的发布施行，对于强化质量监督，规范建设工程各方主体的质量责任和义务，维护建筑市场秩序，全面提高建设工程质量，具有重要意义。

3. 技术法规

严格意义上讲，我国目前还没有真正意义上的工程建设技术法规。我国的房屋建筑技术法规正在编制过程中，这将是我国第一部建筑技术法规。我国研究制定房屋建筑技术法规要做到：首先，制定"房屋建筑技术法规"要将房屋作为一个完整的概念，改变目前单项标准的状况。技术法规应当是有法定效力、系统完整、可操作性强、技术权威性高的综合技术成果，对政府部门转变职能、强化经济调控、市场监管、公共管理、社会服务，提供技术支撑。第二，借鉴国外经验、总结国内标准化成果，加快技术法规的编制步伐，要有自己的特色，注重实效性。第三，建筑技术法规要明确对结构的安全、火灾安全、施工与使用安全、卫生健康与环境、噪声控制、节能及其他涉及公众利益的规定。由于我国幅员辽阔，气候和地质条件不一，技术法规也应考虑地方差异，给地方留些余地。

4. 地方性法规、自治条例

这两类都是由地方国家权力机关制定的规范性文件。我国的地方性法规，一般采用"条例"、"规则"、"规定"、"办法"等名称，如《江苏省工程质量管理条例》《无锡市建设工程质量监督管理办法》等，都是有关工程质量的地方性法规。自治法规是民族自治地方的权力机关所制定的特殊的地方规范性文件，即自治条例和单行条例。

5. 行政规章

行政规章是有关行政机关依法制定的事关行政管理的规范性文件，分为部门规章和地方政府规章两种。有关工程质量管理的部门规章很多，如《建设工程质量管理办法》《建筑工程施工许可管理办法》《房屋建筑工程质量保修办法》等；地方政府规章更多。

二 工程建设标准化管理

【案例】

2008 年 4 月，对某市某区某工程进行了监督检查，发现某建筑工程有限公司在施工中存在:1.楼层周边、楼梯口等部位临时防护措施不到位,存在严重安全隐患。违反了工程建设强制性条文《建筑施工高处作业安全技术规范》(JGJ 80—1991)第3.1.1条之规定;2.施工现场临时用电局部未采用三级配电系统;部分电气设备的金属外壳未与保护零线连接,存在严重安全隐患,分别违反工程建设强制性条文《施工现场临时用电安全技术规范》(JGJ 46—2005)第1.0.3条、第5.1.1条之规定;3.电梯井口未设置固定栅门,井道内未按规定进行封闭。违反工程建设强制性条文《建筑施工高处作业安全技术规范》(JGJ 80—1991)第3.2.1条之规定。

根据确认的违规事实,对照相关法律法规,该公司行为违反了原建设部令第81号《实施工程建设强制性标准监督规定》第二条(在中华人民共和国境内从事新建、扩建、改建工程建设活动,必须执行工程建设强制性标准)。根据原建设部令第81号《实施工程建设强制性标准监督规定》第十八条的规定(施工单位违反工程建设强制性标准的,责令改正,处工程合同价款2%以上4%以下的罚款),对该建筑工程有限公司作出以下处罚:1.责令改正;2.予以罚款。

本案属于施工单位违反工程建设强制性标准违法施工被行政处罚的案件。

本案违规的主要内容是:1.楼层周边、楼梯口等部位临时防护措施不到位,电梯井口未设置固定栅门,井道内未按规定进行封闭,存在严重安全隐患。根据《建筑施工高处作业安全技术规范》(JGJ 80—1991)规定:基坑周边、尚未安装栏杆或拦板的阳台、料台与挑平台周边,雨篷与挑檐边,无外脚手架的屋面与楼层周边及水箱与水塔周边等处,都必须设置防护栏杆;头层墙高度超过3.2m的二层楼面周边,以及无外脚手架的高度超过3.2m的楼层周边,必须在外围架设安全平网一道;分层施工的楼梯口和梯段边,必须安装临时护栏;顶层楼梯口应随工程结构进度安装正式防护栏杆;井架与施工用电梯和脚手架等与建筑物通道的两侧边,必须设防护栏杆。地面通道上部应安装安全防护棚。双笼井架通道中间,应予分隔封闭;各种垂直运输接料平台,除两侧设防护栏杆外,平台口还应设置安全门或活动防护栏杆。临时防护不到位,容易导致人员高空坠落、物体打击等安全事故发生,应在现场管理中给予足够的重视。2.施工现场临时用电局部未采用三级配电系统;部分电气设备的金属外壳未与保护零线连接,存在严重安全隐患。根据《施工现场临时用电安全技术规范》(JGJ 46—2005)规定:由中性点直接接地的专用变压器供电的施工现场,必须采用TN-S保护接零系统(用电设备的金属外壳必须采用保护接零),专用保护接零线的首、末端及线路中间必须重复接地,重复接地电阻必须符合有关规定;由公用变压器供电的施工现场,全部金属设备的金属外壳,必须采用保护接地;电气设备的金属外壳必须通过专用接地干线与接地装置可靠连接,接地干线的首、末端及线路中间必须与接地装置可靠连接,每一接地装置的接地电阻不得大于4Ω;接至单台设备的保护接零(地)线的截面积不得小于接至该设备的相线截面积的50%,且不得小于2.5mm² 多股绝缘铜芯线(设备出厂已配电缆,且必须拆开密封部件才能更换电缆的设备除外,如潜水泵);与相线包扎在同一外壳的专用保护接零(地)线(如电缆),其颜色必须为绿/黄双色线,该芯线在任何情况下不准改变用途;专用保护接零(地)线在任何情况下严禁通过电流工作。用电设备的不安全状态是导致发生触电、电击伤等安全事故的重要原因,也是现场管理的又一重点。

本案是施工单位违反质量工程建设强制性标准违法施工的典型案例。工程建设强制性条文内容是明确不能违反的行业标准,工程建设过程必须严格执行工程建设强制性条文应引起建设各方主体的充分重视,违反工程建设强制性条文必将受到严厉的处罚。

工程建设标准化是国家、行业和地方政府从技术控制的角度,为建设市场提供运行规则的一项基础性工作,对引导和规范建设市场行为具有重要的作用。对确保建设工程质量和安全,促进建设工程技术进步,提高建设工程经济效益和社会效益等都具有重要意义。《建设工程质量管理条例》首次对执行国家强制性标准做出了比较严格的规定。不执行国家强制性技术标准的违法行为要受到相应的处罚。

(一)工程建设标准的种类

工程建设标准是指建设工程设计、施工方法和安全保护的统一的技术要求及有关工程建设的技术术语、符号、代号、制图方法的一般原则。

工程建设标准类型,根据标准的约束性划分可分为强制性标准和推荐性标准。对工程建设业来说,下列标准属于强制性标准:工程建设勘察、规划、设计、施工(包括安装)及验收等通用的综合标准和重要的质量标准;工程建设通用的有关安全、卫生和环境保护的标准;工程建设重要的术语、符号、代号、计量与单位、建筑模数和制图方法标准;工程建设重要的通用的试验、检验和评定等标准;工程建设重要的通用的信息技术标准;国家需要控制的其他工程建设通用的标准。根据标准的内容可分为设计标准、施工及验收标准、建设定额。按属性可分为技术标准、管理标准和工作标准。

(二)《工程建设标准强制性条文》实施

原建设部在2000年4月20日颁布了《工程建设标准强制性条文》,把直接涉及工程安全、人体健康、环境保护和公共利益的,必须严格执行的技术规定编成《工程建设标准强制性条文》。该《条文》包括城乡规划、城市建设、房屋建筑、工业建筑、水利工程、电力工程、信息工程、水运工程、公路工程、铁道工程、石油和化工建设工程、矿山工程、人防工程、广播电影电视工程和民航机场工程共15个部分。《工程建设标准强制性条文》是工程建设过程中的强制性技术规定,是参与建设活动各方执行工程建设强制性标准的依据。《实施工程建设强制性标准监督规定》,明确了工程建设强制性标准是指直接涉及工程质量、安全、卫生及环境保护等方面的工程建设标准强制性条文,从而确立了强制性条文的法律地位。

2002版《工程建设标准强制性条文》的房屋建筑部分进行了修订。2009版《工程建设标准强制性条文》补充了2002版实施以后新发布的国家标准和行业标准的强制性条文,并调整和修订。2013年8月,《工程建设标准强制性条文》(房屋建筑部分)(2013年版)发行。在2009版基础上,其纳入了2013年5月31日前发布的现行房屋建筑国家标准和行业标准中涉及人民生命财产安全、人身健康、节能、节地、节水、节材、环境保护和其公众利益,以及保护资源、节约投资、提高经济效益和社会效益等政策要求的条文。

三 建筑企业质量体系认证制度

【案例】

在某建筑公司第一项目部,ISO质量管理体系审核员看到在建办公楼的消防系统是请某消防安装公司安装的。审核员要求查看该公司安装资质证明材料,项目部经理出示了安装公司的安装资质证明。审核员进一步要求查看具体在现场进行安装的施工队人员资质的证明文件。项目部经理说："这事不归我们管,应该由安装公司自己负责。"

案例分析:安装公司是建筑公司的外包方,在施工时应该纳入建筑公司的质量管理体系统一管理。因此不仅对安装公司资质有要求,而且对其现场施工人员的资质也应进行控制,只有这样才能真正保证质量。本案违反了 ISO 9001 标准"4.1 总要求"中"针对组织所选择的任何影响产品符合要求的外包过程,组织应确保对其实施控制。对此类外包过程的控制应在质量管理体系中加以识别。"的规定。

产品质量认证是指依据产品标准和相应的技术要求,经认证机构确认并通过颁发认证证书和认证标志,来证明某一产品符合相应标准和相应技术要求的活动。产品质量认证制度实质上是一种高商品信誉的标志,通过认证标志向社会和购买者提供产品的明示担保,证明经过产品质量认证的产品质量可以信赖。

《中华人民共和国产品质量法》把质量体系认定制度分为两类,一类是企业质量体系认定制度,是国家根据国际通用的质量管理标准,推行的企业质量体系认证制度;另一类是产品质量认证制度。我国对从事建筑活动的单位推行质量体系认证制度。从事建筑活动的单位根据自愿原则可以向国务院产品质量监督管理部门或者国务院产品质量监督管理部门授权部门认可的认证机构申请质量体系认证。经认证合格的,由认证机构颁发质量体系认证证书。

1987 年 3 月国际标准化组织(ISO)正式发布 ISO 9000《质量管理和质量保证》系列标准后,世界各国和地区纷纷表示欢迎,并等同或等效采用该标准。我国于 1992 年颁布了等同采用国际标准《质量管理和质量保证》(GB/T 19000—ISO 9000)系列标准。这一系列标准是为了帮助企业建立、完善质量体系,增强质量意识和质量保证能力,提高管理素质和市场经济条件下的竞争能力。我国等同采用 ISO 9000 系列标准制定的 GB/T 19000 系列标准由五个标准组成,即:《质量管理和质量保证——选择和使用指南》(GB/T 19000—ISO 9000);《质量体系——设计/开发、生产、安装和服务的质量保证模式》(GB/T 19001—ISO 9001);《质量体系——生产和安装的质量保证模式》(GB/T 19002—ISO 9002);《质量体系——最终检验和试验的质量保证模式》(GB/T 19003—ISO 9003);《质量管理和质量体系要素——指南》(GB/T 19004—ISO 9004)。我国的建筑业所涉及的设计、施工、监理等企事业单位,在建立企业内部质量管理体系时,一般情况下应当选择 GB/T 19004—ISO 9004 标准。

第二节　建筑工程质量监督检测制度

建筑工程监督检测是保证建筑工程质量的重要手段。建筑工程监督包括政府主管部门的监督和群众监督,我国建立建筑工程监督站、工程质量报告、群众投诉、检举等工程质量监督体系。为了更好地进行监督,在全国建立工程质量检测体系。

一　建筑工程质量监督制度

【案例】

1994 年 8 月,某县人民政府决定在綦河架设一座人行虹桥,由县城乡建设管理委员会(以下简称城建委）负责组织实施。同年，城建委就虹桥工程向某市市政工程质量监督站（以下简称质监站）提出质量监督申请书，并支付监督费6 250元。担任建筑工程质量监督站站长的被告人赵某，在申请方未提交勘察设计资料等有关文本的情况下，签发了虹桥工程质量监督申请书。此后，该站派出的监督员对虹桥工程的勘察、设计和施工单位的资质等级及营业范围未进行核查，赵某亦未认真履行监督管理职责，使不具备资质的设计、施工单位继续承建虹桥工程。1995年4月，赵某明知原某通用机器厂加工生产主拱钢管的车间没有焊缝探伤条件，不能出具产品合格证、超声检测报告，仍同意该车间加工虹桥关键部位的主拱钢管构件。当主拱钢管运到虹桥施工现场后，赵某未督促本站监督员进行主拱钢管的质量检验，致使不符合工程质量标准的主拱钢管用于工程主体，为造成虹桥垮塌的重大安全事故留下严重的质量隐患。尽管质监站曾要求对虹桥进行荷载试验，但一直未落实。1999年1月4日18时50分许，人行虹桥因严重质量问题突然整体垮塌，坠入河中，造成40人死亡、14人受伤的严重后果，直接经济损失600万余元。经鉴定：主拱钢管焊接接头质量低劣，是导致虹桥整体垮塌的直接原因。

某市第一中级人民法院认为，被告人赵某身为某市市政工程质量监督站站长，不认真履行对虹桥工程质量监督管理职责，降低工程质量，以致造成重大安全事故，其行为构成工程重大安全事故罪。判处有期徒刑5年，并处罚金人民币20 000元（限判决生效后10日内缴纳）。

建筑工程质量监督是建筑工程质量的重要保障，本案中如果某市市政工程质量监督站严格按法律进行质量监督，将不会使不具有资质的单位承包该工程，将不会出现该事故。而本案工程质量监督站站长玩忽职守，不行使监督职权，是导致事故发生的重要原因。

《建筑法》有两条主线，一是安全，一是质量。对于建筑工程的质量监督制度贯穿了第六章乃至《建筑法》的全文。尤其是对于群众监督制度更是作了具体规定，该法第三十三条规定："任何单位和个人对建筑工程质量事故、质量缺陷都有权向建设行政主管部门或者其他有关部门进行检举、控告、投诉。"

（一）建筑工程质量必须实行政府监督管理

建筑工程质量的优劣，不仅关系到工程建设双方当事人的质量效益问题，同时也涉及社会的公共安全。一个工程质量的好坏，对于建设单位来说是能否满足其使用要求，能否达到投资效益的问题，对于施工单位来说一方面是其信誉水平的表现；另一方面也涉及其能否履行合同，拿到工程款的问题。而对于社会公众，则不是一个单纯的效益问题，而是生命财产安全问题。一个质量不合格的建设工程一旦投入使用，就会给使用它的用户造成安全隐患、质量威胁，就有可能造成人身和财产安全的损失。在这种情况下，建筑工程的质量问题就不仅仅是双方当事人的问题了。因此，为保证社会公共利益，维护消费者的合法权益是对建筑工程实行政府的质量监督的前提。纵观世界各国立法，一旦涉及社会公众利益问题则以政府出面维护的出发点，我国也不例外。建筑工程的政府质量监督制度便是维护社会公共安全和利益的政府职能履行的重要体现。

政府对工程质量的监督管理主要以保证工程使用安全和环境质量为主要目的，以法律、法规和强制性标准为依据，以地基基础、主体结构、环境质量和与此相关的工程建设各方主体的质量行为为主要内容，以施工许可制度和竣工验收备案制度为主要手段。

政府对建设工程主体的监督管理主要有：

(1)建设单位的能力进行审查。审查其是否具备与发包工程项目相适应的技术、经济能力、编制招标文件及组织开标、评标、定标的能力。

(2)对勘察设计单位、施工、监理、构配件生产、房地产开发单位实行资格(质)等级认证、生产许可证和业务许可范围的监督管理。

(3)实行执业工程师的注册制。目前,我国有关法律规定从事建筑设计、结构设计、工程监理、工程造价、项目管理、安全管理的工程技术人员,须经过考试取得资格证书并经注册后方能获得相应的执业资格。

国务院建设行政主管部门对全国的建设工程质量实施统一监督管理。国务院铁路、交通、水利等有关部门按照国务院规定的职责分工,负责对全国的有关专业建设工程质量的监督管理。

县级以上地方人民政府建设行政主管部门对本行政区域内的建设工程质量实施监督管理,县级以上地方人民政府交通、水利等有关部门在各自的职责范围内,负责对本行政区域内的专业建设工程质量的监督管理。

国务院建设行政主管部门和国务院铁路、交通、水利等有关部门应当加强对有关建设工程质量的法律、法规和强制性标准执行情况的监督检查。

国务院发展和改革委员会按照国务院规定的职责,组织稽查特派员,对国家出资的重大建设项目实施监督检查。

国务院经济贸易主管部门按照国务院规定的职责,对国家重大技术改造项目实施监督检查。

(二)建筑工程质量监督机构

建设工程质量监督管理,可以由建设行政主管部门或者其他有关部门委托的建设工程质量监督机构具体实施。目前,建筑工程质量监督工作由各省级建设主管部门委托的建筑工程质量监督站进行具体实施。

监督站的主要职责是:检查受监工程的勘察、设计、施工单位和建筑构件厂的资质等级和营业范围;监督勘察、设计、施工单位和建筑构配件厂严格执行技术标准,检查其工程质量;检验工程的质量等级和建筑构件质量,参与评定本地区、本部门的优质工程;参与重大工程质量事故的处理;总结质量监督工作经验,掌握工程质量状况,定期向主管部门汇报。

从事房屋建筑工程和市政基础设施工程质量监督的机构,必须按照国家有关规定经国务院建设行政主管部门或者省、自治区、直辖市人民政府建设行政主管部门考核;从事专业建设工程质量监督的机构,必须按照国家有关规定经国务院有关部门或者省、自治区、直辖市人民政府有关部门考核。经考核合格后,方可实施质量监督。

县级以上地方人民政府建设行政主管部门和其他有关部门应当加强对有关建设工程质量的法律、法规和强制性标准执行情况的监督检查。

县级以上人民政府建设行政主管部门和其他有关部门履行监督检查职责时,有权采取下列措施:

（1）要求被检查的单位提供有关工程质量的文件和资料；

（2）进入被检查单位的施工现场进行检查；

（3）纠正施工中违反安全生产要求的行为；

（4）对检查中发现的安全事故隐患，责令立即排除；重大安全事故隐患排除前或者排除过程中无法保证安全的，责令从危险区域内撤除作业人员或者暂时停止施工。

有关单位和个人对县级以上人民政府建设行政主管部门和其他有关部门进行的监督检查应当支持与配合，不得拒绝或者阻碍建设工程质量监督检查人员依法执行职务。

（三）建筑工程质量监督机构的其他职责的规定

1. 建筑工程竣工验收报告制度

建设单位应当自建设工程竣工验收合格之日起 15 日内，将建设工程竣工验收报告和规划、公安消防、环保等部门出具的认可文件或者准许使用文件报建设行政主管部门或者其他有关部门备案。

建设行政主管部门或者其他有关部门发现建设单位在竣工验收过程中有违反国家有关建设工程质量管理规定行为的，责令停止使用，重新组织竣工验收。

2. 工程质量事故报告制度

建设工程发生质量事故后，有关单位应当在 24h 内向当地建设行政主管部门和其他有关部门报告。对重大质量事故，事故发生地的建设行政主管部门和其他有关部门应当按照事故类别和等级向当地人民政府和上级建设行政主管部门和其他有关部门报告。

3. 工程质量检举、控告、投诉制度

《建筑法》与《建设工程质量管理条例》均明确，任何单位和个人对建设工程的质量事故、质量缺陷都有权检举、控告、投诉。工程质量检举、控告、投诉制度是为了更好地发挥群众监督和社会舆论监督的作用，是保证建设工程质量的一项有效措施。

4. 有关单位不得明示或暗示购买指定产品制度

供水、供电、供气、公安消防等部门或者单位不得明示或者暗示建设单位、施工单位购买其指定的生产供应单位的建筑材料、建筑构配件和设备。

在实践操作中，有些人常常把政府的质量监督同建筑工程监理混淆起来。这二者既有联系又有区别；其相同之处是，二者的出发点是一致的，都是为保证工程质量而做的工作。其不同点在于：一是二者的性质不同。政府的质量监督是政府履行维护社会公共利益的职责而确定的，具有强制性和广泛性。而建设工程监理则是受建设单位的委托而从事的质量监督活动。建设工程监理依据是监理单位同建设单位签订的工程建设监理合同，建设工程监理具有自愿性和限定性。二是二者的工作对象不同。政府监督的对象既包括所有从事建筑施工的单位和个人，也包括建设工程监理单位。而建筑工程监理单位的监督对象只是施工企业。三是二者监督的内容不同。政府监督是依据有关工程建设的法律、法规、技术标准及设计文件对整个施工过程实行以抽查为主要方式的监督；而建筑工程监理则是监理单位依据监理合同和其他工程建设合同进行现场监督，其监督的内容不仅包括工程质量，而且包括工期、投资等更为广泛的内容；二者在保证工程质量方面各有其作用，不可偏废。

二 建筑工程质量检测制度

【案例】

某市一商品房开发商拟建10栋商品房,根据工程地质勘察资料和设计要求,采用振动沉管灌注桩,桩尖深入沙夹卵石层500mm以上,按地勘报告桩长应在9～10m。该工程振动沉管灌注桩施工完后,由某工程质量检测机构采用低应变测方式对该批桩进行桩身完整性检测,并出具了相应的检测报告。施工单位按规定进行主体施工,个别栋号在施工进行到3层左右时,由于当地质量监督人员对检测报告有争议,故经研究决定又从外地请了两家检测机构对部分桩进行了抽检。这两家检测机构由于未按规范要求进行检测,未及时发现问题。后经省建筑科学研究院对其检测报告进行了审核,在现场对部分桩进行了高、低应变检测,发现该工程振动沉管灌注桩存在非常严重的质量问题,有的桩身未能进入持力层,有的桩身严重缩颈,有的桩甚至是断桩。后经查证该工程地质报告显示,在自然地坪以下4～6m深处,有淤泥层,在此施工振动沉管灌注桩由于工艺方面的问题,容易发生缩颈和断桩。该市检测机构个别检测人员思想素质差,一味地迎合施工单位的施工记录桩长(施工单位由于单方造价报的低,经常利用多报桩长的方法来弥补造价),将混凝土测试波速由3 600m/s左右调整到4 700～4 800m/s,个别桩身经实测波速推定桩身测试长度为5.8m,而当时测试桩长为9.4m,两者相差达3.6m。这样一来,原本未进入持力层的桩,严重缩颈桩和断桩就成了与施工单位记录桩长一样的完整桩。该工程后经加固处理达到了要求,但造成了很大的经济损失。

本案充分体现了工程质量监督和检测的重要性,本案中,个别检测机构失职,迎合施工单位出具检测报告,但是工程质量监督人员坚持进行多次检测,最后查处了质量问题,从而进行加固避免出现重大质量事故。

(一)建筑工程质量检测的适用范围

水利工程、铁道工程、公路工程等工程中涉及结构安全的试块、试件及有关材料的工程质量检测。

(二)建筑工程质量检测机构的性质

建设工程质量检测(以下简称质量检测),是指工程质量检测机构(以下简称检测机构)接受委托,依据国家有关法律、法规和工程建设强制性标准,对涉及结构安全项目的抽样检测和对进入施工现场的建筑材料、构配件的见证取样检测。检测机构是具有独立法人资格的中介机构。

(三)建设行政主管部门对质量检测机构的监督管理

国务院建设主管部门负责对全国质量检测活动实施监督管理,并负责制定检测机构资质标准。

省、自治区、直辖市人民政府建设主管部门负责对本行政区域内的质量检测活动实施监督管理,并负责检测机构的资质审批。

市、县人民政府建设主管部门负责对本行政区域内的质量检测活动实施监督管理。

(1)县级以上地方人民政府建设主管部门应当加强对检测机构的监督检查,主要检查下列内容：

①是否符合规定的资质标准；

②是否超出资质范围从事质量检测活动；

③是否有涂改、倒卖、出租、出借或者以其他形式非法转让资质证书的行为；

④是否按规定在检测报告上签字盖章，检测报告是否真实；

⑤检测机构是否按有关技术标准和规定进行检测；

⑥仪器设备及环境条件是否符合计量认证要求；

⑦法律、法规规定的其他事项。

（2）建设主管部门实施监督检查时，有权采取下列措施：

①要求检测机构或者委托方提供相关的文件和资料；

②进入检测机构的工作场地（包括施工现场）进行抽查；

③组织进行比对试验以验证检测机构的检测能力；

④发现有不符合国家有关法律、法规和工程建设标准要求的检测行为时，责令改正。

（3）建设主管部门在监督检查中为收集证据的需要，可以对有关试样和检测资料采取抽样取证的方法；在证据可能灭失或者以后难以取得的情况下，经部门负责人批准，可以先行登记保存有关试样和检测资料，并应当在 7 日内及时做出处理决定，在此期间，当事人或者有关人员不得销毁或者转移有关试样和检测资料。

（4）县级以上地方人民政府建设主管部门，对监督检查中发现的问题应当按规定权限进行处理，并及时报告资质审批机关。

（5）建设主管部门应当建立投诉受理和处理制度，公开投诉电话号码、通讯地址和电子邮件信箱。

检测机构违反国家有关法律、法规和工程建设标准规定进行检测的，任何单位和个人都有权向建设主管部门投诉。建设主管部门收到投诉后，应当及时核实并依据本办法对检测机构作出相应的处理决定，于 30 日内将处理意见答复投诉人。

（四）建筑工程质量检测机构的成立条件

1.检测机构从事质量检测业务，应当依据取得相应的资质证书

（1）质量检测的业务内容

①专项检测：

a.地基基础工程检测；

b.主体结构工程现场检测；

c.建筑幕墙工程检测；

d.钢结构工程检测。

②见证取样检测：

检测机构资质按照其承担的检测业务内容分为专项检测机构资质和见证取样检测机构资质。

（2）检测机构资质标准

①专项检测机构和见证取样检测机构应满足下列基本条件：

a.专项检测机构的注册资本不少于 100 万元人民币,见证取样检测机构不少于 80 万元人民币;

b.所申请检测资质对应的项目应通过计量认证;

c.有质量检测、施工、监理或设计经历,并接受了相关检测技术培训的专业技术人员不少于 10 人,边远县(区)的专业技术人员可不少于 6 人;

d.有符合开展检测工作所需的仪器、设备和工作场所;其中,使用属于强制检定的计量器具,要经过计量检定合格后,方可使用;

e.有健全的技术管理和质量保证体系。

②专项检测机构除应满足基本条件外,还需满足下列条件:

a.地基基础工程检测类。专业技术人员中从事工程桩检测工作 3 年以上并具有高级或者中级职称的不得少于 4 名,其中 1 人应当具备注册岩土工程师资格;

b.主体结构工程检测类。专业技术人员中从事结构工程检测工作 3 年以上并具有高级或者中级职称的不得少于 4 名,其中 1 人应当具备二级注册结构工程师资格;

c.建筑幕墙工程检测类。专业技术人员中从事建筑幕墙检测工作 3 年以上并具有高级或者中级职称的不得少于 4 名;

d.钢结构工程检测类。专业技术人员中从事钢结构机械连接检测、钢网架结构变形检测工作 3 年以上并具有高级或者中级职称的不得少于 4 名,其中 1 人应当具备二级注册结构工程师资格。

③见证取样检测机构除应满足基本条件外,专业技术人员中从事检测工作 3 年以上并具有高级或者中级职称的不得少于 3 名;边远县(区)可不少于 2 人。

检测机构未取得相应的资质证书,不得承担质量检测业务。

2.申请检测资质的机构应当向省、自治区、直辖市人民政府建设主管部门提交下列申请材料

(1)《检测机构资质申请表》一式三份;

(2)工商营业执照原件及复印件;

(3)与所申请检测资质范围相对应的计量认证证书原件及复印件;

(4)主要检测仪器、设备清单;

(5)技术人员的职称证书、身份证和社会保险合同的原件及复印件;

(6)检测机构管理制度及质量控制措施。

(五)检测机构的义务

(1)任何单位和个人不得涂改、倒卖、出租、出借或者以其他形式非法转让资质证书。

(2)检测机构变更名称、地址、法定代表人、技术负责人,应当在 3 个月内到原审批机关办理变更手续。

(3)质量检测试样的取样应当严格执行有关工程建设标准和国家有关规定,在建设单位或者工程监理单位监督下现场取样。提供质量检测试样的单位和个人,应当对试样的真实性负责。

(4)检测机构完成检测业务后,应当及时出具检测报告。检测报告经检测人员签字、检测机构法定代表人或者其授权的签字人签署,并加盖检测机构公章或者检测专用章后方可生效。

检测报告经建设单位或者工程监理单位确认后,由施工单位归档。见证取样检测的检测报告中应当注明见证人单位及姓名。

(5)任何单位和个人不得明示或者暗示检测机构出具虚假检测报告,不得篡改或者伪造检测报告。

(6)检测人员不得同时受聘于两个或者两个以上的检测机构。

检测机构和检测人员不得推荐或者监制建筑材料、构配件和设备。

检测机构不得与行政机关,法律、法规授权的具有管理公共事务职能的组织以及所检测工程项目相关的设计单位、施工单位、监理单位有隶属关系或者其他利害关系。

(7)检测机构不得转包检测业务。

检测机构跨省、自治区、直辖市承担检测业务的,应当向工程所在地的省、自治区、直辖市人民政府建设主管部门备案。

(8)检测机构应当对其检测数据和检测报告的真实性和准确性负责。

检测机构违反法律、法规和工程建设强制性标准,给他人造成损失的,应当依法承担相应的赔偿责任。

(9)检测机构应当将检测过程中发现的建设单位、监理单位、施工单位违反有关法律、法规和工程建设强制性标准的情况,以及涉及结构安全检测结果的不合格情况,及时报告工程所在地建设主管部门。

(10)检测机构应当建立档案管理制度。检测合同、委托单、原始记录、检测报告应当按年度统一编号,编号应当连续,不得随意抽撤、涂改。

检测机构应当单独建立检测结果不合格项目台账。

(六)检测机构的法律责任

(1)未取得相应的资质,擅自承担本办法规定的检测业务的,其检测报告无效,由县级以上地方人民政府建设主管部门责令改正,并处 1 万元以上 3 万元以下的罚款。

(2)检测机构隐瞒有关情况或者提供虚假材料申请资质的,省、自治区、直辖市人民政府建设主管部门不予受理或者不予行政许可,并给予警告,1 年之内不得再次申请资质。

(3)以欺骗、贿赂等不正当手段取得资质证书的,由省、自治区、直辖市人民政府建设主管部门撤销其资质证书,3 年内不得再次申请资质证书;并由县级以上地方人民政府建设主管部门处以 1 万元以上 3 万元以下的罚款;构成犯罪的,依法追究刑事责任。

(4)检测机构违反本办法规定,有下列行为之一的,由县级以上地方人民政府建设主管部门责令改正,可并处 1 万元以上 3 万元以下的罚款;构成犯罪的,依法追究刑事责任:

①超出资质范围从事检测活动的;

②涂改、倒卖、出租、出借、转让资质证书的;

③使用不符合条件的检测人员的;

④未按规定上报发现的违法违规行为和检测不合格事项的;

⑤未按规定在检测报告上签字盖章的;

⑥未按照国家有关工程建设强制性标准进行检测的;

⑦档案资料管理混乱,造成检测数据无法追溯的;

⑧转包检测业务的。

（5）检测机构伪造检测数据，出具虚假检测报告或者鉴定结论的，县级以上地方人民政府建设主管部门给予警告，并处3万元罚款；给他人造成损失的，依法承担赔偿责任；构成犯罪的，依法追究其刑事责任。

（6）委托方有下列行为之一的，由县级以上地方人民政府建设主管部门责令改正，处1万元以上3万元以下的罚款：

①委托未取得相应资质的检测机构进行检测的；

②明示或暗示检测机构出具虚假检测报告，篡改或伪造检测报告的；

③弄虚作假送检试样的；

④给予检测机构罚款处罚的，对检测机构的法定代表人和其他直接责任人员处罚款数额5%以上10%以下的罚款。

（7）县级以上人民政府建设主管部门工作人员在质量检测管理工作中，有下列情形之一的，依法给予行政处分；构成犯罪的，依法追究刑事责任：

①对不符合法定条件的申请人颁发资质证书的；

②对符合法定条件的申请人不予颁发资质证书的；

③对符合法定条件的申请人未在法定期限内颁发资质证书的；

④利用职务上的便利，收受他人财物或者其他好处的；

⑤不依法履行监督管理职责，或者发现违法行为不予查处的。

第三节　建筑工程质量责任制度

建筑工程质量责任制度也是建筑工程质量保障的重要制度，通过实施责任制度，对违法行为者进行追究，不仅能够使其承担违法惩治的后果，而且具有警示作用，符合我国违法必究的法治原则。在工程建设中，建筑工程的勘察设计、施工以及相应的建筑材料、设备供应单位，应对自己的勘察设计、施工的工程质量和生产、供应的产品质量承担责任。凡工程和产品质量不符合国家有关法规、技术标准和合同规定的，要按各自应承担的责任对用户实行工程保修，产品保换、保退，并赔偿经济损失和承担法律责任。

一　建设单位的工程质量责任

【案例】

1996年7月12日上午9时30分左右，某县城南小区第51幢住宅楼中间偏东处上部出现裂缝，紧接着裂缝迅速扩大，相互向中间倾倒，在数秒钟内全部倒塌，当时在楼内的39人被压在废墟中。经全力抢救，3人生还，36人死亡。

经全面调查认为，造成这起事故的原因是多方面的。主要原因是该楼房工程质量低劣，特别是基础砖质量低劣和擅自改变设计。重要原因是基础砖墙长时间受积水浸泡。调查认定，常山"7·12"住宅楼倒塌特大事故是一起有关人员玩忽职守、工作严重失职和管理混乱造成建筑质量低劣引起的重大责任事故。

为了深刻吸取事故教训，防止类似事故的再次发生，经有关部门调查、研究，对"7·12"住宅楼倒塌事故有关责任单位和人员做出了如下处理：

（一）负责该楼建设的某县金城房地产发展有限公司经理林某、副经理兼工程项目负责人徐某、工程管理科科长陈某、质量监督员陈某某等人，对"7·12"住宅楼倒塌事故承担直接责任，林某、徐某犯有重大责任事故罪和商业受贿罪，被某县人民法院判处有期徒刑各10年。陈某、陈某某犯有重大责任事故罪，分别被某县人民法院判处有期徒刑6年6个月和6年。对事故责任人林某，给予开除党籍、公职处分；对事故责任人徐某、陈某、陈某某，给予开除公职处分。吊销某县金城房地产发展有限公司三级开发资质。

（二）负责该楼施工的某县第二建筑公司，对"7·12"住宅楼倒塌事故负直接责任。该公司经理袁某、副经理王某、质量安全员钱某、工程承包人段某和质安科副科长徐某等人，对事故承担重要责任。段某、钱某有重大责任事故罪，被某县人民法院分别判处有期徒刑7年和5年6个月。对事故负有重要责任的王某、徐某给予行政撤职处分。吊销某县第二建筑公司二级施工资质。

（三）某县建筑安装总公司设计事务所对该楼设计质量差、安全度偏低、有明显的薄弱部位，设计违反有关规定和工作程序管理，设计审核简单马虎，对工程设计质量负有重要责任，对责任单位和有关责任人作出了处理。

（四）某县建设工程质量监督站是直接监督该工程项目质量的单位，负有工程质量监督责任，但在实际工作中不仅未能按监督内容和程序开展工作，还参与弄虚作假，造成工程质量严重失控。因此，负有相应的责任。对责任单位和有关责任人员作出了如下处理：①某县建设工程质量监督站站长程某，对工程质量监督有严重失职行为，给予留党察看1年、行政撤职处分。②某县建设工程质量监督站驻工地质监员段某，工作严重失职，对事故负有直接责任。段某犯有玩忽职守罪，被某县人民法院判处有期徒刑5年。给予开除党籍、公职的处分。③某县建设工程质量监督站质监科科长徐某，对工程质量监督负有领导责任，给予行政撤职处分。解散某县建设工程质量监督站，并按有关规定和标准重新组建新的某县建设工程质量监督站。

（五）某县城建局施工办主任占某，在工程招标工作中有失职行为，给予党内严重警告和行政撤职处分。

......

（八）某县政府和有关职能管理部门的领导对常山"7·12"住宅楼倒塌特大事故分别负有领导责任和直接管理责任。对有关责任人员作出了如下处理。①原县委书记、县长郑某在任该县县长后期工作时，对开发区建设管理不力，抓工程建筑质量方面监管措施不严，安全生产责任制不落实，对事故负有一定的领导责任，给予通报批评。②县长卢某，对建筑质量和安全工作重视不够，督促检查不力，特别是对开发区安全管理中存在的事故隐患失察。对事故负有领导责任，给予行政警告处分。③原分管城建的副县长兼城南开发区管委会主任和金城房地产发展有限公司管委会主任，现任某县委常委、政法委书记王某，工作不到位，管理不力，对工程质量低劣等问题严重失察，对事故发生负有重要责任。

......

"7·12"住宅楼倒塌特大事故，损失重大，教训极为深刻。质量责任不落实，对工程监督和检查不力，管理松懈，安全质量基础工作不扎实。当地建筑工程设计、施工、管理和监督等单位工作制度不健全,有法不依,有令不行。部分领导无视国家有关规定和工作程序,造成了管理、监督失职,工程质量失控,特别是对一些严重危及安全的质量问题,有可能导致发生重特大事故的隐患未能发现和采取有效措施加以制止。该案给我们的启发是必须建立建筑工程质量责任及其追究制度,这样促使建筑工程参与单位和人员依法、执法和守法。

建设单位是工程建设的投资者、管理者和使用者。建设工程的质量好坏,直接影响到建设单位的投资效益。建设单位应该特别关注工程质量,但在我国目前市场经济条件下,建设单位还不成熟,尤其是对于国家投资和政府投资的一些工程,为片面追求工期,追求节约投资而忽视了工程质量甚至于降低工程质量要求的建设单位大量存在。因此,在社会上流传着"有什么样的业主,就有什么样的工程质量",在一定程度上概括了业主也就是建设单位的在保证工程质量方面的重要作用。

(一)依法发包工程

工程发包权是建设单位最重要的权利之一,将工程发包给具有相应资质等级的单位来承担,是保证建设工程质量的基本前提。

(1)建设单位应当将工程发包给具有相应资质等级的单位。不得将建设工程肢解发包。工程的勘察、设计必须委托给持有工商营业执照和相应资质等级证书的勘察、设计单位;工程的施工必须发包给持有工商营业执照和相应资质等级证书的施工企业。应该根据工程特点,以有利于工程的质量、进度、成本控制为原则,合理划分标段,不得肢解发包工程。

(2)建设单位应当依法对工程建设项目的勘察、设计、施工、监理以及与工程建设有关的重要设备、材料等的采购进行招标。

(二)提供与建设工程有关的原始资料

建设单位必须向有关的勘察、设计、施工、工程监理等单位提供与建设工程有关的原始资料。原始资料必须真实、准确、齐全。

建设单位根据委托任务必须向勘察单位提供如勘察任务书、项目规划总平面图、地下管线、地下构筑物、地形地貌等在内的基础资料;向设计单位提供政府有关部门批准的项目建议书,可行性研究报告等立项文件,设计任务书,有关城市规划、专业规划设计条件,勘察成果及其他基础资料;向施工单位提供概算批准文件,建设项目正式列入国家、部门或地方年度固定资产投资计划,建设用地的征用资料,有能够满足施工需要的施工图纸及技术资料,建设资金和主要建筑材料、设备的来源落实资料,建设项目所在地规划部门批准文件,施工现场完成"三通一平"的平面图等资料。向工程监理单位提供的原始资料除包括给施工单位的资料外,还要有建设单位与施工单位签订的承包合同文本。

建设单位提供的资料的来源、内容必须符合国家有关法律、法规、规章、标准、规范和规程的要求,能够真实反映建设工程原貌,能够满足进行勘察、设计、施工、监理作业的需要。

(三)限制不合理的干预行为

《建筑法》第五十四条规定:"建设单位不得以任何理由,要求建筑设计单位或者建筑施工企业在工程设计或者施工作业中,违反法律、行政法规和建筑工程质量、安全标准,降低工程质量。"建筑工程的勘察、设计、施工的质量必须符合国家有关建筑工程安全标准的要求,任何单位和个人都不得非法干预工程质量标准的执行。

《建设工程质量管理条例》进一步规定,建设工程发包单位,不得迫使承包方以低于成本的价格竞标,不得任意压缩合理工期。建设单位不得明示或者暗示设计单位或者施工单位违反工程建设强制性标准。建设单位不得以任何理由,诸如建设资金不足、工期紧等,违反强制性标准的规定,要求设计单位降低设计标准,或者要求施工单位采用建设单位采购的不合格材料设备等。

(四)施工图设计文件依法报经审批

建设单位应当将施工图设计文件报县级以上人民政府建设行政主管部门或者其他有关部门审查。施工图设计文件未经审查批准的,不得使用。审查的主要内容为:

(1)建筑物的稳定性、安全性审查,包括地基基础和主体结构体系是否安全、可靠;

(2)是否符合消防、节能、环保、抗震、卫生人防等有关强制性标准规范;

(3)施工图是否能达到规定的深度要求;

(4)是否损害公众利益。

(五)依法实行工程监理

实行监理的建设工程,建设单位应当委托具有相应资质等级的工程监理单位进行监理,也可以委托具有工程监理相应资质等级并于被监理工程的是个承包单位没有隶属关系或者其他利害关系的该工程的设计单位进行监理。

(六)依法办理工程质量监督手续

建设单位在领取施工许可证或者开工报告前,应当按照国家有关规定办理工程质量监督手续。办理工程质量监督手续是法定程序,建设单位在领取施工许可证或者开工报告之前,应当按照国家有关规定,到建设行政主管部门或国务院交通、水利等有关部门或其委托的建设工程质量监督机构或专业工程质量监督机构办理工程质量监督手续,接受政府部门的工程质量监督管理。不办理质量监督手续的,不发施工许可证,工程不得开工。

(七)保证建筑材料、建筑构配件和设备符合设计文件和合同要求

按照合同约定,由建设单位采购建筑材料、建筑构配件和设备的,建设单位应当保证建筑材料、建筑构配件和设备符合设计文件和合同要求。建设单位不得明示或者暗示施工单位使用不合格的质量标准、建筑构配件。

(八)依法进行装修工程

建筑主体结构和承重结构等,直接关系建设工程安全和人民生命财产安全。因此,《建设工程质量管理条例》规定,涉及建筑主体和承重结构变动的装修工程,建设单位应当在施工前委托原设计单位或者具有相应资质等级的设计单位提出设计方案;没有设计方案的,不得施工。房屋建筑使用者在装修过程中,不得擅自变动房屋建筑主体和承重结构。

《建筑法》规定,建设单位违反本法规定,要求建筑设计单位或者建筑施工企业违反建筑工程质量、安全标准,降低工程质量的,责令改正,可以处以罚款;构成犯罪的,依法追究刑事责任。

《建设工程质量管理条例》规定,建设单位有下列行为之一的,责令改正,处20万元以上50万元以下的罚款:

(1)迫使承包方出低于成本的价格竞标的;

(2)任意压缩合理工期的;

(3)明示或者暗示设计单位或者施工单位违反工程建设强制性标准,降低工程质量的;

(4)施工图设计文件未经审查或者审查不合格,擅自施工的;

(5)建设项目必须实行工程监理而未实行工程监理的;

(6)未按照国家规定办理工程质量监督手续的;

(7)明示或者暗示施工单位使用不合格的建筑材料、建筑构配件和设备的;

(8)未按照国家规定将竣工验收报告、有关认可文件或者准许使用文件报送备案的。

二 勘察、设计单位的工程质量责任

【案例】

2000年6月20日,某集团有限公司(以下简称甲钙业公司)与乙设计院签订了一份《技术合同书》,约定由乙设计院为某集团设计贵池氧化钙项目及矿山等施工图纸和提供相关技术服务。合同同时约定由于提供图纸延误、偏差或者由于设计原因达不到本协议规定的各项指标要求,则由乙设计院赔偿损失。合同签订后,乙设计院提交了旋窑系统等部分设计图纸及旋窑系统订货设备一览表,某集团已支付乙设计院技术服务费7.5万元。2001年4月8日,甲钙业公司与某建设工程有限责任公司签订了一份建设工程施工合同,甲钙业公司将11万t活性氧化钙技术改造工程发包给某建设工程有限责任公司施工。在技改项目建设施工中,旋窑系统的土建部分采用了乙设计院的设计图纸,而该系统的预热器亦是在乙设计院的指导下采购的,其他则采用了某设计所的相关设计。2002年3月6日,甲钙业公司正式投入生产,当月11日发现预热器标高10.8m处平台框架梁、板开裂。甲钙业公司遂委托某建筑工程质量第二监督检测站进行检测。该站根据甲钙业公司提供的设计图、《工程地质勘察报告》、国家现行建筑结构设计规范及结构承载力进行复核验算,于2002年4月28日出具了《安徽甲钙业有限公司年产11万吨活性钙技术改造工程(旋窑)预热器框架梁、板裂缝检测报告》,结论为:10.80m平台框架梁、板混凝土强度推定值为22.2MPa,满足设计要求。10.80m平台框架梁、板裂缝主要由于梁、板承载力不足引起,建议请原设计单位复核验算并提出加固方案。甲钙业公司根据乙设计院提出的加固方案,对预热器工程进行了加固。

2002年4月,甲钙业公司向原审法院提起诉讼,要求乙设计院承担责任。法院审理中认为,在旋窑预热器框架梁、板出现裂缝后,甲钙业公司即委托安徽省建筑工程质量第二监督检测站进行检测,结论为10.80m平台框架梁、板混凝土强度推定值为22.2MPa,满足设计要求。10.80m平台框架梁、板裂缝主要由于梁、板承载力不足引起。乙设计院虽然对该检测报告的证据效力提出异议,但其未提出充分反证和申请重新进行鉴定,根据图纸设计的承载力和预热器设备自重,结合检测报告结论,法院认定乙设计院的设计图纸存在设计缺陷。因此,甲钙业公司因加固旋窑系统框架梁、板支出费用由乙设计院承担。最后法院判决甲钙业公司因工程加固支付的费用工程延误损失由乙设计院承担大部分。

本案是一起因为工程设计缺陷引起的工程质量事故,乙设计院应该为自己设计存在的问题承担质量责任,赔偿当事人的损失。另外,质量管理部门可以根据其违法情况进行责任追究。

勘察设计质量是决定工程建设质量的首要环节,它关系到国家财产和人民生命的安全,关系到建设投资的综合效益,也反映一个国家的科技水平和文化水平,因此,勘察设计质量工作一直是各级主管部门和勘察设计单位的工作重点。

(一)承揽勘察设计业务应符合相应资质等级制度的责任

从事建设工程勘察、设计的单位应当依法取得相应等级的资质证书,并在其资质等级许可的范围内承揽工程。禁止勘察、设计单位超越其资质等级许可的范围或者以其他勘察、设计单位的名义承揽工程。禁止勘察、设计单位允许其他单位或者个人以本单位的名义承揽工程。

勘察、设计单位不得转包或者违法分包所承揽的工程。

(二)应遵守工程建设强制性标准

勘察设计单位必须按照工程建设强制性标准进行勘察设计,并对其勘察设计的质量负责。

根据 2000 年原建设部发布的《实施工程建设强制性标准监督规定》,工程建设强制性标准是指直接涉及工程质量、安全、卫生及环境保护等方面的工程建设标准强制性条文。

(三)注册执业人员签字制度

注册建筑师、注册结构工程师等注册执业人员应当在设计文件上签字,对设计文件负责。

(四)工程勘察质量责任

勘察单位提供的地质、测量、水文等勘察成果必须真实、准确,应当符合国家规定的勘察深度要求。

工程勘察企业的法定代表人、项目负责人、审核人、审定人等相关人员,应当在勘察文件上签字或者盖章,并对勘察质量负责。

(五)工程设计质量责任

设计单位应当根据勘察成果文件进行建设工程设计。设计文件应当符合国家规定的设计深度要求,注明工程合理使用年限。

设计单位在设计文件中选用的建筑材料、建筑构配件和设备,应当注明规格、型号、性能等技术指标,其质量要求必须符合国家规定的标准。除有特殊要求的建筑材料、专用设备、工艺生产线等外,设计单位不得指定生产厂、供应商。

(六)施工图设计文件技术交底

设计单位应当就审查合格的施工图设计文件向施工单位作出详细说明。

(七)设计单位参与设计建设工程质量事故分析

设计单位应当参与建设工程质量事故分析,并对因设计造成的质量事故,提出相应的技术处理方案。

建筑设计单位不按照建筑工程质量、安全标准进行设计的,责令改正,处以罚款,造成工程质量事故的,责令停业整顿,降低资质等级或者吊销资质证书,没收违法所得,并处罚款;造成损失的,承担赔偿责任;构成犯罪的,依法追究刑事责任。

《建设工程质量管理条例》规定,有下列行为之一的,责令改正,处10万元以上30万元以下的罚款:

(1)勘察单位未按照工程建设强制性标准进行勘察的;

(2)设计单位未根据勘察成果文件进行工程设计的;

(3)设计单位指定建筑材料、建筑构配件的生产厂、供应商的;

(4)设计单位未按照工程建设强制性标准进行设计的。

有以上行为,造成工程质量事故的,责令停业整顿,降低资质等级;情节严重的,吊销资质证书;造成损失的,依法承担赔偿责任。

三 监理单位的工程质量责任

【案例】

2000年10月25日上午10时10分,某有限公司承建的某楼台工地发生一起重大职工因工伤亡事故。楼台在浇筑顶部混凝土施工中,因模板支撑系统失稳,舞台屋盖坍塌,造成正在现场施工的民工和工作人员5人死亡,30人受伤(其中重伤11人),直接经济损失70.7815万元。法院认定工程监理违反了《某市项目监理实施程序》第三条第二款中的规定没有对施工方案进行审查认可,没有对支架搭设过程严格把关,在没有对模板支撑系统的施工方案审查认可的情况下就签发了浇筑令,工作严重失职,项目总监理工程师被判处有期徒刑5年。

工程监理企业应当依照法律、法规以及有关技术标准、设计文件和建设工程承包合同,代表建设单位对施工质量实施监理,并对施工质量承担监理责任。本案中监理工程师未按照工程建设的程序和标准进行监理工作,导致出现质量事故,最后被追究刑事责任。

(一)依法承担工程监理业务

《建筑法》规定,工程监理单位应当在其资质等级许可的监理范围内,承担工程监理业务。工程监理单位不得转让工程监理业务。《建设工程质量管理条例》进一步规定,工程监理单位应当依法取得相应等级的资质证书,并在其资质等级许可的范围内承担工程监理业务。禁止工程监理单位超越本单位资质等级许可的范围或者以其他工程监理单位的名义承担工程监理业务。禁止工程监理单位允许其他单位或者个人以本单位的名义承担工程监理业务。工程监理单位不得转让工程监理业务。

监理单位按照资质等级承担工程监理业务,是保证监理工作质量的前提。越级监理、允许其他单位或者个人以本单位的名义承担监理业务等,将使工程监理变得有名无实,最终会对工程质量造成危害。监理单位转让工程监理业务,与施工单位转包工程有着同样的危害性。

(二)依法回避

工程监理单位与被监理工程的施工承包单位以及建筑材料、建筑构配件和设备供应单位有隶属关系或者其他利害关系的,不得承担该项建设工程的监理业务。

(三)依法对施工质量承担监理责任

工程监理单位应当依照法律、法规以及有关技术标准,设计文件和建设工程承包合同,代表建设单位对施工质量实施监理,并对施工质量承担监理责任。监理单位在责任期内,不按照监理合同约定履行监理职责,给建设单位或其他单位造成损失的,属违约责任,应当向建设单位赔偿。

工程监理单位应当选派具备相应资格的总监理工程师和监理工程师进驻施工现场。未经监理工程师签字,建筑材料、建筑构配件和设备不得在工程上使用或者安装,施工单位不得进行下一道工序的施工。未经总监理工程师签字,建设单位不拨付工程款,不进行竣工验收。

监理工程师应当按照工程监理规范的要求,采取旁站、巡视和平行检验等形式,对建设工程实施监理。

《建筑法》规定,工程监理单位与建设单位或者建筑施工企业串通,弄虚作假、降低工程质量的,责令改正,处以罚款,降低资质等级或者吊销资质证书;有违法所得的,予以没收;造成损失的,承担连带赔偿责任;构成犯罪的,依法追究刑事责任。

《建设工程质量管理条例》规定,工程监理单位有下列行为之一的,责令改正,处50万元以上100万元以下的罚款,降低资质等级或者吊销资质证书;有违法所得的,予以没收;造成损失的,承担连带赔偿责任:

(1)与建设单位或者施工单位串通,弄虚作假,降低工程质量的;
(2)将不合格的建设工程、建筑材料、建筑构配件和设备按照合格签字的。

四 施工单位的工程质量责任

【案例】

1996年4月,南京某化工建设公司(下称南化建公司)南通分公司(下称南通分公司)经招标承建某市环西路步行街4号楼工程,同年6月,市某房地产开发公司(下称通建公司)与南通分公司签订《建设工程施工合同》,同年6月18日,南通分公司按约进场施工。后因资金不足,南通分公司与某美公司于同年9月8日签订《工程分包合同》,某美公司进场施工,但双方未按分包合同约定对工程量、工程材料、设备、周转材料、财务等工作进行移交。1996年12月11日,因通建公司变更设计延误工期和工程款拨付不及时等问题,某美公司亦停止施工。南化建公司接洽后将通建公司意见转告某美公司,即变更设计造成的工期延误按惯例解决,工程款按合同条款执行,某美公司仍不同意复工。1997年1月13日,南化建公司直接恢复施工。同年5月,南化建公司又停工,某美公司表示愿意继续施工。1999年11月22日,通建公司、南化建公司、某美公司签订三方协议,约定南化建公司与某美公司不再继续施工,后期施工由通建公司与某美公司另订施工合同。

2001年11月,通建公司以"环西路4号楼工程存在:①部分梁柱轴线位置偏移;②发现多处未按图纸施工;③现浇板板面标高控制不好;④混凝土浇灌质量局部不好;⑤施工缝的留置位置随意、不规范等问题,南通市建科所2001年10月25日出具检测报告,对工程柱、梁混凝土强度及局部柱钢筋数量和钢筋原材料强度进行质量检测,工程存在严重质量缺陷"为由,向某市中级人民法院起诉,要求南化建公司和某美公司移交环西路4号楼完整的工程资料,并共同承担主体工程质量问题整改费用147 202.01元,另由某美公司单独承担主体工程质量问题整改费用711 982.23元。

人民法院审理中,于2001年12月26日委托某市建设工程质量监督站(下简质监站)对环西路4号楼工程质量问题及整改方案进行鉴定。检测中心于2002年3月26日对环西路4号楼地上部分做出通建检构字(2002)第0302号检测报告。质监站认为,根据地上部分检测结果,环西路4号楼主体部分施工质量未达到设计要求,经法院同意,质监站于2002年4月对环西路4号楼已完主体部分加固工程组织招标。2002年7月15日检测中心对地下室部分做出通建检构字(2002)第0703号检测报告。质监站又委托某市建设工程造价管理处对三种加固方案进行估算。同年8月15日,某市建设工程造价管理处致函质监站,对三种加固方案做出估算,其中方案一(碳纤维贴片法与有黏结外包型钢法相结合)估算价为177 933.2元;方案二(混凝土加大截面法)估算价为170 841.44元;方案三(碳纤维贴片法)估算价为197 074.82元。

2002年8月19日,质监站对环西路4号楼结构安全做出通质监鉴(2002)第14号《工程质量鉴定报告》,该鉴定报告认为主要存在的问题是:①原设计C40级梁柱混凝土的强度除地下室外普遍达不到要求。②地下室A轴与4、5、6轴交接处柱,B、C轴与3、4轴交接处柱,D轴与3、5轴交接处柱主筋少于设计的数量。③梁柱截面尺寸偏差较普遍,大多已超过规范要求。④少数梁柱钢筋偏位、保护层偏大。⑤实测现浇板厚度负误差的数量超过相应验收规范规定的50%以上,其中标高13.5m处11-12轴与B-C轴处现浇板原设计为90mm,实测平均值仅为64mm。⑥标高13.5m处4-5轴、A-B轴间现浇板配筋原设计间距为180mm,实测为206mm;12-13轴、A-B轴间现浇板配筋原设计间距为180mm,实测212mm。在上两处板的钢筋间距均超过了规定,对承载力亦有影响。⑦部分梁柱轴线位置偏移,其中偏差最大的达110mm,具体详见通建检构字(2002)第0302号检测报告附件四。⑧部分梁板出现裂缝。抽⑨混凝土浇捣不密实,多处有蜂窝、孔洞、露筋现象,其中六层游泳池侧壁出现了大面积的漏浇、钢筋裸露、孔洞。⑩工程感观质量差,梁柱节点处模板咬肉严重,模板胀壳、漏浆等现象普遍,大梁中预留孔洞位置偏差、变形、大小不一,洞口下部混凝土厚度不均,有的主筋已露出。鉴定报告分析问题产生的原因是,施工单位没有严格按照图纸和相关规范组织施工,施工质量控制不严造成。另外,现场管理不力也是引起上述质量问题的原因之一。

法院确认地上部分加固造价761 100元,地下室部分加固方案采用某市建设工程造价管理处对方案二的(混凝土加大截面法)估算价170 841.44元,合计加固造价为932 541.44元。2002年9月12日,法院组织双方当事人对质监站鉴定报告和加固方案及造价进行质证。通建公司对该鉴定结论和加固方案及加固造价无异议。但认为质监站仅对结构安全进行了鉴定,未就工程使用问题进行鉴定,因其中涉及地坪的平整、游泳池的拆除、柱梁的补平和外墙的粉刷等事宜。南化建公司认为鉴定结论不当,工程安全,达到了原设计要求。某美公司工程周期已超过五年,这样长的时间跨度必然会影响工程的质量。庭审中鉴定人员回答了当事人的提问,并给予解答。

据此,依照《合同法》第二百八十一条的规定,法院最终判决南化建公司、某美公司于判决生效后 10 日内向通建公司一次性赔偿工程质量问题的损失人民币 652 779 元,其他损失由通建公司自行负担。

本案中,通建公司将工程发包给南化建公司承建,南化建公司在完成了一定的工程量后,即将工程实际转包给某美公司施工。此后,通建公司亦认可了此转包行为,三方还订有协议等。为此,三方间的建设工程施工合同关系应予确认。作为施工单位的南化建公司、某美公司应严格依照建设工程施工规范进行施工,本案所涉及工程质量存在问题,作为施工单位的南化建公司、某美公司应当共同对建设单位负有责任。作为发包方的通建公司在施工中亦派员对工程进行管理、监督等,事实上本案所涉工程从地下室至地上建筑物完成部分均存在明显的质量问题,通建公司不仅疏于对工程的管理,而且还向施工单位签发了有关工程合格,可通过下道工序的签证单。为此,通建公司亦应对工程质量负有责任。本案诉讼中,法院委托有关职能部门对所有工程进行全面检测鉴定,对此,职能部门亦做出了鉴定,并要求针对鉴定中的问题,作出加固等方案以及工程报价。此后又采用招标方式确定了中标单位。因此,人民法院对此鉴定以及工程加固方案和造价予以确认,当事人所提异议,人民法院均不予支持。

(一)施工单位应当依法取得相应资质

施工单位的资质等级体现施工单位的人员素质、管理水平、资金数量、承包能力和建设业绩,是国家对建筑市场实行准入管理的重要手段。《建筑企业资质管理规定》对此作了明确规定。

施工单位必须在其资质等级许可的范围内承揽工程,禁止以其他施工单位名义承揽工程和允许其他单位或个人以本单位的名义承揽工程。

(二)施工单位不得转包或违法分包

根据《建筑法》、《合同法》和《质量管理条例》的规定,禁止承包单位将其承包的全部工程转包给他人,禁止承包单位将其承包的工程肢解以后,以分包的名义分别转包给他人,禁止违法分包。总承包单位与分包单位对分包工程的质量承担连带责任。

(三)施工单位必须按照设计图纸施工

为保证工程实现设计意图,明确划分设计、施工单位质量责任,施工单位必须按照工程设计图纸和施工技术标准施工。工程设计的修改由原设计单位负责,施工单位不得擅自修改工程设计,不得偷工减料。施工单位在施工过程中发现设计文件和图纸有差错的,应当及时提出意见和建议。

(四)对建筑材料、设备等进行检验检测

建筑材料、构配件、设备及商品混凝土检验制度,对保障建筑工程质量至关重要。施工单位必须按照工程设计要求、施工技术标准和合同约定,对建筑材料、建筑构配件、设备和商品混凝土进行检验,未经检验或检验不合格的,不得使用。检验工作要按规定的范围和要求进行,

按标准规定的数量、频率、取样方法进行检验,并形成书面记录,由有关专业人员签字。

施工人员对涉及结构安全的试块、试件以及有关材料,应当在建设单位或者工程监理单位监督下现场取样,并送具有相应资质等级的质量检测单位进行检测。

《房屋建筑工程和市政基础设施工程实行见证取样和送检的规定》中规定,涉及结构安全的试块、试件和材料见证取样和送检的比例不得低于有关技术标准中规定应取样数量的30%。用于承重结构的混凝土试块,用于承重墙体的砌筑砂浆试块,用于承重结构的钢筋及连接接头试件,用于承重墙的砖和混凝土小型砌块,用于拌制混凝土和砌筑砂浆的水泥,用于承重结构的混凝土中使用的掺加剂,地下、屋面、厕浴间使用的防水材料,国家规定必须实行见证取样;送检的其他试块、试件和材料必须实施见证取样和送检。

(五)施工单位必须建立、健全施工质量的检验制度

只有建立、健全完善的检验制度和严格的工序管理,工程的质量才能得到保证。隐蔽工程被后续工序隐蔽后,其施工质量就很难检验及认定。如果不认真做好隐蔽工程的质量检查工作,就容易给工程留下隐患。所以隐蔽工程在隐蔽前,施工单位除了要做好检查、检验并做好记录之外,还要及时通知建设单位(实施监理的工程为监理单位)和建设工程质量监督机构,以接受政府监督和向建设单位提供质量保证。

(六)施工单位应当负责对有质量问题的建设工程返修

《合同法》第二百八十一条规定,因施工人的原因致使工程质量不符合约定的,发包人有权要求施工人在合理期限内无偿修理或者返工、改建。

返工是工程质量不符合质量标准,而又无法修理的情况下重新进行施工;修理是工程质量不符合质量标准,有可能修复的情况下,对工程进行修补使其达到质量标准的要求。不论是施工过程中出现质量问题的建设工程,还是竣工验收时发现质量问题的工程,施工单位都要负责返修。

施工单位违反资质管理规定和转包、违法分包造成质量问题,应与使用本企业名义的单位或者个人、接受转包或者分包的单位承担连带赔偿责任。

施工企业在施工中偷工减料的,使用不合格的建筑材料、建筑构配件和设备的,或者有其他不按照工程设计图纸或者施工技术标准施工的行为的,责令改正处以罚款;情节严重的,责令停业整顿,降低资质等级或者吊销资质证书;造成建筑工程质量不符合规定的质量标准的,负责返工、修理,并赔偿因此造成的损失;构成犯罪的,依法追究刑事责任。

施工单位未对建筑材料、建筑构配件、设备和商品混凝土进行检验,或者未对涉及结构安全的试块、试件以及有关材料取样检测的,责令改正,处10万元以上20万元以下的罚款;情节严重的,责令停业整顿,降低资质等级或者吊销资质证书;造成损失的,依法承担赔偿责任。

第四节　建筑工程的竣工验收和质量保修制度

竣工验收是整个工程项目施工全过程的最后一道程序,也是工程项目管理的最后一项工作,它是工程项目是否可以转入生产或投入使用的判定依据,也是全面考核工程项目施工合同

履行情况、检验设计和施工质量的重要环节。因此，工程竣工验收在整个项目施工环节中具有非常重要的法律意义。建筑工程竣工投入使用后，隐蔽的工程质量问题将会显现出来，所以工程质量保修制度的建立，对于促进承包方加强质量管理，保护业主的合法权益将会起到重要的保障作用。

一　建筑工程的竣工验收

【案例】

2000 年 11 月 19 日，原告某发展公司与被告某宾馆订立诏安宾馆主体楼工程施工合同。双方约定，由原告承建该楼封建项目，要求在 2001 年 12 月竣工，预算造价 263 万元；工程完工后由原告提出验收，被告应在 10 天内组织验收；在合同订立后 5 天内，被告应一次性拨给原告 90.3 万元作为材料款，余款按工程进度拨付；若被告逾期支付工程款，工期相应顺延；土建项目保修 1 年，被告在最终验收记录上签字之日起算。合同签订后，被告应付的工程款每月均未到位，截止到 2001 年 9 月 6 日，应付 327.1 万元，实付 207 万元。2001 年 12 月 30 日，工程按时完工，因被告急需，在原告未对工程质量自检的情况下，于 2002 年 1 月 3 日剪彩营业。同年 2 月 21 日，质检站在对工程进行抽查时指出了工程存在的问题。原告整改后将有关资料移交被告，并书面通知了被告组织验收，但被告未组织验收。后经建委对工程质量进行核验，认为工程质量虽主体合格，但仍存在一系列的问题，并提出整修或扣款的书面意见。2003 年 1 月，建委决算核定工程造价 348 万元，被告共付 287 万元，尚欠 61 万元未付。双方协商不成，原告遂向法院起诉，要求被高支付拖欠款项，被告答辩称，由于工程质量存在问题，未达法定的竣工条件，故扣下了工程款。

本案涉及的法律问题是，建设工程发包人在对建设工程没有进行验收就投入使用之后，又发现建设工程存在质量问题，其责任应由何方承担？工程竣工后，发包人与承包人有明确的责任分工，组织有关部门进行验收是发包人的责任。因为工程是属于发包人的财产，故涉及建设工程施工合同当事人之外的第三人应当由发包人负责处理。如果从建设工程合同本身看，承包任务完成后，工程项目由承办人交付给发包人，也应当由发包人组织竣工验收。国务院《建设工程质量管理条例》第十六条规定："建设单位收到建设工程竣工报告后，应当组织设计、施工、工程监理等有关单位进行验收。"《合同法》第二百七十九条规定："建设工程竣工后，发包人应当根据施工图及说明书、国家颁发的施工验收规范和质量检验标准及时进行验收。"从上述法律规定来看，组织验收既是发包人的义务，又是发包人的权力。从义务方面而言，发包人对已竣工的工程，必须及时进行验收。由于没有及时进行验收而造成承包人的损失，发包人应当承担违约责任。验收是建设工程合同履行中的一项极为重要的内容。《合同法》第二百七十九条规定："建设工程竣工经验收合格后，方可交付使用；未经验收或验收不合格的，不得交付使用。"《建筑法》第六十一条第二款也作了相同规定。法律的这种规定表明，验收是交付使用的前提。那么，未经验收即交付使用的应当如何处理？如前所述，验收是承包人的交付行为与发包人的接收行为二者结合。但是，这里的交付行为，必须是符合施工质量标准的交付行为，未经验收即交付使用在法律上意味着，发包人接收了承包人不符合施工质量标准的交付行为。由于这一接收是发包人自愿的行为，因此，发包人应对此承担责任。《最高人民法院建设工程施工合同司法解释的理解与适用》第十三条:"建设工程未经竣工验收,发包人擅自使用后,又以使用部分质量不符合约定为由主张权利的,不予支持。"也就是说,在发包人未经验收即接收建设工程的情况下,承包人即可免除质量瑕疵担保责任,建设工程的质量问题由发包人自行负责。

具体到本案而言,原、被告订立的建设工程合同合法有效,双方都应依法履行。原告按合同规定的时间完成了施工任务。但被告由于急需,未对该建设工程进行验收,即使用了该建设工程。从法律上讲,被告未进行验收而实际使用的行为应当被看作是建设工程符合要求的一个证明,作为施工者的原告由于建设工程的质量瑕疵、担保责任已经解除,之后发现的质量问题,原告应不再负责,所谓不再负责,即不再因此质量问题而负担违约责任。也就是说,即使建设工程出现了质量问题,也应当认为原告完全履行了合同。既然原告完全履行了合同,那么,被告即应当全部支付工程款项,否则就是违约。因此,被告以工程存在质量问题而拒付工程款的行为是没有道理的,理应承担违约责任。

(一)建筑工程的竣工验收

交付竣工验收的建筑工程,必须符合规定的建筑工程质量标准,有完整的工程技术经济资料和经签署的工程保修书,并具备国家规定的其他竣工条件。

建筑工程竣工时,屋顶、墙面不得留有渗漏、开裂等质量缺陷;对已发现的质量缺陷,建筑施工企业应当修复。建筑工程竣工后经验收合格,方可交付使用;未经验收或者验收不合格的,不得交付使用。施工单位对施工中出现质量问题的建设工程或者竣工验收不合格的建设工程,应当负责返修。

建设单位收到建设竣工报告后,应当组织设计、施工、工程监理等有关单位进行竣工验收。建设工程竣工验收应当具备下列条件:

(1)完成建设工程设计和合同约定的各项内容;

(2)有完整的技术档案和施工管理资料;

(3)有工程使用的主要建筑材料、建筑构配件和设备及进场试验报告;

(4)有勘察、设计、施工、工程监理等单位分别签署的质量合格文件;

(5)有施工单位签署的工程保修书。

建设工程经验收合格的,方可交付使用。建设行政主管部门或者其他有关部门发现建设单位竣工验收过程中有违反国家有关建设工程质量管理规定行为的,责令停止使用,重新组织竣工验收。

依据《建筑法》的规定:建设工程竣工验收合格后,方可交付使用。未经验收或者验收不合格的,不得交付使用。但在实践中,常常有些建设单位因种种原因,对未经验收的建筑工程即擅自使用。对此,最高人民法院于2004年9月29日通过的《关于审理建设工程施工合同纠纷案件适用法律问题的解释》中第十三条规定:建设工程未经竣工验收,发包人擅自使用后,又以使用部分质量不符合约定为由主张权利的,不予支持;但是承包人应当在建设工程的合理使用寿命内对地基基础和主体结构质量承担民事责任。

(二)建筑工程竣工验收备案制度

《建设工程质量管理条例》确立了建设工程竣工验收备案制度。建设单位应当严格按照国

231

Jianzhu Fagui

家有关档案管理的规定,及时收集、整理建设项目各环节的文件资料,健全建设项目档案,并在建设工程竣工验收后,及时向建设行政主管部门或者其他有关部门移交建设项目档案。该项制度是加强政府监督管理,防止不合格工程流向社会的一个重要手段。结合《建设工程质量管理条例》和《房屋建筑工程和市政基础设施工程竣工验收备案管理暂行办法》的有关规定,建设单位应当自建设工程竣工验收合格之日起15日内,将建设工程竣工验收报告和规划、公安消防、环境等部门出具的认可文件或者准许使用文件报建设行政主管部门或者其他有关部门备案。

1. 建设单位办理工程竣工验收备案提交以下材料

(1)工程竣工验收备案表;

(2)工程竣工验收报告:竣工验收报告应当包括工程报建日期,施工许可证号,施工图设计文件审查意见,勘察、设计、施工、工程监理等单位分别签署的质量合格文件及验收人员签署的竣工验收原始文件,市政基础设施的有关质量检测和功能性试验材料以及备案机关认为需要提供的有关资料;

(3)法律、行政法规规定应当由规划、公安消防、环保等部门出具的认可文件或者准许使用文件;

(4)施工单位签署的工程质量保修书;

(5)法规、规章规定必须提供的其他文件;

(6)商品住宅还应当提交《住宅质量保证书》和《住宅使用说明书》。

建设行政主管部门或其他有关部门收到建设单位的竣工验收备案文件后,依据质量监督机构的监督报告,发现建设单位在竣工验收过程中违反国家有关建设工程质量管理规定行为的,责令停止使用,重新组织竣工验收后,再办理竣工验收备案。

2. 建设单位有下列违法行为的,要按照有关规定予以行政处罚

(1)在工程竣工验收合格之日起15天内未办理工程竣工验收备案;

(2)在重新组织竣工验收前擅自使用工程;

(3)采用虚假证明文件办理竣工验收备案。

二 建筑工程的质量保修制度

【案例】

2008年6月间,某住宅小区140栋202室的住户秦先生发现其住宅卫生间顶隔层屋面有裂缝,并向下渗水,即找到楼上的住户王先生,要求其维修屋面,解决渗水问题。王先生以造成隔层屋面渗水的原因系房屋质量问题,应由房屋开发商解决为由,拒绝了秦先生的要求。于是秦先生又找到房屋的开发商,得到的答复是房屋已过了保修期,其只能有偿维修房屋。无奈秦先生只得以开发商和王先生为共同被告向法院提起诉讼,要求两被告共同承担维修房屋及维修费用的责任。案件开庭审理前,三方当事人根据主审法官的建议达成了先由王先生出资维修房屋,并在维修中由三方共同聘请法定机构对造成屋面裂缝的原因进行鉴定,再由法院在开庭查明事实、明确责任的基础上,对维修费、鉴定费的承担作出判决的协议。据此秦先生垫付了维修费,三方垫付了鉴定费,对屋面进行了维修和鉴定。经鉴定屋面裂缝是自然形成。基此法庭在开庭查明了本案相关事实,本案所涉的住宅于2003年1月办理了竣工验收手续,距王、

秦两家隔层屋面出现裂缝时的 2008 年 6 月已达 5 年又 5 个月，已过法定的保修期限，据此驳回了秦先生要求房屋开发商履行无偿保修房屋义务的诉求；认定隔层屋面裂缝系自然形成，王、秦两家对隔层裂缝的形成均无过错，据此未支持秦先生关于应由王先生单方承担屋面维修费用的要求；认定隔层屋面为上下为邻的王先生、秦先生两家共有，据此判决由王先生、秦先生各按 50％ 的比例分担本案发生的维修费、鉴定费、诉讼费。秦先生不服此判，欲以楼上的王家用水是导致向下渗水的直接原因，其对本案的发生显然存有过错，法院关于隔层屋面为其和王先生两家共有的认定无法律依据为由提起上诉。上诉前秦先生就二审胜诉的可能向律师咨询。接待律师在得知秦先生对一审法院作出的房屋保修期已过、隔层屋面裂缝系自然形成的认定并无异议后，向其讲解了有关法律规定，劝阻其上诉。秦先生接受了律师的建议，未提起上诉，并履行了一审判决确定的义务。本案是关于建筑工程保修期的案例，房屋等建筑类工程的保修是有期限的，我国关于房屋保修期限的规定具体如下：依据最高人民法院《关于审理商品房买卖合同纠纷案件适用法律若干问题的解释》第十三条第二款的规定："交付使用的房屋存在质量问题，在保修期内，出卖人应当承担修复责任；出卖人拒绝修复或者在合理期限内拖延修复的，买受人可以自行或者委托他人修复。修复费用及修复期间造成的其他损失由出卖人承担。"原建设部《商品房销售管理办法》第三十三条规定"房地产开发企业应当对所售商品房承担质量保修责任。当事人应当在合同中就保修范围、保修期限、保修责任等内容做出约定。保修期从交付之日起计算。商品住宅的保修期限不得低于建设工程承包单位向建设单位出具的质量保修书约定保修期的存续期。"房地产开发商在保修期内，对交付的房产负有保修义务。

依据国务院《建设工程质量管理条例》第四十条和原建设部《房屋建筑工程质量保修办法》第七条规定："在正常使用下，房屋建筑工程的最低保修期限为：一地基基础工程和主体结构工程，为设计文件规定的该工程的合理使用年限；二屋面防水工程、有防水要求的卫生间、房间和外墙面的防渗漏，为 5 年；三供热与供冷系统，为 2 个采暖期、供冷期；四电气管线、给排水管道、设备安装为 2 年；五装修工程为 2 年。"一般来说，房屋保修期由业主与房地产开发商在合同中约定，可以约定高于上述法规规定的最低保修期，但是业主的房屋保修期不得低于建设单位和施工单位质量保修书约定保修期的存续期。另外除房屋的主要部分实行保修期外，原建设部在《商品住宅实行住宅质量保证书和住宅使用说明书制度的规定》规定了房屋其他部分的保修期，其第五条第三款规定："正常使用情况下各部位、部件保修内容与保修期：屋面防水 3 年；墙面、厨房和卫生间地面、地下室、管道渗漏 1 年；墙面、顶抹灰层脱落 1 年；地面空鼓开裂、大面积起砂 1 年；门窗翘裂、五金件损坏 1 年；管道堵塞 2 个月；供热、供冷系统和设备 1 个采暖期或供次期；卫生洁具 1 年；灯具、电器开关 6 个月。"据此，房屋业主最低保修期按照原建设部《商品住宅实行住宅质量保证书和住宅使用说明书制度的规定》的上述规定执行。

通过上述我国关于房屋保修期的规定来看，秦某住宅所在工程 2003 年 1 月办理了竣工验收手续，距王、秦两家隔层屋面出现裂缝时的 2008 年 6 月已达 5 年又 5 个月，已过法定的保修期限所以法院对其请求不予支持。

建设工程质量保修制度是指建设工程在办理竣工验收手续后，在规定的保修期内，因勘察、设计、施工、材料等原因造成的质量缺陷，应当由施工承包单位负责维修、返工或更换，由责任单位负责赔偿损失。建设工程实行质量保修制度是落实工程质量责任的重要措施。《建筑法》《建设工程质量管理条例》《房屋建筑工程质量保修办法》(2000 年 6 月 30 日原建设部令第

80号发布)对该项制度的规定主要有以下几个方面内容：

（1）建设工程承包单位在向建设单位提交竣工验收报告时，应当向建设单位出具质量保修书。质量保修书中应当明确建设工程的保修范围、保修期限和保修责任等。保修范围和正常使用条件下国务院规定的最低保修期限为：

①基础设施工程、房屋建筑的地基基础工程和主体结构工程，为设计文件规定的该工程的合理使用年限；

②屋面防水工程、有防水要求的卫生间、房间和外墙面的防渗漏，为5年；

③供热和供冷系统，为2个采暖期、供冷期；

④电气管线、给排水管道、设备安装和装修工程，为2年。

其他项目的保修期限由发包方与承包方约定，但其最低保修期限不得低于国务院规定的标准。建设工程的保修期，自竣工验收合格之日起计算。因使用不当或者第三方造成的质量缺陷，以及不可抗力造成的质量缺陷，不属于法律规定的保修范围。

（2）建设工程在保修范围和保修期内发生质量问题，施工单位应当履行保修义务，并对造成的损失承担赔偿责任。

对在保修期内和保修范围内发生的质量问题，一般应先由建设单位组织勘察、设计、施工等单位分析质量问题的原因，确定维修方案，由施工单位负责维修。但当问题较严重复杂时，不管是什么原因造成的，只要是在保修范围内，均先由施工单位履行保修义务。对于保修费用，则由质量缺陷的责任方承担。

234

◀**本章小结**▶

建筑工程质量管理是工程建设过程中永恒的主题，保证建设工程质量，保护人民生命和财产安全，必须制定法律制度加强建设工程的质量管理。我国建筑工程管质量理制度主要包括：建筑工程质量的标准化制度、建筑工程的质量责任制度、建筑工程的质量监督管理制度、建筑工程质量体系认证制度、建筑工程竣工验收制度、建筑工程质量保修制度等内容。

◀**思考题**▶

1.简述工程建设标准类型。

2.简述工程建设强制性标准的监督检查的内容、方式。

3.试述建筑工程质量检测机构的责任和义务。

4.试述建设单位的建筑工程质量的责任和义务。

5.试述施工单位的建筑工程质量的责任和义务。

6.试述建设工程竣工验收应当具备的条件。

7.试述我国法律关于建设工程质量的保修责任的规定。

◄实训案例►

案例1

王某与北京市某物资公司签订了拆迁安置居民回迁购房合同书,根据此合同,王某原租住公房属于拆迁范围,王某属于拆迁安置对象,某物资公司对广外南街会前楼建设完毕以后,安置王某广外南街小区53号楼601号楼房一套。合同签订后,某物资公司如约将回迁楼建设完毕并交付使用。王某在没有办理回迁入住手续的情况下私自进入,在向某物资公司的房屋物业公司交纳了装修押金1 000元后,对该房进行装修。装修过程中,雇用装修人员对房屋内部结构进行拆改,将多处钢筋混凝土结构承重墙砸毁,并将构筑主钢筋大量截断。其间,某物资公司多次向王某发出停工通知,并委托原宣武区房屋安全鉴定站对此房屋进行了鉴定,结论为:房屋墙体被拆改、移位,已对房屋承重结构造成破坏,应恢复原状。王某对此均未理睬。某物资公司向人民法院提起诉讼,要求王某立即搬出强占的房屋,停止毁坏住宅楼主体结构的行为,排除妨碍,消除危险,承担对所破坏房屋由专业施工单位进行修复的费用、鉴定费、加固设计费。

该物资公司的诉讼请求是否能得到法院支持?

案例2

海晶公司在海泰储运建设办公楼工程招标中中标,双方签订建设工程施工合同。工程竣工后,海泰储运在未经验收的情况下,经海晶公司同意开始使用该办公楼。在使用过程中发现办公楼的梁、板、柱断裂,于是委托森宇建筑技术法律咨询有限公司对工程进行评估分析,查找原因。森宇公司出具的报告中称:工程质量存在问题的办公楼(混凝土框架结构)梁、板、柱混凝入轻度平均值低于设计要求;二层混凝土柱平均值低于设计要求;办公楼个别混凝土梁有细微裂纹。海泰储运公司于2001年10月以工程质量问题提起诉讼,认为海晶公司未按照设计要求施工,其用料与合同约定及设计要求不符,在施工中有偷工减料行为,该行为造成对海泰储运权利的损害,要求赔偿经济损失并要求海晶公司支付队办公楼进行整修和加固的费用。法院委托某建筑科学研究院建筑工程司法鉴定中心对办公楼进行司法鉴定,鉴定结论为:办公楼基础部分基础底板宽度达不到设计要求,应予修补加固;受力构件中混凝土强度达不到设计要求;由于办公楼局部地面有裂缝出现,建议对办公楼应定期进行沉降观测。

此案中的工程质量责任应由哪方承担?承担什么法律责任?

案例3

本案3被告系个体建筑工匠,无施工资质证书。1998年9月23日,原、被告口头协商,由原告提供图纸和原材料,被告承建原告的4间两层临街门面住宅楼房,工价8 400元。双方协商后,被告按期施工,在一层前墙承重垛施工过程中,原告提供水源不足,被告用未经湿润的干砖进行砌筑。1998年12月27日,被告在一层前墙一承重垛上掏脚手架孔时,该承重

235

Jianzhu Fagui

第七章 建筑工程质量管理法规

堆受到震动,在上部压力巨大作用下倒塌,造成整座房屋上层严重前倾下沉变形,殃及一层前墙另外两个承重堆砌体严重破裂,失去承载能力,整房成为全危房。司法技术鉴定认为,原告房屋设计不合理,被告在操作时违规用干砖砌筑,降低了砌体强度标号,造成事故隐患。被告在承重堆上横向施力打孔是造成事故的主要诱因,该行为振动砌体,减少砌体断面面积,降低其承载能力,造成前墙承重堆超承载极限而破坏,致整房坍陷变形而成全危房。该房直接经济损失2.4万多元。原告诉至法院要求被告赔偿直接经济损失2.4万多元和预期房屋出租收入损失6 700元。

原告和被告之间的口头协议是否有效?各应承担何种法律责任?

案例4

2004年4月,某大学为建设学生公寓,与某建筑公司签订了一份建设工程合同。合同约定:工程采用固定总价合同形式,主体工程和内外承重砖一律使用国家标准砌块,每层加水泥圈梁;某大学可预付工程款(合同价款的10％);工程的全部费用于验收合格后一次付清;交付使用后,如果在6个月内发生严重质量问题,由承包人负责修复等。1年后,学生公寓如期完工,在某大学和某建筑公司共同进行竣工验收时,某大学发现工程3～5层的内承重墙体裂缝较多,要求某建筑公司修复后再验收,某建筑公司认为不影响使用而拒绝修复。因为很多新生急待入住,某大学接受了宿舍楼。再使用了8个月之后,公寓楼5层的承重墙倒塌,致使1人死亡,3人受伤,其中1人致残。受害者与某大学要求某建筑公司赔偿损失,并修复倒塌工程。某建筑公司则以使用不当且已过保修期为由拒绝赔偿。无奈之下,受害者与某大学诉至法院,请法院主持公道。法院在审理期间对工程事故原因进行了鉴定,鉴定结论为某建筑公司偷工减料致宿舍楼内墙倒塌。

某建筑公司以保修期已过为由拒绝赔偿的主张能否得到支持?该建筑公司应当承担什么法律责任?

案例5

某县大桥位于某县城古南镇一条河上,是一座连接新旧城区的跨河人行桥,该桥结构为中承式钢管混凝土提篮拱桥,该桥于1994年11月开工建设,于1996年2月15日开始使用,耗资418万元。出事当时,30余名群众正行走于该桥上,另有22名驻扎该地的武警战士进行傍晚训练,由西向东列队跑步至桥上约2/3处时,整座大桥突然垮塌,桥上群众和武警战士全部坠入綦河中,经奋力抢救,14人生还,40人遇难身亡。此次事故直接经济损失约631万元。

事故调查组和专家组通过调查取证、技术鉴定和综合分析,确定了事故发生的原因。事故发生的直接原因是工程施工存在十分严重的危及结构安全的质量问题,工程设计也存在一定程度的质量问题。主要有:吊杆锁锚问题;主拱钢管焊接问题;钢管混凝土问题;设计问题等。在成桥增设花台等荷载后,主拱承载力不能满足相应规范要求。该桥建成后的使用过程中,使用不当,管理不善,该桥已是一座危桥。

根据调查组调查取证、综合分析认定,事故的间接原因是该桥建设中严重违反基本建设程序,不执行国家建筑市场管理规定和办法,违法建设、管理混乱。未办理立项及计划审批手续;

未进行设计审查、施工招投标；未办理建筑施工许可手续；未进行工程竣工验收。设计、施工承包主体不合法；挂靠承包，严重违规。建设业主与县建设行政主管部门职责混淆，责任不落实，工程发包混乱，管理严重失职；工程总承包关系混乱，总承包单位在履行职责上严重失职；施工管理混乱，设计变更随意，手续不全，技术管理薄弱，责任不落实；材料及构配件进场管理失控；质监部门未严格审查项目建设条件，就受理委托，虽制订了监督大纲，委派了监督员，但未认真履行职责，对项目未经验收就交付使用的错误作法未有效制止；未经验收，强行使用。成桥以后，对已经发现的质量问题未进行整改，没有进行桥面荷载试验，没有对工程进行质量等级核定，没有进行项目竣工验收，在尚未完工的情况下即强行投入使用；投入使用后又未对大桥进行认真监测和维护，特别是在使用过程中发生异常情况时，未采取有效措施消除质量安全隐患。负责项目管理的少数领导干部存在严重腐败现象，使国家明确规定的各项管理制度形同虚设。

　　此次事故的性质如何认定？相关责任人员应当追究其何种法律责任？

第八章
建筑工程纠纷的处理

【职业能力目标与学习要求】

建筑工程纠纷包括建筑民事纠纷和建筑行政纠纷，对不同类型的建筑工程纠纷分别有不同的处理方式。建筑民事纠纷处理的基本方法包括和解、调解、评审、仲裁、诉讼，建筑行政纠纷的处理方式主要是行政复议和行政诉讼。对建筑工程纠纷解决方式和程序的了解掌握，有助于在纠纷发生时选择正确的途径，及时有效解决争议。

通过本章学习，了解建筑工程纠纷的基本处理方式；掌握仲裁机构、仲裁协议的法律规定，掌握民事诉讼中案件管辖原则、诉讼参加人的含义、证据的种类，掌握行政复议和行政诉讼的主要法律规定；熟悉仲裁、民事诉讼、行政复议和行政诉讼的程序。

【引例】

宏大建筑公司与金鼎集团于 1990 年 10 月 31 日签订了一份合同，合同就宏大建筑公司完成 D 酒店舞厅及西餐厅室内装修工程作了规定，合同的主要内容如下：甲方（金鼎集团）确认乙方（宏大建筑公司）为 D 酒店歌舞厅、西餐厅室内装修之承包商。室内装修工程总承包面积约 1 422m²，以舞厅及西餐厅室内设计标书及图纸要求为准。乙方必须于 1991 年 2 月 10 日前完成全部工程，全部工程经甲方验收妥当后交付甲方，如由于甲方原因或遇人力不可抗拒的自然灾害或非属乙方施工的工程项目影响乙方施工进度时，则工期按实际影响无数顺延，各分项工程必须按双方商定的施工进度表如期完工。经验收合格后由甲方及甲方委任的设计师及管理人员于一星期内向乙方签发验收证明书。由甲方签发工程验收证明书之日起至保修期满止，这期间如因乙方安装质量不符合合同指定的规格，乙方要免费替换该等出现缺陷或品质不符的材料及零件。双方确认合同总价款为港币 6 771 435.08 元。甲方在合同生效后两个星期内付给乙方合同总价 50% 作预付款。如执行合同时发生争议，签约双方协商后，仍不能解决，提请中国国际贸易促进委员会对外经济贸易仲裁委员会按仲裁程序规则进行仲裁。合同签订后，宏大建筑公司开始装修 D 酒店歌舞厅及西餐厅工程。装修完成后，双方当事人因拖欠装修工程款的争议协商未果，宏大建筑公司遂于 1992 年 6 月 17 日向深圳分会申请仲裁。

建筑工程纠纷贯穿项目建设全过程，从招投标开始到签约阶段，从合同履行到竣工验收结算,从交付使用到保修。本案当事人工程款纠纷选择仲裁方式解决,仲裁机构能否受理?如果选择诉讼方式解决,应遵循哪些法律规定?

建筑法律关系不是由单一的部门法律规范调整的社会关系,建筑民事法律规范和建筑行政法律规范在调整建筑活动的社会关系中相互作用,综合运用。因此,建筑工程纠纷包括建筑民事纠纷和建筑行政纠纷。

建筑民事纠纷主要是在建设单位、勘察设计单位、施工单位等平等主体之间,因其权利义务关系发生的争议。其中最为常见的是合同纠纷、工程质量纠纷等。解决建筑民事纠纷的主要方法有:

1.和解

即建筑工程纠纷的当事人在自愿友好的基础上,互谅互让、平等协商,从而解决纠纷的方式。和解的方式简便易行,大多数纠纷都可以通过和解解决。但和解达成的协议不具有强制执行的效力,和解协议的执行依靠当事人的自觉履行。

2.调解

即由当事人以外的第三人对当事人之间发生的纠纷从中调停,在明辨是非、分清责任的基础上,促使当事人自愿就争议事项达成协议的方式。这里所说的调解方式,不包括仲裁裁决前和法院判决前的调解。调解达成的协议同样不具有强制执行的效力。

3.评审

即当事人在履行建设工程合同发生争议时,根据约定,将有关争议提交争议评审组进行评审,由评审组作出评审意见的一种争议解决方式。建设工程争议评审制度是介于调解和仲裁之间的一种国际工程项目合同争议解决方式,一般由当事人选定的专家在工程早期介入,定期跟踪工程进展情况,在工程进行过程中协助化解小分歧和及时地评审解决争议,以保障工程的顺利进行。争议评审员作出的决定不具有强制力,双方当事人可以遵守,也可以不遵守。争议解决过程中形成的证据,能够作为诉讼或仲裁的依据。

4.仲裁

即由发生争议的当事人双方,自愿申请仲裁机构从中调停并作出裁决的方式。

5.诉讼

即发生争议的当事人依法请求人民法院依照法定程序和方式解决纠纷的审判活动。

建筑行政纠纷是在国家建设行政主管部门行使监督管理职权的过程中,因其不履行法定职责、行使行政职权违反法定程序、适用法律法规错误或行政机关及其工作人员超越职权、滥用职权等,与作为管理相对人的建设单位、勘察设计单位、施工单位等之间发生的争议。解决行政纠纷的主要方法是行政复议和行政诉讼。

第一节 建筑民事纠纷的仲裁

仲裁制度随商品贸易的发生、发展而产生,起源于古罗马,在古罗马的《十二铜表法》中就有仲裁的记载。正式成为一种法律制度,始于中世纪。仲裁起源于道德规范,历史上最初表现为发生争议的双方把它们之间的争议交给公正的、有权威的第三者评理，评定的结果即为仲裁裁决。仲裁活动往往和调解活动并存，调解不成就进行裁决。当仲裁方法被法律作为一种解决纠纷的方法，就形成了法律上的仲裁制度。

我国为保证公正、及时的仲裁经济纠纷，保护当事人的合法权益，保障社会主义市场经济健康发展，第八届全国人大常委会第九次会议于1994年8月31日通过了《中华人民共和国仲裁法》（以下简称《仲裁法》），自1995年9月1日起施行。至此，仲裁机构与行政机关分离，实行或裁或审、一裁终局的制度，建立起与国际接轨的现代仲裁制度。仲裁与诉讼相比，有较强的自主性、较大的灵活性，简便易行，是公正、及时解决建筑民事纠纷的重要方式。

从字面上讲，"仲"表示地位居中，"裁"表示衡量、判断，仲裁即居中公断。仲裁，是指当事人双方发生争议，提请无利害关系的第三者居中调解，按照一定程序作出对双方当事人都有约束力的判断或裁决的活动。

一 仲裁的基本原则

【案例】

潞西市某建筑安装公司（以下简称建筑公司）与孟某签订建筑工程承包合同，由建筑公司为其建造私人住宅。合同签订后，经潞西市工商行政管理局鉴证生效。工程开始后，双方对建筑工程质量发生争议，因未能及时解决，致使工程未按合同约定的期限完成。双方经协商，达成终止合同的协议，并对已经完成部分的工程款和因与其造成的损失作了解决。次日，双方又重新签订了合同，约定因合同发生的争议，通过仲裁方式解决。新合同仍经原鉴证机关作了鉴证。建筑公司按照新合同施工，工程进行到屋面封顶时，要求孟某支付第三次款，孟某以楼板浇灌后试压结果不符合合同规定的标准，以及按合同规定的付款方式，所付款已超出第三次应付款为由拒付。建筑公司停止施工，致使合同期满时工程未能竣工。孟某遂以建筑公司违约以及工程质量不符合要求为由，向仲裁委员会申请仲裁。在仲裁委员会的主持下，经调解双方达成协议：双方同意终止合同；请建设银行审核工程完工部分，按照其审核数据，双方在一个月内进行工程款项的找补。仲裁委员会制作了建筑合同终止协议书，送达双方当事人。合同终止后，协议书未得到履行。因双方不能自行解决问题，孟某向潞西市人民法院提起诉讼，要求建筑公司赔偿因工程质量造成的经济损失、因建筑公司中途停工造成的多付后期施工工程款以及建筑公司违约应付的违约金。

潞西市人民法院以建筑工程合同质量纠纷立案后，经审理认为：工程结算中的差价，应由孟某进行必要的找补。建筑公司应承担因工程质量给孟某造成经济损失的赔偿责任，以及不按期交付工程和单方终止合同的违约责任。建筑公司不服此判决，提起上诉。二审法院经审理认为，当事人双方所订立的合同经过鉴证机关鉴证，发生纠纷后孟某依据仲裁条款向仲裁机关申请仲裁，经仲裁委员会调解达成协议，仲裁委员会制发了协议书。孟某在建筑公司拒不履行协议书时，应当向人民法院申请执行，而不应当提起诉讼。因此，原审法院受理案件并予以判决没有法律根据，审理本案程序不合法。二审法院做出裁定：撤销原审判决，发回原审法院重审。

仲裁过程中除了必须遵守以事实为根据、以法律为准绳、当事人适用法律一律平等原则，以及回避、公正、及时等解决经济纠纷的共同原则以外，还必须遵守以下原则：

(一)当事人自愿原则

当事人自愿原则也称为当事人意思自治原则。《仲裁法》规定，当事人采取仲裁方式解决纠纷，应当双方自愿，达成仲裁协议，一方申请仲裁的，仲裁委员会不予受理。当事人将争议提交给哪一个仲裁委员会仲裁，以及仲裁庭由哪些仲裁员组成等都由双方当事人自愿协商决定。由于仲裁是当事人选择的结果，仲裁裁决更容易被当事人所接受，仲裁裁决主要依靠当事人自觉执行。

(二)一裁终局原则

一裁终局原则是仲裁制度准司法性的体现。仲裁裁决一旦作出，当事人不得就同一争议向仲裁机构申请再次仲裁，也不得就同一纠纷向人民法院提起诉讼。即当事人选择仲裁，就意味着放弃了就该纠纷进行诉讼的权利，也称为或裁或审原则。当事人一方不履行仲裁裁决的，另一方可向人民法院申请强制执行。

(三)独立仲裁原则

仲裁依法独立进行，不受行政机构、社会团体和个人的干涉。为保证这一原则的实施，仲裁法规定，仲裁委员会独立于行政机关，与行政机关没有隶属关系；仲裁委员会之间也没有隶属关系。

(四)先行调解原则

仲裁庭在作出裁决前，可以先行调解。调解应在查明事实、分清是非的基础上，按照自愿、合法原则进行。调解不成的，应及时裁决。调解书和裁决书具有同等法律效力。

二 仲裁机构

我国《仲裁法》规定的仲裁是机构仲裁，设立常设性的仲裁机构仲裁委员会。

(一)仲裁委员会

仲裁委员会是依法设立的，有权根据仲裁协议受理一定范围的经济纠纷案件，依法行使仲裁权的机构。

1. 仲裁委员会的设立

根据《仲裁法》的规定，仲裁委员会在设区的市设立，不按行政区划层层设立。设区的市是指直辖市和省、自治区人民政府所在地的市，也可以根据需要设立在其他设区的市。仲裁委员会的设立应进行登记。登记机关是省、自治区、直辖市的司法行政部门。

依照《仲裁法》第十一条的规定，仲裁委员会应当具备的条件是：有自己的名称、住所和章程；有必要的财产；有该委员会的组成人员；有聘任的仲裁员。

2.仲裁委员会成员

仲裁委员会由主任1人、副主任2～4人、委员7～11人组成。仲裁委员会成员由法律、经济贸易专家和有实际工作经验的人员担任，其中法律、经济贸易专家不得少于2/3。

仲裁委员会从具备仲裁员资格的人员中聘任仲裁员，设立仲裁员名册。聘任的仲裁员应符合下列条件之一：从事仲裁工作满8年的；从事律师工作满8年的；曾任审判员满8年的；从事法学研究、教学工作并有高级职称的；具有法律知识、从事经济贸易等专业工作并具有高级职称的；具有法律知识或具有同等专业水平的。

（二）仲裁协会

我国仲裁协会是仲裁委员会的自律性组织，其会员是仲裁委员会。仲裁协会是社会团体法人，其职责是建立自我约束、自我发展的自律性运行机制，根据章程对仲裁委员会及其组成人员、仲裁员的违纪行为进行监督。

三 仲裁协议

仲裁协议，是指双方当事人自愿把他们之间已经发生或者将要发生的合同纠纷或其他财产纠纷提交仲裁机构解决的协议。仲裁协议对双方当事人均有约束力，是争议当事人将其争议提交仲裁的依据，也是仲裁机构受理案件的依据，排除了人民法院的管辖权。《仲裁法》规定，当事人达成仲裁协议，一方向人民法院起诉的，人民法院不予受理，但仲裁协议无效的除外。当事人达成仲裁协议，一方向人民法院起诉，未声明有仲裁协议，人民法院受理后，另一方首次开庭前提交仲裁协议的，人民法院应当驳回起诉，但仲裁协议无效的除外。

【案例】

1996年2月28日，绿岛公司与大安建筑公司签订《建筑工程施工合同协议条款》，约定：绿岛公司为发包方，大安建筑公司为承包方；工程范围及内容包括体育中心、动力中心、物业管理、辅助用房、小住宅25幢约20 000m²；工程交工验收结算后，于1996年年底前付清全部工程款（保修费除外）。并口头约定，因合同履行问题发生争议，申请仲裁或向人民法院提起诉讼。订立合同后，大安建筑公司即进场施工。1996年12月30日，工程经市工程质量监督站核定工程质量为优良。因工程款结算问题，大安建筑公司于1997年3月6日向该市仲裁机构申请仲裁。仲裁机构接到申请后，经审查认为该合同中仲裁协议无效，不予受理。

（一）仲裁协议的形式

仲裁协议包括合同中订立的仲裁条款和以其他书面方式在纠纷发生前或者纠纷发生后达成的请求仲裁的协议。建设工程合同的主要条款中，包括争议解决方式条款，双方当事人可以在签订合同时订立将该合同争议提交仲裁的条款。此外，建设工程合同的当事人也可以在纠纷发生前或纠纷发生后达成请求仲裁的书面协议,该协议不依附于某个合同,是一项独立契约。一旦发生纠纷,当事人可以据此向仲裁机构提出仲裁申请。建设工程合同的仲裁条款或仲裁协议,在当事人主体资格、双方协商一致及内容合法等方面均须遵守《中华人民共和国合同法》、《中华人民共和国仲裁法》等法律规定。

(二)仲裁协议的内容

根据《仲裁法》第十六条的规定,仲裁协议应当具有下列内容:

(1)请求仲裁的意思表示,即双方当事人在发生纠纷时要提请仲裁的意思表示,该意思表示应当基于双方自愿。例如在合同中争议解决方式条款中规定"本合同所发生或者与本合同有关的一切争议,双方自愿提交仲裁机构解决。"

(2)仲裁事项,即提请仲裁的纠纷范围。约定仲裁事项,不能超出法律规定的仲裁范围。我国仲裁法是适用范围是平等主体的公民、法人和其他组织之间发生的合同纠纷和其他财产权益纠纷。建设工程合同当事人双方可以采用概括约定仲裁事项为合同争议,即基于建设工程合同成立、效力、变更、转让、履行、违约责任、解释、解除等产生的纠纷都可以作为仲裁事项,也可采用明确约定建设工程合同因合同成立、效力、变更、转让、履行、违约责任、解释、解除等其中一项或几项为仲裁事项。

(3)选定的仲裁委员会。仲裁委员会没有级别管辖和地域管辖的规定,根据当事人双方的自愿,可以选择任意一个仲裁委员会,为已经发生或者将来可能发生的争议进行仲裁。

(三)无效仲裁协议

根据《仲裁法》第十七条规定,仲裁协议无效的原因包括:

(1)约定的仲裁事项超出法律规定的仲裁范围;

(2)无民事行为能力人或者限制民事行为能力人订立的仲裁协议;

(3)一方采取胁迫手段迫使对方订立仲裁协议;

(4)仲裁协议对仲裁事项或者仲裁委员会没有约定或者约定不明确,不能达成补充协议的。

(四)仲裁协议的效力

【案例】

2006 年 3 月 15 日,某实业公司(发包人)经协商与某建筑公司(建筑商)签订了一份建设工程施工合同。合同约定:建筑商根据发包人提供的施工图纸为发包人建造一幢厂房,承包方式为包工包料,工程价款依据工程进度拨付。因履行本合同发生的一切争议,由当事人双方协商解决,协商解决不成,提交该市仲裁委员会仲裁。工程进行当中,发包人多次拖延给付工程进度款。后发包人与建筑商达成协议,由建筑商先行垫付一部分资金,利息按同期银行贷款利率计算,发包人应于 2 个月后将欠付工程款及建筑商垫资之利息返还建筑商。但是两个月后发包人并未返还。在经建筑商催告后,发包人要求建筑商继续垫资,利息按照原来约定计算。建筑商予以拒绝。后经双方协商一致,解除合同。建筑商要求发包人赔偿损失、返还其垫资及利息,但双方就赔偿数额始终未达成一致。建筑商向该市仲裁委员会申请仲裁。实业公司认为合同已解除，原合同中的仲裁协议也失去了效力，仲裁委员会不应受理。仲裁委员会认为，原合同中的仲裁条款是申请人与被申请人真实意思的表示。仲裁协议独立存在，合同的变更、解除、终止或者无效，不影响仲裁协议的效力，应依据双方仲裁协议受理此案。

建设工程合同订立后履行的过程中，因合同当事人一方或者双方的主客观原因，已经订立的合同可能会发生变更、解除、终止或确认无效。合同变更后，当事人应按照变更后的合同履行，因合同发生的争议仍有可能发生。合同解除、终止或者确认无效后，可能因此而发生损害赔偿争议。对上述争议，当事人仍可以通过仲裁方式解决，仲裁规范必然要与之相适应。《仲裁法》规定，仲裁协议独立存在，合同的变更、解除、终止或者无效不影响仲裁协议的效力。我国《合同法》也规定，合同无效、被撤销或者终止的，不影响合同中独立存在的有关解决争议方法的条款的效力。

当事人对仲裁协议的效力有异议的，可以请求仲裁委员会做出决定，或者请求人民法院作出裁定。一方请求仲裁委员会作出决定，另一方请求人民法院作出裁定的，由人民法院裁定。当事人对仲裁协议的效力有异议，应当在仲裁庭首次开庭前提出。

（四）仲裁程序

仲裁程序是仲裁委员会仲裁经济纠纷案件所适用的程序，仲裁委员会应当按照《仲裁法》规定的程序进行仲裁活动。

【案例】

2004 年 12 月 8 日，正大建筑公司与天景公司签订一份建筑工程承包合同，双方约定：天景公司委托该建筑公司承建天景花岗岩厂，承建范围为主厂房、办公楼、宿舍、循环水池、水塔；承包方式为包工、包料；双方就工程施工准备和管理、材料供应、工程质量验收依据和隐蔽工程验收方法等有关事宜在合同中作了具体约定。工程造价暂定为 156 952.32 元，如天景公司不能按期支付工程款，造成工期延误及增加工程成本等应由天景公司负责；天景公司拖欠工程款，按银行贷款利率计息；保修期为 1 年。同时约定，如因合同履行问题发生争议，提交甲市仲裁委员会仲裁。签约后，该建筑公司依约进场施工。同年 10 月 19 日验收合格交付使用。正大建筑公司与天景公司通过核对往来款确认，天景公司尚欠该建筑公司工程款 156 952.32 元。2005 年 6 月 10 日，该建筑公司向天景公司发出《催款书》。要求天景公司于 6 月 30 日前偿还，并要求偿付利息。后因天景公司仍未还款，正大建筑公司向甲市仲裁委员会申请仲裁。双方各自选定一名仲裁员，并共同委托仲裁委员会主任李某指定一名仲裁员。天景公司要求公开审理本案，正大建筑公司不同意。仲裁庭决定不公开开庭审理本案。仲裁庭最终作出了不利于正大建筑公司的裁决。裁决作出后不久，正大建筑公司了解到，天景公司选定的仲裁员在案件审理过程中，私下会见天景公司的法定代表人并接受该公司赠送的礼品。在掌握了相应的证据后，正大建筑公司向甲市中级人民法院申请撤销裁决。法院经审查认为，仲裁员在仲裁该案时有受贿行为，裁定撤销仲裁委员会裁定书。

（一）申请和受理

申请是指一方当事人根据仲裁协议，依法向仲裁委员会请求对所发生的纠纷进行仲裁的行为。当事人申请仲裁必须符合下列条件：

（1）有仲裁协议；

（2）有具体的仲裁请求和事实、理由；

（3）属于仲裁委员会的受理范围。

受理是仲裁程序的开始。当事人向仲裁委员会提交仲裁协议、仲裁申请书和副本。仲裁委员会收到仲裁申请书之日起 5 日内，认为符合受理条件的，予以受理，通知当事人。认为不符合受理条件的，书面通知当事人不予受理，并说明理由。仲裁委员会受理申请后，应当在仲裁规则规定的期限内将仲裁规则、仲裁员名册送达申请人，并将仲裁规则、仲裁员名册、申请书副本送达被申请人。被申请人收到申请书副本后，提交答辩书。被申请人未提交答辩书的，不影响仲裁程序进行。

（二）仲裁庭组成

仲裁庭是指仲裁委员会根据需要对争议案件进行审理时，由仲裁员组成的临时仲裁组织。仲裁庭的组成方式可以是独任仲裁，即由一名仲裁员组成仲裁庭；也可以是合议仲裁，即由三名仲裁员组成并设首席仲裁员的仲裁庭。

仲裁庭的组成方式由当事人约定。当事人约定由三名仲裁员组成仲裁庭的，应当各自选定或各自委托仲裁委员会主任指定一名仲裁员，首席仲裁员由双方当事人共同选定或者共同委托仲裁委员会主任指定。当事人约定由一名仲裁员组成仲裁庭的，由双方当事人共同选定或者共同委托仲裁委员会主任指定。当事人没有在仲裁规则规定的期限内约定仲裁庭的组成方式或选定仲裁员的，由仲裁委员会主任指定。

仲裁委员会将仲裁庭组成情况书面通知当事人，当事人有权申请仲裁员回避。为保证仲裁的公正，仲裁法中规定了仲裁员的回避制度。根据《仲裁法》的规定，仲裁员有下列情况之一，必须回避，当事人也有权提出回避申请：

（1）本案的当事人或者当事人、代理人的近亲属；

（2）与本案有利害关系；

（3）与本案当事人、代理人有其他关系，可能影响公正仲裁的；

（4）私自会见当事人、代理人，或者接受当事人、代理人请客送礼的。

当事人提出回避申请，应当说明理由，在首次开庭前提出。如果回避事由在首次开庭后知道的，可在最后一次开庭终结前提出。仲裁员是否回避，由仲裁委员会主任决定；仲裁委员会主任担任仲裁员时，由仲裁委员会集体决定。仲裁员回避的，由当事人重新选定或者指定仲裁员。

（三）开庭和裁决

开庭是在仲裁庭的主持下，组织申请人、被申请人、委托代理人及其他参加人对发生纠纷的事实进行调查，对争议的问题和责任的承担进行辩论的活动。开庭是为了通过当事人对事实的陈述和对有争议的问题进行辩论，弄清事实，分清责任，作出调解或裁决。《仲裁法》规定，仲裁应当开庭进行。当事人协议不开庭的，仲裁庭可以根据仲裁申请书、答辩书及其他材料书面审理，做出裁决。

开庭不公开进行。当事人协议公开的，可以公开进行，但涉及国家秘密的除外。仲裁委员会在审理纠纷时，为了维护当事人的信誉，保护其商业秘密，有利于纠纷的解决，采取不公开仲裁的原则。除当事人、代理人及有关证人、鉴定人员参加仲裁活动之外，不允许其他任何人员以参观、旁听、采访等理由参与开庭等仲裁活动。

仲裁委员会应当在仲裁规则规定的期限内将开庭日期通知双方当事人。当事人如有正当理由的，可以请求延期或者提前开庭。双方当事人必须到庭。申请人经书面通知，无正当理由不到庭或者未经仲裁庭许可中途退庭的，可以视为撤回仲裁申请。被申请人经书面通知，无正当理由不到庭或者未经仲裁庭许可中途退庭的，可以缺席裁决。

开庭时，首席仲裁员或独任仲裁员宣布开庭。核对当事人身份及代理人权限，宣布案由、仲裁庭组成人员、书记员名单，告知当事人权利义务，询问当事人是否申请回避。开庭调查，询问申请人、被申请人纠纷事实，对当事人提供的证据进行质证。开庭过程中的辩论，按照申请人及其代理人、被申请人及其代理人顺序发言，之后相互辩论。辩论终结，由首席仲裁员或独任仲裁员征询当事人的最后意见。

当事人申请仲裁后，可以自行和解。达成和解协议的，可以请求仲裁庭根据和解协议做出裁决书，和解协议的内容不得损害国家利益、社会公共利益和第三人的利益。当事人自愿达成和解协议的，也可以向仲裁庭提出撤回仲裁申请。

仲裁庭做出裁决前，可以先行调解。在仲裁员的主持下，双方当事人协商解决纠纷。调解达成协议的，仲裁庭制作调解书或者根据协议的结果制作裁决书。调解书与裁决书具有同等法律效力。调解书自双方当事人签收以后生效，当事人签收前可以反悔。裁决书自作出之日生效，当事人不能反悔。

裁决是仲裁庭对当事人纠纷中的权利、义务等实体问题审理后，经仲裁庭评议做出的书面决定。仲裁裁决按照多数仲裁员的意见作出，不能形成多数意见时，裁决应当按照首席仲裁员或独任仲裁员的意见作出。仲裁裁决书从作出之日起发生法律效力，当事人应当认真遵照执行。

(四)申请撤销裁决

仲裁实行一裁终局的制度，仲裁裁决为终局裁决。但这并不意味着所有的仲裁裁决都是有效的或者不可撤销的。如果仲裁违反法定程序、规则，或者有对裁决产生影响的重大事项，当事人可以申请撤销裁决。《仲裁法》第五十八条规定，当事人自收到裁决书之日起 6 个月内，提出证据证明裁决有下列情形之一的，可以向仲裁委员会所在地的中级人民法院申请撤销裁决：

(1)没有仲裁协议的；

(2)裁决的事项不属于仲裁协议的范围或者仲裁委员会无权仲裁的；

(3)仲裁庭的组成或者仲裁的程序违反法定程序的；

(4)裁决所根据的证据是伪造的；

(5)对方当事人隐瞒了足以影响公正裁决的证据的；

(6)仲裁员在仲裁该案时有索贿受贿、徇私舞弊、枉法裁决行为的。

人民法院经组成合议庭审查核实裁决有前款规定情形之一的，应当裁定撤销。人民法院认为该裁决违背社会公共利益的,应当裁定撤销。

人民法院受理撤销裁决的申请后,认为可以由仲裁庭重新仲裁的,通知仲裁庭在一定期限内重新仲裁,并裁定中止撤销程序。仲裁庭拒绝重新仲裁的,人民法院应当裁定恢复撤销程序。

(五)执行

仲裁裁决书具有强制执行的效力,当事人应当履行裁决。一方当事人不履行的,另一方当事人可以依法向人民法院申请执行,受申请的人民法院应当执行。被申请人有证据证明有上述应当撤销裁决情形之一的,人民法院裁定不予执行。仲裁裁决被人民法院裁定不予执行的,当事人可以根据双方达成的书面仲裁协议重新申请仲裁,也可以向人民法院起诉。

一方当事人申请执行裁决,另一方当事人申请撤销裁决的,人民法院应当裁定中止执行。人民法院裁定撤销裁决的,应当裁定终结执行。撤销裁决的申请被裁定驳回的,人民法院应当裁定恢复执行。

第二节　建筑民事纠纷的诉讼

诉讼,是指国家司法机关在当事人及其他诉讼参与人的参加下,依据法定的程序和方式,解决争议的活动。建筑民事纠纷通过诉讼方式解决,主要是依照民事诉讼法的有关规定来解决经济权利、经济义务的争议。《中华人民共和国民事诉讼法》(以下简称《民事诉讼法》)1991年4月9日第七届全国人民代表大会第四次会议通过,同日由中华人民共和国主席令第44号公布,自公布之日起施行。2007年10月28日第十届全国人民代表大会常务委员会第三十次会议通过《关于修改〈中华人民共和国民事诉讼法〉的决定》,自2008年4月1日起施行。2012年8月31日,全国人大常委会十一届第二十八次会议表决通过了全国人大常委会关于修改民事诉讼法的决定,自2013年1月1日起施行。

一　诉讼管辖

建筑民事纠纷的审判机构是各级人民法院。管辖,是指各级人民法院之间和同级人民法院之间受理第一审案件的分工和权限。对于提起诉讼的争议双方当事人来说,就是应当向哪一级、哪一个人民法院起诉的问题。为有利于公正审理案件,保护当事人的合法权益,便于当事人依法行使诉讼权利,便于人民法院依法审理和执行,我国民事诉讼法规定了民事纠纷的案件管辖。

【案例】

惠州T公司与汕头D公司于2005年12月在深圳市签订了一份《建设工程施工合同》,约定T公司将其位于惠州市惠阳区的厂房建设工程发包给汕头D公司,并约定如有争议,向有管辖权的人民法院依法诉讼。后在履行合同过程中,双方产生争议,惠州T公司遂于2007年4月向深圳市中级人民法院对汕头D公司提起了诉讼,要求解除与汕头D公司的建设工程施工合同,并向汕头D公司索赔3 500余万元。后汕头D公司在答辩期间提出了管辖权异议申请,认为该案系因不动产纠纷而提起的诉讼,按照民诉法的规定,应由不动产所在地人民法院专属管辖。该案争议的工程项目位于惠州市,惠州市中级人民法院对本案享有管辖权。因此,汕头 D 公司请求将该案件移送惠州市中级人民法院管辖。深圳市中级人民法院一审认为,根据最高人民法院《关于审理建设工程施工合同纠纷案件适用法律问题的解释》第 24 条的规定:"建设工程施工合同纠纷以施工行为地为合同履行地"。根据合同法的规定,建设工程施工合同属于特殊的承揽合同,适用合同纠纷的地域管辖原则,由合同履行地或者被告所在地人民法院管辖。本案中,深圳市是被告所在地,且争议金额 3 500 万元不违反级别管辖规定,因此深圳市中级人民法院对本案具有管辖权。裁定驳回了汕头 D 公司的管辖权异议申请。汕头 D 公司不服,向广东省高级人民法院提起了上诉,广东省高级人民法院于 2007 年 12 月裁定:驳回上诉,维持原裁定。

(一)级别管辖

级别管辖,是指上下级人民法院之间受理第一审案件的分工和权限。划分各级人民法院的管辖权限,主要考虑案件的性质、影响的大小及繁简的程度。

1.基层人民法院管辖的第一审案件

基层人民法院管辖第一审民事案件,法律另有规定的除外。基层人民法院数量多、分布广,由基层人民法院受理大部分第一审案件,便于当事人参与诉讼,也便于人民法院审理案件。

2.中级人民法院管辖的第一审案件

中级人民法院管辖的第一审案件包括:重大涉外案件;在本辖区有重大影响的案件;最高人民法院确定由中级人民法院管辖的案件。根据《最高人民法院关于适用〈中华人民共和国民事诉讼法〉的解释》(2014 年 12 月 18 日由最高人民法院审判委员会第 1636 次会议通过,自 2015 年 2 月 4 日起施行),重大涉外案件包括争议标的额大的案件,案情复杂的案件,或者一方当事人人数众多等具有重大影响的案件。

3.高级人民法院管辖的第一审案件

高级人民法院管辖在本辖区有重大影响的第一审民事案件,即在本省、自治区、直辖市范围内有重大影响的案件。

4.最高人民法院管辖的第一审案件

最高人民法院管辖的第一审案件包括:在全国有重大影响的案件;认为应当由本院审理的案件。

(二)地域管辖

地域管辖,是指同级人民法院之间受理第一审案件的分工和权限。包括一般地域管辖和特殊地域管辖。

一般地域管辖,是以当事人住所地来划分案件管辖法院的。通常情况是原告就被告,特殊情况可以由原告住所的人民法院管辖。根据我国《民事诉讼法》的规定,对公民提起诉讼,由被告住所地人民法院管辖。被告住所地与经常居住地不一致的,由经常居住地人民法院管辖。对法人或者其他组织提起诉讼,由被告住所地人民法院管辖。所谓住所地是指,公民的户籍所在地,法人或者其他组织的主要办事机构所在地。

特殊地域管辖,是指以诉讼标的的所在地或者引起法律关系发生、变更、消灭的法律事实所在地为标准,划分案件管辖法院。如因合同纠纷提起诉讼,由被告住所地或者合同履行地人民法院管辖;因保险合同纠纷提起诉讼,由被告所在地或保险标的物所在地人民法院管辖;因公司设立、确认股东资格、分配利润、解散等纠纷提起的诉讼,由公司住所地人民法院管辖等。特殊地域管辖优于一般地域管辖。建设工程施工合同纠纷以施工行为地为合同履行地。

(三)专属管辖

专属管辖是特殊地域管辖的一种,为了便于人民法院调查取证、及时处理纠纷,以诉讼标的所在地确定管辖法院。如因不动产提起纠纷,由不动产所在地人民法院管辖等。专属管辖也可以称为独占管辖、排他管辖,指某些案件仅限于一定地区的法院管辖,其他法院没有管辖权,也不允许当事人以协议的方式加以改变。专属管辖的效力优于一般地域管辖和特殊地域管辖。

(四)协议管辖

合同的双方当事人可以在书面合同中协议选择被告住所地、合同履行地、合同签订地、原告住所地、标的物所在地人民法院管辖。协议管辖不得违反级别管辖和专属管辖的规定。

两个以上人民法院都有管辖权的诉讼,原告可以向其中一个人民法院起诉;原告向两个以上有管辖权的人民法院起诉的,由最先立案的人民法院管辖。

(五)移送管辖

人民法院发现受理的案件不属于本院管辖的,应当移送有管辖权的人民法院,受移送的人民法院应当受理。受移送的人民法院认为受移送的案件依照规定不属于本院管辖的,应当报请上级人民法院指定管辖,不得再自行移送。

(六)指定管辖

有管辖权的人民法院由于特殊原因,不能行使管辖权的,由上级人民法院指定管辖。人民法院之间因管辖权发生争议,由争议双方协商解决;不能协商解决的,报请共同的上级人民法院指定管辖。

发生管辖权争议的两个人民法院因协商不成报请它们的共同上级人民法院指定管辖时,双方为同属一个地、市辖区的基层人民法院的,由该地、市的中级人民法院及时指定管辖;同属一个省、自治区、直辖市的两个人民法院的,由该省、自治区、直辖市的高级人民法院及时指定管辖;双方为跨省、自治区、直辖市的人民法院,高级人民法院协商不成的,由最高人民法院及时指定管辖。

上级人民法院有权审理下级人民法院管辖的第一审民事案件;确有必要将本院管辖的第一审民事案件交下级人民法院审理的,应当报请其上级人民法院批准。

下级人民法院对它所管辖的第一审民事案件,认为需要由上级人民法院审理的,可以报请上级人民法院审理。

二 诉讼参加人

【案例】

某施工队负责人刘某为了使自己能包到大工程,与天阳建筑公司协商,由其挂靠到该公司,以该公司的名义对外承接工程,天阳建筑公司同意,并为刘某开具了证明,证明刘某为该公司的项目经理,刘某在拿到了项目经理的证明后,便开始以天阳公司的名义对外承接工程。2002年1月份,刘某在得知郑州市某贸易公司要建住宅楼、综合楼后,便以天阳公司的名义与该贸易公司签订了施工合同一份,施工合同对双方的权利义务加以规定。2002年9月份,该工程完工。但刘某所建工程存在严重质量问题,混凝土结构中违规加入木条,造成四层全层必须拆除重建。贸易公司要求天阳公司赔偿损失并返工重建。天阳公司认为,合同的签订与执行都并非本公司,因此拒绝这一要求。贸易公司遂将天阳建筑公司与刘某作为共同被告诉至法院。法院审理认为,承包建筑工程的单位应当持有依法取得的资质证书,并在其资质等级许可的业务范围内承揽工程。禁止建筑施工企业以任何形式允许其他单位或者个人使用本企业的资质证书、营业执照,以本企业的名义承揽工程。本案中,不具备相应资质条件的刘某以天阳建筑公司名义与建设单位签订的建设工程施工合同无效。因此造成的质量缺陷和其他损失,由刘某与被挂靠公司承担连带责任。

诉讼参加人包括诉讼当事人和诉讼代理人。

(一)诉讼当事人

诉讼当事人以自己的名义进行诉讼,与案件有直接的利害关系,受人民法院裁判约束。在第一审程序中是指原告人、被告人;在第二审程序中是指上诉人和被上诉人;在执行程序中是指申请人和被申请人。在建筑民事纠纷中,建设工程勘察、设计、施工、物资采购等合同中的当事人,因合同权利义务关系引起的争议,可以作为诉讼当事人提起诉讼。诉讼当事人享有提起诉讼、委托诉讼代理人、申请回避、收集提供证据、进行辩论、请求调解、自行和解、提起上诉、申请执行等权利。

(二)诉讼代理人

诉讼代理人是指以当事人一方的名义,在法律规定或者当事人委托的权限范围内进行诉讼活动的人。诉讼代理人参加诉讼的目的在于维护被代理人的权利,其在代理权限范围内所实施的行为,由被代理人承担法律后果。当事人、法定代理人可以委托一至二人作为诉讼代理人。下列人员可以被委托为诉讼代理人:

(1)律师、基层法律服务工作者;

(2)当事人的近亲属或者工作人员;

(3)当事人所在社区、单位以及有关社会团体推荐的公民。

委托他人代为诉讼,必须向人民法院提交由委托人签名或者盖章的授权委托书。授权委托书必须记明委托事项和权限。诉讼代理人代为承认、放弃、变更诉讼请求,进行和解,提起反诉或者上诉,必须有委托人的特别授权。

(三)共同诉讼

当事人一方或者双方为二人以上,其诉讼标的是共同的,或者诉讼标的是同一种类、人民法院认为可以合并审理并经当事人同意的,为共同诉讼。原告为二人以上的,为共同原告;被告为二人以上的,为共同被告。共同诉讼一般基于诉讼标的为同一种类、连带债权债务或者同一事实或法律上的原因产生。共同诉讼的一方当事人对诉讼标的有共同权利义务的,其中一人的诉讼行为经其他共同诉讼人承认,对其他共同诉讼人发生效力;对诉讼标的没有共同权利义务的,其中一人的诉讼行为对其他共同诉讼人不发生效力。

当事人一方人数众多的共同诉讼,可以由当事人推选代表人进行诉讼。代表人的诉讼行为对其所代表的当事人发生效力,但代表人变更、放弃诉讼请求或者承认对方当事人的诉讼请求,进行和解,必须经被代表的当事人同意。

根据《最高人民法院关于审理建设工程合同纠纷案件的暂行意见》,为了维护、规范建设工程市场经济秩序,正确审理建设工程合同纠纷案件,根据《合同法》《建筑法》的有关规定,结合审判实际经验,作出如下规定:

建设工程合同纠纷案件的当事人通常为建设工程的发包人和承包人。人民法院应根据不同的情况来具体确定该类纠纷案件当事人的诉讼地位。

(1)因拖欠工程款引起的纠纷,承包人将承包的建设工程合同转包而由实际施工人起诉承包人的,可不将发包人列为案件的当事人;承包人提出将发包人列为第三人,并对其主张权利而发包人对承包人又负有义务的,可将发包人列为第三人,当事人根据不同的法律关系承担相应的法律责任;如转包经发包人同意,即属合同转让,应直接列发包人为被告。

(2)因工程质量引起的纠纷,发包人只起诉承包人,在审理中查明有转包的,应追加实际施工人作为共同被告,实际施工人与承包人对工程质量承担连带责任。

(3)施工人挂靠其他建筑施工企业,并以被挂靠建筑施工企业名义签订建设工程合同,而被挂靠建筑施工企业不愿起诉的,施工人可作为原告起诉,不必将被挂靠建筑施工企业列为共同被告。

(4)施工人挂靠其他建筑施工企业,并以被挂靠建筑施工企业的名义签订建筑工程合同而被起诉的,应将施工人和被挂靠建筑施工企业列为共同被告;被挂靠建筑施工企业对施工人因承揽的工程不符合质量标准造成发包人损失的,应承担连带责任。

(5)两个以上的承包人联合承包工程,由其中一方与发包人签订建设工程合同而发生纠纷的,其他联合承包工程的施工人应列为共同的原被告。

(6)两个以上的法人、其他经济组织或个人合作建设工程,并对合作建设工程享有共同权益的,其中合作一方因与工程的承包人签订建设工程合同而发生纠纷的,其他合作建设方应列为共同原被告。

三 诉讼中的证据

证据是支持诉讼请求的证明文件和资料。证据在诉讼中有重要的意义,它既是人民法院认定案件事实的依据，又是人民法院作出裁判的基础。建筑民事纠纷中当事人对自己提出的主张，负有提供证据证明其真实的责任，即举证责任。民事诉讼中的举证责任分担一般原则是谁主张、谁举证，即当事人对自己提出的诉讼请求所依据的事实或者反驳对方诉讼请求所依据的事实有责任提供证据加以证明。没有证据或者证据不足以证明当事人的事实主张的，由负有举证责任的当事人承担不利后果。但在特殊情况下，实行举证责任倒置原则，即当事人对自己的主张不负提供证据的责任，而由对方当事人举证证明自己无责任。如建筑物或者其他设施以及建筑物上的搁置物、悬挂物发生倒塌、脱落、坠落致人损害的侵权诉讼，实行举证责任倒置。

《民事诉讼法》中规定的证据主要有：

（1）当事人的陈述；

（2）书证；

（3）物证；

（4）视听资料；

（5）电子数据；

（6）证人证言；

（7）鉴定意见；

（8）勘验笔录。

我国民事诉讼法中规定的证据主要有：书证、物证、视听资料、证人证言、当事人陈述、鉴定结论、勘验笔录。建筑民事纠纷中的证据主要来源于工程建设过程中的信息和资料。包括：合同及有关修改合同的设计变更文件、洽商记录、会议纪要及资料、图表；建筑许可证、资质证书等证明其合法主体资格的有关证据；工程预算、决算书；拨付、收取工程款凭证；施工图纸；施工记录；发包方供应材料和设备的证明；承包方采购材料和设备的证明；工程竣工验收手续；有关部门的鉴定结论等。

1. 证明当事人诉讼主体资格的证据

（1）当事人为自然人的，应提交身份证明材料，如身份证或户口本；

（2）当事人为法人或其他组织的，应提交登记资料，如营业执照、社团法人登记证等；

（3）当事人名称在建设工程法律关系成立后有变更的，应提交登记机关出具的变更证明。

2. 证明建设工程合同关系成立的证据

（1）建设工程施工合同；

（2）增减工程量的补充合同或备忘录、现场工程签证单等。

3. 证明建设工程合同履行情况的证据

（1）工程预、决算报告；

（2）支付工程款的付（收）款凭证；

（3）当事人对工程量、工程质量共同确认的证据，如工程验收、结算凭证，质检报告等。

4. 提交诉讼请求的计算依据

（1）支持诉讼请求的计算方法及计算清单，如本金、利息、违约金、赔偿金的计算清单；

（2）当事人认为应当向法庭提交的其他证据。

当事人对自己提出的主张，有责任提供证据。当事人及其诉讼代理人因客观原因不能自行收集证据,或者人民法院认为审理案件需要的证据,人民法院应当调查收集。人民法院应当按照法定程序,全面、客观地审查核实证据。

当事人对自己提出的主张应当及时提供证据。人民法院根据当事人的主张和案件审理情况,确定当事人应当提供的证据及其期限。当事人在该期限内提供证据确有困难的,可以向人民法院申请延长期限,人民法院根据当事人的申请适当延长。当事人逾期提供证据的,人民法院应当责令其说明理由;拒不说明理由或者理由不成立的,人民法院根据不同情形可以不予采纳该证据,或者采纳该证据但予以训诫、罚款。

证据应当在法庭上出示,并由当事人互相质证。经过法定程序公证证明的法律事实和文书,人民法院或者仲裁机构应当作为认定事实的根据。但有相反证据足以推翻公证证明的除外。书证应当提交原件。物证应当提交原物。提交原件或者原物确有困难的,可以提交复制品、照片、副本、节录本。

建筑工程纠纷中经常涉及工程质量、工程造价等专门性问题,人民法院或仲裁机构对专门性问题认为需要鉴定的,应当交由法定鉴定部门鉴定;没有法定鉴定部门的,由人民法院或者仲裁机构指定的鉴定部门鉴定。鉴定部门及其指定的鉴定人有权了解进行鉴定所需要的案件材料,必要时可以询问当事人、证人。鉴定部门和鉴定人应当提出书面鉴定结论,在鉴定书上签名或者盖章。

四 审判程序

(一)第一审程序

第一审程序包括普通程序和简易程序。普通程序是人民法院审理第一审案件通常适用的程序,包括起诉和受理、审理前的准备、开庭审理三个阶段。

1.普通程序

(1)起诉和受理

起诉是指原告向人民法院提起诉讼请求,请求司法保护的诉讼行为。一般来说,民事诉讼采取不告不理原则。起诉必须具备以下条件:

①原告是与本案有直接利害关系的公民、法人和其他组织;

②有明确的被告;

③有具体的诉讼请求和事实、理由;

④属于人民法院受理民事诉讼的范围和受诉人民法院管辖。

起诉应当向人民法院递交起诉状,并按照被告人数提出副本。起诉状是原告向人民法院提起诉讼时,用书面形式反映自己的诉讼请求、事实、理由等,引起诉讼程序发生的文书。起诉状应当说明的事项包括:原告的姓名、性别、年龄、民族、职业、工作单位、住所、联系方式,法人或者其他组织的名称、住所和法定代表人或者主要负责人的姓名、职务、联系方式;被告的姓名、性别、工作单位、住所等信息,法人或者其他组织的名称、住所等信息;诉讼请求和所根据的事实与理由;证据和证据来源,证人姓名和住所。

人民法院收到起诉状或者口头起诉,经审查,认为符合条件的,应当在 7 日内立案,并通知当事人;认为不符合条件的,应当在 7 日内裁定不予受理;原告对裁定不服的,可以提起上诉。

当事人起诉到人民法院的民事纠纷,适宜调解的,先行调解,当事人拒绝调解的除外。

（2）开庭前的准备

人民法院受理案件后,开庭审理之前,为使审判人员能够全面熟悉和掌握案情,提高办案的效率,使案件得到正确及时的处理,要做必要的准备。审理前的准备工作的内容包括:

①通知当事人受理案件和应诉,将起诉状副本发送被告并限期提出答辩状。人民法院应当在立案之日起 5 日内将起诉状副本发送被告,被告应当在收到之日起 15 日内提出答辩状。答辩状应当记明被告的姓名、性别、年龄、民族、职业、工作单位、住所、联系方式;法人或者其他组织的名称、住所和法定代表人或者主要负责人的姓名、职务、联系方式。人民法院应当在收到答辩状之日起 5 日内将答辩状副本发送原告。被告不提出答辩状的,不影响人民法院审理。人民法院对决定受理的案件,应当在受理案件通知书和应诉通知书中向当事人告知有关的诉讼权利义务,或者口头告知。

②组成合议庭,并在 3 日内通知当事人。

③审判人员必须认真审核诉讼材料,调查收集必要的证据。人民法院对受理的案件,分情形予以处理:当事人没有争议,符合督促程序规定条件的,可以转入督促程序;开庭前可以调解的,采取调解方式及时解决纠纷;根据案件情况,确定适用简易程序或者普通程序;需要开庭审理的,通过要求当事人用交换证据等方式,明确争议焦点。

（3）开庭审理

开庭审理是人民法院在当事人和其他诉讼参与人的参加下,对案件进行审理的过程。除涉及国家秘密、个人隐私或者法律另有规定的以外,一律公开审理。

开庭 3 日前,通知当事人和其他诉讼参与人,公开审理的,应当公告。开庭审理前,书记员应当查明当事人和其他诉讼参与人是否到庭,宣布法庭纪律;开庭审理时,由审判长核对当事人,宣布案由,宣布审判人员、书记员名单,告知当事人诉讼权利义务,询问当事人是否申请回避。

在法庭调查阶段按照下列顺序进行:当事人陈述;告知证人的权利义务,证人作证,宣读未到庭的证人证言;出示书证、物证、视听资料和电子数据;宣读鉴定意见;宣读勘验笔录。当事人可以在法庭上提出新的证据,可以要求重新进行调查、鉴定或者勘验。

法庭调查完毕,按照顺序依次由原告及其诉讼代理人、被告及其诉讼代理人、第三人及其诉讼代理人先后法院,阐述自己的观点和意见,进行互相辩论。辩论终结,由审判长征询各方最后意见。

法庭辩论结束后,可在审判长主持下进行调解。调解达成协议的,人民法院应裁定诉讼程序终结;调解未达成协议的,由审判庭进行评议,做出判决。

人民法院适用普通程序审理的第一审案件,应当在立案之日起 6 个月内审结。有特殊情况需要延长的,由受理法院院长批准,可以延长 6 个月。还需要延长的,报请上级人民法院批准。

2.简易程序

基层人民法院及其派出法庭,对于事实清楚、权利义务关系明确、争议不大的案件,可以适用简易程序。简易程序是在普通程序的基础上对某些方面的简化,只适用于第一审程序。

适用简易程序案件,原告可以口头起诉,当事人双方也可以同时到基层人民法院及其派出法庭,请求解决纠纷。基层人民法院和它派出的法庭审理简单的民事案件,可以用简便方式传唤当事人和证人、送达诉讼文书、审理案件,但应当保障当事人陈述意见的权利。

由审判员独任审理,不组成合议庭。审理程序不受普通程序有关规定限制。审理期限为立案之日起3个月内,不得延长。

基层人民法院和它派出的法庭审理符合法律规定的简单的民事案件,标的额为各省、自治区、直辖市上年度就业人员年平均工资30%以下的,实行一审终审。

(二)第二审程序

第二审程序是指当事人不服第一审人民法院的判决、裁定,在法定的期限内提起上诉、由上一级人民法院进行审理的程序。我国实行两审终审的审级制度,一审判决和某些裁定作出之后,并不立即生效,当事人可以在法定期间内提起上诉,请求上级人民法院进行审理,由二审法院作出最终裁判。

当事人不服第一审判决的,有权在判决书送达之日起15日内向上一级人民法院提起上诉;不服第一审裁定的,上诉期限为10日。逾期不上诉的,一审判决和裁定发生法律效力,案件即告终结。

上诉状应通过原审法院提出,当事人直接向二审法院提出上诉的,二审法院应当在5日内将上诉状移交原审法院审查。原审法院收到上诉状,应当在5日内将上诉状副本送达对方当事人,并限期在收到之日起15日内提交答辩状。逾期不答辩的,不影响案件的审理。原审法院收到上诉状、答辩状,应当在5日内连同全部案卷和证据,报送二审法院。

第二审人民法院对上诉案件,应当组成合议庭,开庭审理。经过阅卷、调查和询问当事人,对没有提出新的事实、证据或者理由,合议庭认为不需要开庭审理的,可以不开庭审理。第二审人民法院审理上诉案件,可以在本院进行,也可以到案件发生地或者原审人民法院所在地进行。第二审法院可以进行调解,调解书送达之后生效,原审法院判决视为撤销。

人民法院对上诉案件,经过审理,按照下列情形,分别处理:

(1)原判决、裁定认定事实清楚,适用法律正确的,以判决、裁定方式驳回上诉,维持原判决、裁定;

(2)原判决、裁定认定事实错误或者适用法律错误的,以判决、裁定方式依法改判、撤销或者变更;

(3)原判决认定基本事实不清的,裁定撤销原判决,发回原审人民法院重审,或者查清事实后改判;

(4)原判决遗漏当事人或者违法缺席判决等严重违反法定程序的,裁定撤销原判决,发回原审人民法院重审。

原审人民法院对发回重审的案件作出判决后,当事人提起上诉的,第二审人民法院不得再次发回重审。第二审人民法院的判决、裁定,是终审的判决、裁定。

对判决的上诉案件,应当在第二审立案之日起3个月内审结,有特殊情况需要延长的,由受理法院院长批准。对裁定的上诉案件,应当在第二审立案之日起30日内审结。

（三）审判监督程序

审判监督程序是指人民法院发现已经发生法律效力的判决、裁定、调解书确有错误，对案件进行再次审理的程序。审判监督程序不是诉讼的必经阶段，而是特殊的纠错程序，目的是保证人民法院正确行使审判权，保护当事人的合法权益。

提起再审程序的途径和方式：

（1）各级人民法院院长对本院已经发生法律效力的判决、裁定、调解书，发现确有错误，认为需要再审的，应当提交审判委员会讨论决定。最高人民法院对地方各级人民法院已经发生法律效力的判决、裁定、调解书，上级人民法院对下级人民法院已经发生法律效力的判决、裁定、调解书，发现确有错误的，有权提审或者指令下级人民法院再审。

（2）当事人对已经发生法律效力的判决、裁定，认为有错误的，可以向上一级人民法院申请再审；当事人一方人数众多或者当事人双方为公民的案件，也可以向原审人民法院申请再审。当事人申请再审的，不停止判决、裁定的执行。

当事人申请再审，应当在判决、裁定发生法律效力后 6 个月内提出。

当事人的申请符合下列情形之一的，人民法院应当再审：

①有新的证据，足以推翻原判决、裁定的；

②原判决、裁定认定的基本事实缺乏证据证明的；

③原判决、裁定认定事实的主要证据是伪造的；

④原判决、裁定认定事实的主要证据未经质证的；

⑤对审理案件需要的主要证据，当事人因客观原因不能自行收集，书面申请人民法院调查收集，人民法院未调查收集的；

⑥原判决、裁定适用法律确有错误的；

⑦审判组织的组成不合法或者依法应当回避的审判人员没有回避的；

⑧无诉讼行为能力人未经法定代理人代为诉讼或者应当参加诉讼的当事人，因不能归责于本人或者其诉讼代理人的事由，未参加诉讼的；

⑨违反法律规定，剥夺当事人辩论权利的；

⑩未经传票传唤，缺席判决的；

⑪原判决、裁定遗漏或者超出诉讼请求的；

⑫据以作出原判决、裁定的法律文书被撤销或者变更的；

⑬审判人员审理该案件时有贪污受贿、徇私舞弊、枉法裁判行为的。

当事人对已经发生法律效力的调解书，提出证据证明调解违反自愿原则或者调解协议的内容违反法律的，可以申请再审。经人民法院审查属实的，应当再审。

（3）最高人民检察院对各级人民法院已经发生法律效力的判决、裁定，上级人民检察院对下级人民法院已经发生法律效力的判决、裁定，发现有符合法律规定情形之一的，或者发现调解书损害国家利益、社会公共利益的，应当提出抗诉。

地方各级人民检察院对同级人民法院已经发生法律效力的判决、裁定，发现有符合法律规定规定情形之一的，或者发现调解书损害国家利益、社会公共利益的，可以向同级人民法院提出检察建议，并报上级人民检察院备案；也可以提请上级人民检察院向同级人民法院提出抗诉。

(四)执行程序

执行程序是指人民法院将生效的法律文书依法予以强制执行的程序。执行程序由享有权利的当事人向有管辖权的人民法院提起。申请执行的期间为二年,从法律文书规定履行期间的最后一日起计算。法律文书规定分期履行的,从规定的每次履行期间的最后一日起计算;法律文书未规定履行期间的,从法律文书生效之日起计算。

发生法律效力的民事判决、裁定,以及刑事判决、裁定中的财产部分,由第一审人民法院或者与第一审人民法院同级的被执行的财产所在地人民法院执行。

法律规定由人民法院执行的其他法律文书,由被执行人住所地或者被执行的财产所在地人民法院执行。执行员接到申请执行书或者移交执行书,应当向被执行人发出执行通知,并可以立即采取强制执行措施。

在执行中,双方当事人自行和解达成协议的,执行员应当将协议内容记入笔录,由双方当事人签名或者盖章。申请执行人因受欺诈、胁迫与被执行人达成和解协议,或者当事人不履行和解协议的,人民法院可以根据当事人的申请,恢复对原生效法律文书的执行。

第三节　建筑行政纠纷的处理

在建筑法律关系中的一项重要内容是建设行政主管部门和有关部门对建筑活动的监督管理,包括对建筑活动从业者资质的审查,对建筑市场运行的监督,维护平等的市场竞争秩序,监督建筑工程质量和安全,对违法行为实施行政处罚等。当事人对建设行政主管部门和有关部门在建筑活动监督管理过程中做出的具体行政行为有异议,可能发生行政纠纷,其解决途径是行政复议和行政诉讼。

一　行政复议

行政复议是指做出具体行政行为的行政机关的上一级行政机关依照法律、法规的规定,解决当事人因不服具体行政行为引起的行政纠纷的活动。以行政复议的方式解决行政纠纷,程序简便,争议可以得到及时解决,有利于保障和监督行政机关依法行使职权,保护公民、法人和其他组织的合法利益。

【案例】

2004 年 8 月 18 日,中南大学湘雅医院新医疗区大楼工程第三标段施工招标在长沙建设工程交易中心进行开标、评标,经过评标委员会的评审,依法推荐中标候选人为:第一名深圳三建公司,第二名长沙洞井公司,第三名长沙市建筑公司。8 月 19 日,中标候选人名单在湖南省招标投标监管网公示。公示期间长沙洞井公司分别向省纪委、省建设工程招投标管理办公室进行投诉,对此次开标和评标提出质疑,要求对评标结果进行复议。省建设工程招投标办受理投诉后,进行了调查研究。10 月 19 日,经省建设厅同意,以湖南省建设工程招标投标管理办公室名义作出变更中标候选人的书面决定,对已上网公示的中标候选人作出如下调整:第一名长沙洞井建筑有限公司，第二名长沙市建筑工程公司。10月20日，中南大学湘雅医院向长沙洞井公司发出《中标通知书》。2004年10月25日被取消中标候选人资格的深圳三建公司向湖南省人民政府提出行政复议申请，请求撤销省建设厅作出的变更建设工程中标候选人的具体行政行为并确认2004年8月18日评标委员会推荐的深圳三建公司为中标第一候选人合法有效。2004年10月29日，省政府根据深圳三建公司的请求，向省建设厅下达了湘府复停字[2004]第2号《具体行政行为停止执行通知书》，决定停止执行湖南省建设厅作出的变更中标候选人的具体行政行为。此后省政府法制办对有关投诉和行政复议申请中提出的问题进行调查核实，并依据《招标投标法》《中华人民共和国行政复议法》等有关法律法规对所核实的事实进行了认定，认为省建设厅作出的变更中标候选人的具体行政行为超越职权、适用依据错误，且违反法定程序，依照《中华人民共和国行政复议法》第二十八条的相关规定，撤销了省建设厅2004年10月19日作出的变更中南大学湘雅医院新医疗区医疗大楼建安工程项目第三标段中标候选人具体行政行为。

在工程建设领域，建设工程行政纠纷当事人可以申请复议的情形通常包括：

（1）认为符合法定条件，申请司法行政机关办理颁发资格证书、执业证、许可证手续，司法行政机关拒绝办理或者在法定期限内没有依法办理；

（2）对司法行政机关作出警告、罚款、没收违法所得、没收非法财物、责令停止执业、吊销执业证等行政处罚决定不服的；

（3）认为符合法定条件，申请司法行政机关办理审批、审核、公告、登记的有关事项，司法行政机关不予上报申办材料、拒绝办理或者法定期限内没有依法办理的；

（4）认为符合法定条件，申请司法行政机关注册执业证，司法行政机关未出示书面通知说明理由，注册执业证期满六个月内不予注册的；

（5）认为符合条件，申请司法行政机关参加资格考试，司法行政机关没有依法办理的；

（6）认为司法行政机关违法收费或者违法要求履行义务的；

（7）对司法行政机关作出的撤销、变更或者维护公证机构关于公证书的决定不服的；

（8）对司法行政机关作出的留场就业决定或根据授权作出的延长劳动教养的期限决定不服的；

（9）对司法行政机关作出的关于行政赔偿、刑事赔偿决定不服的；

（10）认为司法行政机关作出的其他具体行政行为侵犯其合法权益的。

根据《行政复议法》第八条规定，下列事项应按规定的纠纷处理方式解决，而不能提起行政复议：

（1）行政机关的行政处分或者其他人事处理决定。当事人不服行政机关作出的行政处分的，应当依照有关法律、行政法规的规定（如《中华人民共和国国家公务员法》等）提起申诉；

（2）行政机关对民事纠纷作出的调解或者其他处理。当事人不服行政机关对民事纠纷作出的调解或者处理，如建设行政管理部门对有关建设工程合同争议进行的调解、劳动部门对劳动争议的调解、公安部门对治安争议的调解等，当事人应当依法申请仲裁，或者向法院提起民事诉讼。

1. 行政复议的申请

公民、法人或者其他组织认为具体行政行为侵犯其合法权益的，可以自知道该具体行政行为之日起60日内提出行政复议申请，作出具体行政行为的行政机关是被申请人。对县级以上地方各级人民政府工作部门的具体行政行为不服的,由申请人选择,可以向该部门的本级人民政府申请行政复议,也可以向上一级主管部门申请行政复议。申请人申请行政复议,可以书面申请,也可以口头申请。

2.行政复议的受理

行政复议机关收到行政复议申请后,应当在 15 日内进行审查,对不符合规定的行政复议申请,决定不予受理,并书面告知申请人;对符合规定,但是不属于本机关受理的行政复议申请,应当告知申请人向有关行政复议机关提出。行政复议申请自行政机关负责法制工作的机构收到之日起即为受理。行政复议期间具体行政行为不停止执行。

3.行政复议决定

行政复议原则上采取书面审查的办法,但是申请人提出要求或者行政复议机关负责法制工作的机构认为有必要时,可以向有关组织和人员调查情况,听取申请人、被申请人和第三人的意见。

行政复议机关负责法制工作的机构应当自行政复议申请受理之日起 7 日内,将行政复议申请书副本或者行政复议申请笔录复印件发送被申请人。被申请人应当自收到申请书副本或者申请书复印件之日起 10 日内,提出书面答复,并提交当初做出具体行政行为的证据、依据和其他有关材料。在行政复议过程中,被申请人不得自行向任何其他有关组织或者个人收集证据。

行政复议机关负责法制工作的机构应当对被申请人作出的具体行政行为进行审查,提出意见,经行政复议机关的负责人同意或者集体讨论通过后,按照下列规定作出行政复议决定:

(1)具体行政行为认定事实清楚、证据确凿,适用依据正确,程序合法,内容适当的,决定维持;

(2)被申请人不履行法定职责的,决定其在一定期限内履行;

(3)具体行政行为有下列情形之一的,决定撤销、变更或者确认该具体行政行为违法;决定撤销或者确认该具体行政行为违法的,可以责令被申请人在一定期限内重新做出具体行政行为:

①主要事实不清、证据不足的;

②适用依据错误的;

③违反法定程序的;

④超越或者滥用职权的;

⑤具体行政行为明显不当的。

(4)被申请人不按照规定提出书面答复、提交当初做出具体行政行为的证据、依据和其他有关材料的,视为该具体行政行为没有证据、依据,决定撤销该具体行政行为。

行政机关责令被申请人重新做出具体行政行为的,被申请人不得以同一的事实和理由作出与原具体行政行为相同或者基本相同的具体行政行为。

申请人在申请行政复议是可以一并提出行政赔偿请求,行政复议机关对符合国家赔偿法的有关规定应当给予赔偿的,在决定撤销、变更具体行政行为或者确认具体行政行为违法时,应当同时决定被申请人依法给予补偿。

行政复议决定书一经送达，即发生法律效力。申请人逾期不起诉又不履行行政复议决定的，或者不履行最终裁决的行政复议决定的，维持具体行政行为的行政复议决定，由作出具体行政行为的行政机关依法强制执行，或者申请人民法院强制执行；变更具体行政行为的行政复议决定，由行政复议机关依法强制执行，或者申请人民法院强制执行。

二 行政诉讼

行政诉讼是解决行政纠纷的一项重要的法律制度。《中华人民共和国行政诉讼法》（以下简称《行政诉讼法》）于 1989 年 4 月 4 日第七届全国人民代表大会第二次会议通过，同日由中华人民共和国主席令第 16 号公布，1990 年 10 月 1 日起施行。根据 2014 年 11 月 1 日第十二届全国人民代表大会常务委员会第十一次会议《全国人民代表大会常务委员会关于修改〈中华人民共和国行政诉讼法〉的决定》修正，自 2015 年 5 月 1 日起施行。

行政诉讼是公民、法人或者其他组织认为行政机关和行政机关工作人员的行政行为侵犯其合法权益，向人民法院提起的诉讼。行政行为包括法律、法规、规章授权的组织作出的行政行为。行政诉讼的内容是审查行政机关的行政行为是否合法。

建筑行政纠纷当事人提起行政诉讼的情况主要包括：当事人对建设行政主管部门和有关部门作出的行政处罚决定不服；当事人认为符合法定条件，申请建设行政主管部门或者有关部门颁发许可证、执照、行政机关拒绝颁发或者不予答复，或者对行政机关作出的有关行政许可的其他决定不服的；当事人申请行政复议后，对复议机关作出的行政复议决定不服，向人民法院起诉。

【案例】

1999 年 3 月 15 日，上海某建设行政主管部门收到某建筑公司举报，称其正在进行施工的建筑施工图纸存在严重质量问题，希望被告对该图纸的设计单位进行查处。上海某建设行政主管部门经调查后发现，该项目施工图纸是由宋某组织无证设计人员，私自安排刻制并使用本应当是由市建委统一管理发放的施工图出图专用章，以蚌埠某建筑设计院上海分院的名义设计。据此，上海某建设行政主管部门于 1999 年 11 月 17 日对宋某做出了"责令停止建筑活动并处 5 万元罚款"的行政处罚。同时，上述项目的开发单位上海某房地产开发公司在未验明设计单位的资质的情况下，将工程设计发包给事实上是个人的宋某，并将无证人员设计的施工图纸交给施工单位使用，上海某建设行政主管部门因此对上海某房地产开发公司也做出了"责令改正，并处罚款 3 万元"等的行政处罚。处罚决定书下达后，宋某（第一原告）及上海某房地产开发公司（第二原告）均不服上述行政处罚，遂于 2000 年 1 月 6 日以上海某建设行政主管部门为被告向法院提起行政诉讼，要求撤销被告的上述行政处罚。案件审理过程中，被告方则以大量证据材料证明：（1）第一原告与第二原告签订委托设计合同时使用的"合同章"蚌埠某建筑设计院并不认可，该院从未有此合同章，故更不可能同意第一原告使用。（2）第一原告及其雇用的在施工设计图纸上签字的人员均不具备国家规定的相应从业资格。（3）第一原告私自安排刻制了应由上海市建委颁发的"工程建设施工图出图专用章"，并在其组织无证人员设计的图纸上使用了该出图专用章，没有证据证明蚌埠某建筑设计院在此事上有授权或共同行为。（4）第二原告在与第一原告签订合同时没有验证设计单位有效的证明文件。（5）第二原告签订委托设计合同时,看了出示的无效的营业执照性质后,仍与第一原告签订合同,且在施工过程中委托第一原告担任项目经理,将工程全权委托给其管理,因此第一原告代表第二原告接受无证人员设计的施工图纸所引起的法律后果应追责至第二原告。(6)第一原告的无证设计活动自1996年至被告对其进行查处的过程中,一直处于持续状态;而第二原告委托第一原告设计的行为,自双方委托设计合同签订之日至第二原告重新委托设计之日止从未间断;且该工程一直没有竣工。因此,被告援引违法行为继续期间颁布实施的法律、法规对其予以处罚,在法律适用上是正确的。法庭对被告方提供的证据和法律依据逐项进行了审查,认为这些证据内容真实,与被诉行政处罚决定认定的事实相关且合法,具有证明效力,法院全部予以采信。2000年4月13日,受理案件的上海市某区人民法院做出了一审判决,依法维持了被告的具体行政行为。两原告不服一审判决,于2000年4月20日向上海市第一中级人民法院提起上诉。经开庭审理,二审法院于2000年11月17日做出了终审判决:"驳回上诉,维持原判。"

(一)行政诉讼的案件管辖

1.级别管辖

行政案件的级别管辖主要考虑案件的重大、复杂程度,案件的性质,有利于案件审理。基层人民法院第一审行政案件。中级人民法院管辖对国务院各部门及县级以上地方人民政府所作的行政行为提起诉讼的案件;海关处理的案件;本辖区内重大、复杂的案件;其他法律规定由中级人民法院管辖的案件。高级人法院管辖本辖区内重大、复杂的第一审案件。最高人民法院管辖全国范围内重大、复杂的第一审案件。

2.地域管辖

行政案件由最初做出行政行为的行政机关所在地人民法院管辖。经复议的案件,也可以由复议机关所在地人民法院管辖。经最高人民法院批准,高级人民法院可以根据审判工作的实际情况,确定若干人民法院跨行政区域管辖行政案件。对限制人身自由的行政强制措施的决定不服而提起诉讼的行政案件,由被告所在地或者原告所在地人民法院管辖。因不动产提起的行政诉讼,由不动产所在地人民法院管辖。

两个以上人民法院都有管辖权的案件,原告可以选择其中一个人民法院提起诉讼。原告向两个以上有管辖权的人民法院提起诉讼的,由最先立案起诉状的人民法院管辖。

人民法院发现受理的案件不属于自己管辖时,应当移送有管辖权的人民法院。受移送的人民法院认为受移送的案件按照规定不属于本院管辖的,应当报请上级人民法院指定管辖,不得再自行移送。

有管辖权的人民法院由于特殊原因不能行使管辖权的,由上级人民法院指定管辖。人民法院对管辖权发生争议,由争议双方协商解决。协商不成的,报他们的共同上级人民法院指定管辖。

上级人民法院有权审判下级人民法院管辖的第一审行政案件,也可以把自己管辖的第一审行政案件移交下级人民法院审判。下级人民法院对其管辖的第一审行政案件,认为需要由上级人民法院审判的,可以报请上级人民法院决定。

（二）行政诉讼的当事人

1.行政诉讼的原告

行政诉讼的原告,是指认为行政机关或者行政机关工作人员的行政行为侵犯了其合法权益,依法以自己的名义向人民法院提起诉讼,请求人民法院保护其合法权益,引起行政诉讼发生的人。《行政诉讼法》第二十五条规定:"行政行为的相对人以及其他与行政行为有利害关系的公民、法人或者其他组织,有权提起诉讼。"

这一规定说明,行政诉讼的原告,必须与某一具体行政行为具有直接的利害关系,该行政行为直接侵害其权力和利益,该行政行为的生效,必将给其带来实际权益的损害。例如,因不服行政机关的处罚决定或复议裁决而起诉的行政案件,受处罚的一方当事人为原告;因不服有关行政机关是否授予相对人某种权利或者责令相对人承担某项义务等行政处理决定而起诉的行政案件,能否享有权利或承担义务的相对认为原告。有权提起诉讼的公民死亡,其近亲属可以提起诉讼。有权提起诉讼的法人或者其他组织终止,承受其权利的法人或者其他组织可以提起诉讼。

2.行政诉讼的被告

行政诉讼的被告,是指提起诉讼,经人民法院通知其应诉的人。从行政诉讼法的规定看,能作为行政诉讼被告的人,只能是与原告处于相对地位的行使国家行政管理职权对原告作出行政处罚决定或者其他行政处理决定的行政机关。《行政诉讼法》第二十六条规定,公民、法人或者其他组织直接向人民法院提起诉讼的,作出行政行为的行政机关是被告。经复议的案件,复议机关决定维持原具体行政行为的,作出原具体行政行为的行政机关是被告;复议机关改变原具体行政行为的,复议机关是被告。两个以上行政机关作出同一具体行政行为的,共同作出具体行政行为的行政机关是共同被告。由法律、法规授权的组织所作的具体行政行为,该组织是被告。由行政机关委托的组织所作的具体行政行为,委托的行政机关是被告。

（三）诉讼程序

1.起诉和受理

对属于人民法院受案范围的行政案件,公民、法人或者其他组织可以先向行政机关申请复议,对复议决定不服的,再向人民法院提起诉讼;也可以直接向人民法院提起诉讼。法律、法规规定应当先向行政机关申请复议,对复议决定不服再向人民法院提起诉讼的,依照法律、法规的规定执行。

公民、法人或者其他组织不服复议决定的,可以在收到复议决定书之日起 15 日内向人民法院提起诉讼。复议机关逾期不作决定的,申请人可以在复议期满之日起 15 日内向人民法院提起诉讼。法律另有规定的除外。

公民、法人或者其他组织直接向人民法院提起诉讼的,应当自知道或者应当知道作出行政行为之日起 6 个月内提出。法律另有规定的除外。

因不动产提起诉讼的案件自行政行为作出之日起超过 20 年,其他案件自行政行为作出之日起超过 5 年提起诉讼的,人民法院不予受理。

人民法院在接到起诉状时对符合《行政诉讼法》规定的起诉条件的,应当登记立案。对当场不能判定是否符合《行政诉讼法》规定的起诉条件的,应当接收起诉状,出具注明收到日期的书面凭证,并在 7 日内决定是否立案。不符合起诉条件的,作出不予立案的裁定。裁定书应当载明不予立案的理由。原告对裁定不服的,可以提起上诉。

2.审理和判决

《行政诉讼法》第六十条规定,人民法院审理行政案件,不适用调解。但是,行政赔偿、补偿以及行政机关行使法律、法规规定的自由裁量权的案件可以调解。调解应当遵循自愿、合法原则,不得损害国家利益、社会公共利益和他人合法权益。

人民法院应当在立案之日起 5 日内,将起诉状副本发送被告。被告应当在收到起诉状副本之日起 10 日内向人民法院提交做出具体行政行为的有关材料,并提出答辩状。人民法院应当在收到答辩状之日起 5 日内,将答辩状副本发送原告。被告不提出答辩状的,不影响人民法院审理。

人民法院组成合议庭公开审理行政案件,法律另有规定的除外。人民法院审理行政案件不适用调解。诉讼期间不停止具体行政行为的执行,法律另有规定的除外。人民法院经过审理,根据不同情况,分别作出以下判决:

(1)行政行为证据确凿,适用法律、法规正确,符合法定程序的,或者原告申请被告履行法定职责或者给付义务理由不成立的,人民法院判决驳回原告的诉讼请求。

(2)行政行为有下列情形之一的,人民法院判决撤销或者部分撤销,并可以判决被告重新作出行政行为:

①主要证据不足的;

②适用法律、法规错误的;

③违反法定程序的;

④超越职权的;

⑤滥用职权的;

⑥明显不当的。

(3)人民法院经过审理,查明被告不履行法定职责的,判决被告在一定期限内履行。

(4)人民法院经过审理,查明被告依法负有给付义务的,判决被告履行给付义务。

(5)行政行为有下列情形之一的,人民法院判决确认违法,但不撤销行政行为:

①行政行为依法应当撤销,但撤销会给国家利益、社会公共利益造成重大损害的;

②行政行为程序轻微违法,但对原告权利不产生实际影响的。

行政行为有下列情形之一,不需要撤销或者判决履行的,人民法院判决确认违法:

①行政行为违法,但不具有可撤销内容的;

②被告改变原违法行政行为,原告仍要求确认原行政行为违法的;

③被告不履行或者拖延履行法定职责,判决履行没有意义的。

(6)行政行为有实施主体不具有行政主体资格或者没有依据等重大且明显违法情形,原告申请确认行政行为无效的,人民法院判决确认无效。

(7)人民法院判决确认违法或者无效的,可以同时判决责令被告采取补救措施;给原告造成损失的,依法判决被告承担赔偿责任。

(8)行政处罚明显不当,或者其他行政行为涉及对款额的确定、认定确有错误的,人民法院可以判决变更。

（9）被告不依法履行、未按照约定履行或者违法变更、解除政府特许经营协议、土地房屋征收补偿协议等协议的，人民法院判决被告承担继续履行、采取补救措施或者赔偿损失等责任。

人民法院应当在立案之日起6个月内作出第一审判决，有特殊情况需要延长的，由高级人民法院批准。高级人民法院审理第一审案件需要延长的，由最高人民法院批准。

当事人不服人民法院第一审判决的，有权在判决书送达之日起15日内向上一级人民法院提起上诉。当事人不服人民法院第一审裁定的，有权在裁定书送达之日起10日内向上一级人民法院提起上诉。逾期不上诉的，人民法院的第一审判决或者裁定发生法律效力。

人民法院审理上诉案件，应当在收到上诉状之日起3个月内作出终审判决。有特殊情况需要延长的，由高级人民法院批准，高级人民法院审理上诉案件需要延长的，由最高人民法院批准。

人民法院审理上诉案件，按照下列情形，分别处理：

（1）原判决、裁定认定事实清楚，适用法律、法规正确的，判决或者裁定驳回上诉，维持原判决、裁定；

（2）原判决、裁定认定事实错误或者适用法律、法规错误的，依法改判、撤销或者变更；

（3）原判决认定基本事实不清、证据不足的，发回原审人民法院重审，或者查清事实后改判；

（4）原判决遗漏当事人或者违法缺席判决等严重违反法定程序的，裁定撤销原判决，发回原审人民法院重审。

原审人民法院对发回重审的案件作出判决后，当事人提起上诉的，第二审人民法院不得再次发回重审。人民法院审理上诉案件，需要改变原审判决的，应当同时对被诉行政行为作出判决。

（四）审判监督程序

1. 当事人申请再审

当事人对已经发生法律效力的判决、裁定，认为确有错误的，可以向上一级人民法院申请再审，但判决、裁定不停止执行。

2. 人民法院决定再审

各级人民法院院长对本院已经发生法律效力的判决、裁定，发现确有错误，或者发现调解违反自愿原则或者调解书内容违法，认为需要再审的，应当提交审判委员会讨论决定。最高人民法院对地方各级人民法院已经发生法律效力的判决、裁定，上级人民法院对下级人民法院已经发生法律效力的判决、裁定，发现确有错误，或者发现调解违反自愿原则或者调解书内容违法的，有权提审或者指令下级人民法院再审。

3. 人民检察院提出抗诉

最高人民检察院对各级人民法院已经发生法律效力的判决、裁定，上级人民检察院对下级人民法院已经发生法律效力的判决、裁定，发现确有错误，或者发现调解书损害国家利益、社会公共利益的，应当提出抗诉。地方各级人民检察院对同级人民法院已经发生法律效力的判决、裁定，发现确有错误，或者发现调解书损害国家利益、社会公共利益的，可以向同级人民法院提出检察建议,并报上级人民检察院备案;也可以提请上级人民检察院向同级人民法院提出抗诉。

(五)执行

当事人必须履行人民法院发生法律效力的判决、裁定。公民、法人或者其他组织拒绝履行判决、裁定、调解书的,行政机关或者第三人可以向第一审人民法院申请强制执行,或者由行政机关依法强制执行。行政机关拒绝履行判决、裁定的,第一审人民法院可以采取以下措施:

(1)对应当归还的罚款或者应当给付的款额,通知银行从该行政机关的账户内划拨;

(2)在规定期限内不履行的,从期满之日起,对该行政机关负责人按日处 50 元至 100 元的罚款;

(3)将行政机关拒绝履行的情况予以公告;

(4)向监察机关或者该行政机关的上一级行政机关提出司法建议,接受司法建议的机关,根据有关规定进行处理,并将处理情况告知人民法院;

(5)拒不履行判决、裁定、调解书,社会影响恶劣的,可以对该行政机关直接负责的主管人员和其他直接责任人员予以拘留;情节严重,构成犯罪的,依法追究刑事责任。

◀ 本 章 小 结 ▶

建筑工程纠纷包括建筑民事纠纷和建筑行政纠纷。建筑民事纠纷处理的基本方法包括和解、调解、评审、仲裁、诉讼,建筑行政纠纷的处理方式主要是行政复议和行政诉讼。

仲裁是当事人双方发生争议,提请无利害关系的第三者居中调解,按照一定程序作出对双方当事人都有约束力的判断或裁决的活动。仲裁的基本原则包括当事人自愿原则、一裁终局制原则、独立仲裁原则、人民法院监督原则、先行调解原则。我国《仲裁法》规定的仲裁是机构仲裁,设立常设性的仲裁机构仲裁委员会。仲裁委员会应当按照《仲裁法》规定的程序进行仲裁活动。仲裁协议是争议当事人将其争议提交仲裁的依据,也是仲裁机构受理案件的依据,排除了人民法院的管辖权。

建筑民事纠纷通过诉讼方式解决,主要是依照民事诉讼法的有关规定来解决经济权利、经济义务的争议。建筑民事纠纷的审判机构是各级人民法院的经济审判庭,按照诉讼管辖原则受理民事纠纷案件。民事诉讼参加人包括诉讼当事人和诉讼代理人。证据在诉讼中有重要的意义,是支持诉讼请求的证明文件和资料。我国《民事诉讼法》中规定的证据主要有:书证、物证、视听资料、证人证言、当事人陈述、鉴定结论、勘验笔录。建筑民事纠纷中的证据主要来源于工程建设过程中的信息和资料。

当事人对建设行政主管部门和有关部门在建筑活动监督管理过程中做出的具体行政行为有异议发生行政纠纷,解决途径是行政复议和行政诉讼。行政复议是做出具体行政行为的行政机关的上一级行政机关依照法律、法规的规定,解决当事人因不服具体行政行为引起的行政纠纷的活动。行政诉讼是公民、法人或者其他组织认为行政机关和行政机关工作人员的具体行政行为侵犯其合法权益,向人民法院提起的诉讼。行政诉讼的内容是审查行政机关的具体行政行为是否合法。

◀ **思 考 题** ▶

1. 建筑民事纠纷可以通过哪些途径解决？
2. 仲裁法规定的仲裁的基本原则是什么？
3. 仲裁协议在形式上和内容上应具备哪些条件？
4. 试述以诉讼方式解决建筑民事纠纷的基本程序。
5. 建筑民事纠纷中的证据包括哪些类型？在什么情况下实行举证责任倒置的原则？
6. 建筑行政争议可以通过什么方式解决？

◀ **实 训 案 例** ▶

案例 1

某工程咨询公司与北京某饭店先后签订了关于饭店俱乐部工程、饭店三栋六层公寓、三栋十五层公寓的三个工程承包合同。合同均规定：双方在执行合同过程中所发生的一切争议应通过友好协商解决，如果协商不能解决时，应提请北京仲裁委员会进行仲裁。工程竣工后，工程咨询公司以该饭店长期拖欠工程款为由，向人民法院提起诉讼，要求饭店支付工程欠款以及迟延付款的利息。人民法院审理后作出判决：饭店于判决生效之日起一个月内，向工程咨询公司支付所欠工程款、其他工程费用及利息。工程咨询公司能否向人民法院提起诉讼？说明理由。

案例 2

宏大建筑公司与新华公司、长兴公司分别签订建材购销合同。宏大公司在与新华公司的合同中约定，因合同发生纠纷，由 A 市仲裁委员会仲裁。与长兴公司的合同中约定，因合同发生纠纷，由 B 县仲裁机构仲裁。后两份合同均被确认为无效合同。新华公司和长兴公司分别欲依据仲裁条款申请仲裁，宏大公司认为，合同无效，仲裁条款也无效，仲裁机构无权仲裁。两份合同中的仲裁条款是否有效？说明理由。

案例 3

1999 年甲公司与乙公司签订协议，约定由甲公司委托乙公司施工某建筑工程主体结构，工期 350 天，造价暂定 180 万元。同时明确了工程款支付方式、工程质量以及验收标准，以实际发生为依据进行决算及最后报价书单价为准则。后来乙公司未完成工程，双方在价款、质量等各方面都存在争议。双方其后通过信函等各种方式，达成了一系列洽商变更纪录，免除了乙公司的工期延误责任，减少了工程款。甲公司后又起诉至法院，要求按照原协议追究乙公司的违约责任，乙公司在答辩书中提出按照原合同支付应付的工程款。

在审理的过程中，乙公司出具了大量双方往来信函和洽商变更记录，证明自己可以免除工期延误的责任。甲公司由于保管不慎，无法出具工程款减少的相应证据。甲公司在本案诉讼过程中能否胜诉？为什么？

案例 4

某研究所欲建一幢新办公楼，与某建筑公司签订一份建筑工程合同。合同中规定："因本合同发生的一切争议应提交本市仲裁委员会仲裁，或者向合同双方所在地的本市甲区人民法院提起诉讼。"合同履行过程中，因工程款质量问题双方发生争议。研究所根据合同中的争议解决方式条款向本市仲裁委员会申请仲裁。双方委托仲裁委员会主任指定仲裁员组成仲裁庭。研究所要求公开审理，建筑公司不同意，仲裁庭根据案情决定公开审理。开庭前，仲裁委员会委托鉴定机构对工程质量作出鉴定，但未告知当事人鉴定报告的内容，只有仲裁庭内部参考和掌握。上述内容中的仲裁协议及仲裁程序中存在哪些法律问题？说明理由。

案例 5

原告李某随父母到居住在农业银行某县支行职工宿舍的祖母家过节，傍晚，李某在祖母家院中乘凉时，该宿舍房屋三楼屋西女儿墙发生倒塌，李某被掉下的砖块砸中头部，其家人立即将李某送往医院抢救。经法医鉴定为重伤甲级。李某在医院住院期间共支付医药费 12 500 元。李某认为，农业银行某县支行的宿舍房屋女儿墙因年久失修而倒塌，导致自己被砸成重伤。以农业银行某县支行为被告向法院提起诉讼，请求判令农业银行某县支行赔偿医药费、护理费、营养费、继续治疗费等。被告在答辩中称：该宿舍房屋是严格按照有关单位的图纸施工的，该房屋女儿墙的建造，使用了水泥等具有高强黏结力的建筑材料，并且在四用 6.5cm 的钢筋圈起来，没有外力作用不会倒塌。被告人为自己没有过错，不应承担赔偿责任。法院调查过程中发现，该宿舍三楼屋西建有砖砌花格女儿墙，因年久失修曾倒塌过一段，但未引起被告重视。经建筑工程质量监督站对该宿舍女儿墙进行鉴定：该种花格砖砌女儿墙是不安全、不符合正规设计要求的建筑物，被告对其辩称的女儿墙倒塌是有外力所致提供不出任何证据。农业银行某支行是否应当承担赔偿责任？说明理由。

案例 6

天华公司与东方公司签订住宅施工承包合同。合同约定：天华公司应当依照约定完成该工程的建筑与安装，总建筑面积 18 571m²，钢材、水泥、木材由东方公司提供，其余为包工包料。除了三材价差由东方公司承担外，其余材料按有关文件规定相应增减调整。三材先按预算用量，最终依照实际工程量结算。工程完工后，经质量监督部门竣工验收为优良工程。天华公司提交竣工结算书后，东方公司委托审价定为人民币 888.69 万元，但决算造价未包括三材价差。经天华供词多次催讨，东方公司最后一次支付审价工程款的时间为 2000 年 1 月 15 日。由于天华公司内部人员变动频繁，对 65 万元的综合材料款未继续催讨。2002 年 2 月 1 日天华公司欲向法院起诉解决东方公司的欠款争议。天华公司向人民法院提起诉讼，法院能否受理？说明理由。

案例 7

佳丽商城与某建筑公司于 2000 年 8 月签订建造商业大厦的建筑工程承包合同,合同约定:双方若由于该合同的效力、履行、内容等发生争议时,由鲁南市仲裁委员会仲裁。在合同履行过程中,建筑公司在地下层竣工后,通知佳丽商城检查验收,佳丽商城称事务繁忙,由建筑公司自己检查出具检查记录即可。一周后,佳丽商城又聘请专业人员对地下层质量进行检查,发现未达到合同所规定的标准,要求建筑公司负责此次检查的费用,并对地下层工程返工。双方就检查费用负担问题发生争议。2001 年 3 月就争议事项向鲁南市仲裁委员会提出仲裁申请。2001 年 5 月,鲁南市仲裁委员会做出了有利于建筑公司的裁决,佳丽商城不服,认为虽然双方都有过错,但检查结果质量为达到标准的后果是建筑公司所致,建筑公司应承担主要责任,向人民法院起诉。佳丽商城是否能向人民法院起诉?说明理由。佳丽商城若申请人民法院撤销该裁决,应向哪个法院提出?

案例 8

甲市某保险公司筹建交易大楼,通过招标方式与乙市某设计院签订了建设工程设计合同。设计院如期完成设计,并将设计图纸交付保险公司。后来保险公司根据需要,提出设计院在原设计图纸的基础上进行修改,双方就更改设计的费用等问题签订书面协议。在结算设计费时,保险公司未支付更改设计的费用,设计院催讨未果,向甲市人民法院提起诉讼,甲市人民法院受理了此案。一星期后,设计院担心在甲市打官司会吃亏,又向乙市人民法院提起诉讼。哪些法院对此案有管辖权?本案应由哪个法院审理?分别说明理由。

案例 9

中兴建筑公司与鸿飞房地产公司于 2000 年 10 月 1 日签订《建设工程施工合同》,合同约定,中兴建筑公司承建鸿飞房地产公司投资开发的坐落在天津市西青区的住宅小区的土建工程,工期为 2000 年 10 月 8 日至 2001 年 12 月 31 日,合同价款为 1 400 万元,按工程进度付款,竣工后 3 个月内全部付清,并约定工程质量标准为优良。工程竣工后,由于鸿飞房地产公司未全部按约履行付款义务,中兴建筑公司向鸿飞房地产公司所在地的天津市第二中级人民法院提起诉讼,请求鸿飞房地产公司按约给付工程款 600 万元及其利息损失。鸿飞房地产公司在答辩期间提出管辖异议,请求天津市第二中级人民法院将该案移送有管辖权的天津市第一中级人民法院审理。理由是:本案属于不动产纠纷,应由不动产所在地法院审理,适用专属管辖原则。中兴建筑公司认为,本案属于合同纠纷,不属于不动产纠纷,合同履行地和被告所在地法院均有管辖权,作为原告有权选择被告所在地法院天津市第二中级人民法院起诉。本案应由哪个法院管辖?说明理由。

第九章
建筑法律责任

法律责任是违法行为的法律后果,体现了法律的强制性。了解和掌握建筑法律责任的规定,有助于参与建筑活动的各方主体增强法律意识,依法参与建筑活动,履行法定义务,维护合法权益,排除不法侵害,预防和制止违法行为。

通过本章学习,了解建筑法律责任的构成要件;掌握建筑行政处罚的种类、程序,应当承担建筑民事法律责任的情形;熟悉建筑法规中规定的刑事法律责任的内容。

【引例】

1995年3月至10月,上海古华市政建设工程公司和浙江萧山市市政工程公司分别与奉贤县市政工程管理所签订了承建奉贤县南桥镇新建西路贝港桥的合同,两份合同总造价191万元。陈忠良作为两个承包单位在贝港桥工地的负责人,全面负责建造贝港桥。在桥梁施工过程中,陈忠良不恪尽职守,对工作严重不负责任,聘用无证人员上岗,又未按图纸要求施工,偷工减料,粗制滥造,该桥两个桥墩的钻孔灌注桩施工质量严重低劣,桩身质量差,长度不足,桩身混凝土没有达到设计持力层,承载能力严重不足。吴银龙受奉贤县市政工程管理所指派,在担任本县南桥镇新建西路贝港桥工程施工管理员期间,不正确履行管理职责,在钻孔灌注桩施工过程中,违反市政工程及验收的有关规定,未对钻孔灌注桩的孔径、孔深、混凝土质量、用量等进行检查和计算,并盲目在有关施工质量验收单及施工记录上签字。虞天明作为技术员和质检员,未对钻孔灌注桩混凝土抗压强度、孔径、孔深等进行检验,并且伪造了钻孔桩钻孔后灌浇混凝土前检查记录、钻孔桩记录(回转钻进)、水下混凝土灌注记录表等原始记录,从而掩盖了桩身混凝土存在的严重质量问题。致使贝港桥刚竣工尚未通行,便于1995年12月26日下午4时15分下沉坍塌,造成直接经济损失75万余元。

建筑施工企业在施工中偷工减料,使用不合格的建筑材料、建筑构配件和设备,不按照工程设计图纸造成建筑工程质量不符合规定的质量标准,并造成重大事故,应当承担什么法律责任?陈忠良、吴银龙、虞天明不正确履行自己的职责,致使国家遭受重大损失,对其法律责任应当如何追究?

建筑法律责任是建筑法规中的重要组成部分。建筑法律责任,是指在建筑法律关系中的主体，违反建筑法律制度，根据法律规定必须承担的消极的法律后果。建筑法律关系中的管理机关、建设单位、勘察设计单位、施工单位和监理单位等是承担建筑法律责任的主体。建筑法律关系的主体违反法律规定，由国家机关依据其权限依法予以追究或者处理。

为了保护自然人、法人及其他经济组织的合法权益，保证法定义务能够得以实现，法律责任必须在建筑法规中明文规定。建筑法律责任是具有强制性的，建筑法律关系的主体不履行建筑法规中规定的义务，由国家司法机关、建设行政主管部门或其他有关主管部门等专门机构予以追究。

在建筑法律责任中，按照违法行为所违反的法律的性质，可将建筑法律责任分为建筑行政法律责任、建筑民事法律责任、建筑刑事法律责任，其中以行政法律责任为最主要的责任形式。

第一节　建筑民事法律责任

民事法律责任是民事主体违反民事义务而依法承担的法律后果。民事法律责任的一般构成要件包括：

1. 有违法行为的存在

违法行为包括违法的作为和不作为两种情况。法律关系的主体实施了法律所禁止的行为，就是违法的作为，如故意侵害他人财产权利、人身权利的行为。法律关系的主体不实施依照法律规定或者合同约定所应实施的行为，就是不作为，如不履行合同义务的行为。

2. 损害结果的发生

损害结果是违法行为对法律所保护的社会关系和社会秩序造成的实际侵害。如果没有引起损害结果，一般不要求承担民事法律责任。这一点有别于其他法律责任，如刑事、行政法律责任，是否有行为的损害结果只是作为情节轻重的一个因素加以考虑，没有引起损害结果也应承担法律责任。损害结果从被侵犯的客体来分，包括财产损害和人身损害。

3. 损害行为与损害结果之间有因果关系

损害行为与损害结果之间有因果关系，是指损害行为与损害结果之间的内在的必然的联系。即损害事实是违法行为所引起的必然结果，违法行为是造成损害事实的原因。

4. 行为人具有法律规定的过错或无过错。

承担民事法律责任的原则，即归责原则，以过错责任原则为主，同时也确定了无过错责任原则。过错责任原则是以行为人的过错为承担民事法律责任的归责原则。无过错责任原则是在法律规定的情况下，不以过错的存在判断行为人是否应承担民事法律责任的归责原则。无过错责任原则仅适用于法律特别规定的情形。

一　建筑民事法律责任的种类

民事法律责任根据责任人违反民事义务的性质和内容不同，可分为违约责任、侵权责任和不履行其他义务的责任。建筑民事法律责任以侵权责任为主，也包括违约责任和违反相邻关系等其他义务的责任。

（一）侵权责任

侵权责任是建筑勘察设计单位、施工单位等，在勘察设计、施工过程中侵犯国家、集体的财产权利以及自然人的财产权利和人身权利时应承担的法律责任。包括一般侵权责任和特殊侵权责任。

一般侵权责任，是指具备一般侵权行为构成要件，直接由行为人承担民事责任。例如：勘察设计单位侵犯他人的专利权、发明权、其他科技成果权，勘察设计单位应当承当民事责任；在公共场所、道旁或者通道上挖坑、修缮安装地下设施等，没有设置明显标志和采取安全措施造成他人损害的，施工人应当承担民事责任等。一般侵权责任以行为人的过错为承担民事法律责任的归责原则。

特殊侵权责任，是指损害结果发生后，按照法律的直接规定所确定的侵权责任。特殊侵权责任，不以过错的存在判断行为人是否应承担民事法律责任，或采用推定过错原则。建筑民事法律责任中的特殊侵权责任包括：高度危险作业致人损害；建筑物或其他设施以及建筑物上的搁置物、悬挂物发生倒塌、脱落致人损害的；建筑施工企业违反国家保护环境防治污染的规定，污染环境造成他人损害的等。

【案例】

2006年4月的一天，原告张某在嘉定区江桥镇基地5号地块南侧安装临时用电电线杆时，附近一在建工地上忽然坠落一木块，恰好击中张某左肩及头部，张某被医院诊断为左锁骨骨折和头皮裂伤。事后，张某得知该工程施工方为某建筑工程公司，遂与该公司就赔偿事项进行协商。因双方协商未果，张某将该公司告上法庭，要求该公司赔偿医疗费等费用。被告公司辩称，张某受伤并非被告公司行为所致。事发当日，张某在被告公司施工的围墙外安装电线杆，其所受伤害是由于张某野蛮作业而导致一木块坠落，被告公司并无过错。法院查明，本案事故发生时，事发地附近没有其他在建高层建筑，且被告公司未在施工现场设置防护网。法院审理后认为，建筑物或者其他设施以及建筑物上的搁置物、悬挂物发生倒塌、脱落、坠落致人损害的侵权责任属于特殊的侵权责任，适用过错推定的归责原则，确定举证责任时适用举证责任倒置的原则。本案中，原告张某已举证证明了其受损害的事实，也向法院合理说明了其受损害的原因以及损害事实与原因之间的因果关系。相反，被告公司未能就损害事实与原因之间不存在因果关系做出合理说明。鉴于事发地点除被告公司正在建设施工之外，周围没有其他施工工程，因此，结合派出所出具的情况说明、事故现场照片、联防队队员的证词等证据链，法院认定原告张某所受损害与被告公司存在因果关系。遂判决被告公司承担相应赔偿责任。

1. 高度危险作业致人损害

《侵权责任法》第六十九条规定，从事高度危险作业造成他人损害的，应当承担侵权责任。建筑施工活动中常见的危险作业有高空作业、易燃作业、易爆作业等。施工单位从事的高度危险作业致他人遭受实际损害，包括人身损害和财产损害，应当承担相应的民事责任，不论施工单位主观上是否有过错。但如果施工单位能够证明损害是由受害人故意造成的，不承担民事责任。

2. 环境污染致人损害

《建筑法》第四十一条规定，建筑施工企业应当遵守有关环境保护和安全生产的法律、法规的规定,采取控制和处理施工现场的各种粉尘、废气、废水、固体废物以及噪声、振动对环境的污染和危害的措施。《侵权责任法》第六十五条规定,因污染环境造成损害的,污染者应当承担侵权责任。我国对污染环境应当承担民事责任采取无过错责任原则。建筑施工单位在施工过程中造成环境污染在主观上无论有无过错,均应承担民事责任。

3. 在建工程或其他设施致人损害

《侵权责任法》第八十五条规定,建筑物、构筑物或者其他设施及其搁置物、悬挂物发生脱落、坠落造成他人损害,所有人、管理人或者使用人不能证明自己没有过错的,应当承担侵权责任。所有人、管理人或者使用人赔偿后,有其他责任人的,有权向其他责任人追偿。第八十六条规定,建筑物、构筑物或者其他设施倒塌造成他人损害的,由建设单位与施工单位承担连带责任。建设单位、施工单位赔偿后,有其他责任人的,有权向其他责任人追偿。因其他责任人的原因,建筑物、构筑物或者其他设施倒塌造成他人损害的,由其他责任人承担侵权责任。工程项目建设竣工交付使用以前,承包人对施工现场包括建筑物、构筑物和其他设施等负有管理责任,当建筑工程发生以上法律规定的情形致人损害时,作为管理人的承包人应当承担民事赔偿责任。工程交付使用后,有关民事责任由其所有人或使用人承担。在建工程或其他设施致人损害的民事责任,采用推定过错责任原则。施工单位免责的唯一条件是有充分的证据证明自己对损害事件的发生没有过错。实践过程中,施工单位能列举出自己采取的安全防范管理措施和设立的安全措施,不能说明对损害事件的发生没有过错。能够证明无过错的证据包括不可抗力、受害人本身的过错、第三人的过错等。

(二)违约责任

违约责任,是指合同当事人不履行合同义务或者履行合同义务不符合约定时,依法应承担的法律责任。建设工程合同的当事人不履行合同义务、迟延履行合同义务、履行合同义务不符合合同约定等应承担违约责任。例如:工期延误、工程质量不符合合同约定、拖欠工程款等。

二 承担建筑民事法律责任的方式

根据不同当事人承担民事法律责任的不同形式,《民法总则》将承担民事责任的方式规定为十一种。包括:①停止侵害;②排除妨碍;③消除危险;④返还财产;⑤恢复原状;⑥修理、重作、更换;⑦继续履行;⑧赔偿损失;⑨支付违约金;⑩消除影响,恢复名誉;⑪赔礼道歉。法律规定惩罚性赔偿的,依照其规定。承担民事责任的方式,可以单独适用,也可以合并适用。

【案例】

1999年4月15日,新A县人民医院与B县建筑公司签订了兴建一幢急诊楼和宿舍楼的建设工程承包合同,由建筑公司包工包料。合同订立后,建筑公司将宿舍楼的施工任务包给了达城乡工程队。院方施工现场的代表发现后并未加阻止。工程完工后,院方与B县建筑公司一起对急诊楼和宿舍楼进行验收,验收时发现宿舍楼质量低劣,多处墙皮脱落,根本不符合合同约定。院方要求建筑公司返工,并赔偿损失。建筑公司则称该宿舍楼是由达城乡工程队施工的,让医院去找工程队。而这个乡工程队是几个农民临时拼凑起来的,一无资金,二元技术人员,更没有施工资格证书,没有承包工程的资格,且已解散。医院到法院起诉了建筑公司。

法院经审理认为,本案中,承包人B县建筑公司将承包的宿舍楼工程转包给了没有资格证书的达城乡工程队,对因转包工程不符合规定的质量标准造成的损失,承包单位与接受转包的单位承担连带赔偿责任。B县建筑公司应对医院承担达城乡工程队造成质量问题的责任。

承担建筑民事法律责任的情形主要包括:

(1)建筑施工企业转让、出借资质证书或者以其他方式允许他人以本企业名义承揽工程,因该项承揽工程不符合规定的质量标准造成的损失,建筑施工企业与使用本企业名义的单位或者个人承担连带赔偿责任。连带责任是指共同责任人中的任何一人都有义务承担全部责任。建筑施工企业与使用本企业名义的单位或个人中的任何一方,都有义务全部承担工程不符合规定的质量标准所造成的损失;

(2)承包单位将承包的工程转包的,或者违反法律规定进行分包的,对因转包工程或者违法分包的工程不符合规定的质量标准造成的损失,承包单位与接受转包或者分包的单位承担连带赔偿责任;

(3)工程监理单位与建设单位或者建筑施工企业串通,弄虚作假、降低工程质量造成损失的,工程监理单位与建设单位或者建筑施工企业承担连带赔偿责任;

(4)违反法律规定,对涉及建筑主体或者承重结构变动的装修工程擅自施工,给他人造成损失的,承担赔偿责任;

(5)建筑设计单位不按照建筑工程质量、安全标准进行设计,造成损失的,设计单位承担赔偿责任;

(6)建筑施工企业在施工中偷工减料,使用不合格的建筑材料、建筑构配件和设备,或者有其他不按照工程设计图纸或者施工技术标准施工的行为,造成建筑工程质量不符合规定的质量标准的,负责返工、修理,并赔偿因此造成的损失;

(7)建筑施工企业对在工程保修期内因屋顶、墙面渗漏、开裂等质量缺陷造成的损失,承担赔偿责任;

(8)负责颁发建筑工程施工许可证的部门及其工作人员对不符合施工条件的建筑工程颁发施工许可证的,负责工程质量监督检查或者竣工验收的部门及其工作人员对不合格的建筑工程出具质量合格文件或者按合格工程验收,造成损失的,由该部门承担相应的赔偿责任;

(9)在建筑物的合理使用寿命内,因建筑工程质量不合格受到损害的,受损害方有权向责任者要求赔偿。责任者一般按工程质量不合格的原因确定,其责任的划分方法是:施工单位未按有关规范、标准和设计要求施工的,由施工单位负责修理并承担赔偿责任;由于设计方的原因造成的,由设计单位承担赔偿责任;因建筑材料、建筑构配件和设备质量不合格引起的质量问题,属于施工单位采购的或经其验收同意的,由施工单位承担赔偿责任;属于建设单位采购的,由建设单位承担赔偿责任;

(10)工程监理单位不按照委托监理合同的约定履行监理义务,对应当监督检查的项目不检查或者不按规定检查,该建设单位造成损失的,应当承当相应的赔偿责任。工程监理单位与承包单位串通,为承包单位谋取非法利益,给建设单位造成损失的,应当与承包单位承担连带赔偿责任;

(11)建筑施工企业应当在施工现场采取维护安全、防范危险、预防火灾等措施,有条件的,应当对施工现场实行封闭管理。施工现场对毗邻的建筑物、构筑物和特殊作业环境可能造成

损害的,建筑施工企业应当采取安全防护措施。未采取相应措施的,对方有权要求消除危险,造成损失的,对方有权要求赔偿;

(12)建设单位应当向建筑施工企业提供与施工现场有关的地下管线资料,建筑施工企业应当采取措施加以保护。否则,受损害方有权要求停止侵害,造成损失的,建筑施工企业应当承担赔偿责任;

(13)建筑施工企业应当遵守有关环境保护和安全生产的法律、法规的规定,采取控制和处理施工现场的各种粉尘、废气、废水、固体废物以及噪声、振动对环境的污染和危害的措施。未采取措施给他人造成损害的,受损害方有权要求停止侵害,造成损失的,建筑施工企业应当承担赔偿责任。

第二节　建筑行政法律责任

行政法律责任,是指行政法律关系主体违反行政管理法规应当承担的消极的法律后果。行政法律关系的主体包括行政主体和行政相对人。行政主体主要是行使行政管理职权的行政机关,如计划机关、财政机关、建设行政主管机关、工商行政管理机关等,也可以是依照法律、法规授权实施行政管理的非行政机关组织。行政相对人是处于被管理地位的公民、法人或其他组织。如建筑行政法律关系中的建设单位、勘察设计单位、施工单位等。

承担行政法律责任的前提是有行政违法行为,行政违法行为从广义上讲是指行政法律关系主体违反行政法规尚未构成犯罪的行为,既包括行政主体违反行政法规的行为,也包括公民、法人或其他组织违反行政法规的行为。行政法律责任是对轻微违法失职行为或违反内部纪律行为的行政制裁,由法律规定的行政管理机关或者违法行为人所在单位和上级主管部门,按照行政法律程序或行政奖惩程序进行处罚。由于行政违法的主体不同,其承担行政法律责任的方式也不同。建筑法规中对行政法律责任的规定,是建筑法律责任的主要组成部分,是最普遍、最经常适用的法律制裁方式。

一　行政处分

行政处分,是指国家机关、企事业单位和社会团体依据行政管理法规、规章、章程、纪律等,对其所属人员或者职工的违法失职行为所做的处罚。行政处分是一种内部处罚方式,对行政处分的决定不服,不能提起行政诉讼,只能向作出处罚决定的机关、单位或上级主管部门提出申诉或者申请劳动仲裁。

【案例】

2003年7月24日上10时20分左右,泉州永春崇贤中学崇贤楼在维修过程中发生突然倒塌的重大建筑工程事故,造成经济损失27万元,所幸无人员伤亡。崇贤楼1988年4月27日开工,竣工于1989年7月30日,该工程竣工验收时被评定为合格工程。崇贤楼从2002年秋季开始墙体开裂,出现内外墙粉刷层空鼓以及局部脱落;2003年7月10日前后,崇贤中学开始对崇贤楼维修施工;7月23日傍晚,施工队发现底层砖墙上开始出现裂缝并不断扩大。7月24日上午6时房屋出现严重变形,承重砖墙裂缝迅速增大,砖块受压崩落,这时学校方面通知所有人员撤离。3个多小时后,崇贤楼整体坍塌。原崇贤楼施工项目负责人、工程技术责任人、施工员承认,当时施工现场混合砂浆配合比没有通过试验试配,现场搅拌时对黏土的掺和量基本上不加控制,砖墙施工时砖在砌筑前未充分浇水湿润。省建设厅、省教育厅联合调查组作出永春县"7·24"崇贤中学崇贤楼倒塌质量事故的调查处理报告,对于10多名相关责任人给予"吊销项目经理证书、通报批评并建议相关部门对其中一些责任人予以行政处分"的处罚决定。其中,陈某(崇贤中学校长)在崇贤中学维修工程中未按县建设局、教育局文件通知要求对该工程质量进行检查鉴定,将维修工程发包给私人承包施工负有领导责任,永春县教育局给予行政处分。永春县第五建筑工程公司在崇贤楼工程施工过程中严重违反技术标准、规范、规程,造成工程质量低劣,导致工程倒塌质量事故,撤销其企业施工资质。辜某(原崇贤楼工程负责人、施工技术负责人)对工程质量低劣并造成倒塌事故负直接责任,吊销其项目经理证书。林某以个人名义承揽崇贤楼维修工程,将其二级项目经理资格降为三级。黄某(原永春县建设工程质量监督站监督员),未全面履行监督职责,工作失职,泉州市建设局对其进行行政处分。

根据《中华人民共和国公务员法》的规定,对国家公务员的行政处分形式包括:警告、记过、记大过、降级、撤职、开除等。建筑行政法律责任中,关于行政处分的主要包括以下情形:

(1)在工程发包与承包中索贿、受贿、行贿,不构成犯罪的,对直接负责的主管人员和其他直接责任人员给予行政处分;

(2)违反法律规定,对不具备相应资质等级条件的单位颁发该登记资质证书,不构成犯罪的,对直接负责的主管人员和其他直接责任人员给予行政处分;

(3)负责颁发建筑工程施工许可证的部门及其工作人员对不符合施工条件的建筑工程颁发施工许可证的,负责工程质量监督检查或者竣工验收的部门及其工作人员对不合格的建筑工程出具质量合格文件或者按合格工程验收的,由上级机关责令改正,不构成犯罪的,对责任人员给予行政处分;

(4)在招标投标活动中,任何单位违反法律规定干涉招标投标活动的,例如:限制或者排斥本地区、本系统以外的法人或者其他组织参加投标的,为招标人指定招标代理机构的,强制招标人委托招标机构办理招标事宜的等,对单位直接负责的主管人员和其他直接责任人员依法给予行政处分;

(5)依法必须进行招标的项目,不招标或规避招标的,招标人向他人泄漏可能影响公平竞争的有关情况的,招标人与投标人违反法律规定就实质性内容进行谈判的,招标人在评标委员会否决所有投标后自行确定中标人的,对单位直接负责的主管人员和其他直接责任人员依法给予行政处分;

(6)对招标投标活动、建筑工程勘察、设计活动、建筑工程质量监督管理、建筑工程安全生产监督管理负有行政监督职责的国家机关工作人员徇私舞弊、滥用职权、玩忽职守,不构成犯罪的,依法给予行政处分。

二 行政处罚

行政处罚,是指行政主体依据法定权限和程序,对违反行政法规的行政相对人给予的法律制裁。行政处罚是行政法律责任的重要组成部分,是行政机关依法管理的重要手段之一。

为了规范行政处罚的设定和实施，保障和监督行政机关有效实施行政管理，维护公共利益和社会秩序，保护公民、法人或者其他组织的合法利益，我国制定《行政处罚法》，对行政处罚的种类和设定、实施机关、行政处罚的管辖和运用、行政处罚的程序和执行做出了明确规定。

【案例】

2003年2月18日，某公司杭州研发生产中心工程施工现场，发生一起模板支架坍塌，造成13人死亡，16人受伤的重大事故。事故发生后，由浙江省安全生产监督管理局、建设厅、公安厅、监察厅、总工会会同杭州市有关部门组成的事故调查组，通过现场勘查、调查取证，查明了事故原因，提出了事故调查报告，认定该事故是一起重大责任事故。浙江省某建设集团有限公司未按施工组织设计的要求编制模板支架设计及书面施工方案，违反有关规定布置搭设支模架；在搭设过程中没有严格检查，搭设模板支架后，未经验收合格就违反有关规定组织混凝土浇灌；支模架搭设人员均没有特种作业人员上岗证；没有对搭设支模架使用的钢管和扣件进行严格的质量检查，以致发生重大事故。依据《中华人民共和国建筑法》第七十一条之规定，原建设部决定对浙江省某建设集团有限公司给予降低资质等级的处罚，将房屋建筑工程施工总承包资质等级由一级降为二级。浙江省某建设集团有限公司应当在收到处罚决定书之日起15日内持《建筑业企业资质证书》正、副本通过浙江省建设厅到原建设部办理资质降级手续。

（一）建筑行政处罚的种类

根据《行政处罚法》的规定，行政处罚的种类有：警告；罚款；没收违法所得、没收非法财物；责令停产停业；暂扣或者吊销许可证、暂扣或者吊销执照；行政拘留；法律、行政法规规定的其他行政处罚。法律可以设定各种行政处罚。限制人身自由的行政处罚，只能由法律设定。行政法规可以设定除限制人身自由以外的行政处罚。地方性法规可以设定除限制人身自由、吊销企业执照以外的行政处罚。国务院部、委员会可以设定警告或者一定数量的罚款的行政处罚。

为保障和监督建设行政执法机关有效实施行政管理，保护公民、法人和其他组织的合法权益，促进建设行政执法工作程序化、规范化，原建设部根据《行政处罚法》的有关规定，结合建设系统实际，制定《建设部建设行政处罚程序暂行规定》。规定建筑行政处罚的种类包括：警告；罚款；没收违法所得、没收违法建筑物、构筑物和其他设施；责令停业整顿、吊销资质证书、吊销执业资格证书和其他许可证、执照；法律、行政法规规定的其他行政处罚。我国《建筑法》《建设工程勘察设计条例》《建设工程质量管理条例》《注册建筑师条例》以及地方性法规和原建设部的部门规章等分别规定了应当给予建筑行政处罚的行为。

1. 罚款

罚款，是指强制违反建筑法规的行为人缴纳一定数额的货币的处罚。建筑法规中规定处以罚款的行为，主要包括以下情形：

（1）可以处以罚款的情形

①未取得施工许可证或者开工报告未经批准擅自施工的；

②建筑施工企业违反规定，对建筑安全事故隐患不采取措施予以消除的；

③建设单位违反规定，要求建筑设计单位或者建筑施工企业违反建筑工程质量、安全标准，降低工程质量的；

④建筑施工企业违反规定,不履行保修义务或者拖延履行保修义务的。

(2)应当处以罚款的情形

①发包单位将工程发包给不具有相应资质等级的承包单位的,或者违反规定将建筑工程肢解发包的(对全部或者部分使用国有资金的项目,可以暂停项目执行或者暂停资金拨付);超越本单位资质等级承揽工程的或者以欺骗手段取得资质证书的;

②建筑施工企业转让、出借资质证书或者以其他方式允许他人以本企业的名义承揽工程的;

③承包单位将承包的工程转包的,或者违反规定进行分包的;

④在工程分包与承包中索贿、受贿、行贿,尚未构成犯罪的;

⑤工程监理单位与建设单位或者建筑施工企业串通,弄虚作假、降低工程质量的;

⑥涉及建筑主体或者承重结构变动的装修工程擅自施工的;

⑦建筑设计单位不按照建筑工程质量、安全标准进行设计的;

⑧建筑施工企业在施工中偷工减料的,使用不合格的建筑材料、建筑构配件和设备的,或者有其他不按照工程设计图纸或者施工技术标准施工的行为的。

在上述法律规定给予罚款的行政处罚的情形中,给予单位罚款处罚的,对单位直接负责的主管人员和其他直接责任人员处以单位罚款数额5%以上10%以下的罚款。

2. 没收违法所得

没收违法所得,是指对违反建筑法规的行为人因其违法行为获得的财产,强制收归国有的处罚。建筑法规中规定处以没收违法所得处罚的行为,主要包括以下情形:

(1)超越本单位资质等级承揽工程,或者未取得资质证书承揽工程,有违法所得的;

(2)建筑施工企业转让、出借资质证书或者以其他方式允许他人以本企业的名义承揽工程,有违法所得的;

(3)承包单位将承包的工程转包,或者违反规定进行分包,有违法所得的;

(4)在工程分包与承包中索贿、受贿、行贿的;

(5)工程监理单位与建设单位或者建筑施工企业串通,弄虚作假、降低工程质量,有违法所得的;或者工程监理单位转让监理业务的;

(6)建筑设计单位不按照建筑工程质量、安全标准进行设计,有违法所得的。

3. 责令停业整顿、降低资质等级、吊销资质证书

责令停业整顿,是指强制违反建筑法规的行为人停止生产经营活动,并要求其整顿的处罚。降低资质等级,是指对违反建筑法规的行为人剥夺其部分资格能力的处罚。吊销资质证书,是指对违反建筑法规的行为人剥夺其资格能力的处罚。上述三种行政处罚适用的情形基本相同,根据违法行为人违法行为情节的轻重,采取不同的处罚方式。建筑法规中规定处以责令停业整顿、降低资质等级、吊销资质证书处罚的行为,主要包括以下情形:

(1)超越本单位资质等级承揽工程的,可以责令停业整顿,降低资质等级;情节严重的,吊销资质证书;

(2)建筑施工企业转让、出借资质证书或者以其他方式允许他人以本企业的名义承揽工程的,可以责令停业整顿,降低资质等级;情节严重的,吊销资质证书;

(3)承包单位将承包的工程转包的,或者违反规定进行分包的,可以责令停业整顿,降低资

质等级;情节严重的,吊销资质证书;

(4)在工程承包中行贿的承包单位,可以责令停业整顿,降低资质等级或者吊销资质证书;

(5)工程监理单位与建设单位或者建筑施工企业串通,弄虚作假、降低工程质量的,降低资质等级或者吊销资质证书;工程监理单位转让监理业务的,可以责令停业整顿,降低资质等级;情节严重的,吊销资质证书;

(6)建筑施工企业违反规定,对建筑安全事故隐患不采取措施予以消除,情节严重的,责令停业整顿,降低资质等级或者吊销资质证书;

(7)建筑设计单位不按照建筑工程质量、安全标准进行设计,造成工程质量事故的,责令停业整顿,降低资质等级或者吊销资质证书;

(8)建筑施工企业在施工中偷工减料,使用不合格的建筑材料、建筑构配件和建筑设备,或者有其他不按照工程设计图纸或者施工技术标准施工的行为,情节严重的,责令停业整顿,降低资质等级或者吊销资质证书。

(二)建筑行政处罚的实施机关

行政处罚由具有行政处罚权的行政机关在法定职权范围内实施。法律、法规授权的具有管理公共事务职能的组织可以在法定授权范围内实施行政处罚。建筑行政处罚的实施机关是建设行政执法机关,即依法取得行政处罚权的建设行政主管部门、建设系统的行业管理部门以及依法取得委托执法资格的组织。建设行政主管部门在建筑活动管理方面起主导作用,是建筑行政处罚的主要执行机关。有关行业管理部门,协助建设行政主管部门的工作,对建筑活动实施监督管理,也相应赋予其一定的行政处罚权。

依照《建筑法》的规定,责令停业整顿、降低资质等级和吊销资质证书的行政处罚,由颁发资质证书的机关决定;其他行政处罚,由建设行政主管部门或者有关部门依照法律和国务院规定的职权范围决定。对不具备相应资质等级条件的单位颁发该等级资质证书的,由其上级机关责令收回资质证书。依照法律规定被吊销资质证书的,由工商行政管理部门吊销其营业执照。

(三)建筑行政处罚的程序

行政处罚的程序根据处罚情况的不同可分别适用简易程序、一般程序、听证程序。

1.简易程序

具有行政处罚权的行政机关对于违法事实清楚、证据确凿并有法定依据,对公民处以50元以下、对法人和其他组织处以1000元以下罚款或者警告的行政处罚的,可以当场作出行政处罚决定。

执法人员当场作出行政处罚决定的,应当向当事人出示执法身份证件,填写行政处罚决定书,当场交付当事人。行政处罚决定书应当写明当事人的违法行为、行政处罚依据、罚款数额、时间、地点以及行政机关的名称,并由执法人员签名或者盖章。

2.一般程序

除上述适用简易程序的情况外,行政处罚应当适用一般程序。一般程序主要有下列步骤组成:立案;调查取证;向当事人告知给予行政处罚的事实、理由和依据;听取当事人的陈述和申辩或举行听证;审查调查结果,作出行政处罚决定,制作行政处罚决定书;送达行政处罚决定书。

3.听证程序

听证程序是一种特殊程序,听证程序的适用有利于维护相对人的利益,避免违法或不当的行政行为。行政机关作出责令停产停业、吊销许可证或者执照、较大数额罚款等行政处罚之前,应当告知当事人有要求举行听证的权利;当事人要求听证的,行政机关应当组织听证。

当事人要求听证的,应当在行政机关告知后三日内提出。听证由行政机关指定的非本案调查人员主持。举行听证时,调查人员提出当事人违法的事实、证据和行政处罚建议,当事人进行申辩和质证。听证结束后,行政机关依法作出行政处罚决定。

三 行政赔偿

行政赔偿是国家赔偿的一种重要形式。行政赔偿,是指行政机关及其工作人员在行使行政职权过程中,因其行为或者不作为违法而侵犯了公民、法人或者其他组织的合法权益并造成实际损害,由国家给予受害人赔偿的法律制度。

行政赔偿是一种行政责任,是对违法行政行为的补救措施,是行政机关及其工作人员违背依法行政原则引起的,与行政职权的行使密切相关。行政赔偿制度的建立,加强了对行政行为的监督和控制,有利于行政机关工作人员树立责任行政的意识,更有利于保护行政相对人的利益。

建设行政主管部门和其他相关部门及其工作人员,在对建筑活动实施监督管理的过程中,不履行其职责或不正当行使权力,侵犯公民、法人或其他组织的合法利益并造成损失的,应当承担赔偿责任。

(1)根据《建筑法》第七十九条规定,负责颁发建筑工程施工许可证的部门及其工作人员对不符合施工条件的建筑工程颁发施工许可证,负责工程质量监督检查或竣工验收的部门及其工作人员对不合格的建筑工程出具质量合格文件或者按合格工程验收,造成损失的,由该部门承担相应的赔偿责任。

(2)具有行政处罚权的建设行政主管部门或其他有关部门,违法实施罚款、责令停产整顿、降低资质等级、吊销许可证和执照等行政处罚,侵犯管理相对人的财产权,受害人有取得赔偿的权利。

第三节 建筑刑事法律责任

刑事法律责任,是指犯罪主体因违反刑法规定,实施犯罪行为应承担的法律责任。认定一个行为是否构成犯罪,要从行为人的行为是否违反刑法规定,是否侵犯了刑法所保护的社会关系并达到了一定的程度,是否具有刑事责任能力,是否有主观过错等方面考察。

刑事法律责任的承担方式是刑罚,刑罚是刑法规定的由国家审判机关依法对犯罪分子所适用的剥夺或限制其某种权益的最严厉的法律强制方法。由于犯罪行为在性质、情节等方面的不同而应承担不同的刑事法律责任,刑罚分为主刑和附加刑。所谓主刑,就是只能独立适用,不能作为其他刑罚的附加适用的刑罚。主刑共有五种,包括:管制、拘役、有期徒刑、无期徒刑、死刑。所谓附加刑,是指既可以独立适用,也可以作为主刑的附加刑适用的刑罚。附加刑共有三种,包括:罚金、剥夺政治权利、没收财产。

《建筑法》中共有11条条文规定了刑事法律责任的内容,以下分别论述。

一 受贿、行贿的刑事责任

【案例】

2001年9月,某市政府副市长韩某在该市竹湖园改造工程招标中,以中标人成都某古建园艺开发中心只能做古园林建筑为由,授意市建委将中标单位变更为广州某花卉发展公司。市建委主任李某、副主任彭某、建管处处长黄某(后任市建设局副局长)等人接韩某授意,违法变更了竹湖园改造工程中标人,并擅自确定中标金额为1 280万元,其中300余万元的园艺工程未经招标直接发包给广州某花卉发展公司。2005年,省纪委会同该市有关部门,对该案进行了查处,并查明韩某等人其他违纪违法问题。韩某收受贿赂2万美元和1万元人民币,被判处有期徒刑10年6个月;李某收受贿赂21.5万元,被判处有期徒刑7年6个月;彭某收受贿赂20.4万元,被判处有期徒刑7年;黄某收受贿赂10.8万元,被判处有期徒刑5年;该市建设局总建筑师戴某收受贿赂4.3万元,被判处有期徒刑2年,缓刑3年。

《建筑法》第六十八条规定,在工程发包与承包中受贿、行贿,构成犯罪的,依法追究刑事责任。

(一)公司、企业人员受贿罪

公司、企业人员受贿罪,是指公司、企业的工作人员利用职务上的便利,索取他人财物或者非法收受他人财物,为他人谋取利益,数额较大的行为。《刑法》第一百六十三条规定,构成公司、企业人员受贿罪的,处五年以下有期徒刑或者拘役;数额巨大的,处五年以上有期徒刑,可以并处没收财产。公司、企业的工作人员在经济往来中,违反国家规定,收受各种名义的回扣、手续费,归个人所有的,依照上述规定处罚。国有公司、企业中从事公务的人员和国有公司、企业委派到非国有公司、企业从事公务的人员有上述行为的,依照刑法有关受贿罪的规定定罪处罚。

(二)对公司、企业人员行贿罪

对公司、企业人员行贿罪,是指为谋取不正当利益,给予公司、企业的工作人员以财物,数额较大的行为。《刑法》第一百六十四条规定,构成对公司、企业人员行贿罪的,处三年以下有期徒刑或者拘役;数额巨大的,处三年以上十年以下有期徒刑,并处罚金。单位犯该罪的,对单位判处罚金,并对其直接负责的主管人员和其他直接责任人员,依照上述规定处罚。行贿人在被追诉前主动交代行贿行为的,可以减轻处罚或者免除处罚。

(三)受贿罪

受贿罪,是指国家工作人员利用职务上的便利,索取他人财物的,或者非法收受他人财物,为他人谋取利益的行为。国家工作人员在经济往来中,违反国家规定,收受各种名义的回扣、手续费,归个人所有的,以受贿论处。国家工作人员利用本人职权或者地位形成的便利条件,通过其他国家工作人员职务上的行为,为请托人谋取不正当利益,索取请托人财物或者收受请托人财物的,以受贿论处。

《刑法》第三百八十六条规定,犯受贿罪的,按照刑法关于贪污罪的处罚规定处罚。个人受贿数额在 10 万元以上的,处十年以上有期徒刑或者无期徒刑,可以并处没收财产;情节特别严重的,处死刑,并处没收财产。个人受贿数额在 5 万元以上不满 10 万元的,处五年以上有期徒刑,可以并处没收财产;情节特别严重的,处无期徒刑,并处没收财产。个人受贿数额在 5 千元以上不满 5 万元的,处一年以上七年以下有期徒刑;情节严重的,处七年以上十年以下有期徒刑。个人受贿数额在 5 千元以上不满 1 万元,犯罪后有悔改表现、积极退赃的,可以减轻处罚或者免予刑事处罚,由其所在单位或者上级主管部门给予行政处分。个人受贿不满 5 千元,情节较重的,处二年以下有期徒刑或者拘役;情节较轻的,由其所在单位或者上级主管机关给予行政处分。多次受贿未经处理的,按照累计数额处罚。索贿的从重处罚。

《刑法》第三百八十七条规定,国家机关、国有公司、企业、事业单位、人民团体,索取、非法收受他人财物,为他人谋取利益,情节严重的,对单位判处罚金,并对直接负责的主管人员和其他直接责任人员,处五年以下有期徒刑或者拘役。上述单位在经济往来中,在账外暗中收受各种名义的回扣、手续费的,以受贿论处。

(四)行贿罪

行贿罪,是指为谋取不正当利益,给予国家工作人员财物的行为。在经济往来中,违反国家规定,给予国家工作人员以财物,数额较大的,或者违反国家规定,给予国家工作人员以各种名义的回扣、手续费的,以行贿论处。

《刑法》第三百九十条规定,对犯行贿罪的,处五年以下有期徒刑或者拘役;因行贿谋取不正当利益,情节严重的,或者使国家利益遭受重大损失的,处五年以上十年以下有期徒刑;情节特别严重的,处一年以上十年以下有期徒刑或者无期徒刑,可以并处没收财产。行贿人在被追诉前主动交代行贿行为的,可以减轻处罚或者免除处罚。《刑法》第三百九十一条规定,为谋取不正当利益,给予国家机关、国有公司、企业、事业单位、人民团体以财物的,或者在经济往来中,违反国家规定,给予各种名义的回扣、手续费的,处三年以下有期徒刑或者拘役。单位犯该罪的,对单位判处罚金,并对其直接负责的主管人员和其他直接责任人员,依照上述规定处罚。

二 工程重大安全事故的刑事责任

【案例】

2003 年 3 月 28 日,某市第二建筑工程公司(以下简称"二建公司")与某军需财经高等专科学校(又称"九江学院")签订建筑工程施工合同,由二建公司承建九江学院土木工程系动力实验楼工程,合同工期自 2003 年 4 月 1 日至 2004 年 1 月 1 日,二建公司第四工程处副处长谭某任项目经理。合同签订后,谭某因病将该工程交由被告人潘某负责。2003 年 9 月初,该工程准备屋面封顶,被告人潘某在未进行专项安全施工组织设计的情况下将模板支撑架搭设工程分包给不具备相应资质条件的包工头钟某,并以二建公司名义从市某物资公司、某区万达钢管加工厂两单位租用了大量不合格钢管、扣件材料。被告人钟某在不具备相应施工资质的前提下承接模板支架搭设工程,私招11名农民工(其中大部分没有登高架设作业证),在明知没有专项安全施工组织设计及所使用钢管、扣件材料重量轻、材料薄、焊接头多的情况下强行施工,该架子搭设工程至9月底完工。2003年11月7日中午1时工程开始屋面封顶,采用管道输送混凝土方式现浇作业。同日下午5时50分,模板支撑架出现下沉,随后整个屋面模板、混凝土随同支撑架一起坍塌。现场13名作业人员中,有10人随屋面及支撑架从高空坠落,其中4人死亡,6人不同程度受伤。2003年12月12日,经九江市安全生产监督管理局调查认定,潘某负事故主要责任,钟某负事故直接责任。事故发生后,二建公司赔偿四名被害人家属死亡赔偿金计人民币846 731.80元。法院经审理认为,潘某、钟某是本次事故的直接责任人员,二人行为构成工程重大安全事故罪。

《建筑法》第六十九条、第七十条、第七十二条、第七十三条、第七十四条规定,工程监理单位与建设单位或者施工企业串通,弄虚作假,降低工程质量的;涉及建筑主体或承重结构变动的装修工程擅自施工的;建设单位要求建筑设计单位或施工企业违反建筑工程质量、安全标准进行设计的;建筑设计单位不按照建筑工程质量、安全标准进行设计的;建筑施工企业在施工中偷工减料,使用不合格的建筑材料、建筑构配件和设备的,或者有其他不按照工程设计图纸或者施工技术标准施工的行为,造成重大安全事故,构成犯罪的,依法追究工程重大安全事故的刑事责任。《建设工程质量管理条例》中也规定了建设单位、设计单位、施工单位、工程监理单位违反国家规定,降低工程质量标准造成工程重大安全事故构成犯罪的,对直接责任人员依法追究刑事责任。同时规定建设、勘察、设计、施工、工程监理单位的工作人员因调动工作、退休等原因离开该单位后,被发现在该单位工作期间违反国家有关建设工程质量管理规定,造成工程质量事故的,仍应当依法追究法律责任。

工程重大安全事故罪,是指建设单位、设计单位、施工单位、工程监理单位违反国家规定,降低工程质量标准,造成重大安全事故的行为。重大安全事故,是指建筑工程在建设中及交付使用后,由于达不到质量标准或者存在严重问题,导致工程倒塌或报废等后果,致人伤亡或者造成重大经济损失。《刑法》第一百七十三条规定,构成工程重大安全事故罪的,对直接责任人员,处五年以下有期徒刑或者拘役,并处罚金;后果特别严重的,处五年以上十年以下有期徒刑,并处罚金。

三 重大劳动安全事故的刑事责任

【案例】

李某为某建筑工地工人,出事当日下午,李某在工作中不慎踏空,从5楼坠下,最终不治身亡。当李某的家属要求赔偿,其工地负责人却拒不承担相应责任。在与工地负责人协商不成的情况下,李某家属向法院提起诉讼。人民法院经审理认为该建筑工地的劳动安全设施不符合国家规定,未安装安全防护网,工人曾多次找到工地负责人反映过此事,但仍以各种借口拖延,最终造成一名工人坠楼死亡的重大事故。李某家属有权要求赔偿。此外,工地专管安全的负责人吴某最终因涉嫌重大劳动安全事故罪建筑工地主管安全的负责人吴某的行为符合重大

282

劳动安全事故罪的构成特征,被司法机关拘留。

《建筑法》第七十一条第一款规定,建筑施工企业违法法律规定,对建筑安全事故隐患不采取措施予以消除,构成犯罪的,依法追究重大劳动安全事故的刑事责任。

重大劳动安全事故罪,是指工厂、矿山、林场、建筑企业或者其他企业、事业单位的劳动安全设施不符合国家规定,经有关部门或单位职工提出后,对事故隐患仍不采取措施,因而发生重大伤亡事故或者造成其他严重后果的行为。重大伤亡事故,是指造成三人以上重伤或一人以上死亡的事故。其他严重后果,主要是指造成重大经济损失,产生极坏的影响,引起单位职工强烈不满导致停工等。《刑法》第一百三十五条规定,构成重大劳动安全事故罪的,对直接责任人员,处三年以下有期徒刑或者拘役;情节特别恶劣的,处三年以上七年以下有期徒刑。

(四) 重大责任事故的刑事责任

【案例】

2008 年 3 月份,被告人张某违反建筑安全生产管理规定,在无任何施工资质的情况下,承揽了武某位于汤阴县五里岗鸡场房的四层房顶现浇混凝土工程(该场房主体工程由武某施工建筑)。3 月 17 日下午,因被告人张某从本村招雇的民工未经过任何施工安全培训、未设置任何安全防护设施,并在建筑施工机械不符合规定的情况下,为武某鸡场房进行现浇混凝土施工。在施工过程中,因施工载荷的扰动导致该鸡场房部分突然倒塌,造成民工李某当场死亡的重大事故。法院经审理认为,该事故中,被告人张某违反《中华人民共和国建筑法》、《建设工程安全生产管理条例》等相关建筑安全生产管理规定,在无任何施工资质,且未经过安全培训、未设置安全防护设施的情况下施工,造成重大伤亡事故,核其行为已构成重大责任事故罪。附带民事诉讼原告人要求被告人张某赔偿丧葬费、被抚养人生活费、死亡赔偿金、建筑物损失、施工损失、设施损失等合法有据的诉讼请求,法院予以支持。

《建筑法》第七十一条第二款规定,建筑施工企业的管理人违章指挥、强令职工冒险作业,因而发生重大伤亡事故或者造成其他严重后果,构成犯罪的,依法追究重大责任事故的刑事责任。

重大责任事故罪,是指工厂、矿山、林场、建筑企业或者其他企业、事业单位的职工,由于不服管理,违反规章制度,或者强令工人违章冒险作业,因而发生重大伤亡事故或者造成其他严重后果的行为。《刑法》第一百三十四条规定,构成重大责任事故罪的,处三年以下有期徒刑或者拘役;情节特别恶劣的,处三年以上七年以下有期徒刑。

(五) 滥用职权、玩忽职守的刑事责任

【案例】

1994 年初至 1995 年年底,浙江省某市新兴房地产综合开发经营公司在该市明堂弄南侧开发建设商住综合楼,经某装潢修建工程公司原经理徐某及原副经理严某的请求,时任某市新兴房地产综合开发经营公司经理的章某将工程交给无建筑资质的该公司施工。徐某又将该工程承包给严某施工。严某组建了无技术力量及建筑资质的个人施工队伍,在施工过程中偷工

减料，使用不符合设计要求的建材，未按设计要求施工。后经浙江省建筑工程质量监督站对该建筑进行检测，发现明堂弄工程存在多处质量问题，2003 年该工程投入 2 000 余万元作加固处理、赔偿和动迁安置。明堂弄工程质量问题出现后，调查组对该工程进行调查发现，作为负责审核工程发包条件与承包方资质等级职责的时任该市建设土地环境保护局建工科科长、建筑工程管理处主任的孙某与时任该市建筑工程质量监督站站长的王某玩忽职守，不认真履行验证、建筑工程质量管理等职责，致使 6 幢面积为 1.1 万 m^2 的 126 套商品房和面积为 1.05 万 m^2 的低层营业房及办公用房等质量低劣。该市检察院已对孙某和王某以玩忽职守罪立案侦查。该市检察院对三名发包、施工单位的负责人以涉嫌工程重大安全事故罪提起公诉。

《建筑法》第七十七条、第七十八条、第七十九条规定，违反法律规定，对不具备相应资质等级条件的单位颁发该等级资质证书；政府及其所属部门的工作人员违反法律规定限定发包单位将招标发包的工程发包给指定的承包单位；负责颁发建筑工程施工许可证的部门及其工作人员对不符合施工条件的建筑工程颁发施工许可证，负责工程质量监督检查或者竣工验收的部门及其工作人员对不合格的建筑工程出具质量合格文件或者按合格工程验收，构成犯罪的，对直接负责的主管人员或其他直接责任人员，依法追究滥用职权、玩忽职守的刑事责任。

滥用职权罪、玩忽职守罪，是指国家机关工作人员滥用职权或者玩忽职守，致使公共财产、国家和人民利益遭受重大损失的行为。滥用职权的表现形式主要有两种：一是非法行使本人职务范围内的权力；二是行为人超越其职权范围而实施有关行为。玩忽职守，是指行为人不履行或者不正确履行职务，可以表现为作为，也可以表现为不作为。《刑法》第三百九十七条规定，构成滥用职权罪、玩忽职守罪的，处三年以下有期徒刑或者拘役；情节特别严重的，处三年以上七年以下有期徒刑。国家机关工作人员徇私舞弊，犯滥用职权、玩忽职守罪的，处五年以下有期徒刑；情节特别严重的，处五年以上十年以下有期徒刑。

◀本 章 小 结▶

建筑法律责任，是指在建筑法律关系中的主体，违反建筑法律制度，根据法律规定必须承担的消极的法律后果。在建筑法律责任中，按照违法行为所违反的法律的性质，可将建筑法律责任分为建筑行政法律责任、建筑民事法律责任、建筑刑事法律责任，其中以行政法律责任为最主要的责任形式。

行政法律责任是行政法律关系主体违反行政管理法规应当承担的消极的法律后果。建筑行政法律责任主要包括行政处分和行政处罚。建设行政主管部门和其他相关部门及其工作人员，在对建筑活动实施监督管理的过程中，不履行其职责或不正当行使权力，侵犯公民、法人或其他组织的合法利益并造成损失的，应当承担赔偿责任。

民事法律责任是民事主体违反民事义务而依法承担的法律后果。建筑民事法律责任以侵权责任为主，也包括违约责任和违反相邻关系等其他义务的责任。侵权责任是建筑勘察设计单位、施工单位等，在勘察设计、施工过程中侵犯国家、集体的财产权利以及自然人的财产权利和人身权利时应承担的法律责任。包括一般侵权责任和特殊侵权责任。违约责任，是指合同当事人不履行合同义务或者履行合同义务不符合约定时,依法应承担的法律责任。

刑事法律责任是犯罪主体因违反刑法规定,实施犯罪行为应承担的法律责任。《建筑法》中规定了受贿、行贿的刑事责任、工程重大安全事故的刑事责任、重大劳动安全事故的刑事责任、重大责任事故的刑事责任、滥用职权、玩忽职守的刑事责任。

◀▶ 思 考 题 ◀▶

1. 什么是建筑法律责任?建筑活动中的法律责任的种类有哪些?
2. 建筑行政法律责任的承担方式有哪些?
3. 建筑行政处罚包括哪些种类?
4. 试述建筑行政处罚的程序。
5. 建筑民事法律责任的承担方式有哪些?
6. 在哪些情况需承担建筑民事法律责任?

◀▶ 实 训 案 例 ◀▶

案例 1

甲商场为了扩大营业范围,购得某市毛纺织厂地皮一块,准备兴建分店。甲商场通过招标的形式与乙建筑公司签订了建筑工程承包合同。之后,承包人将各种设备、材料运抵工地开始施工。施工过程中,城市规划管理局的工作人员来到施工现场,指出该工程不符合城市建设规划,未申领建设工程规划许可证,必须立即停止施工,城市规划管理局对发包人做出了行政处罚,处以罚款 2 万元,勒令停止施工,拆除已修建部分。承包人认为自己因此遭受了损失,向法院提起诉讼,要求发包人给予赔偿。发包人除承担相应的行政责任外,是否应对承包人因此造成的损失给予赔偿?

案例 2

永信公司欲发包一建设工程项目,通过招标与昌和公司达成协议,由昌和公司承包工程项目,签订了建设工程承包合同,承包方式为一次包死价 200 万元。工程竣工后,永信公司验收了工程,但一直没有付款。昌和公司多次催讨未果,向人民法院提起诉讼。在诉讼过程中,法院经调查发现,昌和公司没有相应的建筑经营活动资格,判定合同无效。昌和公司在本案中应承担什么法律责任?

案例 3

某房产公司开发一框架结构高层写字楼工程项目,在委托设计单位完成施工图设计后,通过招标方式选择施工单位。中标的施工单位在投标书中提出了桩基础工程、防水工程等非主体工程的分包计划。在签订施工合同时业主考虑到过多分包可能会影响工期,只同意桩基础工程的分包,而施工单位坚持投标书中的意见。在主体结构施工完成时,由于房产公司资金周转出现了问题,无法按施工合同及时支付施工单位的工程款。施工单位由于未得到房产公司的付款,从而也没有按分包合同规定的时间向分包单位付款。房产公司不同意桩基础工程以外其他分包的做法是否正确?为什么?施工单位由于未得到房产公司的付款,而不按分包合同规定的时间向分包单位付款是否合法,为什么?

案例 4

发包人甲公司与承包人乙建筑公司与 1999 年 8 月签订了一份土地平整工程合同。合同约定,承包人为发包人平整土地工程,交工日期是 1999 年 11 月。在合同履行过程中因发包人未解决征用土地问题,承包人施工时被当地居民阻拦,使承包人的机械设备无法进入施工现场。后经双方协商同意,将原合同规定的交工日期延迟到 1999 年 12 月。工程完工结算时,双方又因停工、窝工问题发生争议,发包人拒付工程款。承包人向法院起诉,要求发包人支付工程款,赔偿窝工损失。此案应如何处理?说明理由。

案例 5

某市育才中学与平安建筑公司签订了一份建筑工程承包合同。该合同约定由平安建筑公司为育才中学建一幢学生宿舍楼。合同规定:育才中学提供建筑材料指标,宿舍楼的主体工程和内外承重墙一律使用国家标准红机砖,每层用水泥圈梁加固,竣工交付验收合格后交付育才中学使用。合同还约定,若验收后 6 个月内发生较大质量问题,由平安建筑公司修复。宿舍楼竣工后,双方进行验收,育才中学发现本楼的第三层承重墙体裂缝较多,要求修复。平安建筑公司认为此问题不存在安全隐患,以不影响使用为由拒绝修复。双方协商不成未进行验收。两个月后,育才中学发现裂缝越来越多,并认为此工程质量低劣,系危房不能使用,要求平安建筑公司拆掉第三层承重墙重建。平安建筑公司提出出现裂缝属于砖的质量问题,与施工技术无关。因双方分歧较大,育才中学以建筑工程质量不符合合同规定为由,向法院提起诉讼,平安建筑公司应承担什么法律责任?说明理由。

案例 6

甲房地产开发公司与乙建筑工程公司签订一份建设工程承包合同,建设饮食服务中心。当地基基础工程基本完成时,甲房地产开发公司因经营亏损不能按期支付工程进度款,乙建筑工程公司被迫停工。在停工期间,甲房地产公司被丙公司收购,丙公司根据市场行情,决定将正在建设的饮食服务中心改建成写字楼对外出租,不仅重新进行勘察、设计,而且与某大型建筑承包公司重新签订了建设工程承包合同,同时欲解除原建设工程承包合同。在协议解除原建设工程承包合同时,因工程欠款及停工停建等损失问题双方未能达成一致意见。至此,乙建筑公司已停工 8 个月。为追回工程欠款,乙建筑公司起诉到法院,要求丙公司赔偿损失。乙建筑公司的诉讼请求能否得到支持,说明理由。

案例7

张某在某市区内有私房一处,建造于 30 年代,建筑面积 400m²。某建筑公司在上述房屋附近建造三幢高层楼房,其中一幢距该房屋大约 20m。在高层建造打桩过程中,张某发现房屋倾斜、主梁脱位、外墙开裂、门窗歪斜等房屋损害情况。张某多次向建筑公司提出异议,要求修复和赔偿房屋所受的损失。建筑公司对张某的房屋进行了部分修理,但修理后不久,张某发现情况并未好转,损坏继续发生,并且经修理的部分危险仍然存在。与建筑公司多次协商不成,向法院提起诉讼。审理中,法院委托鉴定机关对房屋损坏原因和损害程度进行了鉴定,鉴定结论是,张某房屋损坏是由于高层楼房打桩及抽水等原因造成的。法院经调查还发现,张某房屋的住房也有类似损坏。根据以上事实,建筑公司应承担何种法律责任?说明理由。

案例8

某市市长在任职期间,多次利用职权为该市两幢大厦工程建设、转让中实行优惠政策,违规减免国家税收,造成国家税收损失 200 余万元,并非法收受某某建筑公司提供的购房款 10 万元及价值 30 万元的住房一套。在该市一商业大厦完工后,明知未经竣工验收,是违规投入使用,不依照职权督促竣工验收。在发现隐患后,不责令采取有效措施及时排除质量隐患,商业大厦继续违规使用,因质量低劣而倒塌,致使公共财产、国家和人民利益造成重大损失。该市长构成何种犯罪?

第十章
建筑工程其他相关法律法规

【职业能力目标与学习要求】

与建筑工程相关的其他重要法规的主要规定，是工程施工生产一线基层应用型人才具备在建筑活动中解决相关法律问题能力的知识要求。同时也是注册建造师、注册监理工程师等执业资格考试的要求。

通过本章学习，了解工程建设标准化的意义和实施范围；掌握工程建设标准的种类，环境保护"三同时"制度，建筑工程的消防安全规定，建筑工程一切险和安装工程一切险的内容；熟悉水污染防治、固体废物污染防治、环境噪声污染防治与工程建设相关的法律规定；了解节约能源法和档案法的有关制度规定；熟悉劳动法的基本规定。

第一节　工程建设标准化制度

工程建设标准指对基本建设中各类工程的勘察、规划、设计、施工、安装、验收等需要协调统一的事项所制定的标准。《中华人民共和国标准化法》由中华人民共和国第七届全国人民代表大会常务委员会第五次会议于1988年12月29日通过，自1989年4月1日起施行。

一　工程建设标准的划分

根据《标准化法》的规定，我国的标准分级有国家标准、行业标准、地方标准、企业标准等。国家标准是对需要在全国范围内统一的技术要求制定的标准。行业标准是对没有国家标准而又需要在全国某个行业范围内统一的技术要求所制定的标准。地方标准是对没有国家标准和行业标准而又需要在该地区范围内统一的技术要求所制定的标准。企业标准是对企业范围内需要协调、统一的技术要求、管理事项和工作事项所制定的标准。《建筑法》中规定的建筑工程标准是指国家标准和行业标准。

1.根据标准的约束性划分

（1）强制性标准

保障人体健康、人身财产安全的标准和法律、行政法规规定强制性执行的国家和行业标准是强制性标准；省、自治区、直辖市标准化行政主管部门制定的关于工业产品的安全、卫生要求的地方标准在本行政区域内是强制性标准。对工程建设来说，下列标准是强制性标准：

①工程建设勘察、规划、设计、施工安装及验收等通用的综合标准和重要的通用质量标准；

②工程建设通用的有关安全、卫生和环境保护的标准；

③工程建设重要的术语、符号、代号、计量与单位、建筑模数和制图方法标准；

④工程建设重要的通用试验、检验和评定等标准；

⑤工程建设中重要的通用的信息技术标准；

⑥国家需要控制的其他工程建设通用的标准。

(2)推荐性标准

其他非强制性的国家和行业标准是推荐性标准。推荐性标准国家鼓励企业自愿采用。

2.根据内容划分

(1)设计标准

设计标准是指从事工程实际所依据的技术文件。

(2)施工及验收标准

施工标准是指施工操作程序及其技术要求的标准。验收标准是指检验、接收竣工工程项目的规程、办法与标准。

(3)建设定额

建设定额是指国家规定的消耗在单位建筑产品上活劳动和物化劳动的数量标准，以及用货币表现的某些必要费用的额度。

3.根据属性划分

(1)技术标准

技术标准是指对标准化领域中需要协调统一的技术事项所制定的标准。

(2)管理标准

管理标准是指对标准化领域中需要协调统一的管理事项所制定的标准。

(3)工作标准

工作标准是指对标准化领域中需要协调统一的工作事项所制定的标准。

二　工程建设强制性标准的实施与监督管理

工程建设标准涉及范围广泛，包括房屋建筑、交通运输、水利、电力、通信、石油化工、轻工、林业、农牧渔业、市政公用设施等。工程建设标准化是指为这些行业的建设工作提供勘察、设计、施工到运行的合理依据，使之获得最佳经济效益和社会效益。

工程建设标准化工作量大、涉及面广，制定标准时既要考虑到各行业的特殊性，又不宜完全按照各个行业需要制定。在工程建筑标准化领域内，各标准之间存在着内在联系、相互依存、相互衔接、相互补充、相互制约，构成一个既复杂又具有系统性的统一整体，形成工程建设技术标准体系。根据《中华人民共和国标准化法》规定，强制性标准必须执行，推荐性标准则鼓励企业自愿采用。可见，这是从标准化的角度对标准的实施给出了原则性要求，也是标准实施与监督的国家最高层级的原则规定。

（一）工程建设强制性标准的实施

根据《实施工程建设强制性标准监督规定》（中华人民共和国原建设部第 81 号令颁布执行），所称工程建设强制性标准是指直接涉及工程质量、安全、卫生及环境保护等方面的工程建设标准强制性条文。国家工程建设标准强制性条文由国务院建设行政主管部门会同国务院有关行政主管部门确定。在我国，从事工程建设活动的部门、单位和个人均须根据工程建设强制性标准从事建设活动，工程建设强制性标准和强制性条文必须认真执行。在工程建设活动中，采用的各类导则、指南、手册、标准设计图或施工图和计算机软件等，必须严格符合工程建设强制性标准的有关规定和要求。

对于新颁布的工程建设标准，各级建设行政主管部门应认真地、及时地做好宣传和贯彻工作，组织有关人员进行学习和培训。特别要加强使用工程建设标准的单位相关人员和与工程建设活动相关的注册执业人员的学习和培训工作力度。为此，负责新标准宣讲的工作人员必须是参加标准编制的人员或者是经由上级有关部门培训考核合格的专业人士。

工程建设标准批准部门全面负责工程建设标准的管理与解释工作。关于工程建设标准具体技术内容的解释工作，视具体情况由工程建设标准批准部门或其委托该标准的编制部门或单位负责。工程建设强制性标准的实施坚持岗位责任制原则，进行勘察设计、施工和监理等工程建设活动的各单位，必修设立工程建设强制性标准管理岗，负责工程建设标准化的具体实施工作。在工程项目建设期间，建设、勘察、设计、施工和监理等单位均须对工程建设强制性标准的执行情况进行认真核查，并且由各单位负责人在贯标检查记录报告中签署审核意见，最后签字确认。由于贯标检查记录报告是项目竣工验收的必备文件，因此，加强检查可以提高单位领导责任心和重视程度，从而保证工程建设强制性标准得以有效贯彻实施。

（二）工程建设强制性标准的监督管理

1.有关部门监督管理职责范围划分

国务院建设行政主管部门负责全国实施工程建设强制性标准的监督管理工作。国务院有关行政主管部门按照国务院的职能分工负责实施工程建设强制性标准的监督管理工作。县级以上地方人民政府建设行政主管部门负责本行政区域内实施工程建设强制性标准的监督管理工作。

建设项目规划审查机构应当对工程建设规划阶段执行强制性标准的情况实施监督。施工图设计文件审查单位应当对工程建设勘察、设计阶段执行强制性标准的情况实施监督。建筑安全监督管理机构应当对工程建设施工阶段执行施工安全强制性标准的情况实施监督。工程质量监督机构应当对工程建设施工、监理、验收等阶段执行强制性标准的情况实施监督。

工程建设标准批准部门应当定期对建设项目规划审查机关、施工图设计文件审查单位、建筑安全监督管理机构、工程质量监督机构实施强制性标准的监督进行检查，对监督不力的单位和个人，给予通报批评，建议有关部门处理。

建设项目规划审查机关、施工设计图设计文件审查单位、建筑安全监督管理机构、工程质量监督机构的技术人员必须熟悉、掌握工程建设强制性标准。

2.监督管理的内容

工程建设中拟采用的新技术、新工艺、新材料,不符合现行强制性标准规定的,应当由拟采用单位提请建设单位组织专题技术论证,报批准标准的建设行政主管部门或者国务院有关主管部门审定。

工程建设中采用国际标准或者国外标准,现行强制性标准未作规定的,建设单位应当向国务院建设行政主管部门或者国务院有关行政主管部门备案。

3.强制性标准监督检查方式和内容

工程建设标准批准部门应当对工程项目执行强制性标准情况进行监督检查。监督检查可以采取重点检查、抽查和专项检查的方式。重点检查主要针对某项重点工程或工程中某些重点内容。抽查一般是指采用随机方法,在全体工程或某类工程中抽取一定数量进行检查。专项检查是指对建设项目在某个方面或某个专项执行强制性标准的情况进行检查。

强制性标准监督检查的内容包括:有关工程技术人员是否熟悉、掌握强制性标准;工程项目的规划、勘察、设计、施工、验收等是否符合强制性标准的规定;工程项目采用的材料、设备是否符合强制性标准的规定;工程项目的安全、质量是否符合强制性标准的规定;工程中采用的导则、指南、手册、计算机软件的内容是否符合强制性标准的规定。

工程建设标准批准部门应当将强制性标准监督检查结果在一定范围内公告。工程建设强制性标准的解释由工程建设标准批准部门负责。有关标准具体技术内容的解释,工程建设标准批准部门可以委托该标准的编制管理单位负责。工程技术人员应当参加有关工程建设强制性标准的培训,并可以计入继续教育学时。

建设行政主管部门或者有关行政主管部门在处理重大工程事故时,应当有工程建设标准方面的专家参加;工程事故报告应当包括是否符合工程建设强制性标准的意见。任何单位和个人对违反工程建设强制性标准的行为有权向建设行政主管部门或者有关部门检举、控告、投诉。

4.违反标准化实施的处罚

(1)建设单位有下列行为之一的,责令改正,并处以20万元以上50万元以下的罚款:

①明示或者暗示施工单位使用不合格的建筑材料、建筑构配件和设备的;

②明示或者暗示设计单位或者施工单位违反工程建设强制性标准,降低工程质量的。

(2)勘察、设计单位违反工程建设强制性标准进行勘察、设计的,责令改正,并处以10万元以上30万元以下的罚款。

有前款行为,造成工程质量事故的,责令停业整顿,降低资质等级;情节严重的,吊销资质证书;造成损失的,依法承担赔偿责任。

(3)施工单位违反工程建设强制性标准的,责令改正,处工程合同价款2%以上4%以下的罚款;造成建设工程质量不符合规定的质量标准的,负责返工、修理,并赔偿因此造成的损失;情节严重的,责令停业整顿,降低资质等级或者吊销资质证书。

(4)工程监理单位违反强制性标准规定,将不合格的建设工程以及建筑材料、建筑构配件和设备按照合格签字的,责令改正,处50万元以上100万元以下的罚款,降低资质等级或者吊销资质证书;有违法所得的,予以没收;造成损失的,承担连带赔偿责任。

违反工程建设强制性标准造成工程质量、安全隐患或者工程事故的,按照《建设工程质量管理条例》有关规定，对事故责任单位和责任人进行处罚。

有关责令停业整顿、降低资质等级和吊销资质证书的行政处罚，由颁发资质证书的机关决定；其他行政处罚，由建设行政主管部门或者有关部门依照法定职权决定。

建设行政主管部门和有关行政部门工作人员，玩忽职守、滥用职权、徇私舞弊的，给予行政处分；构成犯罪的，依法追究刑事责任。

第二节　环境保护法律制度

一　环境保护的基本原则

环境保护法是国家为协调人类与环境的关系，保护与改善环境而制订的调整人类因开发、利用、保护和改善环境而产生的各种社会关系的法律规范的总称。

根据《中华人民共和国环境保护法》(1989 年 12 月 26 日第七届全国人民代表大会常务委员会第十一次会议通过，2014 年 4 月 24 日第十二届全国人民代表大会常务委员会第八次会议修订，以下简称《环境保护法》)和有关的法律法规，凡从事对环境有影响的建设项目，都必须执行环境影响报告书的审批制度，包括工业、交通、水利、农林、商业、卫生、文教、科研、旅游、市政等对环境有影响的一切基本建设项目和技术改造项目以及区域开发建设项目。

我国环境保护法规定的环境保护的基本原则，是我国环境保护方针、政策在法律上的体现，是对环保方面的社会关系实施法律调整的基本指导规范，是环境保护立法、司法、执法和守法必须遵循的基本准则，是环境保护法本质的集中体现。《环境保护法》第五条规定："环境保护坚持保护优先、预防为主、综合治理、公众参与、损害担责的原则。"

1. 保护优先原则

《环境保护法》以"保护和改善环境，防治污染和其他公害，保障公众健康，推进生态文明建设，促进经济社会可持续发展"为立法目的，确立"保护环境"为国家基本国策。为确保"保护优先"原则落到实处，《环境保护法》规定，国务院有关部门和各地政府在制定经济、技术政策时，应当充分考虑对环境的影响，听取有关方面和专家的意见。强化环境保护目标责任制度和定量考核制度、环境监察制度以及责任追究制度。

2. 预防为主、综合治理原则

"预防为主"的原则是从产生环境问题的根源入手解决问题，防止出现"先污染后治理"。由于环境污染很难在短期内消除，这就需要在污染发生前采取预防措施，做到"防患于未然"。"综合治理"是采取积极主动的防治措施，而不是被动消极的手段，并利用多种方法和手段处理可能遇到的环境问题。我国环境立法中确立的"环境影响评价"、"三同时"等环境管理制度，就是为了具体落实"预防为主、综合治理"的原则。

3. 公众参与原则

政府、企业和公众，始终是环境保护的三大支柱。公众参与的基础是确保公众的环境知情权、参与权和监督权，《环境保护法》对政府和企业的环境信息公开作了明确具体规定。公民、法人和其他组织依法享有获取环境信息、参与和监督环境保护的权利。各级人民政府环境保护主管部门和其他负有环境保护监督管理职责的部门，应当依法公开环境信息、完善公众参与程序,为公民、法人和其他组织参与和监督环境保护提供便利。公民、法人和其他组织发现任何单位和个人有污染环境和破坏生态行为的,有权向环境保护主管部门或者其他负有环境保护监督管理职责的部门举报。公民、法人和其他组织发现地方各级人民政府、县级以上人民政府环境保护主管部门和其他负有环境保护监督管理职责的部门不依法履行职责的,有权向其上级机关或者监察机关举报。社会高度关注公益诉讼,为强化环境保护的社会监管制度创造了条件。

4. 损害担责原则

对环境造成任何不利影响的行为人,应承担恢复环境、修复生态或支付上述费用的法定义务或法律责任。《环境保护法》对损害者的责任作出了具体的规定:企业事业单位和其他生产经营者对所造成的损害依法承担责任;排放污染物的企业事业单位和其他生产经营者,应当按照国家有关规定缴纳排污费;排放污染物的企业事业单位,应当建立环境保护责任制度;重点排污单位有主动公开信息的责任;因污染环境、破坏生态造成损害的,应当按照侵权责任法的有关规定承担侵权责任。此外,还规定了行政处罚、行政拘留和刑事责任。

二 环境保护"三同时"制度

(一)"三同时"制度

1."三同时"制度的概念

"三同时"制度是建设项目环境管理的一项基本制度,是我国出台最早的一项环境管理制度,是根据我国社会主义制度和建设经验建立起来的具有中国特色并行之有效的环境管理制度。《环境保护法》中的"三同时"制度,是指建设项目中环境保护设施必须与主体工程同步设计、同时施工、同时投产使用的制度,其适用范围包括新建、改建、扩建项目和技术改造项目以及可能对环境造成污染和破坏的工程项目。"三同时"制度是防止产生新的环境污染和生态破坏,落实"以预防为主"的环保基本原则的重要体现。

2."三同时"制度的发展历程

"三同时"的概念最早出现在1972年6月国务院批准的《国家计委、国家建委关于官厅水库污染情况和解决意见的报告》中,该报告要求工厂建设和"三废"利用工程应同时设计、同时施工、同时投产。1973年,国务院颁布的《关于保护和改善环境的若干规定》中正式确立了"三同时制度",规定一切新建、扩建和改建的企业,防治污染项目,必须和主体工程同时设计、同时施工、同时投产。1979年颁布的《中华人民共和国环境保护法(试行)》第六条规定:"在进行新建、改建和扩建工程时,必须提出对环境影响的报告书,经环境保护部门和其他有关部门审查批准后才能进行设计;其中防止污染和其他公害的设施,必须与主体工程同时设计、同时施工、同时投产;各项有害物质的排放必须遵守国家规定的标准。"此时,"三同时"制度就以法律形式固定下来,成为我国独有的一项法律制度。为了利于"三同时制度"的执行,国家相继出台了《基本建设项目环境保护管理办法》和《建设项目环境设计规定》等法规。1989年,发布的《环境保护法》第二十六条总结了过去实行"三同时"制度的经验和教训,明确规定:"建设项目中防治污染的设施,必须与主体工程同时设计、同时施工、同时投产使用。防治污染的设施必须经原审批环境影响报告书的环境保护行政主管部门验收合格后，该建设项目方可投入生产或者使用。防治污染的设施不得擅自拆除或者闲置，确有必要拆除或者闲置的，必须征得所在地的环境保护行政主管部门的同意。"还在第三十六条中规定："建设项目的防止污染设施没有建成或者没有达到国家规定的要求，投入生产或者使用的，由批准该建设项目的环境影响报告书的环境保护行政主管部门责令停止生产或者使用，可以并处罚款。"这表明，随着"三同时"制度有关法律的完善，在执行"三同时"制度时，建设单位、主管部门和环境保护部门的职责将更明确，更有利于具体管理和监督执法，更有利于环境保护措施在基本建设程序的各个阶段得以落实。

(二)"三同时"制度的内容

《建设项目环境保护管理条例》(1998 年)在第三章"环境保护设施建设"中，对"三同时"制度作了详细说明，具体内容为：

(1)建设项目的初步设计，应当按照环境保护设计规范的要求，编制环境保护篇章，并依据经批准的建设项目环境影响报告书或者环境影响报告表，在环境保护篇章中落实防治环境污染和生态破坏的措施及环境保护设施投资概算。

(2)建设项目的主体工程完工后，需要进行试生产的，其配套建设的环境保护设施必须与主体工程同时投入试运行。

(3)建设项目试生产期间，建设单位应当对环境保护设施运行情况和建设项目对环境的影响进行监测。

(4)建设项目竣工后，建设单位应向审批该建设项目环境影响报告书、环境影响报告表或者环境影响登记表的环境保护行政主管部门，申请该建设项目需要配套建设的环境保护设施竣工验收。

(5)环境保护设施竣工验收，应当与主体工程竣工验收同时进行。需要进行试生产的建设项目，建设单位应当自建设项目投入试生产之日起 3 个月内，向审批该建设项目环境影响报告书、环境影响报告表或者环境影响登记表的环境保护行政主管部门，申请该建设项目需要配套建设的环境保护设施竣工验收。

(6)分期建设、分期投入生产或者使用的建设项目，其相应的环境保护设施应当分期验收。

(7)环境保护行政主管部门应当自收到环境保护设施竣工验收申请之日起 30 日内，完成验收。

(8)建设项目需要配套建设的环境保护设施经验收合格，该建设项目方可正式投入生产或者使用。

三 建筑工程项目环境影响评价

为改革传统的经济发展方式，促进经济建设与环境保护持续协调发展，使经济的健康发展建立在生态持续能力的基础上，预防因规划和建设项目实施后对环境造成不良影响，建立环境影响评价制度。环境影响评价制度是与环境立法有关的"预防为主、防治结合、综合治理"的原则的具体体现。《中华人民共和国环境影响评价法》由中华人民共和国第九届全国人民代表大会常务委员会第三十次会议于 2002 年 10 月 28 日通过,自 2003 年 9 月 1 日起施行。2016 年 7 月 2 日,第十二届全国人民代表大会常务委员会第二十一次会议重新修订。

(一)环境影响评价的概念

环境影响评价,是指对规划和建设项目实施后可能造成的环境影响进行分析、预测和评估,提出预防或者减轻不良环境影响的对策和措施,进行跟踪监测的方法与制度。主要包括以下五个方面:

(1)评价的对象是拟订中的政府有关的经济发展规划和建设单位的建设项目;

(2)评价单位要分析、预测和评估评价对象在实施后可能造成的环境影响;

(3)评价单位通过分析、预测和评估,提出具体而明确的预防或者减轻不良环境影响的对策和措施;

(4)环保部门根据国家的有关规定对环境影响评价文件进行审查并做出审批意见;

(5)环保部门对规划和建设项目实施后的环境影响,进行跟踪监测和管理。

(二)规划的环境影响评价

国务院有关部门、设区的市级以上的地方人民政府及其有关部门,对其组织编制的土地利用的有关规划,区域、流域、海域的建设、开发利用规划,应当在规划编制过程中组织进行环境影响评价,编写该规划有关环境影响的篇章或者说明,对规划实施后可能造成的环境影响做出分析、预测和评估,提出预防或者减轻不良环境影响的对策和措施,作为规划草案的组成部分一并报送规划审批机关。

国务院有关部门、设区的市级以上的地方人民政府及其有关部门,对其组织编制的专项规划,应当在该专项规划草案上报审批前,组织进行环境影响评价,并向审批该专项规划的机关提出环境影响报告书。专项规划的环境影响报告书应当包括下列内容:

(1)实施该规划对环境可能造成的影响分析、预测和评价;

(2)预防或者减轻不良环境影响的对策和措施;

(3)环境影响评价的结论。

(三)建设项目环境影响评价

国家根据建设项目对环境的影响程度,对建设项目的环境影响评价实行分级管理。可能造成重大环境影响的,应当编制环境影响报告书,对产生的环境影响进行全面评价;可能造成轻度环境影响的,应当编制环境影响报告表,对产生的环境影响进行分析或专项评价;对环境影响小、不需要进行环境影响评价的,应当填报环境影响登记表。建设项目环境影响报告书应当包括下列内容:

1.建设项目概况

包括建设项目的性质、规模、占地、供气、最终用途等内容,概括介绍建设项目的情况,如废水、废气、粉尘等的种类、排放量、排放方式;噪声、振动数值;废弃物回收利用、设施和主要工艺原则等。

2.建设项目周围环境现状

即建设项目中为环境的综合素质,包括地理位置;地形、地质、水文、气象等情况;自然资源和风景名胜等;交通运输;绿化状况;其他社会、经济活动污染、破坏环境现状资料等。

3.建设项目对环境可能造成影响的分析、预测和评估

分析必须从综合的视角,运用多种综合的方法,并符合不同建设项目进行不同层次的研究与分析的要求。在分析的基础上,对建设项目对环境可能造成的影响进行客观的预测,为建设项目环境保护管理提供依据。具体的分析和预测应当包括建设过程、投产、服务期间的正常和异常的情况。

4.建设项目环境保护措施及其技术、经济论证

对环境现状及可能产生的影响进行调查、分析和预测的基础上,提出适当的环境保护措施,其适当性体现为经济上有效益和技术上可行,为设计单位进行环境保护措施设计、施工单位进行有关的施工提供依据。

5.建设项目对环境影响的经济损益分析

环境影响报告必须分析建设项目对环境产生影响所造成的成本或负面影响,以及建设项目本身可能产生的经济效益,并将其进行比较,使环境保护措施具有实证基础。

6.对建设项目实施环境监测的建议

环境监测是指在一段时间内,间接或连续地测定代表环境质量的各种标识数据的过程。在建设项目中采取了环境保护措施,并不意味着环境污染或者影响就能完全避免。而且环境保护措施是事先拟定的,实际运行中可能会有不足或缺陷需要弥补或更正。对建设项目实施环境监测是为了有效控制建设项目对环境的影响。《环境法护法》规定,国务院环境保护行政主管部门建立监测制度,制定监测规范,会同有关部门组织监测网络,加强对环境监测的管理。

7.环境影响评价的结论

制作环境影响报告的重要目的在于为建设项目的环境影响提供预测、监督以及解决措施,是建设项目的经济效益与社会效益相一致。环境影响评价结论是环境影响报告的核心内容,关系到建设项目能否实施。

建设项目的环境影响评价,应当避免与规划的环境影响评价相重复。作为一项整体建设项目的规划,按照建设项目进行环境影响评价,不进行规划的环境影响评价。已经进行了环境影响评价的规划所包含的具体建设项目,其环境影响评价内容建设单位可以简化。

环境影响评价文件中的环境影响报告书或者环境影响报告表,应当由具有相应环境影响评价自治的机构编制。任何单位和个人不得为建设单位制定对其建设项目进行环境影响的评价。

除国家规定需要保密的情形外,对环境可能造成重大影响、应当编制环境影响报告书的建设项目,建设单位应当在报批建设项目环境影响报告书前,举行论证会、听证会,或者采取其他形式,征求有关单位、专家和公众的意见。建设单位报批的环境影响报告书应当附具对有关单位、专家和公众的意见采纳或者不采纳的说明。

建设项目的环境影响评价文件,由建设单位按照国务院的规定报有审批权得的环境保护行政主管部门审批;建设项目有行业主管部门的,其环境影响报告书或者环境影响报告表应当经行业主管部门预审后,报有审批权的环境保护行政主管部门审批。审批部门应当自收到环境影响报告书之日起 60 日内,收到环境影响报告表之日起 30 日内,收到环境影响登记表之日

起 15 日内,分别作出审批决定并书面通知建设单位。

建设项目的环境影响评价文件经批准后,建设项目的性质、规模、地点、采用的生产工艺或者防治污染、防止生态破坏的措施发生重大变动的,建设单位应当重新报批建设项目的环境影响评价文件。建设项目的环境影响评价文件自批准之日起超过 5 年,方决定该项目开工建设的,其环境影响评价文件应当报原审批部门重新审核;原审批部门应当自收到建设项目环境影响评价文件之日起 10 日内,将审核意见书书面通知建设单位。

建设项目建设过程中,建设单位应当同时实施环境影响报告书、环境影响报告表以及环境影响评价文件审批部门审批意见中提出的环境保护对策措施。在项目建设、运行过程中产生不符合经审批的环境影响评价文件的情形的,建设单位应当组织环境影响的后评价,采取改进措施,并报原环境影响评价文件审批部门和建设项目审批部门备案;原环境影响评价文件审批部门也可以责成建设单位进行环境影响的后评价,采取改进措施。环境保护行政主管部门应当对建设项目投入生产或者使用后所产生的环境影响进行跟踪检查,对造成严重环境污染或者生态破坏的,应当查清原因,查明责任。

(四) 水污染防治的法律规定

为防治水污染,保护和改善环境,保障人体健康,保证水资源的有效利用,促进社会主义现代化建设的发展,我国制定《水污染防治法》。适用于我国领域内的江河、湖泊、运河、渠道、水库等地表水体以及地下水体的污染防治。新建、扩建、改建直接或者间接向水体排放污染物的建设项目和其他水上设施,必须遵守国家有关建设项目环境保护管理的规定。

建设项目的环境影响报告书,必须对建设项目可能产生的水污染和对生态环境的影响做出评价,规定防治的措施,按照规定的程序报经有关环境保护部门审查批准。建设项目中防治水污染的设施,必须与主体工程同时设计,同时施工,同时投产使用。防治水污染的设施必须经过环境保护部门检验,达不到规定要求的,该建设项目不准投入生产或者使用。建设项目的水污染防治设施没有建成或者没有达到国家规定的要求,即投入生产或者使用的,由批准该建设项目的环境影响报告书的环境保护部门责令停止生产或者使用,可以并处罚款。

(五) 固体废物污染防治的法律规定

为了防止固体废物污染环境,保障人体健康,我国《固体废物污染防治法》规定,国家对固体废物污染环境的防治,实行减少固体废物产生、充分合理利用固体废物和无害化处置固体废物的原则。建设产生工业固体废物的项目以及建设储存、处置固体废物的项目,必须遵守国家有关建设项目环境保护管理的规定。

建设项目的环境影响报告书,必须对建设项目产生的固体废物对环境的污染和影响做出评价,规定防治环境污染的措施,并按照国家规定的程序报环境保护行政主管部门批准。环境影响报告书经批准后,审批建设项目的主管部门方可批准该建设项目的可行性研究报告或者设计任务书。

建设项目的环境影响报告书确定需要配套建设的固体废物污染环境防治措施,必须与主体工程同时设计,同时施工,同时投产使用。固体废物污染环境防治设施必须经原审批环境影响报告书的环境保护行政主管部门验收合格后,该建设项目方可投入生产或使用。对固体废物污染环境防治设施的验收应当与对主体工程的验收同时进行。

六 环境噪声污染防治的法律规定

环境噪声是在工业生产、建筑施工、交通运输和社会生活中所产生的干扰周围生活环境的声音。环境噪声污染是指所产生的环境噪声超过国家规定的环境噪声排放标准,并干扰他人正常生活、工作和学习的现象。建筑施工噪声是指在建筑施工过程中产生的干扰周围生活环境的声音。我国《环境噪声污染防治法》规定,新建、扩建、改建的建设项目必须遵守国家有关建设项目环境保护管理的规定。建设项目可能产生环境噪声污染的,建设单位必须提出环境影响报告书,规定环境噪声污染的防治措施,并按照国家规定的程序报环境保护行政主管部门批准。

在城市市区范围内,建筑施工过程中使用机械设备,可能产生环境噪声污染的,施工单位必须在工程开工 15 日前,向工程所在地县级以上地方人民政府环境保护行政主管部门申报该工程的项目名称、施工场所和期限、可能产生的环境噪声值以及所采取的环境噪声污染防治措施的情况。

在城市市区噪声敏感建筑物集中区域内,禁止夜间进行产生环境噪声污染的建筑施工作业,但抢修、抢险作业和因生产工艺上要求或者特殊需要必须连续作业的除外。因特殊需要必须连续作业时,必须由县级以上人民政府或者其有关主管部门的证明。规定的夜间作业内容,必须公告附近居民。

第三节　节约能源法律制度

随着国民经济的飞速发展和人们生活水平的日益提高,我国的能源生产量越来越难以满足能源消耗量。目前,我国早已由能源净出口国转变成净进口国,能源需求的对外依存度越来越高,主要表现在石油和天然气严重依赖进口,甚至煤炭也需要大量进口。同时,我国还存在能源利用率低下、能源浪费严重和单位产品能耗远高于世界先进水平平均值等一系列问题。粗放式的能源消费方式越来越无法支撑我国国民经济实现高速、稳定、可持续发展的需求。因此,为了推动全社会节约能源,提高能源利用效率,保护和改善环境,促进经济社会全面协调可持续发展,制定了《中华人民共和国节约能源法》(以下简称《节能法》),于 1997 年 11 月 1 日第八届全国人民代表大会常务委员会第二十八次会议通过 2007 年 10 月 28 日第十届全国人民代表大会常务委员会第三十次会议修订。2016 年 7 月 2 日第十二届全国人民代表大会常务委员会第二十一次会议通过的《全国人民代表大会常务委员会关于修改〈中华人民共和国节约能源法〉等六部法律的决定》修改,自 2016 年 9 月 1 日起施行。

在《节能法》中,能源是指煤炭、石油、天然气、生物质能和电力、热力以及其他直接或者通过加工、转换而取得有用能的各种资源。节约能源(以下简称"节能")是指加强用能管理,采取技术上可行、经济上合理以及环境和社会可以承受的措施,从能源生产到消费的各个环节,降低消耗、减少损失和污染物排放、制止浪费,有效、合理地利用能源。我国《节能法》第一章第 4 条规定:"节约资源是我国的基本国策。国家实施节约与开发并举、把节约放在首位的能源发展战略。"这表明了我国依法节能的方针政策,也标志着我国节能进入法制体系,对我国实施可持续发展战略具有重要意义。

根据《节能法》《建筑法》《中华人民共和国可再生能源法》,原建设部于 2006 年 1 月 15 日发布了《建筑节能管理条例(征求意见稿)》。2008 年 7 月 23 日,《民用建筑节能条例》(简称《建筑节能条例》)由国务院第 18 次常务会议通过,自 2008 年 10 月 1 日起施行。《建筑节能条例》和有关建筑节能规范的相继出台,必将有利于建筑节能管理,降低建筑物的使用能耗,提高能源的利用效率,改善建筑室内的热环境质量,达到保护环境的目的。民用建筑节能,是指在保证民用建筑使用功能和室内热环境质量的前提下,降低其使用过程中能源消耗的活动。民用建筑则是指居住建筑、国家机关办公建筑和商业、服务业、教育、卫生等其他公共建筑。

一 建筑工程项目节能管理

(一)各部门节能管理职责划分

国务院建设主管部门负责全国民用建筑节能的监督管理工作。县级以上地方人民政府建设主管部门负责本行政区域民用建筑节能的监督管理工作。县级以上人民政府有关部门应当依照《建筑节能条例》的规定以及本级人民政府规定的职责分工,负责民用建筑节能的有关工作。

国务院建设主管部门应当在国家节能中长期专项规划指导下,编制全国民用建筑节能规划,并与相关规划相衔接。县级以上地方人民政府建设主管部门应当组织编制本行政区域的民用建筑节能规划,报本级人民政府批准后实施。

县级以上人民政府应当安排民用建筑节能资金,用于支持民用建筑节能的科学技术研究和标准制定、既有建筑围护结构和供热系统的节能改造、可再生能源的应用,又有民用建筑节能示范工程、节能项目的推广。

建筑节能的国家标准、行业标准由国务院建设主管部门组织制定,并依照法定程序发布。省、自治区、直辖市人民政府建设主管部门可以根据本地实际情况,制定严于国家标准或者行业标准的地方建筑节能标准,并报国务院标准化主管部门和国务院建设主管部门备案。

(二)节能管理制度

国家实行固定资产投资项目节能评估和审查制度。不符合强制性节能标准的项目,依法负责项目审批或者核准的机关不得批准或者核准建设;建设单位不得开工建设;已经建成的,不得投入生产、使用。具体办法由国务院管理节能工作的部门会同国务院有关部门制定。

各级人民政府应当加强对民用建筑节能工作的领导,积极培育民用建筑节能服务市场,健全民用建筑节能服务体系,推动民用建筑节能技术的开发应用,做好民用建筑节能知识的宣传教育工作。

国家鼓励和扶持在新建建筑和既有建筑节能改造中采用太阳能、地热能等可再生能源。在具备太阳能利用条件的地区,有关地方人民政府及其部门应当采取有效措施,鼓励和扶持单位、个人安装使用太阳能热水系统、照明系统、供热系统、采暖制冷系统等太阳能利用系统。国家建立健全民用建筑节能标准体系。国家鼓励制定、采用优于国家民用建筑节能标准的地方民用建筑节能标准。

政府引导金融机构对既有建筑节能改造、可再生能源的应用，以及民用建筑节能示范工程等项目提供支持。民用建筑节能项目依法享受税收优惠。对在民用建筑节能工作中做出显著成绩的单位和个人，按照国家有关规定给予表彰和奖励。

国家积极推进供热体制改革，完善供热价格形成机制，鼓励发展集中供热，逐步实行按照用热量收费制度。

二　建筑节能法律规定

(一)《节能法》的法律规定

1. 建筑节能规定
(1) 各部门职责划分
①国务院建设主管部门负责全国建筑节能的监督管理工作；
②县级以上地方各级人民政府建设主管部门负责本行政区域内建筑节能的监督管理工作。县级以上地方各级人民政府建设主管部门会同同级管理节能工作的部门编制本行政区域内的建筑节能规划。建筑节能规划应当包括既有建筑节能改造计划。
(2) 节能制度措施
①建筑工程的建设、设计、施工和监理单位应当遵守建筑节能标准。不符合建筑节能标准的建筑工程，建设主管部门不得批准开工建设；已经开工建设的，应当责令停止施工、限期改正；已经建成的，不得销售或者使用。建设主管部门应当加强对在建建筑工程执行建筑节能标准情况的监督检查；
②房地产开发企业在销售房屋时，应当向购买人明示所售房屋的节能措施、保温工程保修期等信息，在房屋买卖合同、质量保证书和使用说明书中载明，并对其真实性、准确性负责；
③使用空调采暖、制冷的公共建筑应当实行室内温度控制制度；
④县级以上地方各级人民政府有关部门应当加强城市节约用电管理，严格控制公用设施和大型建筑物装饰性景观照明的能耗；
⑤鼓励在新建建筑和既有建筑节能改造中使用新型墙体材料等节能建筑材料和节能设备，安装和使用太阳能等可再生能源利用系统。
2. 节能技术进步
国务院管理节能工作的部门会同国务院科技主管部门发布节能技术政策大纲，指导节能技术研究、开发和推广应用。国务院管理节能工作的部门会同国务院有关部门制定并公布节能技术、节能产品的推广目录，引导用能单位和个人使用先进的节能技术、节能产品。

县级以上各级人民政府应当把节能技术研究开发作为政府科技投入的重点领域，支持科研单位和企业开展节能技术应用研究，制定节能标准，开发节能共性和关键技术，促进节能技术创新与成果转化。同时，应当按照因地制宜、多能互补、综合利用、讲求效益的原则，加强农业和农村节能工作,增加对农业和农村节能技术、节能产品推广应用的资金投入。

3. 激励措施

中央财政和省级地方财政安排节能专项资金,支持节能技术研究开发、节能技术和产品的示范与推广、重点节能工程的实施、节能宣传培训、信息服务和表彰奖励等。国家对使用需要支持的节能技术、节能产品,实行税收优惠等扶持政策。国家通过财政补贴支持节能照明器具等节能产品的推广和使用。国家实行有利于节能的价格政策,引导用能单位和个人节能。各级人民政府对在节能管理、节能科学技术研究和推广应用中有显著成绩以及检举严重浪费能源行为的单位和个人,给予表彰和奖励。

4. 法律责任

(1)固定资产投资项目建设单位开工建设不符合强制性节能标准的项目或者将该项目投入生产、使用的,由管理节能工作的部门责令停止建设或者停止生产、使用,限期改造;不能改造或者逾期不改造的生产性项目,由管理节能工作的部门报请本级人民政府按照国务院规定的权限责令关闭。

(2)建设单位违反建筑节能标准的,由建设主管部门责令改正,处 20 万元以上 50 万元以下罚款。设计单位、施工单位、监理单位违反建筑节能标准的,由建设主管部门责令改正,处 10 万元以上 50 万元以下罚款;情节严重的,由颁发资质证书的部门降低资质等级或者吊销资质证书;造成损失的,依法承担赔偿责任。房地产开发企业在销售房屋时未向购买人明示所售房屋的节能措施、保温工程保修期等信息的,由建设主管部门责令限期改正,逾期不改正的,处 3 万元以上 5 万元以下罚款;对以上信息作虚假宣传的,由建设主管部门责令改正,处 5 万元以上 20 万元以下罚款。

(3)负责审批或者核准固定资产投资项目的机关违反本法规定,对不符合强制性节能标准的项目予以批准或者核准建设的,对直接负责的主管人员和其他直接责任人员依法给予处分。

(4)国家工作人员在节能管理工作中滥用职权、玩忽职守、徇私舞弊,构成犯罪的,依法追究刑事责任;尚不构成犯罪的,依法给予处分。

(二)《建筑节能条例》的法律规定

1. 新建建筑节能

(1)国家推广使用民用建筑节能的新技术、新工艺、新材料和新设备,限制使用或者禁止使用能源消耗高的技术、工艺、材料和设备。国务院节能工作主管部门、建设主管部门应当制定、公布并及时更新推广使用、限制使用、禁止使用目录。

(2)编制城市详细规划、镇详细规划,应当按照民用建筑节能的要求,确定建筑的布局、形状和朝向。

(3)施工图设计文件审查机构应当按照民用建筑节能强制性标准对施工图设计文件进行审查;经审查不符合民用建筑节能强制性标准的,县级以上地方人民政府建设主管部门不得颁发施工许可证。

(4)建设单位不得明示或者暗示设计单位、施工单位违反民用建筑节能强制性标准进行设计、施工,不得明示或者暗示施工单位使用不符合施工图设计文件要求的墙体材料、保温材料、门窗、采暖制冷系统和照明设备。

（5）设计单位、施工单位、工程监理单位及其注册执业人员，应当按照民用建筑节能强制性标准进行设计、施工、监理。

（6）施工单位应当对进入施工现场的墙体材料、保温材料、门窗、采暖制冷系统和照明设备进行查验；不符合施工图设计文件要求的，不得使用。

（7）建设单位组织竣工验收，应当对民用建筑是否符合民用建筑节能强制性标准进行查验；对不符合民用建筑节能强制性标准的，不得出具竣工验收合格报告。

（8）实行集中供热的建筑应当安装供热系统调控装置、用热计量装置和室内温度调控装置；公共建筑还应当安装用电分项计量装置。居住建筑安装的用热计量装置应当满足分户计量的要求。

（9）建筑的公共走廊、楼梯等部位，应当安装、使用节能灯具和电气控制装置。

（10）对具备可再生能源利用条件的建筑，建设单位应当选择合适的可再生能源，用于采暖、制冷、照明和热水供应等；设计单位应当按照有关可再生能源利用的标准进行设计。

（11）国家机关办公建筑和大型公共建筑的所有权人应当对建筑的能源利用效率进行测评和标识，并按照国家有关规定将测评结果予以公示，接受社会监督。所谓大型公共建筑，是指单体建筑面积2万平方米以上的公共建筑。

（12）房地产开发企业销售商品房，应当向购买人明示所售商品房的能源消耗指标、节能措施和保护要求、保温工程保修期等信息，并在商品房买卖合同和住宅质量保证书、住宅使用说明书中载明。

（13）在正常使用条件下，保温工程的最低保修期限为5年。保温工程的保修期，自竣工验收合格之日起计算。保温工程在保修范围和保修期内发生质量问题的，施工单位应当履行保修义务，并对造成的损失依法承担赔偿责任。

2.既有建筑节能

（1）既有建筑节能改造应当根据当地经济、社会发展水平和地理气候条件等实际情况，有计划、分步骤地实施分类改造。所谓既有建筑节能改造，是指对不符合民用建筑节能强制性标准的既有建筑的围护结构、供热系统、采暖制冷系统、照明设备和热水供应设施等实施节能改造的活动。

（2）县级以上地方人民政府建设主管部门应当对本行政区域内既有建筑的建设年代、结构形式、用能系统、能源消耗指标、寿命周期等组织调查统计和分析，制定既有建筑节能改造计划，明确节能改造的目标、范围和要求，报本级人民政府批准后组织实施。中央国家机关既有建筑的节能改造，由有关管理机关事务工作的机构制定节能改造计划，并组织实施。

（3）国家机关办公建筑、政府投资和以政府投资为主的公共建筑的节能改造，应当制定节能改造方案，经充分论证，并按照国家有关规定办理相关审批手续方可进行。

（4）居住建筑和不符合民用建筑节能强制性标准的，在尊重建筑所有权人意愿的基础上，可以结合扩建、改建，逐步实施节能改造。

（5）实施既有建筑节能改造，应当符合民用建筑节能强制性标准，优先采用遮阳、改善通风等低成本改造措施。既有建筑围护结构的改造和供热系统的改造，应当同步进行。

（6）对实行集中供热的建筑进行节能改造，应当安装供热系统调控装置和用热计量装置；对公共建筑进行节能改造，还应当安装室内温度调控装置和用电分项计量装置。

（7）国家机关办公建筑的节能改造费用，由县级以上人民政府纳入本级财政预算。居住建筑和教育、科学、文化、卫生、体育等公益事业使用的公共建筑节能改造费用，由政府、建筑所有权人共同负担。国家鼓励社会资金投资既有建筑节能改造。

3.建筑用能系统运行节能

（1）建筑所有权人或者使用权人应当保证建筑用能系统的正常运行，不得人为损坏建筑围护结构和用能系统。国家机关办公建筑和大型公共建筑的所有权人或者使用权人应当建立健全民用建筑节能管理制度和操作规程，对建筑用能系统进行监测、维护，并定期将分项用电量报县级以上地方人民政府建设主管部门。

（2）县级以上地方人民政府节能工作主管部门应当会同同级建设主管部门确定本行政区域内公共建筑重点用电单位及其年度用电限额。

（3）供热单位应当建立健全相关制度，加强对专业技术人员的教育和培训。

（4）县级以上地方人民政府建设主管部门应当对本行政区域内供热单位的能源消耗情况进行调查统计和分析，并制定供热单位能源消耗指标；对超过能源消耗指标的，应当要求供热单位制定相应的改进措施，并监督实施。

4.法律责任

（1）县级以上人民政府有关部门有下列行为之一的，对负有责任的主管人员和其他直接责任人员依法给予处分；构成犯罪的，依法追究刑事责任：

①对设计方案不符合民用建筑节能强制性标准的民用建筑项目颁发建设工程规划许可证的；

②对不符合民用建筑节能强制性标准的设计方案出具合格意见的；

③对施工图设计文件不符合民用建筑节能强制性标准的民用建筑项目颁发施工许可证的；

④不依法履行监督管理职责的其他行为。

（2）各级人民政府及其有关部门、单位违反国家有关规定和标准，以节能改造的名义对既有建筑进行扩建、改建的，对负有责任的主管人员和其他直接责任人员，依法给予处分。

（3）建设单位有下列行为之一的，由县级以上地方人民政府建设主管部门责令改正，处20万元以上50万元以下的罚款：

①明示或者暗示设计单位、施工单位违反民用建筑节能强制性标准进行设计、施工的；

②明示或者暗示施工单位使用不符合施工图设计文件要求的墙体材料、保温材料、门窗、采暖制冷系统和照明设备的；

③采购不符合施工图设计文件要求的墙体材料、保温材料、门窗、采暖制冷系统和照明设备的；

④使用列入禁止使用目录的技术、工艺、材料和设备的。

（4）建设单位对不符合民用建筑节能强制性标准的民用建筑项目出具竣工验收合格报告的，由县级以上地方人民政府建设主管部门责令改正，处民用建筑项目合同价款2%以上4%以下的罚款；造成损失的，依法承担赔偿责任。

（5）设计单位未按照民用建筑节能强制性标准进行设计，或者使用列入禁止使用目录的技术、工艺、材料和设备的，由县级以上地方人民政府建设主管部门责令改正，处10万元以上30万元以下的罚款；情节严重的，由颁发资质证书的部门责令停业整顿，降低资质等级或者吊销资质证书；造成损失的，依法承担赔偿责任。

（6）施工单位未按照民用建筑节能强制性标准进行施工的，由县级以上地方人民政府建设主管部门责令改正，处民用建筑项目合同价款2%以上4%以下的罚款；情节严重的，由颁发资质证书的部门责令停业整顿，降低资质等级或者吊销资质证书；造成损失的，依法承担赔偿责任。

（7）施工单位有下列行为之一的，由县级以上地方人民政府建设主管部门责令改正，处10万元以上20万元以下的罚款；情节严重的，由颁发资质证书的部门责令停业整顿，降低资质等级或者吊销资质证书；造成损失的，依法承担赔偿责任：

①未对进入施工现场的墙体材料、保温材料、门窗、采暖制冷系统和照明设备进行查验的；

②使用不符合施工图设计文件要求的墙体材料、保温材料、门窗、采暖制冷系统和照明设备的；

③使用列入禁止使用目录的技术、工艺、材料和设备的。

（8）工程监理单位有下列行为之一的，由县级以上地方人民政府建设主管部门责令限期改正；逾期未改正的，处10万元以上30万元以下的罚款；情节严重的，由颁发资质证书的部门责令停业整顿，降低资质等级或者吊销资质证书；造成损失的，依法承担赔偿责任：

①未按照民用建筑节能强制性标准实施监理的；

②墙体、屋面的保温工程施工时，未采取旁站、巡视和平行检验等形式实施监理的。

（9）房地产开发企业销售商品房，未向购买人明示所售商品房的能源消耗指标、节能措施和保护要求、保温工程保修期等信息，或者向购买人明示的所售商品房能源消耗指标与实际能源消耗不符的，依法承担民事责任；由县级以上地方人民政府建设主管部门责令限期改正；逾期未改正的，处交付使用的房屋销售总额2%以下的罚款；情节严重的，由颁发资质证书的部门降低资质等级或者吊销资质证书。

（10）注册执业人员未执行民用建筑节能强制性标准的，由县级以上人民政府建设主管部门责令停止执业3个月以上1年以下；情节严重的，由颁发资格证书的部门吊销执业资格证书，5年内不予注册。

第四节　消防法律制度

为了预防和减少火灾，保护公民人身、公共财产和公民财产的安全，维护公共安全，《中华人民共和国消防法》（简称"消防法"）于1998年4月29日由中华人民共和国第九届全国人民代表大会常务委员会第二次会议通过，2008年10月28日第十一届全国人民代表大会常务委员会第五次会议修订。它是我国历史上第一部比较完整、科学、权威的消防法律，它的诞生标志着我国消防工作在法制化建设中迈上了一个新台阶。

根据我国消防工作的实践经验和实际工作需要，消防工作应贯彻"预防为主、防消结合"的方针，并坚持"专门机关与群众相结合"的原则，严格实行消防安全责任制。

一　建筑工程的消防规定

《消防法》、消防条例等法律法规，明确规定建筑工程必须进行消防设计审核和消防验收的制度，同时也明确了公安消防机构对建筑工程进行消防监督审核管理的职责，加大了政府对建筑工程消防监督管理的力度。

1.建筑工程的设计单位应当按照国家工程建筑消防技术标准(国家颁布的各类建筑设计防火规范)进行设计

建筑设计是工程建设的源头,就建筑的消防安全而言,防火间距、防火分区、建筑结构耐火性能、建筑内部安全疏散、各类固定消防设施等只有在建筑设计时一并考虑,才可能在施工预算、施工安装中得到落实。同时,设计单位按照国家工程建筑消防技术标准严格进行设计。可见,设计阶段是保证建筑物消防安全的关键环节。目前,我国已经发布《建筑设计防火规范》《高层民用建筑设计防火规范》《建筑内部装修设计防火规范》《火灾自动报警系统设计规范》《自动喷水灭火系统设计规范》和《建筑灭火器配置设计规范》等涉及建筑防火设计、消防设施设计、自动消防设施施工及验收等方面的国家标准20多部。这些标准都是国家强制性标准,是从事建设、设计、施工等建筑活动的单位和公安消防机构必须遵照执行的。

2.建设单位应当将建筑工程的消防设计报送公安消防机构审核

消防设计具有很强的专业技术性,是建筑工程消防安全的源头。通过消防设计审核监督国家工程建筑消防技术标准的执行情况,从根本上消除先天性火灾隐患。对建筑工程进行消防设计审核,也是世界通行做法。建筑工程须经消防部门审批方可施工,经消防验收方可使用。报送公安消防机构审核的内容,包括建筑工程消防设计图纸和有关资料,如建筑总平面图,建筑平、立、剖面图,消防设施设计平面图、系统图和消防设计说明书等,同时还应在有关的审核申报表中填写清楚相应的内容。消防设计未经公安消防机构审核或者经审核不合格的,建设单位不得擅自施工。为了加强政府有关主管部门之间的制约和配合,还规定了建设行政主管部门的职责,即建筑工程的消防设计未经公安消防机构审核或者经审核不合格的,建设行政主管部门不得发放施工许可证。

3.经公安消防机构审核批准的消防设计不得擅自变更

建筑工程消防设计一经公安消防机构审核批准,建设、设计、施工单位必须按照批准的消防设计图纸进行施工;如果确需变更的,建设单位应将变更的消防设计图纸报送原审核的公安消防机构核准方可变更。

4.建筑工程竣工时,经消防验收合格,方可投入使用

建筑工程竣工时,建设单位应当向公安消防机构提出消防验收申请,设有建筑自动消防设施的建筑工程,还应当同时提交建筑消防设施技术测试报告,并组织消防验收。消防验收不合格的,施工单位不得交工,建筑物的所有者不得接收使用。

5.对建筑工程进行消防设计审核和验收是公安消防机构的职责

为了加强政府对建筑工程消防设计监督管理,《消防法》明确规定国家实行消防设计审核和消防验收制度,并将消防设计审核和消防验收职责赋予公安消防机构。公安消防机构对建筑工程的消防设计审核实行直辖市、副省级市、地级市及其所辖区(市、县)两级和地区(州、盟)及其所辖县(市、旗)两级分工审核制度。消防设计审核内容包括:

(1)总平面布局和平面布置中涉及消防安全的防火间距、消防车道、消防水源等;

(2)建筑的火灾危险性类别和耐火等级;

(3)建筑防火防烟分区和建筑构造;

(4)安全疏散和消防电梯;

（5）消防给水和自动灭火系统；

（6）防烟、排烟和通风、空调系统的防火设计；

（7）消防电源及其配电；

（8）火灾应急照明、应急广播和疏散指示标志；

（9）火灾自动报警系统和消防控制室；

（10）建筑内部装修的防火设计；

（11）建筑灭火器配置；

（12）有爆炸危险的甲、乙类厂房的防爆设计；

（13）国家工程建设标准中有关消防设计的其他内容。

6．关于建筑构件和建筑材料的防火性能，以及公共场所室内装修、装饰所使用的不燃、难燃材料必须符合有关标准的规定

建筑构件和建筑材料的防火性能是建筑构件的耐火极限和建筑材料的燃烧性能的综合表述。建筑构件用于组成建筑物的梁、楼板、柱、墙、楼梯、屋顶承重构件、吊顶等。建筑构件的燃烧性能是由构成建筑构件的材料的燃烧性能来决定的。我国将建筑构件按其燃烧性能划分为三类：不燃烧体、难燃烧体、燃烧体。建筑物的耐火能力取决于建筑构件的耐火性能，以耐火极限来衡量。耐火极限用时间表示，其含义是对任一建筑构件按时间、温度标准曲线进行耐火试验，从受到火的作用时起，到失去支持能力或完整性被破坏或失去隔火作用时为止的这段时间。建筑构件耐火极限的试验方法和判定条件，应当符合国家标准《建筑构件耐火性能试验方法》（GB/T 9978—2008）。按照我国国家工程建筑消防技术标准的规定，以建筑构件的燃烧性能和耐火极限将建筑物的耐火等级划分为四级。所有的建筑工程必须按照国家工程建筑消防技术标准的设计要求，确定建筑物的耐火等级，选定建筑构件和材料，从而保证建筑物的整体防火性能。

建筑材料的防火性能一般用建筑材料的燃烧性能来表述。建筑材料的燃烧性能，是指其燃烧或遇火时所发生的一切物理和化学变化。我国国家标准《建筑材料燃烧性能分级方法》（GB 8624—2012）将建筑材料按其燃烧性能划分为四级：A级表示不燃性建筑材料；B1级表示难燃性建筑材料；B2级表示可燃性建筑材料；B3级表示易燃性建筑材料。

7．国家工程建筑消防技术标准——《建筑内部装修设计防火规范》（GB 50222—1995）

该标准对各类建筑使用装修材料的燃烧性能做出了具体规定。对建筑物特别是公共场所限制使用易燃、可燃的装修和装饰材料，是十分必要的。国家标准《建筑内部装修设计防火规范》（GB 50222—1995）对公共场所的顶棚、墙面、地面，要求必须使用不燃性或者难燃性材料进行装修。

二 工程建设中的消防安全职责

根据我国《消防法》和相关法规的规定，工程建设中的消防安全职责主要包括以下内容。

1．机关、团体、企业、事业单位的消防安全职责

消防工作事关千家万户，必须加强消防安全管理，强化消防安全职责，真正让预防火灾的措施落实到生产、生活和其他社会活动中，以有效地防止火灾事故的发生。有关单位的消防安

全职责包括：

（1）制定消防安全制度、消防安全操作规程。各单位应针对自身情况制定用电制度、用火制度、易燃易爆危险物品保管制度、消防安全检查制度、消防设施维护保养制度和员工消防教育培训制度等，还应制定生产、经营、储运、科研过程中防火的具体操作规程，确保消防安全。

（2）实行防火安全责任制，确定本单位和所属各部门、岗位的消防安全责任人。我国实行逐级消防安全责任制和消防安全重点岗位防火责任制。在每一个单位中都有一名责任人具体负责防火安全工作。

（3）针对本单位的特点对职工进行消防宣传教育。结合本单位的防火工作特点，对职工进行消防安全知识的宣传教育，使其增强消防安全意识，了解火灾特点，学会使用消防器材，掌握自救逃生方法。

（4）组织防火检查，及时消除火灾隐患。"防火检查"，是指单位组织的对本单位进行的检查，是单位在消防安全方面进行自我管理、自我约束的一种主要形式。在消防安全检查中，努力做到发现问题，及时纠正，及时处理，及时上报，消除火灾隐患。

（5）按照国家有关规定配置消防设施和器材、设置消防安全标志，并定期组织检验、维修，确保消防设施和器材完好、有效。每一个单位都应依照消防法规和国家工程建筑消防技术标准配置消防设施和器材、设置安全标志。建筑消防设施是否能够发挥预防和扑灭火灾的作用，关键是日常的保养维修是否到位。因此，单位要对消防器材经常检查，定期维修。

（6）保障疏散通道、安全出口畅通，设置符合国家规定的消防安全疏散标志。疏散通道和安全出口是在火灾时建筑物内人员逃生的关口，必须保持畅通无阻，并设置符合国家规定的消防安全疏散标志，指引逃生。

2.居民住宅区的消防安全职责

居民住宅区的管理单位（房产管理单位和物业管理企业等）应制定灭火和应急疏散预案，落实消防安全措施，履行消防安全职责，做好住宅区的消防安全工作。

3.在设有车间或者仓库的建筑物内，不得设置员工集体宿舍

在设有车间或者仓库的建筑物内，已经设置员工集体宿舍的，应当限期加以解决。对于暂时确有困难的，应当采取必要的消防安全措施，经公安消防机构批准后，可以继续使用。

4.消防安全重点单位的消防安全职责

消防安全重点单位一般是指发生火灾可能性较大以及一旦发生火灾可能造成人身重大伤亡或者财产重大损失的单位，由所在行政区内的县级以上地方各级人民政府公安机关消防机构确定并报本级人民政府备案。消防安全重点单位除负有与机关、团体、企业、事业单位相同的消防安全职责外，还应当建立防火档案，确定消防安全重点部位，设置防火标志，实行严格管理；实行每日防火巡查，并建立巡查记录；对职工进行消防安全培训；制定灭火和应急疏散预案，定期组织消防演练。

5.生产、储存、运输、销售或者使用、销毁易燃易爆危险物品的单位、个人，必须执行国家有关消防安全的规定

生产易燃易爆危险物品的单位，对产品应当附有燃点、闪点、爆炸极限等数据的说明书，并且注明防火防爆注意事项。对独立包装的易燃易爆危险物品应当贴附危险品标签。

进入生产、储存易燃易爆危险物品的场所，必须执行国家有关消防安全的规定。禁止携带

火种进入生产、储存易燃易爆危险物品的场所。禁止非法携带易燃易爆危险物品进入公共场所或者乘坐公共交通工具。

储存可燃物资仓库的管理，必须执行国家有关消防安全的规定。

6.其他消防安全措施规定

禁止在具有火灾、爆炸危险的场所使用明火；因特殊情况需要使用明火作业的，应当按照规定事先办理审批手续。作业人员应当遵守消防安全规定，并采取相应的消防安全措施。进行电焊、气焊等具有火灾危险的作业的人员和自动消防系统的操作人员，必须持证上岗，并严格遵守消防安全操作规程。

第五节　档案法律制度

目前，我国的档案法律制度建设形成了涵盖档案管理、保护、利用、实施和违法处罚等各个环节的较完整体系。1987年9月5日，第六届全国人民代表大会常务委员会第二十二次会议通过《中华人民共和国档案法》(以下简称《档案法》)；1996年7月5日由第八届全国人民代表大会常务委员会第二十次会议通过《关于修改〈中华人民共和国档案法〉的决定》；1999年6月7日，经国务院批准国家档案局发布施行了修改后的《中华人民共和国档案法实施办法(国家档案局令第5号)》(以下简称《档案实施法》)；2000年5月10日，国家档案局发布实施《档案行政处罚程序暂行规定》(档发〔2000〕4号)。此外，国家还先后发布执行了《中华人民共和国城市规划法》《建设工程质量管理条例》(国务院279号令)、《城市建设档案管理规定》(原建设部第90号令)、《城市地下管线工程档案管理办法》(国务院第136号令)、《科学技术档案工作条例》(国家经委、国家建委、国家科委、国家档案局，1980年)和《建设工程文件归档整理规范》(GB/T 50328—2001)等法律法规制度，有效加强了建设工程档案预验收、归档和移交等管理工作，确保了建设工程档案的真实性、准确性和完整性。

目前，工程建设项目所涉及的文件种类和数量较为繁多，这些文件的归档整理、验收和移交等工作对规范性要求较高。住房和城乡建设部于2014年7月13日发布《建设工程文件归档规范》(GB/T 50328—2014)，自2015年5月1日起实施。这里，建设工程项目是指经批准按照一个总体设计进行施工，经济上实行统一核算，行政上具有独立组织形式，实行统一管理的工程基本建设单位。它由一个或若干个具有内在联系的工程所组成。

一　建设工程档案的种类

根据《建设工程文件归档整理规范》，建设工程档案是指在工程建设活动中直接形成的具有归档保存价值的文字、图表、声像等各种形式的历史记录，也可简称工程档案。根据国家标准，应当归档的建设文件是指在工程建设过程中形成的各种形式的信息记录，包括工程准备阶段文件、监理文件、施工文件、竣工图和竣工验收文件，也可简称为工程文件。

(一)工程准备阶段文件

工程准备阶段文件是指工程开工以前，在立项、审批、征地、勘察、设计、招投标等工程准备阶段形成的文件。

1.立项文件

主要包括:项目建议书,项目建议书审批意见及前期工作通知书,可行性研究报告及附件,可行性研究报告审批意见,关于立项有关的会议纪要、领导讲话,专家建议文件,调查资料及项目评估研究材料。

2.建设用地、征地、拆迁文件

主要包括:选址申请及选址规划意见通知书,用地申请报告及县级以上人民政府城乡建设用地批准书,拆迁安置意见、协议、方案等,建设用地规划许可证及其附件,划拨建设用地文件,国有土地使用证。

3.勘察、测绘、设计文件

主要包括:工程地质勘察报告,水文地质勘察报告、自然条件、地震调查,建设用地钉桩通知单(书),地形测量和拨地测量成果报告,申报的规划设计条件和规划设计条件通知书,初步设计图纸和说明,技术设计图纸和说明,审定设计方案通知书及审查意见,有关行政主管部门(人防、环保、消防、交通、园林、市政、文物、通信、保密、河湖、教育、白蚁防治、卫生等)批准文件或取得的有关协议,施工图及其说明,设计计算书,政府有关部门对施工图设计文件的审批意见。

4.招投标文件

主要包括:勘察设计招投标文件,勘察设计承包合同,施工招投标文件,施工承包合同,工程监理招投标文件,监理委托合同。

5.开工审批文件

主要包括:建设项目列入年度计划的申报文件,建设项目列入年度计划的批复文件或年度计划项目表,规划审批报表及报送的文件和图纸,建设工程规划许可证及其附件,建设工程开工审批表,建设工程施工许可证,投资许可证、审计证明、缴纳绿化建设费等证明,工程质量监督手续。

6.财务文件

主要包括:工程投资估算材料、工程设计概算材料,施工图预算材料,施工预算。

7.建设、施工、监理机构及负责人名单等

主要包括:工程项目管理机构(项目经理部)及负责人名单,工程项目监理机构(项目监理部)及其责任人名单,工程项目施工管理机构(施工项目经理部)及其责任人名单。

(二)监理文件

监理文件是指监理单位在工程设计、施工等监理过程中形成的文件。

1.监理规划

监理规划主要包括:监理规划,监理实施细则,监理部总控制计划等。

2.监理月报中的有关质量问题

3.监理会议纪要中的有关质量问题

4.进度控制

进度控制主要包括:工程开工、复工审批表,工程开工、复工暂停令。

5.质量控制

质量控制主要包括：不合格项目通知，质量事故报告及处理意见。

6.造价控制

造价控制主要包括：预付款报审与支付，月付款报审与支付。

7.分包资质

分包资质主要包括：分包单位资质材料，供货单位资质材料，试验等单位资质材料。

8.监理通知

监理通知主要包括：有关进度控制的监理通知，有关质量控制的监理通知，有关造价控制的监理通知。

9.合同与其他事项管理

合同与其他事项管理主要包括：工程研究报告及审批，费用索赔报告及审批，合同争议、违约报告及处理意见，合同变更材料。

10.监理工作总结

监理工作总结主要包括：专题总结，月报总结，工程竣工总结，质量评价意见报告。

(三)施工文件

施工文件是指施工单位在工程施工过程中形成的文件。各类工程的施工文件要求具体如下。

1.建筑安装工程

(1)土建(建筑与结构)工程

①施工技术准备文件。主要包括：施工组织设计，技术交底，图纸会审记录，施工预算的编制和审查，施工日志。

②施工现场准备文件。主要包括：控制网设置资料，工程定位测量资料，基槽开挖线测量资料，施工安全措施，施工环保措施。

③地基处理记录。主要包括：地基钎探记录和钎探平面布点图，验槽记录和地基处理记录，桩基记录。

④工程图纸变更记录。主要包括：设计会议会审记录，设计变更记录，工程商洽记录。

⑤施工材料、预制构件质量证明文件及复试试验报告。主要包括：砂、石、转、水泥、钢筋、防水材料、隔热保温、防腐材料、轻集料试验汇总表，砂、石、转、水泥、钢筋、防水材料、隔热保温、防腐材料、轻集料出厂证明文件，砂、石、转、水泥、钢筋、防水材料、轻集料、焊条、沥青复试试验报告，预制构件(钢、混凝土)出厂合格证、试验记录，工程物资选样送审表，进场物质批次汇总表。

⑥施工试验记录。主要包括：土壤(素土、灰土)干密度试验报告，土壤(素土、灰土)击实试验报告，砂浆配合比通知单，砂浆(试块)抗压强度试验报告，混凝土配合比通知单，混凝土(试块)抗压强度试验报告，混凝土抗渗试验报告，商品混凝土出厂合格证、复试报告，防水工程试水检查记录，楼地面、屋面坡度检查记录，土壤、砂浆、混凝土、钢筋连接、混凝土抗渗试验报告汇总表。

⑦隐蔽工程检查记录。主要包括：基础和主体结构钢筋工程，钢结构工程，防水工程，高程控制。

⑧施工记录。主要包括：工程定位测量检查记录，预检工程检查记录，冬施混凝土搅拌测温记录，冬施混凝土养护测温记录，烟道、垃圾道检查记录，沉降观测记录，结构吊装记录，现场施工预应力记录，工程竣工测量，新型建筑材料，施工新技术。

⑨工程质量事故处理记录。

⑩工程质量检验记录。主要包括：检验批质量验收记录，分项工程质量验收记录，基础、主体工程验收记录，幕墙工程验收记录，分部（子分部）工程质量验收记录。

（2）电气、给排水、消防、采暖、通风、空调、燃气、建筑智能化、电梯工程

①一般施工记录。主要包括：施工组织设计，技术交底，施工日志。

②图纸变更记录。主要包括：图纸会审，设计变更，工程洽商。

③设备、产品质量检查、安装记录。主要包括：设备、产品质量合格证、质量保证书，设备装箱单、商检证明和说明书、开箱报告，设备安装记录，设备试运行记录，设备明细表。

④预检记录。

⑤隐蔽工程检查记录。

⑥施工试验记录。主要包括：电气接地电阻、绝缘电阻、综合布线、有线电视末端等测试记录，楼宇自控、监视、安装、视听、电话等系统调试记录，变配电设备安装、检查、通电、满负荷测试记录，给排水、消防、采暖、空调、燃气等管道强度、严密性、灌水、通水、吹洗、漏风、试压、通球、阀门等试验记录，电气照明、动力、给排水、消防、采暖、通风、空调、燃气等系统调试、试运行记录，电梯接地电阻、绝缘电阻测试记录、空载、半载、满载、超载试运行记录、平衡、运速、噪声调整试验报告。

⑦质量事故处理记录。

⑧工程质量检验记录。主要包括：检验批质量验收记录，分项工程质量验收记录，分部（子分部）工程质量验收记录。

（3）室外工程

①室外安装（给水、雨水、污水、热力、燃气、电讯、电力、照明、电视、消防等）施工文件。

②室外建筑环境（建筑小品、水景、道路园林绿化等）施工文件。

2.市政基础设施工程

①施工技术准备。主要包括：施工组织设计，技术交底，图纸会审记录，施工预算的编制和审查。

②施工现场准备。主要包括：工程定位测量资料，工程定位测量复核记录，导线点、水准点测量复核记录，工程轴线、定位桩、高程控制策略复核记录，施工安全措施，施工环保措施。

③设计变更、洽商记录。主要包括：设计变更通知单，洽商记录。

④原材料、成品、半成品、构配件、设备出厂质量合格证及试验报告。主要包括：砂、石、砌块、水泥、钢筋（材）、石灰、沥青、涂料、混凝土外加剂、防水材料、粘接材料、防腐保护材料、焊接材料等试验汇总表，砂、石、砌块、水泥、钢筋（材）、石灰、沥青、涂料、混凝土外加剂、防水材料、粘接材料、防腐保护材料、焊接材料等质量合格证和出厂检（试）验报告及现场复试报告，水泥、石灰、粉煤灰混合料、沥青混合料、商品混凝土等试验报告，水泥、石灰、粉煤灰混合料、沥青混合料、商品混凝土等出厂合格证和试验报告，现场复试报告，混凝土预制构件、管材、管件、钢结构构件等试验汇总表，混凝土预制构件、管材、管件、钢结构构件等出厂合格证和相应的施工技

术资料,厂站工程的成套设备、预应力混凝土张拉设备、各类地下管线井室设备、产品等汇总表,厂站工程的成套设备、预应力混凝土张拉设备、各类地下管线井室设备、产品等出厂合格证和安装使用说明,设备开箱报告。

⑤施工试验记录。主要包括:砂浆、混凝土试块强度、钢筋(材)焊连接、土壤、路基强度试验等汇总表,道路压实、强度试验记录,混凝土试块强度试验记录,砂浆试块强度试验记录,钢筋(材)焊连接试验报告,钢管、钢结构安装及焊缝处理外观质量检查记录,桩基础试(检)验报告,工程物资选样送审记录,进场物质批次汇总记录,工程物资进场检验记录。

⑥施工记录。主要包括:地基与基槽验收记录,桩基施工记录,构件设备安装和调试记录,预应力张拉记录,沉井工程下沉观测记录,混凝土浇灌记录,管道、箱涵等工程项目推进记录,构筑物沉降观测记录,施工测温记录,预制安装水池壁板缝绕钢丝应力测定记录。

⑦预检记录、隐蔽工程检查(验收)记录、工程质量检查评定记录。主要包括:模板预检记录,大型构件和设备安装前预检记录,设备安装位置检查记录,管道安装检查记录,补偿器冷拉及安装情况记录,支(吊)架位置、各部位连接方式等检查记录,供水、供热、供气管道吹(冲)洗记录,保温、防腐、油漆等施工检查记录;隐蔽工程检查(验收)记;工序工程质量评定记录,部位工程质量评定记录,分部工程质量评定记录。

⑧功能性试验记录。主要包括:道路工程的弯沉试验记录,桥梁工程的动、静荷载试验记录,无压力管道的严密性试验记录,压力管道的强度、严密性、通球等试验记录,水池满水试验,消化池气密性试验,电气绝缘电阻、接地电阻测试记录,电气照明、动力试运行记录,供热管网、燃气管网等试运行记录,燃气储罐总体试验记录,电讯、宽带网等试运行记录。

⑨质量事故及处理记录。主要包括:工程质量事故报告,工程质量事故处理记录。

⑩竣工测量资料。主要包括:建筑物、构筑物竣工测量记录及测量示意图,地下管线工程竣工测量记录。

(四)竣工图

竣工图是指在工程竣工验收之后能够真实反映建设工程项目施工结果的图样。相关归档文件说明如下。

1.建筑安装工程竣工图

(1)综合竣工图

①综合图。主要包括:总平面布置图(包括建筑、建筑小品、水景、照明、道路、绿化等),竖向布置图,室外给水、排水、热力、燃气等管网综合图,电气(包括电力、电讯、电视系统等)综合图,设计总说明书。

②室外专业图。主要包括:室外给水,室外雨水,室外污水,室外热力,室外燃气,室外电讯,室外电力,室外电视,室外建筑小品,室外消防,室外照明,室外水景,室外道路,室外绿化。

(2)专业竣工图

专业竣工图主要包括:建筑竣工图,结构竣工图,装修(装饰)工程竣工图,电气工程(智能化工程)竣工图,给排水工程(消防工程)竣工图,采暖通风空调工程竣工图,燃气工程竣工图。

2.市政基础设施工程竣工图

市政基础设施工程竣工图主要包括:道路工程,桥梁工程,广场工程,隧道工程,铁路、公路、航空、水运等交通工程,地下铁道等轨道交通工程,地下人防工程,水利防灾工程,排水工程,供水、供热、供气、电力、电讯等地下管线工程,高压架空线输电线工程,污水处理、垃圾处理处置工程,场、厂、站工程。

(五)竣工验收文件

竣工验收文件是指建设工程项目竣工验收活动中形成的文件。竣工验收归档文件介绍如下。

1. 工程竣工总结

工程竣工总结主要包括:工程概况表,工程竣工总结。

2. 竣工验收记录

(1)建筑安装工程

建筑安装工程主要包括:单位(子单位)工程质量竣工验收记录,竣工验收证明书,竣工验收报告,竣工验收备案表(包括各专项验收认可文件),工程质量保修书。

(2)市政基础设施工程

市政基础设施工程主要包括:单位工程质量评定表及报验单,竣工验收证明书,竣工验收报告,竣工验收备案表(包括各专项验收认可文件),工程质量保修书。

3. 财务文件

财务文件主要包括:决算文件,交付使用财产总表和财产明细表。

4. 声像、缩微、电子档案

声像、缩微、电子档案主要包括:工程照片,录音、录像材料,微缩品,光盘,磁盘。

二 建设工程档案的移交程序

(一)基本规定

(1)建设、勘察、设计、施工、监理等单位应将工程文件的形成和积累纳入工程建设管理的各个环节和有关人员的职责范围。

(2)在工程文件与档案的整理立卷、验收移交工作中,建设单位须履行的职责包括:

①在工程招标及与勘察、设计、施工、监理等单位签订协议、合同时,应对工程文件的套数、费用、质量、移交时间等提出明确要求;

②收集和整理工程准备阶段、竣工验收阶段形成的文件进行立卷归档;

③负责组织、监督和检查勘察、设计、施工、监理等单位的工程文件的形成、积累和立卷归档工作;也可委托监理单位监督、检查工程文件的形成、积累和立卷归档工作;

④收集和汇总勘察、设计、施工、监理等单位立卷归档的工程档案;

⑤在组织工程竣工验收前,应提请当地的城建档案管理机构对工程档案进行预验收;未取得工程档案验收认可文件,不得组织工程竣工验收;

⑥对列入城建档案馆(室)接收范围的工程,工程竣工验收后 3 个月内,向当地城建档案馆(室)移交一套符合规定的工程档案。

（3）勘察、设计、施工、监理等单位应将本单位形成的工程文件立卷后向建设单位移交。

（4）建设工程项目实行总承包的，总包单位负责收集、汇总各分包单位形成的工程档案，并应及时向建设单位移交；各分包单位应将本单位形成的工程文件整理、立卷后及时移交总包单位。建设工程项目由几个单位承包的，各承包单位负责收集、整理立卷其承包项目的工程文件，并应及时向建设单位移交。

（5）城建档案管理机构应对工程文件的立卷归档工作进行监督、检查、指导。在工程竣工验收前，应对工程档案进行预验收，验收合格后，须出具工程档案认可文件。

（二）工程文件的归档范围及质量要求

1. 工程文件的归档范围

对与工程建设有关的重要活动、记载工程建设主要过程和现状、具有保存价值的各种载体的文件，均应收集齐全，整理立卷后归档。工程文件的具体归档范围应符合本规范的要求。

2. 归档文件的质量要求

归档的工程文件应为原件；工程文件的内容及其深度必须符合国家有关工程勘察、设计、施工、监理等方面的技术规范、标准和规程。

（三）工程文件的立卷

1. 立卷的原则和方法

立卷应遵循工程文件的自然形成规律，保持卷内文件的有机联系，便于档案的保管和利用。一个建设工程由多个单位工程组成时，工程文件应按单位工程组卷。

立卷的具体方法如下：

（1）工程文件可按建设程序划分为工程准备阶段的文件、监理文件、施工文件、竣工图、竣工验收文件5部分；

（2）工程准备阶段文件可按建设程序、专业、形成单位等组卷；

（3）监理文件可按单位工程、分部工程、专业、阶段等组卷；

（4）施工文件可按单位工程、分部工程、专业、阶段等组卷；

（5）竣工图可按单位工程、专业等组卷；

（6）竣工验收文件按单位工程、专业等组卷。

2. 卷内文件的排列

文字材料按事项、专业顺序排列。同一事项的请示与批复、同一文件的印本与定稿、主件与附件不能分开，并按批复在前、请示在后，印本在前、定稿在后，主件在前、附件在后的顺序排列。图纸按专业排列，同专业图纸按图号顺序排列。既有文字材料又有图纸的案卷，文字材料排前，图纸排后。

3. 案卷的编目

卷内文件均按有书写内容的页面编号。每卷单独编号，页号从"1"开始。页号编写位置：单面书写的文件在右下角；双面书写的文件，正面在右下角，背面在左下角。折叠后的图纸一律在右下角。成套图纸或印刷成册的科技文件材料，自成一卷的，原目录可代替卷内目录，不必重新编写页码。案卷封面、卷内目录、卷内备考表不编写页号。

314

4.案卷装订

案卷可采用装订与不装订两种形式。文字材料必须装订。既有文字材料,又有图纸的案卷应装订。装订应采用线绳三孔左侧装订法,要整齐、牢固,便于保管和利用。装订时必须剔除金属物。

5.卷盒、卷夹、案卷脊背

案卷装具一般采用卷盒、卷夹两种形式。案卷脊背的内容包括档号、案卷题名。

(四)工程文件的归档

归档文件必须完整、准确、系统,能够反映工程建设活动的全过程。归档的文件必须经过分类整理,并应组成符合要求的案卷。此处,归档有两方面含义:一是建设、勘察、设计、施工、监理等单位将本单位在工程建设过程中形成的文件向本单位档案管理机构移交;二是勘察、设计、施工、监理等单位将本单位在工程建设过程中形成的文件向建设单位档案管理机构移交。

归档时间应符合下列规定:

(1)根据建设程序和工程特点,归档可以分阶段分期进行,也可以在单位或分部工程通过竣工验收后进行。

(2)勘察、设计单位应当在任务完成时,施工、监理单位应当在工程竣工验收前,将各自形成的有关工程档案向建设单位归档。

(3)勘察、设计、施工单位在收齐工程文件并整理立卷后,建设单位、监理单位应根据城建档案管理机构的要求对档案文件完整、准确、系统情况和案卷质量进行审查。审查合格后向建设单位移交。

(4)工程档案一般不少于两套,一套由建设单位保管,一套(原件)移交当地城建档案馆(室)。

(5)勘察、设计、施工、监理等单位向建设单位移交档案时,应编制移交清单,双方签字、盖章后方可交接。

(6)凡设计、施工及监理单位需要向本单位归档的文件,应按国家有关规定和本规范的要求单独立卷归档。

(五)工程档案的验收与移交

(1)列入城建档案馆(室)档案接收范围的工程,建设单位在组织工程竣工验收前,应提请城建档案管理机构对工程档案进行预验收。建设单位未取得城建档案管理机构出具的认可文件,不得组织工程竣工验收。

(2)城建档案管理机构在进行工程档案预验收时,应重点验收以下内容:

①工程档案齐全、系统、完整;

②工程档案的内容真实、准确地反映工程建设活动和工程实际状况;

③工程档案已整理立卷,立卷符合本规范的规定;

④竣工图绘制方法、图式及规格等符合专业技术要求,图面整洁,盖有竣工图章;

⑤文件的形成、来源符合实际,要求单位或个人签章的文件,其签章手续完备;

⑥文件材质、幅面、书写、绘图、用墨、托裱等符合要求。

（3）列入城建档案馆（室）接收范围的工程，建设单位在工程竣工验收后 3 个月内，必须向城建档案馆（室）移交一套符合规定的工程档案。

（4）停建、缓建建设工程的档案，暂由建设单位保管。

（5）对改建、扩建和维修工程，建设单位应当组织设计、施工单位据实修改、补充和完善原工程档案。对改变的部位，应当重新编制工程档案，并在工程竣工验收后 3 个月内向城建档案馆（室）移交。

（6）建设单位向城建档案馆（室）移交工程档案时，应办理移交手续，填写移交目录，双方签字、盖章后交接。

第六节 保险法律制度

《中华人民共和国保险法》第二条规定，保险是指投保人根据合同约定，向保险人支付保险费，保险人对于合同约定的可能发生的事故因其发生所造成的财产损失承担赔偿保险金责任，或者当被保险人死亡、伤残、疾病或者达到合同约定的年龄、期限时承担给付保险金责任的商业保险行为。

目前，越来越多的建设工程具有规模大、建造技术复杂、工期长和涉及面广等特点，建筑行业的风险性在不断提高。如何降低风险和预防损失，是业主和承包商必须共同面对的新难题，而参加工程建设保险，不失为规避风险的好办法。工程建设保险属于商业险种，主要包括：建筑工程一切险和安装工程一切险。

一 建筑工程一切险

（一）建筑工程一切险的概念

建筑工程一切险是对建筑工程项目提供全面保险，它既对各种建筑工程及其施工过程中的物料、机器设备遭受的损失予以保险，也对因工程建设给第三者造成的人身、财产伤害承担经济赔偿责任。

（二）建筑工程一切险的内容

1.建筑工程一切险的投保人与被保险人

建筑工程一切险的投保人是由承包商负责投保，也可由业主代为投保，但费用还是由承包商负责支付。建筑工程一切险的被保险人可以是与工程建设有关的业主、承包商、监理工程师、分包商及贷款的银行等。

2.建筑工程一切险的承保范围

（1）建筑工程一切险适用范围

建筑工程一切险适用于所有合法的房屋工程和公共工程，包括以下工程：

①住宅、商业用房、医院、学校、剧院；

②工业厂房、电站；

③公路、铁路、飞机场；

④桥梁、船闸、大坝、隧道、排灌工程、水渠及港埠等。

（2）建筑工程一切险承保的内容

①建筑工程本身。工程本身是指由总承包商和分包商为履行合同而实施的全部工程，包括预备工程，如水准测量、土方；临时工程，如引水、保护堤；全部存放于工地，施工所必需的材料。

②施工用设施和设备。主要包括水电供应、活动房、材料库、配料棚、搅拌站、脚手架及其他类似设施。

③施工用机具。主要包括承包商所有或者租赁的大型陆上运输和施工机械、吊车及不能在公路上行驶的工地用车辆。

④清理场地费用。这是指在发生灾害事故后场地上产生了大量的残砾，为清理工地现场而必须支付的一笔费用。

⑤第三者责任。第三者责任是指在保险期内对因工程意外事故造成的、依法应由被保险人负责的工地上及邻近地区的第三者人身伤亡、疾病或财产损失，以及被保险人因此而支付的诉讼费用和事先经保险公司书面同意支付的其他费用等赔偿责任。但是，被保险人的职工的人身伤亡和财产损失应予除外（属于意外伤害保险）。

⑥工地内现有的建筑物。这是指不在承保的工程范围内的、所有人或承包人所有的工地内已有的建筑物或财产。

⑦由被保险人看管或监护的停放于工地的财产。

（3）建筑工程一切险承保危险与损害

建筑工程一切险承保的危险与损害涉及面很广，凡保险单中列举的除外情况之外的一切事故损失全在保险范围内，包括下述原因造成的损失：

①火灾、爆炸、雷击、飞机坠毁及灭火或其他救助所造成的损失；

②海啸、洪水、潮水、水灾、地震、暴雨、风暴、雪崩、地崩、山崩、冻灾、冰雹及其他自然灾害；

③一般性盗窃和抢劫；

④由于工人、技术人员缺乏经验、疏忽、过失、恶意行为或无能力等导致的施工拙劣而造成的损失；

⑤其他意外事件。

建筑材料在工地范围内的运输过程中受到的损失和破坏，以及施工设备和机具在装卸时出现的损失等亦可纳入工程险的承保范围。

3.建筑工程一切险的除外责任

按照国际惯例，属于除外的情况通常有以下几种：

（1）由于军事行动、战争或其他类似事件，以及罢工、骚动、民众运动或当局命令停工等情况造成的损失；

（2）政府命令或任何公共当局的没收、征用、销毁或毁坏；

（3）被保险人及其代表的故意行为或重大过失引起的任何损失、费用和责任；

（4）因原子核裂变而造成的损失；

（5）由于合同罚款及其他非实质性损失；

（6）大气、土地、水污染及其他各种污染引起的任何损失、费用和责任；

（7）因施工机具本身原因即无外界原因情况下造成的损失（但因这些损失而导致的建筑事故则不属除外情况）；

（8）因设计错误（结构缺陷）而造成的损失；

（9）因纠正或修复工程差错（例如因使用有缺陷或非标准材料而导致的差错）而增加的支出。

4. 建筑工程一切险的保险期

建筑工程一切险自保险工程在工地动工或用于保险工程的材料、设备运抵工地之时起始，至工程所有人对部分或全部工程签发竣工验收证书或验收合格，或工程所有人实际占有或使用或接收该部分或全部工程之时终止，以先发生者为准，开工日包括打地基在内（如果地基亦在保险范围内）。施工机具保险从其卸放于工地之日起开始生效。

保险终止日应为工程竣工验收之日或者保险单上列出的终止日。

5. 建筑工程一切险的保险金额

保险金额是指保险人承担赔偿或者给付保险金责任的最高限额。

（1）保险单明细表中列明的保险金额应不低于：

①建筑工程——保险工程建筑完成时的总价值，包括原材料费用、设备费用、建造费、安装费、运输费和保险费、关税、其他税项和费用，以及由工程所有人提供的原材料和设备的费用；

②施工用机器、装置和机械设备——重置同型号、同负载的新机器、装置和机械设备所需的费用；

③其他保险项目——由被保险人与保险人商定的金额。

（2）若被保险人是以保险工程合同规定的工程概算总造价投保，被保险人应：

①在本保险项下工程造价中包括的各项费用因涨价或升值原因而超出原保险工程造价时，必须尽快以书面通知保险人，保险人据此调整保险金额；

②在保险期限内对相应的工程细节作出精确记录，并允许保险人在合理的时候对该项记录进行查验；

③若保险工程的建造期超过3年，必须从保险单生效日起每隔12个月向保险人申报当时的工程实际投入金额及调整后的工程总造价，保险人将据此调整保险费；

④在保险单列明的保险期限届满后3个月内向保险人申报最终的工程总价值，保险人据此以多退少补的方式对预收保险费进行调整。

否则，针对以上各条，保险人将视为保险金额不足，一旦发生本保险责任范围内的损失时，保险人将根据本保险单总则中有关条款的规定对各种损失按比例赔偿。

6. 建筑工程一切险的免赔额

工程保险免赔额和赔偿限额的规定，是对被保险人应负责任的规定。通常，保险公司要求投保人根据其不同的损失情况，自负一定的责任，我们把由被保险人承担的损失额称为免赔额。工程本身的免赔额为保险金额的 0.5%～2%；施工机具设备等的免赔额为保险金额的 5%；第三者责任险中财产损失的免赔额为每次事故赔偿限额的 1%～2%，但人身伤害没有免赔额。

如果免赔额高、赔偿限额低，被保险人责任大，保险费率会降低；如果免赔额低、赔偿限额高,保险费率会相应提高。保险人向被保险人支付为修复保险标的遭受损失所需的费用时,必须扣除免赔额。支付的赔偿额极限相当于保险总额,但不超过保险合同中规定的每次事故的保险极限之和或整个保险期内发生的全部事故的总保险极限。

二 安装工程一切险

(一)安装工程一切险的概念和特点

安装工程一切险是以各种机器设备和钢结构为标的,并为机器设备的安装及钢结构工程的实施提供尽可能全面的专门保险,属于一种技术险种。

随着人们对安装工程一切险重要性认识的逐步深入,许多国家和地区已开始接受该险种,该险种主要负责承保安装各种机器、设备、储油罐、钢结构、起重机、吊车和包含机械工程因素的各种工程建设一切损失。

(二)安装工程一切险和建筑工程一切险的区别

(1)建筑工程一切险的标的从开工后逐渐提高、风险分散,而安装工程一切险的保险标的一开始就存放于工地,保险公司一开始就承担着全部货价的风险,风险比较集中。当机器安装好之后,试车、考核带来的危险以及试车过程中发生的机器损坏的危险都非常大,这些危险在建筑工程一切险中是不存在的。

(2)一般情况下,自然灾害造成的建筑工程一切险的保险标的损坏可能性比较大,而安装工程一切险的保险标的多数是建筑物内的安装设备,受自然灾害损坏的可能性较小,受人为事故损害的可能性较大,要加强现场被保险人的安全操作管理,严格执行操作规程。

(3)安装工程在交接前必须进行试车考核,在试车期间,任何潜在的因素都有可能造成损失,造成风险比较集中,因此,该时段内的保险费率占整个工期的保费的比重也比较高。另外,也不对旧机器设备承担赔付责任。

总的来讲,安装工程一切险的风险比较大,保险费率要高于建筑工程一切险。

(三)安装工程一切险的内容

1. 安装工程一切险的投保人与被保险人

投保人即与保险人订立保险合同并支付保费的人。安装工程一切险的投保人可以是业主、承包商、供货商或制造商等。安装工程一切险的被保险人除承包商外还包括:

①业主;
②制造商或供应商;
③技术咨询顾问;
④安装工程的信贷机构;
⑤待安装构件的买受人等。

2. 安装工程一切险的责任范围和除外责任

(1)安装工程一切险的保险标的

①安装的机器及安装费,包括安装工程合同内要安装的机器、设备、装置、物料、基础工程(如地基、座基等)以及为安装工程所需的各种临时设施(如水电、照明、通信设备等);

②安装工程使用的承包人的机器、设备;

③附带投保的土木建筑工程项目,指厂房、仓库、办公楼、宿舍、码头、桥梁等。这些项目一般不在安装合同内,但可以在安装险内进行附带投保。如果土木建筑工程项目不超过总价的20%,整个项目按安装工程一切险投保;若介于总价的20%和50%之间,该部分项目按建筑工程一切险投保;若超过50%,整个项目按建筑工程一切险投保。

安装工程一切险也可以根据投保人的要求附加第三者责任险,这与建筑工程一切险是相同的。

(2)安装工程一切险承保的危险和损失

安装工程一切险承保的危险和损害除包括建筑工程一切险中规定的内容外,还包括:

①短路、过电压、电弧所造成的损失;

②超压、压力不足和离心力引起的断裂所造成的损失;

③其他意外事故,如因进入异物或因安装地点的运输而引起的意外事件等。

(3)安装工程一切险的除外责任

安装工程一切险的除外情况主要有以下几种:

①由结构、材料或在车间制作方面的错误导致的损失;

②被保险人及其代表的故意行为或重大过失引起的任何损失、费用和责任;

③因功力或效益不足而遭致合同罚款或其他非实质性损失;

④由战争或其他类似事件,民众运动或因当局命令而造成的损失;

⑤因罢工和骚乱而造成的损失(但有些国家却不视为除外情况);

⑥政府命令或任何公共当局的没收、征用、销毁或毁坏;

⑦大气、土地、水污染及其他各种污染引起的任何损失、费用和责任;

⑧由原子核裂化或核辐射造成的损失等。

3.安装工程一切险的保险期限

(1)安装工程一切险的保险责任的开始和终止

安装工程一切险的保险责任,自保险工程的动工日(包括土建任务)或用于保险工程的材料、设备运抵工地至工程所有人对部分或全部工程签发完工验收证书或验收合格,或工程所有人实际占有或使用或接收该部分或全部工程终止,以先发生者为准。安装工程一切险的保险责任可以延展至为期一年的维修期满日。

安装工程一切险的保险期的展延,须征得保险人的书面同意,在保险单上加批并增收保费,否则,保险人不负责由此产生的责任和费用。

(2)试车考核期

安装工程一切险的保险期内,一般应包括一个试车考核期。考核期的长短要根据工程合同上的规定来决定。考核期的保险责任一般不会超过3个月,若超过3个月,应另行加收费用。对于旧机器设备,即安装前已被使用过的设备或转手设备,安装工程一切险不负考核期的保险责任,不承担其维修期的保险责任。这可以理解为:在一张保险单中,同时承保旧机器设备和其他新的项目,此时,该保险单仅对新设备的保险责任有效。

（3）安装工程一切险的保险期限应注意的有关问题

①当部分工程验收移交或实际投入使用时,保险责任自验收移交或投入使用之日即行终止,但保单上的有关附加条款或者批文应对此给予说明。

②试车考核期的保险责任期是指连续的时间,不是断续累计的时间,责任期一般应定为3个月。

③维修期应从实际完工验收或投入使用之日起算,不能机械地按合同规定的竣工日起算。

4. 安装工程一切险的保险金额组成

安装工程一切险的保险金额包括物质损失和第三者责任两大部分,具体包括:保险工程安装完成时的总价值、施工用机器、装置和机械设备所需的费用和被保险人与保险人商定的金额等。

第七节　劳动法律制度

我国劳动法的概念有广义和狭义之分。广义上的劳动法,是指用来调整劳动关系以及与劳动关系有密切联系的其他关系的法律规范总和;狭义上的劳动法,是指《中华人民共和国劳动法》(简称《劳动法》)和《中华人民共和国劳动合同法》(以下简称《劳动合同法》)。劳动法的调整对象包括劳动关系和与劳动关系联系密切的其他关系,其中劳动关系是劳动法调整的主要对象。

《劳动法》适用于在中华人民共和国境内的企业、个体经济组织(用人单位)和与之形成劳动关系的劳动者;国家机关、事业组织、社会团体和与之建立劳动合同关系的劳动者。

我国是社会主义国家,国家性质决定了劳动法的社会主义本质,也就影响到《劳动法》有以下的作用:

（1）保护劳动者合法权益,调动劳动者生产积极性;

（2）建立和谐、稳定的劳动关系,促进生产力的发展;

（3）建立和维护适应社会主义市场经济的劳动制度。

一 劳动合同

(一)劳动合同的概念

劳动合同,也称劳动契约或劳动协议,是指劳动者与用人单位为了确立劳动关系,明确双方的权利、义务和责任而签订的书面协议。

《劳动法》第十七条规定:"订立和变更劳动合同,应当遵循平等自愿、协商一致的原则,不得违反法律、行政法规的规定。劳动合同依法订立即具有法律约束力,当事人必须履行劳动合同规定的义务。"在合同签订之后,劳动者加入用人单位,承担一定的工作任务,遵守单位内部的规章制度。用人单位要依照劳动法律、法规和双方的协议,保障劳动者合法权益,提供各种劳动条件,根据劳动者劳动数量和质量支付报酬,保证劳动者享受本单位成员的各种权利和福利待遇。

（二）劳动合同的特征

劳动合同是合同的一种，它具有合同的一般特征，即合同是双方的法律行为，而不是单方的法律行为；合同是当事人之间的协议，只有当事人在平等自愿、协商一致的基础上达成一致时，合同才成立；合同是合法行为，不能是违法行为，合同一经签订，就具有法律约束力。劳动合同除具有上述一般特征外，还有其自身的基本特征：

（1）劳动合同的主体是特定的。必须一方是具有法人资格的用人单位或能独立承担民事责任的经济组织和个人；另一方是具有劳动权力能力和劳动行为能力的劳动者。

（2）劳动合同的内容具有较强的法定性。劳动合同的许多内容必须遵守国家的法律规定，如工资、保险、保护、安全生产等。

（3）劳动合同的当事人之间存在着职业上的从属关系。在订立劳动合同后，劳动者成为用人单位的一员，用人单位有权指派劳动者完成劳动合同规定的属于劳动者劳动职能范围内的任务。

（4）劳动合同双方当事人的权利和义务是统一的，即双方当事人既是劳动权利主体，又是劳动义务主体，根据签订的劳动合同，劳动者有义务完成工作任务，遵守本单位内部的劳动规则，用人单位有义务按照劳动者劳动数量和质量支付劳动报酬。劳动者有权享受法律、法规及劳动合同规定的劳动保险和生活福利待遇，用人单位有义务提供劳动法律、法规及劳动合同规定的劳动保护条件。

（三）劳动合同的订立

建立劳动关系必须要订立劳动合同。作为劳动合同主体的劳动者，首先必须具备合法性。对劳动者的具体要求包括：

（1）妇女与男子拥有平等的就业权利；

（2）在录用职工时，除国家规定的不适合妇女的工种或者岗位外，不得以性别为由拒绝录用妇女或者提高对妇女的录用标准；

（3）残疾人、少数民族人员、退出现役的军人的就业，法律、法规有特别规定的，从其规定；

（4）禁止用人单位招用未满十六周岁的未成年人；文艺、体育和特种工艺单位招用未满16周岁的未成年人，必须依照国家有关规定，履行审批手续，并保障其接受义务教育的权利。

根据《劳动合同法》规定，劳动合同应当具备以下条款：

（1）用人单位的名称、住所和法定代表人或者主要负责人；

（2）劳动者的姓名、住址和居民身份证或者其他有效身份证件号码；

（3）劳动合同期限；

（4）工作内容和工作地点；

（5）工作时间和休息休假；

（6）劳动报酬；

（7）社会保险；

（8）劳动保护、劳动条件和职业危害防护；

（9）法律、法规规定应当纳入劳动合同的其他事项。

劳动合同除前款规定的必备条款外,用人单位与劳动者可以约定试用期、培训、保守秘密、补充保险和福利待遇等其他事项。

如果劳动合同违反法律、行政法规,或者是采取欺诈、威胁等手段订立的,那么该合同可视为无效的劳动合同。这样的合同从订立之日起,就没有法律约束力。

(四)劳动合同的分类

根据签约期限,劳动合同分为:固定期限、无固定期限和以完成一定的工作为期限的劳动合同,共三类。

(1)固定期限劳动合同,是指用人单位与劳动者约定合同终止时间的劳动合同。

(2)无固定期限劳动合同,是指用人单位与劳动者约定无确定终止时间的劳动合同。

有下列情形之一,劳动者提出或者同意续订、订立劳动合同的,除劳动者提出订立固定期限劳动合同外,应当订立无固定期限劳动合同:

①劳动者在该用人单位连续工作满十年的;

②用人单位初次实行劳动合同制度或者国有企业改制重新订立劳动合同时,劳动者在该用人单位连续工作满十年且距法定退休年龄不足十年的;

③连续订立二次固定期限劳动合同,且劳动者没有本法第三十九条和第四十条第一项、第二项规定的情形,续订劳动合同的。

用人单位自用工之日起满一年不与劳动者订立书面劳动合同的,视为用人单位与劳动者已订立无固定期限劳动合同。

(3)以完成一定工作任务为期限的劳动合同,是指用人单位与劳动者约定以某项工作的完成为合同期限的劳动合同。

(五)劳动合同试用期

劳动合同可以约定试用期。劳动合同期限3个月以上不满一年的,试用期不得超过一个月;劳动合同期限一年以上不满三年的,试用期不得超过2个月;三年以上固定期限和无固定期限的劳动合同,试用期不得超过6个月。同一用人单位与同一劳动者只能约定一次试用期。

以完成一定工作任务为期限的劳动合同或者劳动合同期限不满3个月的,不得约定试用期。

试用期包含在劳动合同期限内。劳动合同仅约定试用期的,试用期不成立,该期限为劳动合同期限。

(六)劳动合同的解除

劳动合同的解除,是指合同当事人双方在劳动合同期限届满之前依法提前终止劳动合同的法律行为。解除劳动合同的情形有:

(1)经劳动合同当事人双方协商一致,劳动合同可以解除。

(2)劳动者提前三十日以书面形式通知用人单位,可以解除劳动合同。劳动者在试用期内提前三日通知用人单位,可以解除劳动合同。

用人单位有下列情形之一的,劳动者可以解除劳动合同:

①未按照劳动合同约定提供劳动保护或者劳动条件的；

②未及时足额支付劳动报酬的；

③未依法为劳动者缴纳社会保险费的；

④用人单位的规章制度违反法律、法规的规定，损害劳动者权益的；

⑤因本法第二十六条第一款规定的情形致使劳动合同无效的；

⑥法律、行政法规规定劳动者可以解除劳动合同的其他情形。

用人单位以暴力、威胁或者非法限制人身自由的手段强迫劳动者劳动的，或者用人单位违章指挥、强令冒险作业危及劳动者人身安全的，劳动者可以立即解除劳动合同，不需事先告知用人单位。

（3）无须通知，用人单位可以随时解除劳动合同的情形。具体情况如下：

①在试用期间被证明不符合录用条件的；

②严重违反用人单位规章制度的；

③严重失职，营私舞弊，对用人单位利益造成重大损害的；

④劳动者同时与其他用人单位建立劳动关系，对完成本单位的工作任务造成严重影响，或者经用人单位提出，拒不改正的；

⑤以欺诈、胁迫的手段或者乘人之危，使对方在违背真实意思的情况下订立或者变更劳动合同，致使劳动合同无效的；

⑥被依法追究刑事责任的。

（4）属于以下情形之一的，用人单位提前三十日以书面形式通知劳动者本人或者额外支付劳动者一个月工资后，可以解除劳动合同：

①劳动者患病或者非因工负伤，医疗期满后，不能从事原工作也不能从事由用人单位另行安排的工作的；

②劳动者不能胜任工作，经过培训或者调整工作岗位，仍不能胜任工作的；

③劳动合同订立时所依据的客观情况发生重大变化，致使原劳动合同无法履行，经当事人协商不能就变更劳动合同达成协议的。

（5）有下列情形之一，需要裁减人员20人以上或者裁减不足20人但占企业职工总数10%以上的，用人单位提前30日向工会或者全体职工说明情况，听取工会或者职工的意见后，裁减人员方案经向劳动行政部门报告，可以裁减人员：

①依照企业破产法规定进行重整的；

②生产经营发生严重困难的；

③企业转产、重大技术革新或者经营方式调整，经变更劳动合同后，仍需裁减人员的；

④其他因劳动合同订立时所依据的客观经济情况发生重大变化，致使劳动合同无法履行的。

用人单位依照法律规定裁减人员，在6个月内重新招用人员的，应当通知被裁减的人员，并在同等条件下优先招用被裁减的人员。

（6）属于以下情况之一的，用人单位不得解除劳动者的劳动合同：

①从事接触职业病危害作业的劳动者未进行离岗前职业健康检查，或者疑似职业病病人在诊断或者医学观察期间的；

②在本单位患职业病或者因工负伤并被确认丧失或者部分丧失劳动能力的；

③患病或者非因工负伤，在规定的医疗期内的；

④女职工在孕期、产期、哺乳期的；

⑤在本单位连续工作满十五年，且距法定退休年龄不足五年的；

⑥法律、行政法规规定的其他情形。

(七)劳动合同的终止

劳动合同期满或者当事人约定的劳动合同终止条件出现，劳动合同即行终止。

(1)劳动合同期满的；

(2)劳动者开始依法享受基本养老保险待遇的；

(3)劳动者死亡，或者被人民法院宣告死亡或者宣告失踪的；

(4)用人单位被依法宣告破产的；

(5)用人单位被吊销营业执照、责令关闭、撤销或者用人单位决定提前解散的；

(6)法律、行政法规规定的其他情形。

二 劳动保护的法律规定

保护劳动者的合法权益是国家和单位的重要职责。《劳动法》对劳动者的工作时间、休息休假、工资、劳动安全卫生、女职工和未成年工特殊保护、社会保险和福利等作了法律规定。

(一)工作时间

《劳动法》规定，国家实行劳动者每日工作时间不超过 8 小时，平均每周工作时间不超过 44 小时。用人单位应当保证劳动者每周至少休息一日。企业应生产特点不能实行此规定的，经劳动部行政部门批准，可以实行其他工作和休息办法。

1. 缩短工作日

《国务院关于职工工作时间的规定》中规定"在特殊条件下从事劳动和有特殊情况，需要适当缩短工作时间的，按照国际有关规定执行"。

2. 不定时工作日

企业对符合下列条件之一的职工，可以实行不定时工作日制：

(1)企业中的高级管理人员、外勤人员、推销人员、部分值班人员和其他因工作无法按标准工作时间衡量的职工；

(2)企业中的长途运输人员、出租汽车司机和铁路、港口、仓库的部分装卸人员以及因工作性质特殊，需机动作业的职工；

(3)其他因生产特点、工作特殊需要或职责范围的关系，适合实行不定时工时制的职工。

3. 综合计算工作日

分别以周、月、季、年等为周期综合计算工作时间，但其平均工作时间和平均周工作应与法定标准工作时间基本相同。

4. 计件工资时间

对实行计件工作的劳动者，用人单位应当根据《劳动法》规定的工时制度合理确定其劳动定额和计件报酬标准。

（二）休息休假

《劳动法》规定，用人单位在下列节日期间应当依法安排劳动者休假：①元旦；②春节；③国际劳动节；④国庆节；⑤法律法规规定的其他休假节日。目前，法律、法规规定的其他休假节日有：全体公民放假的节日是清明节、端午节和中秋节；部分公民放假的节日及纪念日是妇女节、青年节、儿童节、中国人民解放军建军纪念日。

用人单位应当按照下列标准支付高于劳动者正常工作时间工资的工资报酬：安排劳动者延长工作时间的，支付不低于工资的150％的工资报酬；休息日安排劳动者工作又不能安排补休的，支付不低于工资的200％的工资标准；法定休假日安排劳动者工作的，支付不低于300％的工资报酬。

（三）劳动者的工资

《劳动法》规定，工资分配应当遵循按劳分配原则，实行同工同酬。《劳动法》规定，国家实行最低工作保障制度。

在劳动者提供正常劳动的情况下，用人单位应支付给劳动者的工资在剔除下列各项以后，不得低于当地最低工资标准：

(1)延长工作时间的工资；

(2)中班、夜班、高温、低温、井下、有毒有害等特殊工作环境、条件下的津贴；

(3)法律、法规和国家规定的劳动者福利待遇等。

实行计件工资或者提成工资等工资形式的用人单位，在科学合理的劳动定额基础上，其支付劳动者的工资不低于相应的低工资标准。

（四）劳动安全卫生制度

《劳动法》规定，用人单位必须建立、健全劳动卫生制度，严格执行国家劳动安全卫生规程和标准，对劳动者进行劳动安全卫生教育，防止劳动过程中的事故，减少职业危害。

劳动安全卫生设施必须符合国家规定的标准。新建、改建、扩建工程的劳动安全卫生设施必须与主体工程同时设计、同时施工、同时投入生产和使用。用人单位必须为劳动者提供符合国家规定的劳动安全卫生条件和必要的劳动防护用品，对从事有职业危害作业的劳动者应当定期进行健康检查。

劳动者在劳动过程中必须严格遵守安全操作规程。劳动者对用人单位管理人员违章指挥、强令冒险作业的，有权拒绝执行；对危害生命安全和身体健康的行为，有权提出批评、检举和控告。

（五）女职工和未成年工的特殊保护

《劳动法》规定，禁止安排女职工从事矿山井下、国家规定的第四级体力劳动强度的劳动和其他禁忌从事的劳动。不得安排女职工在经期从事高处、低温、冷水作业和国家规定的第三级体力劳动强度的劳动。不得安排女职工在孕期从事国家第三级体力劳动强度的劳动和孕期禁忌从事的活动。对怀孕7个月以上的女职工,不得安排其延长工作时间和夜班劳动。女职工生育享受不少于90天的产假。不得安排女职工在哺乳未满一周岁的婴儿期间从事国家规定的第三级体力劳动强度的劳动和哺乳期禁忌从事的其他劳动,不得安排其延长工作时间和夜班劳动。

《劳动法》规定,禁止用人单位招用未满16周岁的未成年人。不得安排未成年工从事矿山井下、有毒有害、国家规定的第四级体力劳动强度的劳动和其他禁忌从事的劳动,用人单位应当对未成年工定期进行健康检查。

(六)劳动者的社会保险与福利

《中华人民共和国社会保险法》规定,国家建立基本养老保险、基本医疗保险、工伤保险、失业保险、生育保险等社会保险制度,保障公民在年老、疾病、工伤、失业、生育等情况下依法从国家和社会得到物质帮助的权利。社会保险制度应坚持广覆盖、保基本、多层次、可持续的方针,社会保险水平应当与经济社会发展水平相适应。中华人民共和国境内的用人单位和个人依法缴纳社会保险费,有权查询缴费记录、个人权益记录,要求社会保险经办机构提供社会保险咨询等相关服务。个人依法享受社会保险待遇,有权监督本单位为其缴费情况。

1.基本养老保险

职工应当参加基本养老保险,由用人单位和职工共同缴纳基本养老保险费。用人单位应当按照国家规定的本单位职工工资总额的比例缴纳基本养老保险费,记入基本养老保险统筹基金。职工应当按照国家规定的本人工资的比例缴纳基本养老保险费,记入个人账户。无雇工的个体工商户、未在用人单位参加基本养老保险的非全日制从业人员以及其他灵活就业人员可以参加基本养老保险,由个人缴纳基本养老保险费。公务员和参照公务员法管理的工作人员养老保险的办法由国务院规定。

2.基本医疗保险

职工应当参加职工基本医疗保险,由用人单位和职工按照国家规定共同缴纳基本医疗保险费。无雇工的个体工商户、未在用人单位参加职工基本医疗保险的非全日制从业人员以及其他灵活就业人员可以参加职工基本医疗保险,由个人按照国家规定缴纳基本医疗保险费。

参加职工基本医疗保险的个人,达到法定退休年龄时累计缴费达到国家规定年限的,退休后不再缴纳基本医疗保险费,按照国家规定享受基本医疗保险待遇;未达到国家规定年限的,可以缴费至国家规定年限。

3.工伤保险

职工应当参加工伤保险,由用人单位缴纳工伤保险费,职工不缴纳工伤保险费。此外《建筑法》规定,鼓励企业为从事危险作业的职工办理意外伤害保险,支付保险费。

4.失业保险

职工应当参加失业保险,由用人单位和职工按照国家规定共同缴纳失业保险费。

失业人员符合下列条件的,从失业保险基金中领取失业保险金:

(1)失业前用人单位和本人已经缴纳失业保险费满1年的;

(2)非因本人意愿中断就业的;

(3)已经进行失业登记,并有求职要求的。

5.生育保险

职工应当参加生育保险,由用人单位按照国家规定缴纳生育保险费,职工不缴纳生育保险费。用人单位已经缴纳生育保险费的,其职工享受生育保险待遇;职工未就业配偶按照国家规定享受生育医疗费用待遇。所需资金从生育保险基金中支付。生育保险待遇包括生育医疗费用和生育津贴。

6.福利

《劳动法》规定,国家发展社会福利事业,兴建公共福利设施,为劳动者休息、休养和疗养提供条件。用人单位应当创造条件,改善集体福利,提高劳动者的福利待遇。

三 劳动争议的解决

(一)劳动争议的概述

所谓劳动争议,就是指劳动法律关系当事人双方因劳动权利和劳动义务所发生的争议。发生劳动争议的前提条件是劳动关系已建立。劳动争议主要包括:

(1)因确认劳动关系发生的争议;

(2)因订立、履行、变更、解除和终止劳动合同发生的争议;

(3)因除名、辞退职工和职工辞退、自动离职发生的争议;

(4)因工作时间、休息休假、工资、社会保险、福利、培训以及劳动保护发生的争议;

(5)因劳动报酬、工伤医疗费、经济补偿或者赔偿金等发生的争议;

(6)劳动者退休后、与尚未参加社会保险统筹的原用人单位因追索养老金、医疗费、工伤保险待遇和其他社会保险而发生的争议;

(7)法律、法规规定的其他劳动争议。

(二)解决劳动争议的手段

根据《劳动法》第七十七条规定:"用人单位与劳动者发生劳动争议,当事人可以依法申请调解、仲裁、提起诉讼,也可以协商解决。调解原则适用于仲裁和诉讼程序。"根据上述规定,劳动者与用人单位可以选择下列程序解决劳动争议。

1.协商

协商是指劳动者与用人单位就争议的问题直接进行协商,寻找纠纷解决的具体方案。与其他纠纷不同的是,劳动争议的当事人一方为单位,一方为单位职工,因双方已经发生一定的劳动关系而使彼此之间相互有所了解。双方发生纠纷后最好先协商,通过自愿达成协议来消除隔阂。实践中,职工与单位经过协商达成一致而解决纠纷的情况非常多,效果很好。但是,协商程序不是处理劳动争议的必经程序。双方可以协商,也可以不协商,完全出于自愿,任何人都不能强迫。

2.调解

调解程序是指劳动纠纷的一方当事人就已经发生的劳动纠纷向劳动争议调解委员会申请调解的程序。根据《劳动法》规定:在用人单位内,可以设立劳动争议调解委员会负责调解本单位的劳动争议。调解委员会委员由单位代表、职工代表和工会代表组成。一般具有法律知识、政策水平和实际工作能力,又了解本单位具体情况,有利于解决纠纷。除因签订、履行集体劳动合同发生的争议外均可由本企业劳动争议调解委员会调解。但是,与协商程序一样,调解程序也由当事人自愿选择,且调解协议也不具有强制执行力,如果一方反悔,同样可以向仲裁机构申请仲裁。

3.仲裁

仲裁程序是劳动纠纷的一方当事人将纠纷提交劳动争议仲裁委员会进行处理的程序。该程序既具有劳动争议调解灵活、快捷的特点,又具有强制执行的效力,是解决劳动纠纷的重要手段。劳动争议仲裁委员会是国家授权、依法独立处理劳动争议案件的专门机构。申请劳动仲裁是解决劳动争议的选择程序之一,也是提起诉讼的前置程序,有的劳动争议如果想提起诉讼打劳动官司,必须要经过仲裁程序,不能直接向人民法院起诉。

4.诉讼程序

《劳动争议调解仲裁法》第四十七条规定下列劳动争议,除本法另有规定的外,仲裁裁决为终局裁决,裁决书自作出之日起发生法律效力:(一)追索劳动报酬、工伤医疗费、经济补偿或者赔偿金,不超过当地月最低工资标准12个月金额的争议;(二)因执行国家的劳动标准在工作时间、休息休假、社会保险等方面发生的争议。劳动者对上述仲裁裁决不服的,可以自收到仲裁裁决书之日起15日内向人民法院提起诉讼。

(三)劳动争议时的主要证据

为了更好地维护自身的合法权利和利益不受侵害,收集证据环节就显得非常重要,合同当事人双方都应该注意保全有关证据,主要包括:

1.劳动合同

劳动合同作为主要证据,其内容包括双方的权利、义务和职责等方面。

2.《员工手册》

(1)《员工手册》内容应遵守我国相关法律,否则无效;

(2)《员工手册》内容要详尽,与劳动合同相互补充,主要包括员工不当行为、工作要求和员工福利等内容。

3.其他相关证据

在劳动争议过程中,应注意多收集证据,除上述主要证据以外,还应有《解聘函》、工资签收单、病假的证明材料及相关资料和医生的处方等,其中诉讼时效与解聘函有直接关系。

◀ **本 章 小 结** ▶

工程建设标准是建设工程设计、施工方法和安全保护的统一的技术要求及有关工程建设的技术术语、符号、代号、制图方法的一般原则。我国的标准分级有国家标准、行业标准、地方标准、企业标准等。

我国《环境保护法》中的"三同时"制度是建设项目中环境保护设施必须与主体工程同步设

计、同时施工、同时投产使用的制度,其适用范围包括新建、改建、扩建项目和技术改造项目以及可能对环境造成污染和破坏的工程项目。环境影响评价是对规划和建设项目实施后可能造成的环境影响进行分析、预测和评估,提出预防或者减轻不良环境影响的对策和措施,进行跟踪监测的方法与制度。

节约资源是我国的基本国策。国家实施节约与开发并举、把节约放在首位的能源发展战略。节约能源法的颁布执行,明确了我国依法节能的方针政策,也标志着我国节能进入法制体系,对我国实施可持续发展战略具有重要意义。

我国《消防法》和《消防条例》等各种法律法规,明确规定建筑工程必须进行消防设计审核和消防验收,同时也明确了公安消防机构对建筑工程进行消防监督审核管理的职责。

我国《建设工程文件归档整理规范》明确规定了建设工程文件的种类、归档预验收和移交等工作的相关要求。

工程建设保险主要包括建筑工程一切险和安装工程一切险。建筑工程一切险是以各种建筑工程以及在建筑施工过程中的物料、机器设备和第三者的经济赔偿责任为保险标的保险。安装工程一切险的目的在于为各种机器安装及钢结构工程的实施提供尽可能全面的专门保险。

劳动法是用来调整劳动关系以及与劳动关系有密切联系的其他关系的法律规范总和。劳动者同用人单位确立劳动关系,明确双方责任、权利和义务应当签订劳动合同。

◀ 思考题 ▶

1. 我国工程建设标准是如何分类的?
2. 环境保护法关于环境保护的基本原则有哪些?
3. 什么是环境保护的"三同时"制度?
4. 建设项目环境影响报告书应当包括哪些内容?
5. 工程建设中应当采取哪些消防安全措施?
6. 简述建筑工程一切险的保险责任范围。
7. 劳动合同一般应具备哪些条款?

参考文献

[1] 建设部.中华人民共和国建筑法务实全书[M].北京:法制出版社,1997.

[2] 建设部人事教育劳动司,体改法规司编.建设法规教程[M].北京:中国建筑工业出版社,1996.

[3] 朱宏亮.建设法规[M].武汉:武汉理工大学出版社,2004.

[4] 黄安永,张涟生,杨平.建设法规[M].南京:东南大学出版社,2005.

[5] 吴胜兴,罗世荣,宋宗宇.土木工程建设法规[M].北京:高等教育出版社,2003.

[6] 汪永清.中华人民共和国行政许可法释义[M].北京:中国法制出版社,2003.

[7] 俞宗卫.建设工程法规及相关知识实用指南[M].北京:中国建材工业出版社,2006.

[8] 郑润梅.建设法规概论[M].北京:中国建材工业出版社,2004.

[9] 李辉.建设工程法规[M].上海:同济大学出版社,2006.

[10] 《建筑工程法规及相关知识重点内容解析》编委会.建设工程法规及相关知识重点内容解析[M].北京:中国建筑工业出版社,2004.

[11] 刘文锋.建设法规教程[M].北京:中国建材工业出版社,2001.

[12] 成虎.工程招标投标十日通[M].北京:中国建筑工业出版社,2004.

[13] 姚惠娟.建筑法[M].北京:法律出版社,2003.

[14] 陈东佐.建筑法规概论[M].北京:中国建筑工业出版社,2005.

[15] 佘立中.建设法律制度及实例精选[M].广州:华南理工大学出版社,2002.

[16] 祝铭山.典型案例与法律适用——建设工程合同纠纷[M].北京:中国法制出版社,2003.

[17] 黄文杰.建设工程合同管理[M].北京:知识产权出版社,2003.

[18] 何红锋.建设工程施工合同纠纷案例评析[M].北京:知识产权出版社,2005.

[19] 武家国,徐国忠.工程建设法概论[M].上海:同济大学出版社,2005.

[20] 史敏,姚兵.《中华人民共和国建筑法》讲话[M].北京:经济管理出版社,1998.

[21] 隋卫东.建筑与招投标法教程[M].济南:山东人民出版社,2006.

[22] 隋卫东.建设工程法规及相关知识[M].北京:中国环境科学出版社,2005.

[23] 冯小川.建筑安全生产法律法规知识[M].北京:中国环境科学出版社,2005.

[24] 李印.建筑安全生产法律法规[M].青岛:中国海洋大学出版社,2005.

[25] 何佰洲.工程建设法规与案例[M].北京:中国建筑工业出版社,2004.

[26] 徐占法.建设法规与案例分析[M].北京:机械工业出版社,2004.

[27] 何红锋.工程建设中的合同法与招投标法[M].北京:中国计划出版社,2002.

[28] 刘文锋.建设法规教程[M].北京:中国建材工业出版社,2001.

[29] 丁士昭.建设工程法规及相关知识[M].北京:中国建筑工业出版社,2004.

[30] 何佰洲.建设工程法规及相关知识.北京:中国建筑工业出版社,2012.

[31] 全国二级建造师执业资格考试用书编写委员会.建设工程法规及相关知识[M].北京:中国建筑工业出版社,2014.

[32] 张培新.建筑工程法规[M].北京:中国电力出版社,2014.

[33] 赵海玲.建筑工程法律法规[M].北京:清华大学出版社,2014.

高职高专土建类专业规划教材图书目录

序号	书号 978-7-114-	书 名	著译者	定价(元)
1	16619-8	钢结构构造与识图(第2版)	马瑞强	48.00
2	13913-0	新平法识图与钢筋计算(第二版)	肖明和	43.00
3	16618-1	建筑工程计量与计价(第4版)	蒋晓燕	58.00
4	08462-1	建筑工程施工图实例图集	蒋晓燕	38.00
5	12631-4	建筑材料与检测(第三版)	宋岩丽	42.00
6	12637-6	建筑法规(第三版)	马文婷、隋灵灵	42.00
7	10018-5	建筑法规学习指导	隋灵灵	28.00
8	14863-7	建筑识图与构造	董罗燕	42.00
9	13098-4	建筑识图与构造技能训练手册(第二版)	金梅珍	38.00
10	12663-5	地基与基础(第三版)	王秀兰	38.00
11	12644-4	建筑工程质量与安全管理	程红艳	36.00
12	12920-9	建设工程监理概论(第三版)	杨峰俊	35.00
13	13880-5	建筑工程技术资料管理(第三版)	李媛	40.00
14	13672-6	建筑装饰装修工程预算(第三版)	吴锐	43.00
15	13558-3	建筑装饰装修工程预算习题集与实训指导(第三版)	吴锐	30.00
16	13648-1	园林绿化工程预算	吴锐	38.00
17	13979-6	建筑构造与识图(第三版)	张艳芳	48.00
18	13687-0	建筑构造与识图习题与实训(第三版)	张艳芳	26.00
19	13311-4	建筑工程预算(第三版)	王晓薇	38.00
20	13157-8	建筑工程预算实训指导书与习题集(第三版)	程颢 罗淑兰	25.00
21	13220-9	建筑结构(第二版)	盛一芳 刘敏	52.00
22	08947-3	建筑工程CAD(第二版)	张小平	36.00
23	09269-5	建筑施工技术(第二版)	危道军	49.00
24	10863-1	工程测量	王晓平	39.00
25	09684-6	建筑工程质量事故分析与处理(第二版)	余斌	39.00
26	09174-2	钢结构制作与安装	盛一芳	33.00
27	06885-0	建筑制图习题集	夏文杰	38.00
28	07379-3	建筑施工图识读与钢筋翻样	张细权	56.00
29	10026-0	建筑工程量电算化鲁班软件教程	温风军	58.00
30	08602-1	广联达工程造价类软件实训教程—案例图集(第二版)	广联达公司	25.00
31	08579-6	广联达工程造价类软件实训教程—图形软件篇(第二版)	广联达公司	20.00
32	08580-2	广联达工程造价类软件实训教程—钢筋软件篇(第二版)	广联达公司	15.00
33	08453-9	工程建设法规与合同管理	宁先平	36.00
34	11353-6	土力学及地基基础	王雪浪	38.00